Elogios para

La ciudad perdida de Z

"Llena de suspense... Entretenida... Se lee con el ritmo y la emoción de un thriller cinematográfico".

—Michiko Kakutani, *The New York Times*

"Una biografía inteligente y cautivadora".

—*USA Today*

"La historia de Z apunta al corazón mismo de las preguntas fundamentales de nuestro tiempo. En la lucha entre el hombre y un entorno natural hostil, ¿quién gana? Un libro brillante y fascinante".

—Malcolm Gladwell

"Hay algo en el espíritu y la seguridad de Fawcett que resulta cautivador... Leer *La ciudad perdida de Z* es sentirse agradecido de que el propio Grann se diera el trabajo de viajar al Amazonas y se embarcara en la búsqueda de los huesos de un explorador cuyos despojos fueron reclamados hace tiempo por la selva".

—*The Christian Science Monitor*

"En un mundo hiperconectado y perfectamente cartografiado, he aquí una revelación acerca de la selva y del deseo irrefrenable de perderse en ella... Un relato de encantos insondables... Grann cumple con las expectativas".

—*GQ*

"Maravilloso... Grann combina una narración llena de colorido sobre las primeras etapas de la vida de Fawcett, su carrera militar, sus aventuras en la selva, sus teorías y hasta sus conversaciones con la biografía de un hombre extraordinario y una visión general del final de una era de exploraciones enconadamente competitiva".

—*Bloomberg News*

"Lo que convierte el relato de Grann en una lectura tan cautivadora es que éste decide no sólo embarcarse en la búsqueda de más vestigios de nuestro héroe ausente sino también partir personalmente a descubrir la ciudad que Fawcett buscaba tan heroicamente cuando desapareció sin dejar rastro".

—Simon Winchester, *The Wall Street Journal*

"Absorbente y equilibrada… En su recreación de una vida que ha desaparecido del horizonte de la historia y reivindicación de una teoría alocada, Grann también ha echado luz sobre el precio que hacían pagar los exploradores a sus seres queridos o a quienes dependían de ellos".

—Richard B. Woodward, *The New York Times*

"Apasionante… Un portentoso relato… Lo bello de todo esto es que, por inverosímil que parezca, es cierto".

—*Daily News*

"Notable… Una narración llena de fuerza, con un fondo sobrio y victoriano, engañosa, como si uno de esos adustos personajes de Conrad se encontrara atrapado en una novela de García Márquez".

—Rich Cohen, *The New York Times Book Review*

"Una historia viva y palpitante. Aquello que Grann encuentra es lo que hace de *La ciudad perdida de Z* una lectura tan gratificante y, al final, junto a él, nos quedamos asombrados por el hallazgo de Percy Fawcett". —*The Oregonian*

David Grann

La ciudad perdida de Z

David Grann ha sido escritor en plantilla en *The New Yorker*. Ha escrito sobre temas tan diversos como el obsoleto alcantarillado de Nueva York, la Hermandad Aria, la caza del calamar gigante o la muerte del mayor experto en Sherlock Holmes. Sus trabajos han aparecido en varias ediciones de *Best American Writing* y además ha escrito para *The New York Times Magazine*, *The Atlantic*, *The Washington Post*, *The Wall Street Journal* y *The New Republic*, entre otras. Vive en Nueva York.

www.davidgrann.com

La ciudad perdida de Z

La ciudad perdida de Z

DAVID GRANN

Traducción de Nuria Salinas Villar

Vintage Español
Una división de Random House, Inc.
Nueva York

PRIMERA EDICIÓN VINTAGE ESPAÑOL, ABRIL 2010

Copyright de la traducción © 2010 por Nuria Salinas Villar

Queremos expresar nuestro agradecimiento a Rolette de Montet-Guerin
por concedernos permiso para reproducir los textos, las fotografías
y los dibujos controlados por los herederos de Fawcett.
Copyright © R. de Montet-Guerin.

Información de catalogación de publicaciones disponible en la
Biblioteca del Congreso de los Estados Unidos.

Vintage ISBN: 978-0-307-47618-0

www.grupodelectura.com

Impreso en los Estados Unidos de América

Para mi intrépida Kyra

A veces me basta un retazo que se abre justo en medio de un paisaje incongruente, unas luces que afloran en la niebla, el diálogo de dos transeúntes que se encuentran en pleno trajín, para pensar que a partir de ahí juntaré pedazo a pedazo la ciudad perfecta [...]. Si te digo que la ciudad a la cual tiende mi viaje es discontinua en el espacio y en el tiempo, a veces rala, a veces densa,
no creas que hay que dejar de buscarla.

ITALO CALVINO,
Las ciudades invisibles

Índice

Prefacio

Saqué el mapa del bolsillo trasero. Estaba mojado y arrugado; las líneas que había trazado para destacar mi ruta se habían desdibujado. Examiné detenidamente las marcas que había hecho con la esperanza de que me sacaran del Amazonas en lugar de internarme aún más en él.

La letra «Z» seguía apreciándose en el centro del mapa. Aun así, no parecía tanto una señal indicadora como una mofa, un testimonio más de mi locura.

Siempre me había considerado un reportero con una visión objetiva de los hechos que no se implicaba de forma personal en las historias que narraba. Mientras que otros a menudo parecen sucumbir a sus sueños y obsesiones descabellados, yo intentaba ser un testigo imparcial. Y me había convencido de que esa era la razón por la que había recorrido más de dieciséis mil kilómetros, desde Nueva York, pasando por Londres, hasta el río Xingu, uno de los afluentes más largos del Amazonas, por la que había dedicado meses a estudiar centenares de páginas de diarios y cartas de la época victoriana, y por la que había dejado a mi esposa y a mi hijo de un año y había contratado un seguro de vida adicional.

Me dije que tan solo había ido a documentarme sobre cómo generaciones de científicos y aventureros se obsesionaron hasta morir en el intento con resolver lo que con frecuencia se ha llamado «el mayor misterio de la exploración del siglo xx»: el paradero de la ciudad perdida de Z. Se creía que esta ciudad ancestral, con su red de caminos, puentes y templos, estaba oculta en el Amazonas, la selva más grande del mundo. En una era de aviones y satélites, la región sigue siendo uno de los últimos espacios sin cartografiar del planeta. A lo largo de centenares de años ha obsesionado a geógrafos, arqueólogos, fundadores de imperios, cazadores de tesoros y filósofos. Cuando los europeos llegaron por primera vez a Sudamérica, en los albores del siglo xvi, tenían la certeza de que la selva albergaba el fastuoso reino de El Dorado. Miles de personas murieron durante la búsqueda. En tiempos más recientes, muchos científicos han decidido que una civilización tan compleja no pudo haber surgido en un entorno tan hostil, donde la tierra es demasiado pobre para cultivos, los mosquitos son portadores de enfermedades letales y los depredadores acechan bajo la espesura de los árboles.

Por lo general, la región se ha considerado una selva primigenia, un lugar en el que, como dijo Thomas Hobbes al describir el estado de la naturaleza, «no hay Artes, no hay Letras, no hay Sociedad, y, lo peor de todo, existe un temor constante y el peligro de sufrir una muerte violenta».[1] Las condiciones despiadadas del Amazonas han alimentado una de las teorías más extendidas sobre el desarrollo humano: el determinismo ambiental. Según esta teoría, aunque algunos de los primeros seres humanos hubieran conseguido subsistir en las condiciones ambientales más duras del planeta, difícilmente habrían evolucionado, salvo unas pocas tribus primitivas. La sociedad, en otras palabras, es prisionera de la geografía. De modo que si Z fuera hallada en un entorno en apariencia tan inhabitable, probablemente supondría mucho más que el hallazgo de un tesoro dorado, mucho más que una curiosidad intelectual: tal como declaró un periódico en 1925, supondría «escribir un nuevo capítulo de la historia de la humanidad».[2]

Durante casi un siglo, numerosos exploradores han sacrificado incluso su vida para encontrar la Ciudad de Z. La búsqueda de esta civilización, y de los incontables hombres que desaparecieron en el intento, ha eclipsado las novelas épicas de Arthur Conan Doyle y H. Rider Haggard, quienes también se sintieron atraídos por la búsqueda de Z en la vida real. En ocasiones tuve que recordarme que todo lo relacionado con esta historia era verídico: una estrella de cine había sido realmente secuestrada por los indígenas; se habían hallado tribus caníbales, restos de civilizaciones antiguas, mapas secretos y espías; exploradores que habían muerto de hambre, o debido a enfermedades, a ataques de animales salvajes o a heridas producidas por flechas envenenadas. El concepto que se había tenido de las Américas antes de que Cristóbal Colón desembarcara en el Nuevo Mundo se encontraba a medio camino entre la aventura y la muerte.

En aquel momento, mientras examinaba mi maltrecho mapa, nada de eso importaba. Alcé la mirada hacia la maraña de árboles, lianas y enredaderas que me rodeaban y hacia las moscas y los mosquitos que me dejaban regueros de sangre en la piel. Había perdido la guía. No me quedaba comida ni agua. Guardé el mapa en mi bolsillo y seguí caminando hacia delante, intentando encontrar la salida mientras las ramas me azotaban la cara. Entonces vi que algo se movía entre los árboles.

—¿Quién anda ahí? —grité.

No hubo respuesta. Una silueta revoloteó entre las ramas, y después otra. Se acercaban, y por primera vez me pregunté: «¿Qué demonios hago aquí?».

1

Volveremos

Un día frío de enero de 1925, un caballero alto y distinguido cruzaba a toda prisa el puerto de Hoboken, New Jersey, en dirección al *Vauban*, un transatlántico de ciento cincuenta y seis metros de eslora que estaba a punto de zarpar rumbo a Río de Janeiro. Tenía cincuenta y siete años, medía un metro ochenta y sus brazos eran largos y fibrados. Aunque su cabello empezaba a clarear y su bigote mostraba algunas briznas blancas, su forma física era tan buena que podía caminar durante días sin apenas descansar ni comer. Tenía nariz de boxeador y había algo de feroz en su aspecto, sobre todo en la mirada. Los ojos, muy juntos, asomaban bajo unos espesos mechones de pelo. Nadie, ni siquiera su familia, parecía estar de acuerdo sobre su color: algunos creían que eran azules; otros, grises. No obstante, prácticamente todo aquel que se cruzaba con él quedaba impactado por su intensidad; de hecho, incluso había quien los llamaba «los ojos de un visionario». El hombre había sido fotografiado a menudo con botas de montar, un sombrero Stetson y un rifle colgado del hombro, pero incluso con traje y corbata y sin su habitual barba desaliñada, la gente del embarcadero lo reconoció. Era el coronel Percy Harrison Fawcett, y su nombre se conocía en todo el mundo.

Era el último de los grandes exploradores de la época victoriana que se aventuraron a internarse en zonas sin cartografiar con poco más que un machete, una brújula y una determinación que rozaba lo divino.[1] Durante cerca de dos décadas, las historias de sus aventuras habían cautivado la imaginación del público: cómo había sobrevivido en la selva sudamericana sin ningún contacto con el mundo exterior; cómo le habían tendido una emboscada miembros de una tribu hostil, muchos de los cuales nunca antes habían visto a un hombre blanco; cómo había luchado contra pirañas, anguilas eléctricas, jaguares, cocodrilos, murciélagos y anacondas —una estuvo a punto de aplastarle—; y cómo había conseguido salir con la ayuda de mapas de regiones de las que ninguna expedición anterior había regresado. Se había hecho célebre con el nombre «el David Livingstone del Amazonas», y parecía tener una capacidad de resistencia tal que algunos colegas lo consideraban inmortal. Un explorador estadounidense lo describió como «un hombre de voluntad inquebrantable, recursos infinitos y audaz»;[2] otro dijo que «nadie poseía su resistencia caminando durante largos recorridos ni su excepcional olfato como explorador».[3] La revista especializada londinense *Geographical Journal*, prestigiosa publicación en el ámbito de la geografía, observó en 1953 que «Fawcett marcó el final de una era. Podría considerársele incluso el último de los exploradores que trabajaba en solitario. Los tiempos del avión, de la radio y de la expedición moderna, organizada y generosamente financiada aún no habían llegado. Fawcett simbolizaba la heroica historia de un hombre contra la selva».[4]

En 1916, la Royal Geographical Society (RGS) le había concedido, con la aprobación del rey Jorge V, una medalla de oro «por sus contribuciones a la cartografía de Sudamérica». Y cada pocos años, cuando surgía de la jungla, escuálido y astroso, docenas de científicos y lumbreras se agolpaban en la recepción de la sede de la Royal Society para escuchar sus palabras. Entre ellos se encontraba sir Arthur Conan Doyle,[5] quien según mucha gente se había inspirado en las experiencias de Fawcett al escribir su libro *El mundo perdido*, de 1912, en el que varios exploradores «desaparecen en lo desconocido»[6] de Sudamérica y encuentran, en una meseta remota, una tierra donde los dinosaurios se han salvado de la extinción.

Aquel día de enero, mientras se dirigía hacia la plancha de acceso al barco, Fawcett se asemejaba inquietantemente a uno de los protagonistas de la obra de Conan Doyle: lord John Roxton.

> Había algo de Napoleón III, algo de Don Quijote, pero también algo que era la esencia del caballero hacendado inglés […]. Tiene una voz afable y unos modales discretos, pero tras sus ojos acecha la capacidad de desatar una ira furibunda y una determinación implacable, tanto más peligrosas por permanecer contenidas.[7]

Ninguna de sus anteriores expediciones podía compararse con lo que estaba a punto de emprender, y Fawcett apenas podía ocultar su impaciencia al sumarse a la cola de pasajeros que embarcaban en el *Vauban*. El transatlántico, publicitado como «el mejor del mundo», formaba parte de la elitista clase «V» de Lamport & Holt.[8] Los alemanes habían hundido varios transatlánticos de la compañía durante la Primera Guerra Mundial, pero este había sobrevivido, con su casco negro veteado de sal, sus elegantes cubiertas blancas y su chimenea de rayas, que despedía nubes de humo al cielo. Los pasajeros llegaban al muelle en automóviles, la mayoría Ford, modelo T. Allí los estibadores ayudaban a cargar el equipaje en la bodega del buque. Muchos de los hombres que subían a bordo llevaban corbatas de seda y bombines; las mujeres lucían abrigos de pieles y sombreros emplumados, como dispuestas a asistir a un acontecimiento de la alta sociedad, algo que, en ciertos aspectos, estaban haciendo: las listas de los pasajeros de los transatlánticos de lujo se publicaban en los ecos de sociedad y eran escrutadas por las jovencitas en busca de solteros cotizados.

Fawcett avanzó con su equipo. Sus baúles iban atestados de armas, comida enlatada, leche en polvo, bengalas y machetes artesanales. También llevaba instrumental topográfico: un sextante y un cronómetro para determinar la latitud y la longitud, un barómetro aneroide para calcular la presión atmosférica, y una brújula de glicerina que le cabía en el bolsillo. Fawcett había escogido cada uno de estos objetos basándose en años de experiencia; incluso la ropa que llevaba consigo estaba hecha de gabardina ligera e irrompible. Había visto morir a hombres a consecuencia de descuidos aparentemente triviales: una mosquitera rota, una bota demasiado ceñida...

Fawcett partía rumbo al Amazonas, una jungla casi tan extensa como Estados Unidos, para llevar a cabo lo que él denominaba «el gran hallazgo del siglo»:[9] una civilización perdida. Para entonces, la mayor parte del mundo había sido ya explorada y el velo de su encanto, alzado, pero el Amazonas seguía siendo tan misterioso como la cara oculta de la luna. Tal como apuntó sir John Scott Keltie, antiguo secretario de la Royal Geographical Society y uno de los geógrafos más prestigiosos de su tiempo, «lo que allí hay nadie lo sabe».[10]

Desde que Francisco de Orellana y su ejército de conquistadores españoles descendieron por el río Amazonas en 1542, quizá ningún lugar del planeta haya exaltado tanto la imaginación ni embaucado a tantos hombres arrastrándolos a la muerte. Gaspar de Carvajal, un fraile dominico que acompañó a Orellana, comparó a las guerreras de la jungla con las míticas amazonas griegas. Medio siglo después, sir Walter Raleigh afirmó que los indígenas tenían «los ojos en los hombros y las bocas en mitad del pecho»,[11] una leyenda que Shakespeare trasladó a *Otelo*:

> Y los caníbales que se comen entre sí,
> los antropófagos, y hombres cuyas cabezas
> crecen bajo los hombros.

Lo que se sabía acerca de la región —con serpientes tan largas como árboles, roedores del tamaño de un cerdo— resultaba tan inverosímil que nada parecía excesivamente fantasioso. Y la imagen más fascinante de todas era la de El Dorado. Raleigh aseguró que aquel reino, del que los conquistadores habían oído hablar a los indígenas, abundaba tanto en oro que sus habitantes lo trituraban para convertirlo en polvo y luego lo soplaban «mediante cañas huecas sobre sus cuerpos desnudos hasta que estos quedaban completamente brillantes, de pies a cabeza».[12]

Sin embargo, todas las expediciones que habían ido en busca de El Dorado acabaron en tragedia. Carvajal, cuyo ejército había estado buscando el reino, escribió en su diario: «Alcanzamos un [estado de] privación tan grande que solo comíamos cuero, cinturones y suelas de zapatos, aderezándolo con ciertas hierbas, por lo que nuestra debilidad era tal que no podíamos mantenernos en pie».[13] Unos cuatro mil hombres murieron en esa expedición, debido a la inanición o a las enfermedades, y a manos de los indígenas que defendían su territorio con flechas embadurnadas con veneno. Otras partidas que también iban en busca de El Dorado recurrieron al canibalismo. Muchos exploradores enloquecieron. En 1561, Lope de Aguirre lideró a sus hombres en una destrucción sanguinaria, gritando: «¿Acaso cree Dios que, solo porque llueva, no voy a […] destruir el mundo?».[14] Aguirre incluso apuñaló a su propia hija, susurrándole: «Encomiéndate a Dios, hija mía, pues estoy a punto de matarte».[15] Antes de que la Corona española enviara fuerzas para detenerle, Aguirre advirtió en una carta: «Os juro, Majestad, con mi palabra como cristiano, que si cien mil hombres vinieran, ninguno de ellos escaparía. Pues los informes son falsos: no hay nada en ese río salvo desesperación».[16] Los hombres de Aguirre finalmente se sublevaron y le mataron; su cuerpo fue descuartizado y las autoridades españolas exhibieron la cabeza de la «Ira de Dios» en una jaula de metal. Sin embargo, durante tres siglos más, numerosas expediciones siguieron buscando, hasta que, tras un elevadísimo coste en muertes y sufrimientos dignos de Joseph Conrad, la mayoría de los arqueólogos concluyeron que El Dorado no era más que una ilusión.

Fawcett, no obstante, estaba seguro de que el Amazonas albergaba un reino fabuloso. Él no era un mercenario ni un chiflado más; se trataba de un hombre de ciencia, que había recabado durante años pruebas que sustentaban su teoría: había desenterrado artefactos, estudiado petroglifos y entrevistado a miembros de diferentes tribus. Y tras librar feroces batallas contra los escépticos, la expedición de Fawcett había sido financiada por las instituciones científicas más respetadas, entre ellas la Royal Geographical Society, la American Geographical Society y el Museum of the American Indian. Los periódicos aseguraban que pronto asombraría al mundo. El *Atlanta Constitution* declaró: «Se trata quizá de la aventura más arriesgada y sin duda la más espectacular de su clase jamás emprendida por un científico de renombre con el respaldo de cuerpos científicos conservadores».[17]

Fawcett afirmaba que un pueblo ancestral, notablemente evolucionado, existía aún en la Amazonia brasileña y que su civilización era tan antigua y sofisticada que cambiaría radicalmente la visión que se tenía en Occidente de las Américas. Había bautizado a este mundo perdido con el nombre de Ciudad de Z, y así la describió: «El núcleo central, al que llamo Z (nuestro principal objetivo), se encuentra en un valle [...] de unos dieciséis kilómetros de anchura, y la ciudad se halla sobre un promontorio, en el centro del valle, conectada por una calzada de adoquines. Las casas son bajas y carecen de ventanas, y hay un templo piramidal».[18]

En el muelle de Hoboken, en la ribera del río Hudson opuesta a Manhattan, los periodistas hacían preguntas a voz en grito con la esperanza de conocer la ubicación de Z. En una época en la que aún perduraban los recuerdos de los horrores producidos por la tecnología durante la Primera Guerra Mundial, y en plena expansión de la urbanización y de la industria, pocos acontecimientos cautivaban de tal modo al público. Un periódico se mostró exultante: «Desde los tiempos en que Ponce de León cruzó la ignota Florida en busca de la Fuente de la

Eterna Juventud [...] no se había planificado una aventura más fascinante».[19]

Fawcett acogió con agrado aquel «alboroto» que se había formado en torno a él, según lo describió más tarde en una carta a un amigo, pero fue prudente en sus respuestas. Sabía que su principal rival, Alexander Hamilton Rice, un médico estadounidense multimillonario que disponía de innumerables recursos, estaba internándose ya en la jungla con un despliegue de medios sin precedentes. La perspectiva de que el doctor Rice encontrara Z aterraba a Fawcett. Varios años antes, Fawcett había presenciado cómo un colega de la Royal Geographical Society, Robert Falcon Scott, había partido con el objetivo de convertirse en el primer explorador en llegar al Polo Sur. Cuando llegó, descubrió, poco antes de morir congelado, que su rival noruego, Roald Amundsen, le había superado en treinta y tres días. En una carta reciente a la Royal Geographical Society, Fawcett había escrito: «No puedo decir todo lo que sé, ni ser preciso con la ubicación, pues estas cosas se filtran, y no hay nada tan amargo para el pionero como ver la culminación de su trabajo con antelación».[20]

Temía asimismo que si revelaba detalles de su ruta, otros intentarían encontrar Z o ir en su rescate, lo cual acarrearía sin duda incontables muertes. Una expedición de mil cuatrocientos hombres armados había desaparecido tiempo atrás en aquella misma región. Un boletín informativo telegrafiado por todo el globo anunciaba: «Expedición de Fawcett [...] para penetrar en tierra de la que nadie ha regresado». Y Fawcett, que estaba decidido a llegar hasta las regiones más inaccesibles, no tenía intención, contrariamente a otros exploradores, de navegar los ríos: tenía previsto atajar por la jungla a pie. La Royal Geographical Society había advertido de que Fawcett «es seguramente el único geógrafo vivo que puede abordar con éxito»[21] una expedición de esas características y que «nadie más que él está capacitado para llevarla a cabo».[22] Antes de partir de Inglaterra, Fawcett confesó a su hijo menor: «Si con toda mi experiencia no lo conseguimos, poca esperanza hay para otros».[23]

Mientras los reporteros vociferaban a su alrededor, Fawcett explicó que solo una expedición reducida tendría alguna posibilidad de sobrevivir. Podría alimentarse de los frutos de la tierra y no constituir una amenaza para los indígenas hostiles. La expedición, según afirmó, «no será un equipo de exploración que goce de todo tipo de comodidades, con un ejército de porteadores, guías y animales de carga. Esas expediciones tan pesadas no llegan a ninguna parte; se rezagan en la periferia de la civilización y disfrutan de las ventajas de una misión tan publicitada. De todos modos, allí donde comienza la verdadera jungla inexplorada ya no puede contarse con los porteadores, que temen a los salvajes. No es posible llevar animales por la falta de pasto y por las picaduras de los insectos y los murciélagos. No hay guías, pues nadie conoce el terreno. Es necesario reducir el equipo al mínimo imprescindible, cargándolo uno mismo, y confiando en que será capaz de subsistir trabando amistad con las diferentes tribus con que se encuentre».[24] Y después añadió: «Tendremos que sufrir toda clase de dolencias [...]. Tendremos que desarrollar una fortaleza mental, además de la física, pues en esas condiciones los hombres suelen desmoronarse bajo el yugo de sus pensamientos y sucumbir antes que sus cuerpos».[25]

Fawcett tan solo había escogido a dos personas para que lo acompañaran: su hijo de veintiún años, Jack, y el mejor amigo de este, Raleigh Rimell. Aunque ninguno de los dos había ido antes de expedición, Fawcett creía que eran idóneos para la misión: duros y leales, y, dada la estrecha amistad entre ambos, era poco probable que, tras meses de aislamiento y sufrimientos, llegaran a «hostigarse y molestarse»[26] —o, como ocurría con frecuencia en esta clase de expediciones, amotinarse—. Jack era, según lo describió su hermano Brian, «la viva imagen de su padre»:[27] alto, de una fuerza temible y ascético. Al igual que su padre, no fumaba ni bebía. Brian observó que «el metro noventa [de Jack] era puro hueso y músculo, y que los tres principales agentes de la degeneración corporal (el alcohol, el tabaco y la vida disoluta) le resultaban repugnantes».[28] El coronel Fawcett, que seguía un estricto código victoriano, lo describió de un modo algo diferente: «Es [...] absolutamente virgen de cuerpo y mente».[29]

Jack, que desde niño deseaba acompañar a su padre en una expedición, llevaba años preparándose: alzando pesas, observando una estricta dieta, estudiando portugués y aprendiendo a navegar guiándose por las estrellas. Aun así, apenas había sufrido privaciones, y su rostro, de tez luminosa, con el bigote bien recortado y el pelo castaño y pulcro, no mostraba la dureza que se reflejaba en la expresión de su padre. Con su ropa moderna y elegante, más que un científico parecía una estrella de cine, precisamente en lo que confiaba convertirse a su triunfal regreso.

Raleigh, si bien más bajo que Jack, medía cerca de un metro ochenta y era musculoso (un «físico excelente»,[30] dijo Fawcett a la RGS). Su padre había sido cirujano de la Marina Real y había muerto de cáncer en 1917, cuando Raleigh contaba quince años. De pelo moreno, con pronunciadas entradas y mostacho de jugador de apuestas de embarcación fluvial, Raleigh era de naturaleza jocosa y traviesa. «Había nacido para ser payaso —comentó Brian Fawcett—, el contrapeso perfecto al serio de Jack.»[31] Los dos muchachos habían sido inseparables desde que ambos rondaban por los campos circundantes a Seaton, Devonshire, donde habían crecido, montando en bicicleta y disparando rifles al aire. En una carta a uno de los confidentes de Fawcett, Jack escribió: «Ahora tenemos a Raleigh Rimell a bordo, que es igual de entusiasta que yo [...]. Es el único amigo íntimo que he tenido en la vida. Le conocí antes de cumplir los siete años y, más o menos, hemos estado juntos desde entonces. Es honrado y decente en todos los sentidos de la palabra, y nos conocemos el uno al otro como la palma de la mano».[32]

Al subir al barco, Jack y Raleigh, rebosantes de entusiasmo, se encontraron con docenas de camareros, ataviados con uniformes blancos almidonados y correteando por los pasillos con telegramas y cestas de frutas con tarjetas en las que se deseaba un buen viaje. Uno de ellos, evitando cuidadosamente las dependencias de popa, donde se alojaban los pasajeros de tercera clase, guió a los exploradores hasta los camarotes de primera, situados en el centro de la embarcación, lejos del traqueteo de las hélices. Las comodidades que ofrecía el barco en nada se parecían a las pésimas condiciones que Fawcett había tenido que sufrir en su primer viaje a Sudamérica, dos décadas antes, o cuando Charles Dickens, al cruzar el Atlántico en 1842, había descrito su camarote como «un cajón totalmente impracticable, absolutamente inútil y profundamente ridículo».[33] El comedor, añadía Dickens, semejaba una «carroza fúnebre con ventanas».[34] En aquel barco todo estaba pensado para alojar a una nueva generación de turistas, «simples viajeros», según los consideraba Fawcett con desprecio, con muy pocas nociones de «los lugares que hoy requieren cierto grado de resistencia y se cobran muchas vidas, con el físico necesario para enfrentarse a peligros». Los camarotes de primera clase disponían de camas y agua corriente, de ojos de buey que dejaban entrar la luz del sol y aire fresco, y ventiladores eléctricos en el techo. El folleto del barco pregonaba la «ventilación perfecta garantizada por modernos aparatos eléctricos» del *Vauban*, que ayudaban a «contrarrestar la impresión de que un viaje a y por los trópicos conlleva sin remedio incomodidades».[35]

Fawcett, como muchos otros exploradores de la época victoriana, era un diletante profesional: además de geógrafo y arqueólogo sediente, también era un artista con talento (sus dibujos en tinta han sido expuestos en la Royal Academy) y constructor naval (había patentado la *ichthoid curve*, que añadía nudos a la velocidad de la embarcación). Pese a su interés por el mar, escribió a su esposa Nina, su defensora más incondicional y su portavoz siempre que él estaba ausente, que tanto el *Vauban* como la travesía le resultaron «más bien pesados»:[36] lo que realmente deseaba era estar en la selva.

Mientras tanto, Jack y Raleigh estaban ansiosos por explorar el lujoso interior del barco. Al doblar una esquina había un salón con techos abovedados y columnas de mármol. Al doblar otra, un comedor con mesas tapizadas con manteles blancos y atendidas por camareros con corbata negra que servían costillares de cordero y vino con decantadores mientras la orquesta tocaba. El barco disponía incluso de un gimnasio, donde ambos podían entrenarse para su misión.

Jack y Raleigh ya no eran dos jóvenes desconocidos: eran, como los habían aclamado los periódicos, «valientes», «ingleses de voluntad inquebrantable» que se parecían a sir Lancelot. Conocieron a dignatarios, que los invitaban a sentarse a sus mesas, y a mujeres que fumaban largos cigarrillos y les dirigían lo que el coronel Fawcett denominaba «miradas de descarada audacia». Jack no sabía muy bien cómo comportarse en presencia de mujeres: para él, al parecer, eran tan misteriosas y distantes como Z. Por el contrario, Raleigh pronto empezó a flirtear con una chica, sin duda alardeando de sus inminentes aventuras.

Fawcett sabía que para Jack y Raleigh la expedición aún no era más que una hazaña que no rebasaba los límites de la imaginación. En Nueva York, ambos jóvenes disfrutaron entusiasmados de una constante diversión: las veladas en el hotel Waldorf-Astoria, en cuyo Salón Dorado, la última noche, dignatarios y científicos de la ciudad se reunieron para celebrar una fiesta y desearles un buen viaje; los brindis en el Camp Fire Club y el National Arts Club; la parada en Ellis Island (un alto funcionario de inmigración observó que ninguno de los invitados a la fiesta era «ateo», «polígamo», «anarquista» ni «deforme»), y las salas de cine, que Jack frecuentó día y noche.

Mientras que Fawcett había desarrollado una resistencia física y mental a lo largo de años de exploración, Jack y Raleigh tendrían que hacerlo sin ninguna preparación previa.

Pero Fawcett no albergaba la menor duda de que lo conseguirían. En sus diarios escribió que «Jack está perfectamente capacitado para ello». Y predijo: «Es lo bastante joven para adaptarse a cualquier situación, y varios meses sobre el terreno le endurecerán lo necesario. Si sale a mí, no contraerá ninguna de las muchas dolencias y enfermedades […], y, en caso de emergencia, creo que conservará el coraje».[37] Fawcett expresó la misma confianza en Raleigh, quien admiraba a Jack casi con la misma intensidad con que este admiraba a su padre. «Raleigh le seguirá a donde sea»,[38] comentó.

La tripulación del barco empezó a gritar: «¡Listos para zarpar!». El silbato del capitán reverberó en el puerto, y la nave crujió y cabeceó al retroceder desde el muelle. Fawcett contempló el perfil de Manhattan, con la Metropolitan Life Insurance Tower, durante un tiempo el edificio más alto del planeta, y el Woolworth Building, que le había sobrepasado en altitud; las luces de la metrópoli refulgían como si alguien hubiese reunido todas las estrellas en aquel lugar. Con Jack y Raleigh junto a él, Fawcett gritó a los periodistas que había en el embarcadero: «¡Volveremos, y traeremos lo que vamos a buscar!».[39]

2

La desaparición

Con qué facilidad puede engañar el Amazonas.

El río más poderoso del mundo, más poderoso que el Nilo y el Ganges, más que el Mississippi y que todos los ríos de China empieza siendo apenas un arroyo. En los Andes, por encima de los cinco mil quinientos metros, entre nieve y nubes, emerge por una grieta rocosa, apenas un reguero de agua cristalina. En ese punto no se diferencia de otros muchos arroyos que surcan la cordillera andina, algunos de los cuales se derraman en cascadas por la vertiente occidental hacia el Pacífico, que se encuentra a unos cien kilómetros. Otros, como el Amazonas, bajan por la vertiente oriental en un viaje aparentemente imposible hasta el océano Atlántico, recorriendo una distancia mayor que la que separa Nueva York de París. A tanta altura, el aire es demasiado frío para que haya selva y depredadores. No obstante, es en ese lugar donde nace el Amazonas, alimentado por el deshielo y la lluvia, para luego ser arrastrado precipicios abajo por la fuerza de la gravedad.[1]

Desde sus fuentes, el río desciende bruscamente. A medida que va ganando velocidad, se suman a él centenares de arroyos, la mayoría tan pequeños que incluso carecen de nombre. Unos dos mil doscientos metros más abajo, la corriente accede a un valle donde se ven los primeros indicios de verde. Enseguida, otros riachuelos algo más caudalosos convergen en él. En su agitado trayecto hacia las llanuras más bajas, el río tiene aún que recorrer cerca de cinco mil kilómetros más hasta alcanzar el océano. Es imparable. También lo es la selva, que, debido al calor ecuatorial y a las lluvias torrenciales, poco a poco va engullendo las riberas. Esta masa selvática, que se expande en el horizonte, alberga la mayor variedad de especies del mundo. Y, por primera vez, el río aparece en toda su grandeza: es el Amazonas.

Pese a ello, no es lo que parece. Serpenteando hacia el este, el Amazonas penetra en una región inmensa en forma de cuenca poco profunda y, dado que fluye por la base de la misma, cerca del cuarenta por ciento de las aguas de Sudamérica —procedentes de ríos de países tan lejanos como Colombia, Venezuela, Bolivia y Ecuador— se vierten en él. Y así, va volviéndose más poderoso. Con una profundidad que en ciertos puntos supera los noventa metros, ya no necesita precipitarse; va conquistando terreno marcando su propio ritmo. En su sinuoso recorrido, deja atrás el río Negro y el Madeira; el Tapajós y el Xingu, dos de los afluentes meridionales de mayor envergadura, y la isla Marajó, más grande que Suiza, hasta que, finalmente, tras atravesar cerca de seis mil kilómetros y recoger agua de mil afluentes, el Amazonas alcanza su desembocadura de trescientos veinte kilómetros de anchura y se derrama en el Atlántico. Lo que empezó como un arroyo expele en el océano doscientos quince millones de litros por segundo, un vertido sesenta veces mayor que el del Nilo. Las aguas dulces del Amazonas se internan en el océano hasta tal distancia que, en el año 1500, Vicente Pinzón, un capitán español que había acompañado con anterioridad a Colón en sus travesías, descubrió el río cuando navegaba a muchas millas de la costa de Brasil. Lo llamó Mar Dulce.

Resulta difícil explorar esta región en cualquier circunstancia, pero, en noviembre, la llegada de las lluvias la torna infranqueable. Las olas —junto con el macareo de la marea, de unos veinticuatro kilómetros por hora, conocido como *pororoca*, o «gran rugido»— estallan contra la orilla. En Belém, el caudal del Amazonas a menudo se eleva tres metros y medio; en Iquitos, seis; en Óbidos, diez y medio. En el caso del Madeira, el afluente más largo del Amazonas, el cauce puede aumentar incluso más, superando los veinte metros. Tras meses de inundación, muchos ríos estallan sobre sus riberas y se derraman por la selva, arrancando de cuajo plantas y rocas, y tranformando la región sur de la cuenca prácticamente en una isla interior, lo que era en su inicio hace millones de años. Luego el sol aparece y agosta la zona. La tierra se agrieta como si se hubiese producido un terremoto. Las ciénagas se evaporan y las pirañas quedan varadas en pantanos desecados, devorándose las unas a las otras. Las ciénagas se transforman en prados; las islas, en lomas.

Así se manifiesta la estación seca cuando llega a la cuenca meridional del Amazonas. Según recuerdan los habitantes de la zona, así ha sido siempre. Y esas eran las condiciones en junio de 1996, cuando una expedición de científicos y aventureros brasileños pusieron rumbo a la selva. Buscaban indicios sobre lo sucedido al coronel Percy Fawcett, que había desaparecido junto con su hijo Jack y Raleigh Rimell hacía más de setenta años.

La expedición[2] estaba liderada por un banquero brasileño de cuarenta y dos años, llamado James Lynch. Después de que un periodista le contara la historia de Fawcett, Lynch leyó todo cuanto encontró sobre el tema. Así supo que la desaparición del coronel, acaecida en 1925, había conmocionado al mundo; un hecho que se contaba «entre las desapariciones más célebres de la era moderna»,[3] tal y como la había descrito un observador de la época. Durante cinco meses, Fawcett había enviado despachos que, arrugados y sucios, eran transportados a través de la selva por corredores indígenas, y, en lo que parecía una proeza rayana en lo mágico, enviados después por medio de telégrafos e impresos en prácticamente todos los continentes. En un temprano ejemplo de lo que luego serían los reportajes y documentales actuales que tanto interés despiertan, ese lejano acontecimiento fascinaba por igual a africanos, asiáticos, europeos, australianos y americanos. La expedición, según afirmaba un periódico, «cautivó la imaginación de todos los niños que, en algún momento, habían soñado con tierras ignotas».[4]

Sin embargo, un buen día los despachos cesaron. En su búsqueda de información, Lynch descubrió que Fawcett había advertido de la posibilidad de estar unos meses incomunicado, pero transcurrió un año, luego dos, y con el tiempo la fascinación del público fue aumentando. ¿Estarían Fawcett y los dos jóvenes retenidos como rehenes por los indios? ¿Habrían muerto de hambre? ¿Se habrían quedado deslumbrados con Z y por ello se negaban a regresar? Se producían debates por múltiples salones y tabernas clandestinas; en las más altas esferas gubernamentales se intercambiaban cablegramas. Este misterio dio lugar a radionovelas, novelas (se cree que en *Un puñado de polvo*, de Evelyn Waugh, hay una clara influencia de la saga Fawcett),[5] poemas, documentales, películas, sellos postales, cuentos infantiles, cómics, baladas, obras de teatro, novelas gráficas y exposiciones en museos. En 1933, un autor de literatura de viajes exclamó: «En torno a esta cuestión se ha generado suficiente leyenda para dar lugar a una rama de folclore nueva e independiente».[6] Fawcett se había granjeado un lugar en los anales de la exploración, no por lo que había desvelado al mundo sino por lo que ocultaba. Había hecho la promesa de llevar a cabo «el gran descubrimiento del siglo»; en lugar de eso, había dado vida al «mayor misterio del siglo xx en el ámbito de la exploración».

Lynch también descubrió, para su asombro, que infinidad de científicos, exploradores y aventureros se habían internado en la selva con la determinación de encontrar a los integrantes de la partida de Fawcett, vivos o muertos, y regresar con pruebas que confirmasen la existencia de Z. En febrero de 1955, el *The New York Times* afirmó que la desaparición de Fawcett había propiciado más búsquedas «que las organizadas a lo largo de los siglos para dar con el fabuloso El Dorado».[7] Algunas de estas expediciones habían perecido a causa del hambre; otras, a manos de tribus. Luego llegaron aquellos aventureros que partieron en busca de Fawcett y acabaron desapareciendo, al igual que él, en la selva a la que los viajeros habían bautizado hacía mucho tiempo como el «infierno verde». Dado que muchos de estos buscadores no publicitaron sus viajes, no existen estadísticas fidedignas del número de personas que han muerto en el intento. Una estimación reciente, no obstante, eleva el total a un centenar.

Lynch no parecía dado a dejarse llevar por las fantasías. Alto, esbelto, de ojos azules y tez pálida muy sensible al sol, trabajaba en el Chase Bank de São Paulo. Estaba casado y tenía dos hijos. Pero, cuando contaba treinta años, empezó a sentir ciertas inquietudes: desaparecía durante días recorriendo a pie la selva del Amazonas. Pronto pasó a participar en competiciones de riesgo extenuantes: en una ocasión, caminó setenta y dos horas seguidas, sin dormir, y cruzó un cañón haciendo equilibrios sobre una soga. «La idea era agotarse física y mentalmente, y ver cómo reaccionaba uno en esas circunstancias —dijo, y añadió—: Algunas personas se desmoronaban, pero a mí siempre me pareció estimulante.»

Lynch era más que un aventurero. Se sentía atraído tanto por la investigación intelectual como por las proezas físicas, y confiaba en arrojar luz con sus indagaciones sobre temas poco conocidos. Con frecuencia pasaba meses encerrado en la biblioteca investigando sobre algún tema. Se había aventurado, por ejemplo, a buscar las fuentes del Amazonas y había encontrado una colonia de menonitas que vivían en el desierto boliviano. Pero nunca había topado con un caso como el del coronel Fawcett.

Las partidas expedicionarias anteriores no solo no habían hallado pista alguna sobre lo ocurrido a Fawcett —todas habían desaparecido, convirtiéndose ellas mismas en un misterio—, sino que tampoco ninguna había desentrañado lo que Lynch consideraba el mayor enigma de todos: Z. De hecho, Lynch descubrió que, a diferencia de otros exploradores desaparecidos —como Amelia Earhart, que desapareció en 1937 mientras intentaba dar la vuelta al mundo pilotando un avión—, Fawcett había imposibilitado el rastreo de su ruta. La había mantenido tan en secreto que incluso ocultó detalles cruciales a su esposa, Nina, según confesó ella misma. Lynch estudió antiguos artículos periodísticos, pero apenas halló en ellos claves tangibles. Más tarde encontró una copia (con la esquina de algunas páginas doblada) de *Exploration Fawcett* [*A través de la selva amazónica*], una recopilación de escritos del explorador editados por su otro hijo, Brian, y publicados en 1953. (Ernest Hemingway conservaba un ejemplar en su biblioteca personal.) El libro resultó contener uno de los pocos indicios del trayecto definitivo del coronel, pues citaba como palabras de Fawcett: «Nuestra ruta partirá del Dead Horse Camp [Campamento del Caballo Muerto], a 11°43' sur y 54°35' oeste, donde mi caballo murió en 1921».[8] Aunque las coordenadas indicaban tan solo el punto de partida, Lynch las introdujo en su GPS. Este señalizó un punto situado en la cuenca meridional del Amazonas, en el Mato Grosso —cuyo nombre significa «bosque denso»—, un estado brasileño más grande que Francia y Gran Bretaña juntas. Llegar al Dead Horse Camp requeriría cruzar parte de la jungla más innaccesible del Amazonas, e implicaría a la vez acceder a territorios controlados por tribus indígenas que se habían instalado en la espesura de la selva y custodiaban sus tierras con fiereza.

El desafío parecía insalvable. Pero, mientras examinaba atentamente hojas de cálculo en el trabajo, Lynch se preguntaba: «¿Y si realmente existe Z? ¿Y si la selva hubiese ocultado un lugar como ese?». Incluso hoy, el gobierno brasileño calcula que existen más de sesenta tribus indígenas que no han tenido contacto alguno con foráneos.[9] «Estos bosques son [...] casi el único lugar de la tierra donde los pueblos indígenas pueden sobrevivir aislados del resto de la humanidad»,[10] escribió John Hemming, el célebre historiador, gran conocedor de los indígenas de Brasil y antiguo director de la Royal Geographical Society. Sydney Possuelo, que estaba al cargo del organismo brasileño creado para proteger a las tribus indígenas, ha comentado al respecto de estas últimas: «Nadie sabe a ciencia cierta quiénes son, dónde están, cuántos son y qué lenguas hablan».[11] En 2006, en Colombia, miembros de una tribu nómada llamada nukak-makú emergieron del Amazonas y anunciaron que estaban dispuestos a integrarse en el mundo moderno, aunque ignoraban que Colombia era un país y preguntaron si los aviones que los sobrevolaban viajaban por una carretera invisible.[12]

Una noche, Lynch, incapaz de conciliar el sueño, fue a su estudio, que estaba repleto de mapas y reliquias de sus expediciones anteriores. En uno de los documentos que poseía sobre Fawcett, encontró la advertencia que el coronel había hecho a su hijo: «Si con toda mi experiencia no lo conseguimos, no habrá mucha esperanza para los demás». Lejos de desalentar a Lynch, estas palabras le convencieron. «Tengo que ir», dijo a su esposa.

Pronto consiguió un compañero, René Delmotte, un ingeniero brasileño a quien había conocido en una competición de riesgo. Durante meses, los dos hombres estudiaron imágenes de satélite del Amazonas, con el fin de afinar su ruta. Lynch se proveyó del mejor equipamiento: jeeps equipados con turbocompresores y neumáticos antipinchazos, walkie-talkies, equipos de radio de onda corta y generadores. Al igual que Fawcett, Lynch tenía experiencia en el diseño de barcos, y junto con un constructor naval fabricó dos embarcaciones de aluminio de siete metros y medio lo bastante planas para navegar por ciénagas y marismas. Preparó asimismo un botiquín que contenía decenas de antídotos contra picaduras de serpiente.

Con el mismo esmero escogió a los miembros de su partida. Reclutó a dos mecánicos que, en caso de necesidad, sabrían reparar el equipamiento y a dos veteranos conductores todoterreno. Alistó también al doctor Daniel Muñoz, un afamado antropólogo forense, que en 1985, había contribuido a identificar los restos de Josef Mengele, el fugitivo nazi, y que ayudaría a confirmar los orígenes de cualquier objeto que encontraran del equipo de Fawcet: la hebilla de un cinturón, un fragmento de hueso, una bala.

Aunque anteriormente Fawcett ya había advertido que todas las expediciones de gran envergadura habían «acabado en desastre»,[13] la partida pronto creció hasta incluir a dieciséis hombres. Con todo, había aún otra persona que quería ir: James Jr., el hijo de dieciséis años de Lynch. Atlético y más musculoso que su padre, con una poblada mata de pelo castaño y grandes ojos del mismo color, había participado en una expedición anterior y se había desenvuelto bien. De modo que Lynch accedió, al igual que Fawcett, a llevar consigo a su hijo.

El equipo se reunió en Cuiabá, capital del Mato Grosso, que se extiende a lo largo del extremo meridional de la cuenca del Amazonas. Lynch repartió camisetas en las que había estampado el dibujo de unas huellas que se dirigían hacia la selva. En Inglaterra, el *Daily Mail* publicó un artículo sobre la expedición con el título «¿Estamos a punto de resolver el eterno misterio del coronel Percy Fawcett?». Durante días, el grupo se desplazó en jeep por la cuenca del Amazonas, recorriendo carreteras sin asfaltar repletas de surcos y zarzas. La vegetación empezó a volverse más densa, y James Jr. apretaba la cara contra la ventanilla. Tras limpiar el vaho del vidrio, veía las frondosas copas de los árboles desplegándose en lo alto, los resquicios por los que se filtraban haces de luz del sol que dejaban ver de pronto las alas amarillas de unas mariposas y guacamayos. En una ocasión vio una serpiente de dos metros, semioculta en el barro, con una honda depresión entre los ojos. «Es una *jararaca*», le informó su padre. Era una víbora lora, una de las serpientes más venenosas del continente americano. (La mordedura de una *jararaca* hace que la víctima sangre por los ojos y se vaya convirtiendo, según describe un biólogo, en «un cadáver palmo a palmo».)[14] Lynch esquivó a la serpiente con un volantazo y el rugido del motor ahuyentó a otros animales, incluso a los monos aulladores, que treparon hasta las copas de los árboles; tan solo los mosquitos parecían seguir impertérritos mientras rondaban los vehículos al igual que centinelas.

Tras varias paradas para montar el campamento y pernoctar, la expedición siguió un sendero que la condujo hasta un claro situado junto al río Xingu. Una vez allí, Lynch intentó obtener una lectura del GPS.

—¿Qué ocurre? —preguntó uno de sus compañeros.

Lynch estudió las coordenadas que aparecían en la pantalla.

—No estamos lejos del lugar donde Fawcett fue visto por última vez —contestó.

Un zarzal de enredaderas y lianas cubría los caminos que partían del claro, y Lynch decidió que la expedición debía seguir su incursión en barco. Dio la instrucción a varios miembros de que regresaran con parte del equipo más pesado. En cuanto encontrara un lugar donde pudiera aterrizar una avioneta híbrida, enviaría por radio las coordenadas para que se lo llevaran por aire.

Los demás miembros del equipo, entre ellos James Jr., trasladaron las dos embarcaciones al agua e iniciaron su viaje bajando el río Xingu. Las corrientes los arrastraron a notable velocidad, mientras iban dejando atrás helechos espinosos y palmeras morete, plantas trepadoras y mirtos; una maraña infinita de vegetación que se alzaba a ambos lados. Poco antes del anochecer, Lynch enfilaba otro meandro cuando creyó atisbar algo en la lejana ribera. Se alzó el ala del sombrero. Por un hueco entre las ramas vio varios pares de ojos escrutándolos. Cuando las barcas llegaron a la orilla, arañando la arena, Lynch y sus hombres bajaron a tierra. Al mismo tiempo, los indígenas —desnudos, con las orejas perforadas y ataviados con deslumbrantes plumas de guacamayo— surgieron de la selva. Finalmente, un hombre de fuerte complexión y ojos ribeteados con pintura negra se adelantó a los demás. Según varios de los indígenas que chapurreaban portugués y hacían las veces de intérpretes, se trataba del jefe de la tribu kuikuro. Lynch indicó a sus hombres que sacaran los regalos, que consistían principalmente en cuentas, caramelos y cerillas. El jefe parecía amistoso y permitió a la expedición que acampara junto al poblado kuikuro; incluso dejó que una avioneta aterrizara en un claro cercano.

Aquella noche, mientras intentaba dormir, James Jr. se preguntó si Jack Fawcett se habría acostado en un lugar como aquel y si habría visto cosas tan asombrosas. El sol le despertó al amanecer del día siguiente. El muchacho asomó la cabeza por la entrada de la tienda de su padre.

—Feliz cumpleaños, papá —dijo.

Lynch lo había olvidado: cumplía cuarenta y dos.

Aquel día, varios indios kuikuro invitaron a Lynch y a su hijo a ir a una laguna próxima, donde se bañaron acompañados de tortugas de unos cincuenta kilos. Lynch oyó el sonido de un motor: era su avioneta que aterrizaba con el resto de sus hombres y del equipo. La expedición volvía a reunirse al fin.

Instantes después, un indio kuikuro llegó corriendo desde el sendero, gritando en su lengua nativa. Los demás salieron del agua a toda prisa.

—¿Qué ocurre? —preguntó Lynch en portugués.

—Problemas —contestó un kuikuro.

Los indígenas echaron a correr hacia el poblado, y Lynch y su hijo los siguieron, con las ramas arañándoles la cara. Cuando llegaron, un miembro de la expedición se acercó a ellos.

—¿Qué está pasando? —le preguntó Lynch.

—Están rodeando el campamento.

Lynch vio a más de una veintena de indígenas, presumiblemente de tribus vecinas, precipitándose hacia ellos. También habían oído el avión. Muchos lucían brochazos de pintura roja y negra en sus cuerpos desnudos. Llevaban consigo arcos y flechas de casi dos metros, rifles antiguos y lanzas. Cinco de los hombres de Lynch echaron a correr hacia el avión. El piloto seguía en la cabina y los cinco saltaron dentro, aunque el aparato solo tenía capacidad para cuatro pasajeros. Gritaron al piloto que despegara, pero este parecía no advertir lo que ocurría. Entonces miró a través de la ventanilla y vio que varios indígenas se precipitaban hacia él enarbolando los arcos y las flechas. Mientras ponía en marcha el motor, los indígenas se aferraron a las alas, tratando de retener la avioneta en tierra. El piloto, consciente de la peligrosa sobrecarga que llevaba, arrojó por las ventanillas todo cuanto tenía a mano, es decir, ropa y documentos, que revolotearon a merced de la propulsión de las hélices. El avión recorrió con gran estruendo la improvisada pista de aterrizaje, bamboleándose, rugiendo y virando bruscamente entre los árboles. Justo antes de que las ruedas se alzaran del suelo, el último de los indígenas se soltó del aparato.

Lynch vio cómo el avión desaparecía, envuelto en la nube de polvo rojo que el aparato había levantado. Un joven indígena, que llevaba todo el cuerpo cubierto de pintura y parecía liderar el asalto, se acercó a Lynch agitando en el aire una *borduna*, una especie de garrote de más de un metro de largo que los guerreros usaban para aplastar la cabeza de sus enemigos. Hostigó a Lynch y a los once miembros restantes de su equipo hasta unas pequeñas embarcaciones.

—¿Adónde nos lleváis? —preguntó Lynch.

—Sois nuestros prisioneros de por vida —contestó el joven.

James Jr. se palpó la cruz que llevaba colgada al cuello. Lynch siempre había creído que una aventura no era tal hasta que, según sus propias palabras, «llega la mala suerte». Pero aquello era algo que no había previsto. No contaba con ningún plan de emergencia, ni experiencia a la que recurrir. Ni siquiera disponía de un arma.

Apretó con fuerza la mano de su hijo.

—Pase lo que pase —le susurró—, no hagas nada a menos que yo te lo diga.

Las embarcaciones enfilaron el río principal y después un angosto arroyo. A medida que se internaban en la jungla, Lynch observó el entorno: el agua cristalina rebosante de peces iridiscentes, la vegetación cada vez más densa. Aquel era, pensó, el lugar más hermoso que jamás había visto.

3

Comienza la búsqueda

Siempre se ha dicho que toda búsqueda tiene un origen romántico. Sin embargo, ni siquiera ahora, soy capaz de encontrar uno bueno para la mía.

Permitidme que me explique: no soy explorador ni aventurero. No escalo montañas ni salgo de caza. Ni siquiera me gusta ir de camping. No llego al metro setenta y tengo casi cuarenta años, con una cintura que empieza a crecer y una mata de pelo negro que cada vez es más escasa. Sufro una afección degenerativa llamada queratocono que me impide ver bien de noche. Mi sentido de la orientación es pésimo; tiendo a olvidar dónde estoy cuando viajo en metro y me paso mi parada de Brooklyn. Me gustan los periódicos, la comida precocinada, los acontecimientos deportivos (grabados con sistema TiVo) y el aire acondicionado puesto al máximo. Ante la disyuntiva diaria de subir dos tramos de escalera hasta mi apartamento o hacerlo en el ascensor, invariablemente opto por lo segundo.

Sin embargo, cuando trabajo en una historia las cosas cambian. Desde joven, me han atraído los relatos de intriga y aventura, aquellos que «atrapan», como los definía Rider Haggard. Los primeros que recuerdo que me contaron giraban en torno a mi abuelo, Monya. En aquel entonces él pasaba de los setenta y padecía Parkinson; se sentaba, con ese constante temblor, en el porche de nuestra casa, en Westport, Connecticut, con la mirada perdida. Mientras tanto, mi abuela me relataba sus antiguas aventuras. Me dijo que mi abuelo, de origen ruso, había sido peletero y fotógrafo *freelance* para la National Geographic, el primer cámara occidental a quien se le había permitido, en la década de los veinte, acceder a varias regiones de China y del Tíbet. (Varios parientes sospechan que era espía, aunque nunca hemos encontrado prueba alguna que confirme esta teoría.) Mi abuela recordaba que, poco antes de casarse con él, Monya fue a la India para comprar pieles de gran valor. Pasaban las semanas y no recibía noticias de él. Al cabo, le llegó por correo un sobre maltrecho. En su interior tan solo había una fotografía emborronada de Monya tendido, con el cuerpo encogido y el rostro pálido bajo una mosquitera: había contraído la malaria. Finalmente regresó, pero, dado que aún estaba convaleciente, la boda se celebró en el hospital. «Entonces supe lo que me esperaba», me confesó mi abuela. Me contó que Monya se había hecho corredor de motos profesional y, al ver que yo la miraba con aire escéptico, desplegó un pañuelo y me mostró su contenido: una de las medallas de oro que él había ganado. En una ocasión, estando en Afganistán en busca de pieles, le fallaron los frenos de la moto con sidecar, en el que llevaba a un amigo, mientras atravesaban el paso de Khyber. «Con la moto ya fuera de control, tu abuelo se despidió de su amigo —rememoró mi abuela—. Entonces Monya vio a unos obreros trabajando en la carretera; junto a ellos había un gran montículo de tierra y tu abuelo viró el volante hacia él. Ambos salieron catapultados. Se rompieron varios huesos, pero nada grave. Por supuesto, eso no impidió que tu abuelo siguiera viajando en moto.»

Para mí, lo más asombroso de aquellas aventuras era la figura alrededor de la cual giraban. La imagen que yo había tenido siempre de mi abuelo era la de un anciano que apenas podía andar. Cuanto más me contaba de él mi abuela, más ávido me sentía yo de conocer detalles que me ayudaran a entenderle; aun así, había algo en él que incluso mi abuela parecía no entender. «Es Monya», decía ella, haciendo un gesto resignado con la mano.

Cuando me hice reportero, empezaron a atraerme las historias que «atrapaban». En la década de los noventa trabajé como corresponsal en el Congreso, pero seguía indagando por cuenta propia en historias sobre estafadores, gángsteres y espías. Si bien la mayor parte de mis artículos parecen no guardar relación alguna entre sí, tienen un vínculo en común: la obsesión. Versan sobre personas corrientes impelidas a hacer cosas extraordinarias —cosas que la mayoría de nosotros jamás osaríamos hacer—, en cuya cabeza brota el germen de una idea que va expandiéndose como en una metástasis hasta que los consume.

Siempre he creído que mi interés por este tipo de individuos es meramente profesional: son ellos quienes me proporcionan el mejor material. Pero en ocasiones me pregunto si no me pareceré a ellos más de lo que quiero creer. La actividad del reportero implica una incesante búsqueda para desentrañar detalles, con la esperanza de descubrir alguna verdad oculta. Para disgusto de mi esposa, cuando trabajo en una historia así tiendo a perder de vista todo lo demás. Olvido pagar las facturas y afeitarme. No me cambio de ropa tan a menudo como debiera. Incluso asumo riesgos que de ningún otro modo aceptaría: reptar centenares de metros bajo las calles de Manhattan con excavadores de túneles o viajar en un esquife con un cazador de calamares gigantes durante una violenta tempestad. A la vuelta de aquella travesía en barco, mi madre me dijo: «¿Sabes?, me recuerdas a tu abuelo».

En 2004, mientras me documentaba para un reportaje sobre el misterioso fallecimiento de un experto en Conan Doyle y Sherlock Holmes, topé con una referencia sobre la figura de Fawcett como inspirador de *El mundo perdido*. Leyendo sobre él, empezó a intrigarme el fantástico concepto de Z: la idea de que pudiera haber existido en el Amazonas una civilización sofisticada de arquitectura monumental resultaba fascinante. Al igual que otros, sospecho, el concepto que yo tenía del Amazonas se reducía al de un montón de tribus dispersas y viviendo en la Edad de Piedra; una visión que se derivaba no solo de las novelas de aventuras y de las películas de Hollywood, sino también de obras de eruditos.

Los ecologistas a menudo han descrito el Amazonas como una «selva virgen» que, hasta las recientes incursiones de madereros e intrusos, permanecía intacta. Asimismo, muchos arqueólogos y geógrafos sostienen que las condiciones del Amazonas, como las del Ártico, han impedido el desarrollo de las grandes poblaciones propias de las sociedades complejas, con distribución del trabajo y jerarquías políticas en forma de jefaturas y reinos.[1] Betty Meggers, de la Smithsonian Institution, es probablemente la arqueóloga contemporánea especializada en el Amazonas más influyente. En 1971, definió la región con un ya célebre concepto: «paraíso ilusorio»,[2] un lugar que, pese a la fauna y la flora que alberga, resulta desfavorable para la vida humana. Las lluvias y las inundaciones, así como el embate del sol, eliminan los nutrientes vitales de la tierra e imposibilitan la agricultura a gran escala. En un entorno tan inhóspito, según afirman ella y otros científicos, solo podrían sobrevivir pequeñas tribus nómadas. Dado que la tierra proporciona tan poco alimento, escribió Meggers, incluso cuando las tribus consiguen superar el desgaste producido por el hambre y las enfermedades, tienen que dar con «sustitutos culturales»[3] para controlar su población, como, por ejemplo, matar a los suyos. Algunas tribus cometían infanticidio, abandonaban a los enfermos en la selva o se enzarzaban en sangrientas venganzas y guerras. En la década de los setenta, Claudio Villas Boas, uno de los grandes defensores de los indígenas del Amazonas, comentó a un periodista: «Esto es la jungla, y matar a un niño deforme o abandonar al hombre sin familia puede resultar esencial para la supervivencia de la tribu. Solo ahora que la jungla está desapareciendo y que sus leyes carecen del sentido que tenían antaño nos conmociona todo esto».[4]

Tal como observa Charles Mann en su libro *1491*,[5] el antropólogo Allan R. Holmberg contribuyó a cristalizar la visión popular y científica de los indígenas del Amazonas como seres primitivos. Tras estudiar a miembros de la tribu sirionó en Bolivia a principios de la década de 1940, Holmberg los describió como un pueblo entre «los más atrasados del mundo culturalmente»,[6] una sociedad tan condicionada por la búsqueda de alimento que no había desarrollado modalidad alguna de arte, religión, vestimenta, animales de granja, alojamientos sólidos, comercio, caminos e incluso la capacidad para contar más allá de tres. «No llevan ningún cómputo del tiempo —afirmó Holmberg— ni disponen de ningún tipo de calendario.»[7] Los sirionó ni siquiera tenían un «concepto del amor romántico».[8] Eran, concluía el antropólogo, «hombres tan salvajes como la misma naturaleza».[9] Según Meggers, una civilización más sofisticada, procedente de los Andes, había migrado a la isla Marajó, en la desembocadura del Amazonas, donde acabaron desmembrándose y muriendo. Para las sociedades civilizadas, el Amazonas era, en suma, una trampa mortal.[10]

Mientras investigaba sobre Z, descubrí que un grupo de antropólogos y arqueólogos revisionistas habían empezado a cambiar de forma progresiva estas concepciones tan arraigadas en el tiempo: creían que era posible que en el Amazonas hubiese surgido una civilización avanzada. En esencia, afirman que los tradicionalistas han infravalorado la capacidad de las culturas y de las sociedades para transformar y trascender sus entornos naturales, estableciendo un paralelismo con la capacidad de los seres humanos para crear estaciones en el espacio y sembrar cosechas en el desierto israelí. Hay quien sostiene que las ideas de los tradicionalistas comportan aún un leve componente de las visiones racistas de los nativos estadounidenses, que previamente habían infundido teorías reduccionistas del determinismo medioambiental. Los tradicionalistas, por su parte, aducen que los revisionistas son un ejemplo de corrección política desmesurado, y que perpetúan esa sempiterna tendencia a proyectar sobre el Amazonas un paisaje imaginario, una fantasía de la mente occidental. En el debate está en juego una comprensión de la naturaleza humana y del mundo ancestral, y la contienda ha enfrentado ferozmente a los eruditos en la materia. Cuando llamé a la Smithsonian Institution, Meggers descartó la posibilidad de que alguien pudiera descubrir una civilización perdida en el Amazonas. «Demasiados arqueólogos —dijo— siguen yendo a la caza de El Dorado.»

Un prestigioso arqueólogo de la Universidad de Florida cuestiona la interpretación convencional del Amazonas como un paraíso ilusorio. Se llama Michael Heckenberger y trabaja en la región del Xingu, donde se cree que Fawcett desapareció. Varios antropólogos me dijeron que él era la persona con quien debía hablar, pero me advirtieron que raramente sale de la jungla y que evita cualquier distracción que le aleje de su trabajo. James Petersen, quien en 2005 dirigía el Departamento de Antropología de la Universidad de Vermont y que había formado a Heckenberger, me dijo: «Mike es absolutamente brillante y está en la vanguardia de la arqueología en el Amazonas, pero me temo que está usted llamando a la puerta equivocada. Mire, este hombre fue el padrino de mi boda y no consigo que conteste a ninguno de mis mensajes».

Con la ayuda de la Universidad de Florida, finalmente conseguí contactar con Heckenberger por medio de su teléfono vía satélite. Entre el ruido de las interferencias y de lo que parecía la jungla de fondo, me dijo que estaría en el poblado kuikuro del Xingu, y, para mi sorpresa, que estaba dispuesto a reunirse conmigo si yo me desplazaba hasta allí. Más tarde, cuando empecé a recabar más datos sobre la historia de Z, descubrí que aquel era exactamente el lugar donde James Lynch y sus hombres habían sido secuestrados.

—¿Vas a ir al Amazonas para intentar encontrar a alguien que desapareció hace doscientos años? —me preguntó mi mujer, Kyta.

Era una noche de enero de 2005 y ella estaba de pie en la cocina de nuestro apartamento, sirviendo los fideos fríos con sésamo del Hunan Delight.

—Hace solo ochenta años.

—Vale, ¿vas a ir en busca de alguien que desapareció hace ochenta años?

—Esa es la idea básica, sí.

—¿Cómo sabrás siquiera dónde buscar?

—Aún no he acabado de concretar esa parte. —Mi mujer, que es productora del programa *60 Minutes* y de naturaleza notablemente sensible, dejó los platos sobre la mesa y esperó a que le diera más detalles—. Tampoco seré el primero en ir —añadí—. Cientos de personas lo han hecho ya.

—¿Y qué fue de ellas?

Probé los fideos, vacilante.

—Muchas desaparecieron.

Me miró largo rato.

—Espero que sepas lo que estás haciendo.

Le prometí que no me precipitaría en ir al Xingu, al menos hasta que supiera dónde iniciaría mi ruta. Las últimas expediciones se habían basado en las coordenadas del Dead Horse Camp contenidas en *A través de la selva amazónica*, pero, dado el elaborado subterfugio del coronel, resultaba extraño que el campamento fuera tan fácil de encontrar. Si bien Fawcett había tomado meticulosas notas de sus expediciones, se creía que sus documentos más confidenciales se habían extraviado o bien que su familia se negaba a hacerlos públicos. Parte de la correspondencia de Fawcett y de los diarios de algunos miembros de sus expediciones, sin embargo, habían acabado en archivos británicos. Y así, antes de internarme en la jungla, viajé a Inglaterra para intentar obtener más información sobre la ruta de Fawcett celosamente protegida y del hombre que, en 1925, parecía haberse desvanecido de la faz de la tierra.

4

Tesoro enterrado

Percy Harrison Fawcett probablemente nunca se había sentido tan vivo.

Corría el año 1888 y Fawcett era teniente de la Artillería Real. Acababa de obtener un permiso de un mes en su guarnición de la colonia británica de Ceilán, e iba engalanado con un pulcro uniforme blanco con botones dorados y un casco de punta ajustado bajo el mentón. No obstante, incluso armado con rifle y espada, parecía un muchacho, el «más bisoño»[1] de los oficiales jóvenes, como se llamaba a sí mismo.

Se dirigió a su bungalow de Fort Frederick, que daba al resplandeciente fondo azul del puerto de Trincomalee. Fawcett, amante empedernido de los perros, compartía su habitación con siete fox terrier, que, en aquellos tiempos, acompañaban con frecuencia a los oficiales a la batalla. Buscó una carta que había escondido entre los artilugios que abarrotaban sus dependencias. Allí estaba: extraños y retorcidos caracteres garabateados con tinta de sepia. A Fawcett le había enviado la nota un administrador colonial, que la había recibido de un cacique del pueblo a quien había hecho un favor. Según escribió más tarde en su diario, aquella misteriosa caligrafía llevaba adjunto un mensaje en inglés que informaba que en la ciudad de Badulla, situada en el interior de la isla, había una planicie cubierta de rocas en un extremo. En cingalés, aquel lugar se conocía como Gallapita-Galla, «roca sobre roca». El mensaje proseguía así:

Bajo esas rocas hay una cueva a la que durante un tiempo era fácil acceder, pero que ahora cuesta encontrar debido a que la entrada está tapiada por piedras, vegetación selvática y hierba crecida. A veces se ven leopardos rondando por allí. En la cueva hay un tesoro [...] [de] joyas y oro sin pulir en una cantidad mayor de la que muchos reyes poseyeron.[2]

Aunque Ceilán (la actual Sri Lanka) era conocida como «el joyero del océano Índico», el administrador colonial había dado poco crédito a una historia tan extravagante y entregó los documentos a Fawcett, pues creía que le resultarían interesantes. Fawcett no tenía ni idea de qué hacer con ellos; podría tratarse de meras paparruchas. Pero, a diferencia de los cuerpos de oficiales aristócratas, tenía poco dinero. «Como teniente sin peculio de la Artillería —escribió—, la idea de un tesoro resultaba demasiado atractiva para desecharla.»[3] Suponía también una oportunidad para alejarse de la base de artillería y de la casta blanca gobernante, que era el reflejo de la alta sociedad inglesa, una sociedad que, bajo su pátina de respetabilidad social, siempre había entrañado para Fawcett cierto horror dickensiano.

Su padre, el capitán Edward Boyd Fawcett, era un aristócrata victoriano, antiguo miembro del círculo íntimo del príncipe de Gales y uno de los mejores bateadores de críquet del imperio. Pero de joven empezó a llevar una vida disoluta tras caer en el alcoholismo —su apodo era *Bulb*, «bulbo», debido a que su nariz se había abultado por efecto del alcohol—. Además era mujeriego y un gran despilfarrador, que dilapidó el patrimonio familiar. Años después, un pariente, esforzándose por describirle en los mejores términos posibles, escribió que el capitán Fawcett «poseía grandes capacidades que no habían encontrado verdadera aplicación en la práctica, un buen hombre descarriado [...], un erudito de Balliol y excelente atleta [...], regatista, encantador e inteligente, secretario privado del príncipe de Gales (que más tarde sucedería a la reina Victoria como Eduardo VII), y quien dilapidó dos sustanciosas fortunas en la corte, desatendió a su esposa e hijos [...], y, a consecuencia de sus hábitos disolutos y su adicción a la bebida al final de su corta vida, murió consumido a los cuarenta y cinco años».[4]

La madre de Percy, Myra Elizabeth, no supuso un gran refugio en ese entorno «desestructurado». «Su desdichada vida marital le provocó una frustración y una amargura tales que la empujaron al capricho y a adoptar una actitud injusta en especial con sus hijos»,[5] escribió el mismo pariente. Tiempo después, Percy confesó a Conan Doyle, con quien mantenía una relación epistolar, que su madre era sencillamente «odiosa».[6] Pese a ello, Percy intentó preservar la reputación de ella, junto con la de su padre, aludiendo a ellos solo de forma indirecta en *A través de la selva amazónica*: «Tal vez fuera lo mejor que mi infancia [...] estuviera tan exenta de afecto paternal para convertirme en lo que soy».[7]

Con el dinero que les quedaba, los padres de Fawcett le enviaron a escuelas públicas de élite de Gran Bretaña —entre ellas, Westminster—, célebres por los rigurosos métodos que aplicaban. Aunque Fawcett insistía en que los frecuentes varazos que recibía «no consiguieron cambiar mis puntos de vista»,[8] fue obligado a adaptarse al concepto victoriano del caballero.[9] La indumentaria se consideraba un signo inconfundible de carácter, y él solía llevar levita negra y chaleco, y, en los acontecimientos formales, frac y sombrero de copa; los guantes impolutos, ultimados con ensanchadores y máquinas de pólvora, eran tan esenciales que algunos hombres llegaban a utilizar seis pares en un mismo día. Años después, Fawcett se quejaría de que «el memorable horror (de tales complementos) persistía aún desde los días grises en la escuela de Westminster».[10]

Solitario, combativo e hipersensible, Fawcett había aprendido a conversar sobre obras de arte (aunque nunca alardearía de sus conocimientos), a bailar el vals sin retroceder y a ser extremadamente recatado en presencia del sexo opuesto. La sociedad victoriana, temerosa de que la industrialización erosionara los valores cristianos, estaba obsesionada por controlar los instintos carnales. Se llevaban a cabo cruzadas contra la literatura obscena y «la enfermedad de la masturbación», y por la campiña se repartían panfletos en favor de la abstinencia, que instaban a las madres a «permanecer vigilantes en los henares». Los médicos recomendaban el uso de «aros con púas para el pene» a fin de reprimir impulsos incontrolados. Tal fervor contribuyó a que Fawcett tuviese una visión de la vida que se asemejaba a una guerra constante contra las fuerzas físicas que lo rodeaban. En escritos posteriores, advirtió de que con demasiada frecuencia se «ocultan [...] anhelos de excitación sexual» y «vicios y deseos».[11]

La caballerosidad, no obstante, no se limitaba al decoro. De Fawcett se esperaba que fuera, según escribió un historiador acerca del prototipo de caballero victoriano, «un líder natural de los hombres [...], intrépido en la guerra».[12] Los deportes se consideraban el entrenamiento último para los jóvenes que pronto pondrían a prueba su valor en lejanos campos de batalla. Fawcett llegó a ser, como su padre, un excelente jugador de críquet. El periódico local alababa repetidamente su juego «brillante». Alto y esbelto, dotado de una notable coordinación, era un atleta nato, pero los espectadores observaron en su estilo una determinación casi obsesiva. Uno de ellos afirmó que Fawcett mostraba de forma invariable a los lanzadores que «se precisa algo más de lo habitual para desbancarle en cuanto está preparado».[13] Cuando empezó a practicar el rugby y el boxeo, dio muestras de la misma ferocidad obstinada: en un partido de rugby, se abrió camino entre sus oponentes incluso después de haber perdido los incisivos tras recibir un golpe.

Aunque Fawcett ya era de una naturaleza extremadamente fuerte, se endureció aún más cuando, a los diecisiete años, fue enviado a la Royal Military Academy de Woolwich,[14] o «el Taller», tal como se la conocía. Aunque Fawcett no albergaba deseo alguno de ser soldado, al parecer su madre le obligó a ingresar en la Academia porque a ella le deslumbraban los uniformes. La frialdad del Taller suplantó a la frialdad de su hogar. Los *snookers* —novatos o cadetes recién llegados como Fawcett— soportaban horas de instrucción y, si violaban el código del «cadete caballero», se los azotaba. Los cadetes veteranos a menudo obligaban a los más jóvenes a «buscar tempestades»: los forzaban a asomar los brazos y las piernas desnudos por una ventana y soportar el frío durante horas. O bien se les ordenaba permanecer de pie sobre dos taburetes apilados en una mesa mientras otros los hacían tambalearse a patadas. O se los quemaba con un atizador incandescente. «Los métodos de tortura a veces eran ingeniosos, y otras, dignos de las razas más salvajes»,[15] afirmó un historiador de la Academia.

Cuando Fawcett se graduó, casi dos años después, se le había enseñado, según lo describió un contemporáneo, «a considerar el riesgo de morir como la salsa más sabrosa de la vida».[16] Aún más relevante es el hecho de que fuera entrenado para ser un apóstol de la civilización occidental: salir y convertir el mundo al capitalismo y al cristianismo, transformar pastos en tierras de cultivo y cabañas en hoteles, mostrar a aquellos que vivían en la Edad de Piedra las maravillas del motor de vapor y de la locomotora, y asegurarse de que el sol nunca se pusiera en el Imperio británico.

Tras escabullirse de la apartada base de Ceilán[17] con el mapa del tesoro en su poder, Fawcett se encontró de pronto rodeado de bosques frondosos, playas cristalinas, montañas y gente vestida con colores que nunca había visto: no se trataba de el negro y el blanco fúnebres de Londres, sino de morados, amarillos y rubíes, radiantes, destellantes y llenos de vida, una visión tan pasmosa que incluso el gran cínico de Mark Twain, quien visitó la isla en la misma época, comentó: «¡Cielos, es hermosa!».[18]

Fawcett subió a una barca correo atestada que, al lado de los acorazados británicos, apenas era un minúsculo trozo de madera y lona. En cuanto esta se alejó de la ensenada, Fawcett pudo ver Fort Frederick en lo alto del risco y las troneras de su muralla exterior de finales del siglo XVIII, cuando los británicos habían intentado apropiarse del promontorio que pertenecía a los holandeses, que previamente se lo habían arrebatado a los portugueses. Tras recorrer unas ochenta millas al sur por la costa oriental, la embarcación viró hacia el puerto de Batticaloa, donde un sinfín de canoas pululaban alrededor de los barcos que arribaban. Mercaderes cingaleses, gritando sobre las salpicaduras de los remos, ofrecían piedras preciosas, especialmente a un *sahib* que, ataviado con un sombrero de copa y un chaleco del que colgaba la cadena de un reloj, sin duda llevaba los bolsillos llenos de libras esterlinas. Tras desembarcar, Fawcett sin duda debió de verse rodeado por más comerciantes: algunos cingaleses, otros tamiles, unos cuantos musulmanes, todos apiñados en el bazar, pregonando sus productos frescos. El aire estaba impregnado del aroma de las hojas de té secas, del olor dulce de la vainilla y del cacao, y otro algo más acre: el del pescado seco, que no despedía el hedor rancio habitual del mar sino el del curry. Y había más gentío: astrólogos, mercaderes ambulantes, lavanderos, vendedores de azúcar moreno sin refinar, herreros, tocadores de tantán y mendigos. Para llegar a Badulla, situada a unos ciento sesenta kilómetros tierra adentro, Fawcett viajó en una carreta tirada por un buey, que traqueteó y chirrió mientras el conductor fustigaba el lomo del animal, espoleándolo por la carretera de montaña que transcurría entre arrozales y plantaciones de té. En Badulla, Fawcett preguntó a un terrateniente británico si había oído hablar de un lugar llamado Galla-pita-Galla.

—Me temo que no puedo ayudarle —le contestó el hombre—. Allí arriba hay unas ruinas a las que llaman Baño del Rey, que en el pasado podría haber sido un depósito o algo así, pero en cuanto a las rocas... ¡caray!, ¡pero si todo son rocas!

Recomendó a Fawcett que hablara con el jefe del lugar, Jumna Das, y descendiente de los reyes kandianos, que gobernaron el país hasta 1815.

—Si alguien puede decirle dónde está Galla-pita-Galla, es él —le dijo el inglés.[19]

Aquella noche, Fawcett encontró a Jumna Das, un anciano alto y con una elegante barba blanca. Das le contó que se rumoreaba que el tesoro de los reyes kandianos había sido enterrado en aquella región. No cabía duda, prosiguió Das, de que los restos arqueológicos y los depósitos de minerales reposaban en las laderas de las colinas situadas al sudeste de Badulla, tal vez cerca de Galla-pita-Galla.

Fawcett fue incapaz de encontrar el tesoro, pero la perspectiva de las joyas refulgía aún en sus pensamientos. «¿Con qué disfruta más el perro de caza: con la persecución o dando muerte a la presa?»,[20] se preguntó. Tiempo después volvió a partir con un mapa. En esa ocasión, con la ayuda de un equipo de obreros a los que había contratado, descubrió un enclave que parecía guardar semejanza con la cueva descrita en la nota. Durante horas, los hombres cavaron y los montículos de tierra fueron creciendo a su alrededor, pero lo único que desenterraron fueron fragmentos de cerámica y una cobra blanca que aterró a los obreros e hizo que huyeran como alma que lleva el diablo.

Pese al fracaso, Fawcett disfrutó con aquella incursión que le permitió distanciarse de todo cuanto conocía. «Ceilán es un país muy antiguo, y los pueblos antiguos poseían más sabiduría de la que nosotros tenemos hoy»,[21] dijo Das a Fawcett.

Aquella primavera, tras regresar a regañadientes a Fort Frederick, Fawcett supo que el archiduque Francisco Fernando, sobrino del emperador austrohúngaro, tenía previsto visitar Ceilán. Se anunció una fiesta de gala en su honor a la que asistió gran parte de la élite gobernante. Los hombres acudieron con fracs negros y pañuelos blancos de seda anudados al cuello; las mujeres, con abultadas faldas con miriñaque y corsés tan ceñidos que les dificultaban la respiración. Fawcett, que llevó su atuendo más ceremonioso, resultó una presencia imponente y carismática.

«Es obvio que despierta cierta fascinación en las mujeres»,[22] observó un pariente. En ocasión de un acto benéfico, un periodista comentó que «el modo en que las mujeres le respetaban era digno de un rey».[23] Durante la fiesta, Fawcett no conoció personalmente al archiduque, pero sí le llamó la atención una muchacha que le resultó cautivadora: no aparentaba tener más de diecisiete o dieciocho años, de tez pálida y cabello castaño recogido en la nuca, un peinado que resaltaba sus rasgos exquisitos. Se llamaba Nina Agnes Paterson y era hija de un magistrado colonial.

Aunque Fawcett nunca lo reconoció, debió de sentir algunos de los anhelos que tanto le aterraban. (Entre sus documentos conservaba la advertencia de un adivino: «Los mayores peligros que le acecharán provendrán de las mujeres, que se sienten muy atraídas por usted, y por quienes usted siente también gran atracción, si bien le acarrearán más dolor y problemas que cualquier otra cosa».) Dado que el protocolo social no le permitía acercarse a Nina e invitarla a bailar, tenía que buscar a alguien que los presentara oficialmente, y así lo hizo.

Aunque era una joven vehemente y frívola, Nina también era extremadamente culta. Hablaba alemán y francés, y se había formado en geografía, estudios religiosos y Shakespeare. Compartía con Fawcett un carácter impetuoso (abogaba por los derechos de la mujer) y una curiosidad que saciaba a solas (le gustaba explorar la isla y leer textos budistas).

Al día siguiente, Fawcett escribió a su madre para decirle que había conocido a la mujer ideal, «la única con la que deseo casarme».[24] Nina vivía con su familia en una enorme casa repleta de sirvientes en el extremo opuesto de la isla, en Galle. Fawcett la visitaba a menudo con el fin de cortejarla. Empezó a llamarla *Cheeky* («pilla»), en parte, según afirmó un miembro de la familia, porque «ella siempre tenía que tener la última palabra»;[25] Nina le llamaba *Puggy* («pequeño dogo»), por su tenacidad. «Era muy feliz y no sentía sino admiración por el carácter de Percy: un hombre austero, serio y generoso»,[26] comentaría tiempo después Nina a un periodista.

El 29 de octubre de 1890, dos años después de conocerla, Fawcett le propuso matrimonio. «Mi vida no tiene sentido sin ti»,[27] le dijo. Nina aceptó de inmediato y su familia organizó una fiesta para celebrarlo. Pero, según afirmaron varios parientes, algunos miembros de la familia de Fawcett se opusieron al compromiso y, recurriendo a una mentira, pretextaron que Nina no era la dama que él creía; en otras palabras, que no era virgen. No está claro el motivo por el que la familia se oponía a ese enlace y lanzó aquella acusación, pero todo indica que el eje de las maquinaciones fue la madre de Fawcett. En una carta que escribió años después a Conan Doyle, Fawcett daba a entender que su madre había sido «una vieja tonta y una vieja horrenda por ser tan odiosa» con Nina, y que «tenía mucho que compensar».[28] En aquel tiempo, no obstante, Fawcett no desató su ira contra su madre sino contra Nina. Le escribió una carta en la que le dijo: «No eres la chica pura que creía que eras».[29] Y puso fin al compromiso.

Durante años no tuvieron contacto alguno. Fawcett siguió en el fuerte, donde, desde lo alto de los acantilados, podía ver una columna erigida en memoria de una doncella holandesa que, en 1687, se había arrojado al mar después de que su prometido la abandonara. Nina regresó a Gran Bretaña. «Tardé mucho tiempo en recuperarme de aquel golpe»,[30] confesó tiempo después a un periodista, si bien ocultó el verdadero motivo de la decisión de Fawcett. Un tiempo después conoció a un capitán del ejército llamado Herbert Christie Prichard, quien desconocía la acusación lanzada contra ella o bien se negó a creerla. En el verano de 1897 se casaron. Pero cinco meses después, él murió de una embolia cerebral. Según palabras de Nina, «el destino me golpeó cruelmente por segunda vez».[31]

Se cree que, instantes antes de morir, Prichard le dijo: «Ve... ¡y cásate con Fawcett! Él es el hombre apropiado para ti».[32] Para entonces, Fawcett había descubierto ya el engaño de su familia y, según un pariente, escribió a Nina y «le suplicó que le aceptara de nuevo».[33]

«Yo creía que ya no le amaba —confesó Nina—. Creía que, con su brutal comportamiento, había matado la pasión que había sentido por él.» Sin embargo, cuando volvieron a encontrarse, ella no tuvo arrestos de rechazarle: «Nos miramos y, esta vez invencible, la felicidad nos arrobó a ambos. ¡Habíamos vuelto a encontrarnos!».[34]

El 31 de enero de 1901, nueve días después de la muerte de la reina Victoria, que puso fin a un reinado que había durado más de sesenta y cuatro años, Nina Paterson y Percy Harrison Fawcett finalmente se casaron, y se instalaron en el fuerte militar de Ceilán. En mayo de 1903 nació su primer hijo, Jack. Se parecía a su padre, aunque tenía la tez más clara y había heredado los rasgos delicados de su madre. «Un niño especialmente guapo —escribió Fawcett. Jack parecía poseer un talento prodigioso, al menos para sus padres—. Ya corría a los siete meses y hablaba con fluidez al año —se ufanaba Fawcett—. Estaba y está, física e intelectualmente, muy adelantado.»[35]

Aunque Ceilán se había convertido para su esposa y su hijo en un «paraíso terrenal», a Fawcett empezaron a irritarle las restricciones de la sociedad victoriana. Era un ser solitario, demasiado ambicioso y obstinado («audaz hasta rayar en la irreflexión», lo definió un observador), y con excesivas inquietudes intelectuales para encajar en el cuerpo de oficiales. Si bien su esposa había atenuado en parte su carácter taciturno, él seguía siendo, según sus propias palabras, un «lobo solitario», decidido a «buscar caminos por mí mismo en lugar de seguir los que ya están trillados».[36]

Esos caminos le llevaron hasta uno de los personajes menos convencionales de la época victoriana: Helena Petrovna Blavatsky, o, como se la solía llamar, madame Blavatsky.[37] A finales del siglo XIX, Blavatsky, quien aseguraba tener poderes psíquicos, estuvo a punto de crear un movimiento religioso con visos de perdurar. Marion Meade, una de sus biógrafas más imparciales, escribió que, a lo largo de su vida, se produjeron encendidos debates entre individuos de diferentes nacionalidades sobre si era «un genio, una impostora consumada o sencillamente una lunática. En aquel entonces, podrían haberse presentado excelentes argumentos para defender cualquiera de las tres teorías».[38] Nacida en Rusia en 1831, Blavatsky era baja y muy corpulenta, con ojos protuberantes y múltiples pliegues de carne bajo el mentón. Tenía la cara tan ancha que muchos sospechaban que se trataba de un hombre. Proclamaba que era virgen (en realidad, tuvo dos esposos y un hijo ilegítimo) y apóstol del ascetismo (fumaba hasta doscientos cigarrillos al día y blasfemaba como un soldado). Meade escribió: «Pesaba más que otras personas, comía más, fumaba más, blasfemaba más, y visualizaba el cielo y la tierra en términos que empequeñecían cualquier concepción previa».[39] El poeta William Butler Yeats, que sucumbió a su embrujo, la describió como «la persona viva más humana».[40]

Durante sus viajes por América y Europa a lo largo de las décadas de 1870 y 1880, fue reuniendo a seguidores fascinados por sus extraños encantos y por sus apetitos góticos, y, sobre todo, por sus poderes para, al parecer, levitar objetos y hablar con los muertos. La cada vez mayor importancia de la ciencia en el siglo XIX había tenido un efecto paradójico: además de socavar la fe en el cristianismo y poner en duda el contenido de la Biblia, generó un inmenso vacío a la hora de explicar los misterios del universo que subyacían a los microbios, a la evolución y a la codicia capitalista. George Bernard Shaw escribió que tal vez nunca antes tanta gente había sido «adicta a las mesas parlantes, a las sesiones de espiritismo y materialización, a la clarividencia, a la quiromancia, a las bolas de cristal y similares».[41]

Los nuevos poderes de la ciencia para aprovechar fuerzas invisibles a menudo hicieron que estas creencias resultaran más verosímiles, en lugar de desacreditarlas. Si los fonógrafos podían captar voces humanas y los telégrafos podían enviar mensajes de un continente a otro, ¿acaso no podría la ciencia acabar desentrañando el misterio del más allá? En 1882, varios de los científicos más prestigiosos de Inglaterra fundaron la Society for Psychical Research. Entre sus miembros pronto se contaron un primer ministro y varios premios Nobel, así como Alfred Tennyson, Sigmund Freud y Alfred Russel Wallace, quien, junto con Darwin, desarrolló la teoría de la evolución. Conan Doyle, que con Sherlock Holmes había plasmado el poder de la mente racional, pasó años intentando confirmar la existencia de hadas y espíritus. «Supongo que yo soy Sherlock Holmes, si es que alguien lo es, y digo que los argumentos del espiritualismo están absolutamente demostrados»,[42] declaró Conan Doyle en una ocasión.

Mientras madame Blavatsky seguía practicando sus artes de médium, poco a poco fue desviando su atención hacia fronteras psíquicas más ambiciosas. Intentó crear una nueva religión llamada «teosofía», o «sabiduría de los dioses», tras asegurar ser el canal de una hermandad de mahatmas tibetanos reencarnados. Este credo se basaba en gran medida en doctrinas ocultas y religiones orientales, sobre todo en el budismo, y para muchos occidentales representó una especie de contracultura, saturada de vegetarianismo. Como observó la historiadora Janet Oppenheim en *The Other World*: «Para aquellos que querían rebelarse de forma radical contra las restricciones de la moral victoriana —al margen de cómo percibieran ese esquivo concepto—, el sabor de la herejía debió de resultar especialmente atractivo al estar ideada por una foránea tan descarada como H. P. Blavatsky».[43]

Algunos teósofos, llevando aún más lejos su herejía, se hicieron budistas y se alinearon con líderes religiosos en la India y Ceilán, quienes se oponían al poder colonial. Entre estos teósofos se encontraba el hermano mayor de Fawcett, Edward, a quien Percy siempre admiró. Edward, escalador de tremenda envergadura física, que siempre llevaba un monóculo de oro, había sido un niño prodigio: publicó un poema épico a los trece años. Ayudó a Blavatsky a documentarse y a escribir en 1893 su *opera magna*, *La doctrina secreta del hombre*. En 1890 viajó a Ceilán, donde Percy estaba destacado, para recibir el Pansil, o los cinco preceptos del budismo, que incluyen los votos de no matar, no beber alcohol ni cometer adulterio. Un periódico indio cubrió la ceremonia con el título «Conversión de un inglés al budismo»:

> La ceremonia comenzó hacia las 8.30 en el *sactum sanctorum* del Buddhist Hall, donde el Sumo Sacerdote Sumangala examinó al candidato. Satisfecho con la apariencia del señor Fawcett, el Sumo Sacerdote [...] dijo que era un enorme placer para él presentar al señor Fawcett, un erudito inglés [...]. El señor Fawcett se puso en pie y suplicó al Sumo Sacerdote que le concediera el Pansil. El Sumo Sacerdote asintió y el Pansil le fue concedido; el señor Fawcett fue repitiéndolo tras el Sumo Sacerdote. En la última frase de los Cinco Preceptos, el budista inglés fue bulliciosamente vitoreado por sus correligionarios presentes.[44]

En otra ocasión, según miembros de la familia, Percy Fawcett, aparentemente inspirado por su hermano, también recibió el Pansil; un acto que, para un oficial colonial que debía sofocar a los budistas y promover el cristianismo en la isla, era del todo sedicioso. En *The Victorians*, el novelista e historiador A. N. Wilson apuntó: «Hay algo maravillosamente subversivo en aquellos occidentales que, en el momento preciso de la historia en que las razas blancas imponían el imperialismo en Egipto y Asia, sucumbieron a la sabiduría oriental, incluso en sus formas tergiversadas y absurdas».[45] Otros eruditos señalan que los europeos del siglo XIX y principios del XX —incluso aquellos movidos por una motivación más benévola— promovieron una imagen aún más exótica de Oriente, lo cual tan solo contribuyó a legitimar el imperialismo. Fawcett consideraba que todo cuanto le habían enseñado en la vida acerca de la superioridad de la civilización occidental topaba de lleno contra lo que él experimentaba allende sus fronteras. «Transgredí una y otra vez las espantosas leyes de la conducta tradicional, pero haciéndolo aprendí mucho»,[46] afirmó. Con los años, intentó reconciliar estas dos fuerzas opuestas, equilibrar su absolutismo moral y su relativismo cultural, pero ello le induciría a singulares contradicciones y a cometer herejías aún mayores.

Aquel precario equilibrio alimentaba aún más su fascinación por exploradores como Richard Francis Burton y David Livingstone, ambos muy apreciados, incluso venerados, por la sociedad victoriana, y aun así capaces de vivir al margen de ella. Fawcett devoró los relatos de sus aventuras en las *penny presses*, unas publicaciones diarias que se vendían por un penique y que se producían en grandes cantidades en imprentas a vapor. En 1953, Burton, disfrazado de peregrino musulmán, había conseguido entrar en La Meca. Cuatro años después, en la frenética carrera por encontrar las fuentes del Nilo, John Speke se había quedado casi ciego a consecuencia de una infección y prácticamente sordo al intentar extraerse con un punzón un escarabajo que le estaba perforando el oído interno. A finales de la década de 1860, el misionero David Livingstone, también a la búsqueda de las fuentes del Nilo, desapareció en el corazón de África. En enero de 1871, Henry Morton Stanley partió en su busca, jurando: «Ningún hombre vivo [...] me detendrá. Solo la muerte me lo impedirá». Sorprendentemente, diez meses después Stanley culminó con éxito su misión, y pronunció su ya famoso saludo: «El doctor Livingstone, supongo». Livingstone, obcecado en proseguir con su exploración, se negó a regresar con él. Aquejado de una embolia, desorientado, con hemorragias internas y hambriento, murió en el noreste de Zambia en 1873. En sus últimos instantes de vida se postró para rezar. Su corazón, tal como él había pedido, fue enterrado allí, mientras que el resto de su cuerpo fue transportado a través del continente a hombros de sus seguidores, como si de un santo se tratara, y llevado de vuelta a Inglaterra, donde auténticas muchedumbres le rindieron homenaje en la abadía de Westminster.[47]

Tiempo después, Fawcett trabó amistad con el novelista que retrató de forma más vívida este mundo del aventurero-erudito victoriano: sir Henry Rider Haggard. En 1885, Haggard publicó *Las minas del rey Salomón*, que se promocionó como «EL LIBRO MÁS ASOMBROSO JAMÁS ESCRITO». Al igual que muchas otras novelas épicas y de aventuras, se inspiró en cuentos populares y mitos, como el del Santo Grial. Su héroe es el paradigmático Allan Quatermain, un sensato cazador de elefantes que busca un alijo de diamantes en África con la ayuda de un mapa trazado con sangre. V. S. Pritchett observó que «mientras que E. M. Forster habló en una ocasión del novelista que lanzaba un cubo al fondo del subconsciente», Haggard «instaló una bomba de succión. Drenó todo el depósito de deseos secretos del público».[48]

Fawcett no tuvo que hurgar tanto para ver sus deseos derramados sobre la hoja en blanco. Tras abandonar la teosofía, su hermano mayor, Edward, se reinventó como popular escritor de aventuras y durante un tiempo fue aclamado como el equivalente inglés de Julio Verne. En 1894 publicó *Swallowed by an Earthquake*, que narra la historia de un grupo de amigos que son arrojados a un mundo subterráneo, donde hallan dinosaurios y una tribu de «hombres salvajes que comen hombres».[49]

Fue la siguiente novela de Edward, no obstante, la que reflejó con mayor exactitud las fantasías íntimas de su hermano menor —y que, en muchos sentidos, predijo de forma escalofriante el futuro de Percy—. Titulada *The Secret of the Desert* y publicada en 1895, en su cubierta de color rojo sangre aparecía la ilustración de un explorador ataviado con un salacot y colgado de una soga sobre el muro de un palacio. La trama se centra en un cartógrafo y arqueólogo aficionado llamado Arthur Manners, quien personificaba la sensibilidad victoriana.

Financiado por un organismo científico, Manners, el «más audaz de los viajeros»,[50] abandona la pintoresca campiña británica para explorar la peligrosa región central de Arabia. Decidido a viajar solo («posiblemente creyendo que sería mucho mejor disfrutar también en solitario de la fama que pudiera aguardarle»),[51] Manners se interna en las profundidades del Gran Desierto Rojo en busca de tribus y yacimientos arqueológicos desconocidos. Tras dos años sin tener noticias de él, en Inglaterra muchos temen que haya muerto de hambre o que alguna tribu lo haya hecho prisionero. Tres colegas de Manners se lanzan en una misión de rescate a bordo de un vehículo blindado que uno de ellos ha construido, un artilugio futurista que, como el submarino de Verne en *Veinte mil leguas de viaje submarino*, refleja tanto el progreso como las aterradoras capacidades de la civilización europea. La expedición averigua que Manners se había dirigido hacia el legendario Oasis de las Gacelas, del que se decía que albergaba «extrañas ruinas, reliquias de alguna raza de, sin duda, gran renombre en el pasado, pero ahora completamente olvidada».[52] Todo aquel que ha intentado llegar a él ha desaparecido o muerto asesinado. En su travesía hacia el oasis, los amigos de Manners se quedan sin víveres: «Nosotros, aspirantes a rescatadores, somos hombres extraviados».[53] Pero entonces avistan una charca de aguas trémulas: el Oasis de las Gacelas. Y junto a él se hallan las ruinas de un templo repleto de tesoros. «Sentí una inmensa admiración por esa raza olvidada que había erigido esta magnífica estructura»,[54] afirma el narrador.

Los exploradores descubren que Manners está preso dentro del templo y lo rescatan con el tanque de alta velocidad. Sin tiempo para llevarse consigo objetos que demostraran al mundo su hallazgo, confían en que Manners logre convencer a los «escépticos». Pero un miembro de la expedición, que planea regresar y ser el primero en excavar las ruinas, dice de Manners: «Confío en que no revele demasiados detalles acerca de la latitud y la longitud exactas del lugar».[55]

Un día, Fawcett salió de Fort Frederick y echó a andar tierra adentro por un laberinto de viñedos y zarzas. «Todo cuanto me rodeaba eran sonidos: los sonidos de la naturaleza»,[56] escribió sobre la jungla de Ceilán. Horas después llegó al lugar que buscaba: un muro semienterrado y decorado con centenares de imágenes esculpidas de elefantes. Se trataba de los restos de un antiguo templo que estaba rodeado por un sinfín de ruinas: columnas de piedra, las arcadas del palacio y *dagobas*. Formaban parte de Anuradhapura, una ciudad que había sido construida hacía más de dos mil años. En aquel entonces, según la describió un contemporáneo de Fawcett, «la ciudad se ha desvanecido como un sueño [...]. ¿Dónde están las manos que la levantaron, los hombres que buscaron en ella refugio del calor abrasador del mediodía?».[57] Más tarde, Fawcett escribió a un amigo que «la vieja Ceilán está enterrada bajo un manto de selva y moho [...]. Hay ladrillos y *dagobas* en ruinas, y túmulos, fosas e inscripciones indescifrables».[58]

Fawcett ya no era un niño; rondaba la treintena y no soportaba la idea de pasar el resto de su vida secuestrado en un fuerte militar tras otro, sepultado bajo el peso de su imaginación. Quería convertirse en lo que Joseph Conrad había denominado un «geógrafo militante», alguien que, «albergando en el pecho una chispa del fuego sagrado»,[59] descubriera junto con las latitudes y las longitudes secretas de la tierra los misterios de la humanidad. Y sabía que solo había un lugar al que podía acudir: la Royal Geographical Society de Londres. Esta institución había organizado las exploraciones de Livingstone, Speke y Burton, y la que había fomentado, durante la época victoriana, las investigaciones arqueológicas. Y Fawcett no albergaba la menor duda de que sería esa misma institución la que le ayudaría a conocer y a comprender lo que él llamaba «mi Destino».

5

Donde no llegaban los mapas

—Aquí la tiene: la Royal Geographical Society —dijo el taxista al detener el vehículo ante una entrada, frente a Hyde Park, una mañana de febrero de 2005.

El edificio parecía una lujosa casa solariega, precisamente lo que había sido antes de que la Royal Society, necesitada de más espacio, la adquiriera en 1912. Tres plantas, paredes de ladrillo rojo, ventanas de guillotina, pilastras holandesas y un tejado saliente de cobre que convergía, junto con varias chimeneas, en varios puntos intrincados, como la visión que tendría un niño de un castillo. Junto a la fachada había estatuas a tamaño real de Livingstone, con sus característicos sombrero y bastón, y de Ernest Shackleton, el explorador de la Antártida, con botas y envuelto en bufandas. En la entrada pregunté al vigilante por la ubicación de los archivos, donde confiaba encontrar información que arrojase más luz sobre la trayectoria profesional de Fawcett y su último viaje.

Cuando llamé por primera vez a John Hemming, antiguo director de la Royal Geographical Society e historiador de los indígenas brasileños, para consultarle acerca del explorador del Amazonas, me dijo:

—No será usted uno de esos chiflados empeñados en encontrar a Fawcett, ¿verdad?

Al parecer, la Royal Society había empezado a desconfiar de aquellas personas obsesionadas con el sino del explorador.

A pesar del tiempo que había transcurrido desde su desaparición y de las ínfimas probabilidades de encontrarle, había quien parecía obcecarse cada vez más en la idea de la búsqueda. Durante décadas, infinidad de individuos habían acosado a la Royal Society en busca de información, tramando sus propias y extravagantes teorías, antes de dirigirse a la selva en una misión que acabaría siendo un suicidio. A menudo se los llamaba «*freaks* de Fawcett». Una de las personas que partieron en su busca, en 1995,[1] escribió en un artículo inédito que su fascinación había mutado en un «virus» y que, cuando llamó a la Royal Society pidiendo ayuda, un miembro «exasperado» del personal comentó al respecto de los buscadores de Fawcett: «Creo que están locos. Esta gente está completamente obsesionada». Me sentí algo tonto acudiendo a la Royal Society para solicitar toda la documentación sobre Fawcett. Sus archivos, que contienen el sextante de Charles Darwin y los mapas originales de Livingstone, se habían abierto al público hacía tan solo unos meses y podrían resultar de gran ayuda.

Un vigilante sentado a la mesa de entrada me entregó una tarjeta que me autorizaba a acceder al edificio. Recorrí un tenebroso pasillo de mármol, dejé atrás la antigua sala de fumadores y un salón de mapas tapizado con paneles de madera de nogal en el que exploradores, como Fawcett, se habían reunido en el pasado. En años más recientes, la Royal Society había añadido un moderno pabellón acristalado, pero esta renovación no había conseguido disipar esa atmósfera de tiempos pasados que aún impregnaba la institución.

En los tiempos de Fawcett la Royal Society contribuyó a llevar a cabo una de las proezas más increíbles de la historia de la humanidad: la cartografía del mundo. Es probable que ninguna hazaña, ni la construcción del puente de Brooklyn ni la del canal de Panamá, rivalice con ella en envergadura ni en coste en vidas humanas. La gesta, desde los tiempos en que los griegos expusieron los principios básicos de la cartografía sofisticada, llevó centenares de años, costó millones de dólares y arrebató miles de vidas y, cuando finalmente se concluyó, el logro fue tan abrumador que pocos recordaban qué aspecto se creía antaño que tenía el mundo, ni cómo la proeza se había llevado a cabo.

En la pared de un pasillo del edificio de la Royal Geographical Society observé un mapa gigantesco del globo que databa del siglo XVII. A su alrededor figuraban monstruos marinos y dragones. Durante siglos, los cartógrafos carecieron de instrumentos que les permitiesen averiguar qué había en la mayor parte de la tierra.[2] Y con mucha frecuencia esas lagunas se llenaban con reinos y bestias fantásticos, como si la fantasía, al margen de lo aterradora que resultase, asustara menos que lo que se desconocía.

Durante la Edad Media y el Renacimiento, los mapas ilustraban en Asia aves que despedazaban a las personas; en la actual Alemania, un pájaro que refulgía en la noche; en la India, gente con todo tipo de deformidades, desde dieciséis dedos hasta cabeza de perro, y en África, hienas cuyas sombras hacían enmudecer a los perros y una bestia llamada *cockatrice* que podía matar con una simple vaharada de su aliento. El lugar más temido del mapa era el reino de Gog y Magog, cuyos ejércitos, según advertía el libro de Ezekiel, descenderían un día desde el norte y arrasarían el pueblo de Israel, «como una nube que cubre la tierra».

Al mismo tiempo, los mapas expresaban el eterno anhelo de algo más atractivo: un paraíso terrenal. Los cartógrafos incorporaban, como hitos centrales, la Fuente de la Juventud, en pos de la cual Ponce de León recorrió Florida en el siglo XVI, y el Jardín del Edén, del que Isidoro de Sevilla, enciclopedista del siglo XVII, afirmó que estaba lleno «de toda clase de madera y árboles frutales, albergando asimismo el árbol de la vida».[3]

En el siglo XII, estas visiones febriles se exacerbaron aún más tras la aparición de una misiva en la corte del emperador de Bizancio, supuestamente escrita por un rey llamado Preste Juan. Decía: «Yo, Preste Juan, soy rey supremo, y en riqueza, virtud y poder supero a todas las criaturas que habitan bajo el cielo. Setenta y dos reyes me rinden tributo. —Y proseguía—: La miel fluye en nuestra tierra y la leche abunda en todas partes. En uno de nuestros territorios ningún veneno puede ocasionar mal y ninguna rana estridente croa, no hay escorpiones y ninguna serpiente repta por entre la hierba. Los reptiles venenosos no pueden existir ni hacer uso de su poder letal».[4] Aunque es probable que la carta fuera escrita a modo de alegoría, se interpretó como una prueba de la existencia del paraíso en la tierra, que los cartógrafos ubicaron en los territorios sin explorar de Oriente. En 1177, el papa Alejandro III envió a su médico personal a transmitir «al hijo predilecto de Cristo, el famoso y excelso rey de los indios, el santo sacerdote, sus saludos y su bendición apostólica».[5] El médico nunca regresó. Con todo, la Iglesia y las cortes reales siguieron, durante siglos, enviando emisarios en busca de aquel fabuloso reino. En 1459, el docto cartógrafo veneciano fra Mauro elaboró uno de los mapas más exhaustivos del mundo. Al fin, el mítico reino de Preste Juan fue borrado de Asia. A cambio, Mauro escribió en la región equivalente a Etiopía: «*Qui il Presto Janni fa residential principal*», «Aquí tiene Preste Juan su residencia principal».

En una fecha tan tardía como 1740, se estimaba que se habían cartografiado con precisión tan solo ciento veinte lugares de la tierra. Dado que no existían relojes exactos, los navegantes no disponían de medios para determinar la longitud, que se calculaba más fácilmente como una función del tiempo. Los barcos se estrellaban contra las rocas y los bajíos a pesar de que sus capitanes estaban convencidos de encontrarse a centenares de millas de la costa. Así fallecieron miles de hombres y se perdieron cargamentos por valor de millones de dólares. En 1714, el Parlamento anunció que «el descubrimiento de la longitud es de una enorme trascendencia para Gran Bretaña con respecto a la seguridad de la Marina y de los buques mercantes, así como para la mejora del comercio», por lo que se ofrecía una recompensa de veinte mil libras —el equivalente actual a doce millones de dólares— por una solución «práctica y útil».[6] Algunas de las mentes científicas más brillantes del momento intentaron resolver el problema. La mayoría confiaba en conseguir determinar la hora a partir de la posición de la luna y de las estrellas, pero en 1773 John Harrison fue proclamado ganador con la solución que aportó y que resultaba más fidedigna: un cronómetro de aproximadamente un kilo cuatrocientos gramos cargado de diamantes y rubíes.

Pese a su éxito, el reloj de Harrison no pudo superar el principal escollo con que habían topado los cartógrafos: la distancia. Los europeos aún no habían viajado hasta los confines más distantes de la tierra: los polos Norte y Sur. Tampoco habían explorado gran parte del interior de África, Australia y Sudamérica. Los cartógrafos garabateaban sobre esas áreas del mapa una sola pero evocadora palabra: «Inexplorado».

Finalmente, en el siglo XIX, mientras el Imperio británico seguía expandiéndose, varios científicos, almirantes y mercaderes ingleses consideraron que necesitaban una institución que confeccionara un mapa del mundo basado en la observación y no en la imaginación, una organización que detallase tanto los contornos de la tierra como todo cuanto existía en su interior. Y así nació, en 1830, la Royal Geographical Society de Londres.[7] Según su declaración de intenciones, tendría por finalidad «recabar, compendiar e imprimir [...] hechos y hallazgos interesantes»; crear depósito con «las mejores obras sobre geografía» y «una colección completa de mapas»;[8] reunir el equipamiento de exploración más sofisticado, y ayudar a los expedicionarios a emprender sus viajes. Todo esto formaba parte de su disposición de cartografiar hasta el último rincón de la tierra. «No hay un metro cuadrado de la superficie del planeta al que los miembros de la Royal Society no deban cuando menos intentar ir —aseveró con posterioridad un presidente de la institución—. Ese es nuestro trabajo. Esa es nuestra razón de ser.»[9] Además de estar al servicio del Imperio británico, su razón de ser representaba un cambio con respecto a la era anterior de los descubrimientos, cuando *conquistadores*** como Colón eran enviados, en nombre de Dios, con el fin único de conseguir oro y gloria. En contraste, la Royal Geographical Society deseaba explorar por el bien de la investigación, en nombre del más joven de los dioses: la ciencia.

A las pocas semanas de darse a conocer, la Royal Society contaba ya con unos quinientos miembros. «Estaba compuesta casi enteramente por hombres de clase alta —comentó tiempo después una secretaria de la institución, y añadió—: Por tanto, debería contemplarse en cierto modo como una institución social a la que se esperaba que perteneciera todo aquel que fuera alguien.»[10] La lista original de miembros incluía a prestigiosos geólogos, hidrógrafos, filósofos naturales, astrónomos y oficiales del ejército, así como a duques, condes y caballeros. Darwin ingresó en ella en 1838, al igual que lo hizo uno de sus hijos, Leonard, quien en 1908 fue elegido presidente.

Mientras la Royal Society enviaba cada vez más expediciones por todo el mundo, incorporó en sus filas no solo a aventureros, eruditos y dignatarios, sino también a personajes excéntricos. La Revolución Industrial originó en Gran Bretaña unas condiciones de vida atroces para las clases bajas, pero generó una riqueza sin precedentes entre los ciudadanos de las clases media y alta, quienes de pronto podían permitirse el lujo de convertir una actividad de ocio, como viajar, en una afición a tiempo completo. De ahí que en la sociedad victoriana surgiera, en gran número, el individuo aficionado a las ciencias. La Royal Geographical Society se convirtió en refugio para este tipo de personajes, y también para miembros más pobres, como Livingstone, cuyas proezas ayudó a financiar. Muchos otros resultaban raros incluso para los parámetros victorianos.

---

* Esta y todas las palabras en español y cursiva del libro aparecen también en español en el original. *(N. de la T.)*

Richard Burton[11] propugnó el ateísmo y defendió la poligamia con tal fervor que, en el transcurso de sus exploraciones, su esposa insertó en uno de sus manuscritos el siguiente desmentido: «Protesto vehementemente contra sus sentimientos religiosos y morales, que se contradicen con una vida digna y decente».[12]

Lógicamente, esos miembros constituyeron un grupo rebelde. Burton recordaba cómo en una reunión, organizada por su esposa y su familia, se enfureció tanto después de que un oponente le acusara de «decir falsedades» que sacudió el puntero del mapa frente al público asistente. Este le «miraba como si un tigre fuera a abalanzarse sobre ellos, o como si yo fuera a utilizar la vara a modo de lanza contra mi adversario, que se levantó del banco. Para aderezar la escena, los hermanos y las hermanas de mi esposa se esforzaban en un rincón por contener a su padre, ya anciano, que no había conseguido habituarse a las charlas en público y que lentamente se había puesto en pie, enmudecido por la indignación al oír que se me acusaba de haber mentido».[13] Años después, otro miembro reconoció: «Es probable que los exploradores no sean las personas más prometedoras con quienes crear una sociedad. De hecho, hay quien afirma que los exploradores lo son precisamente porque tienen una vena de insociabilidad y necesitan retirarse a intervalos regulares lo más lejos posible de sus prójimos».[14]

En el seno de la Royal Society proliferaron los debates acerca del curso de ríos y cordilleras, de los límites de pueblos y ciudades, y del tamaño de los océanos. No menos intensas eran las disputas sobre quién merecía un reconocimiento, y posteriormente la fama y la fortuna, por haber hecho un descubrimiento. También se discutía a menudo sobre los principios fundamentales que definían la moralidad y sobre los posibles orígenes del hombre: ¿eran salvajes o civilizadas las tribus recién descubiertas?, ¿debían ser convertidas al cristianismo?, ¿procedía toda la humanidad de una civilización ancestral o de varias? El afán por responder a estas preguntas con frecuencia enfrentaba a los llamados geógrafos y teóricos «de sillón», que estudiaban la información que iba llegando, y a los curtidos exploradores, que trabajaban sobre el terreno. Un alto cargo de la Royal Society reprendió a un explorador del continente africano por elaborar sus propias teorías, diciéndole: «Lo que debe hacer usted es relatar con precisión lo que ha visto, dejando que los hombres de ciencia, los académicos, recopilen los datos de todos los viajeros para elaborar una teoría».[15] El explorador Speke, por su parte, denunció a esos geógrafos «que se sientan en zapatillas y critican a quienes trabajan sobre el terreno».[16]

Tal vez la contienda más encarnizada sea la que se produjo al respecto de las fuentes del Nilo. Después de que Speke proclamara en 1858 que había encontrado el nacimiento del río, en un lago al que bautizó con el nombre de Victoria, muchos miembros de la Royal Society, liderados por Burton, su antiguo compañero de viaje, se negaron a creerle. Speke dijo de Burton: «B. es uno de esos hombres que no pueden equivocarse y que nunca admitirá un error».[17] En septiembre de 1864, los dos hombres, que durante una expedición habían cuidado el uno del otro y se habían salvado la vida mutuamente, al parecer se retaron a enfrentarse en una reunión pública. El *Times* de Londres lo definió como una «exhibición de gladiadores».[18] Pero, cuando el enfrentamiento estaba a punto de producirse, se informó a los congregados de que Speke no comparecería: el día anterior había salido de caza y había sido hallado muerto a consecuencia de una herida de bala que él mismo se había ocasionado. «¡Cielo santo! ¡Se ha matado!»,[19] se sabe que exclamó Burton, tambaleándose sobre el escenario. Más tarde, fue visto llorando y repitiendo el nombre de su antiguo compañero una y otra vez. Aunque nunca llegó a saberse a ciencia cierta si el disparo fue intencionado, muchos sospecharon, como Burton, que la prolongada pugna entre ambos había desgastado al hombre que había conquistado el desierto hasta el punto de quitarse la vida. Una década después, se demostró que la insistencia de Speke en reivindicar haber sido el primero en descubrir las fuentes del Nilo era legítima.

Durante los primeros años de existencia de la Royal Society, ningún miembro personificó mejor las excentricidades de la institución ni sus audaces misiones como sir Francis Galton. Primo de Charles Darwin,[20] había sido un niño prodigio que, a los cuatro años, ya sabía leer y recitar en latín. A lo largo de su vida ingenió un sinfín de inventos, entre ellos un sombrero con ventilación; una máquina llamada Gumption-Reviver («reanimador del sentido común») que periódicamente le humedecía la cabeza para mantenerle despierto durante sus interminables horas de estudio; unas gafas subacuáticas, y un motor de vapor con aspas rotatorias. Aquejado de crisis nerviosas periódicas —«distensión del cerebro», llamaba él a su afección—, estaba obsesionado con medir y contarlo todo. Cuantificó la sensibilidad del oído animal empleando un bastón que producía un silbido apenas audible; la eficacia del rezo; el promedio de la edad de defunción en todas las profesiones (abogados: 66,51 años; médicos: 67,04 años); la longitud exacta de soga que se precisa para desnucar a un criminal evitando la decapitación, y el grado de tedio que podía alcanzar un individuo (en las reuniones de la Royal Geographical Society contaba las veces que cada uno de los miembros del público se rebullía en el asiento). Se sabe también que Galton, que, al igual que muchos de sus colegas, era un racista recalcitrante, intentó medir los niveles de inteligencia en seres humanos. Más tarde se le conocería como el padre de la eugenesia.

En otra época, la monomanía de Galton por la cuantificación le habría hecho parecer un bicho raro. Pero, tal como observó en una ocasión el biólogo evolucionista Stephen Jay Gould, «ningún hombre expresó tanto la fascinación de su era por los números como el célebre primo de Darwin».[21] Y tampoco nadie compartía tanto su fascinación por las mediciones como la Royal Geographical Society. En la década de 1850, Galton, que había heredado suficiente dinero para no tener que dedicarse a una profesión, ingresó en la Royal Society y, con el respaldo y la orientación de esta, exploró el sur de África. «La pasión por el viaje se apoderó de mí —escribió— como si fuera un ave migratoria.»[22] Cartografió y documentó todo lo que pudo: latitudes y longitudes, topografía, animales, clima, tribus... A su regreso, y con notable fanfarria, recibió la medalla de oro de la Royal Geografical Society, la condecoración más prestigiosa en su ámbito. En 1854 fue elegido para formar parte del cuerpo rector de aquella, en el que, durante las cuatro décadas siguientes, prestó sus servicios en diferentes cargos, entre ellos el de secretario honorario y vicepresidente. Juntos, Galton y sus colegas —todos eran hombres hasta que a finales del siglo XIX un voto divisivo admitió a veintiuna mujeres— empezaron a criticar, según describió Joseph Conrad, la actitud de esa clase de geógrafos militantes, «de norte a sur y de este a oeste, conquistando una pequeña verdad aquí y otra pequeña verdad allá, y a veces engullidos por el misterio que con tanto tesón sus corazones se obcecaban en desvelar».[23]

—¿Qué materiales está buscando? —me preguntó una de las chicas que se ocupaban de los archivos.

Había bajado a la pequeña sala de lectura del sótano. Las estanterías, iluminadas por fluorescentes, estaban atestadas de guías de viaje, atlas y ejemplares encuadernados de los *Proceedings of the Royal Geographical Society*. La mayor parte de la colección de más de dos millones de mapas, artefactos, fotografías e informes de expediciones había sido trasladado allí hacía pocos años: ya no se hallaba en un entorno, como se había dado en llamar, de «condiciones dickensianas». Ahora estaban ubicados en unas catacumbas aclimatadas. Por uno de los accesos laterales vi a miembros del personal entrando y saliendo apresuradamente.

Cuando le dije a la chica que buscaba la documentación de Fawcett, me miró con aire socarrón.

—¿Qué ocurre? —le pregunté.

—Bien, digamos que muchas de las personas que se interesan por Fawcett son un poco...

Su voz fue apagándose a medida que se alejaba. Mientras esperaba, hojeé varios informes de expediciones financiadas por la Royal Society. Uno de ellos describía uno de los viajes de 1844, encabezado por Charles Sturt y su segundo de a bordo, James Poole, quienes exploraron el desierto australiano en busca de un legendario mar interior. «La intensidad del calor es tal que [...] el pelo ha dejado de crecernos y las uñas se nos han vuelto tan frágiles como el cristal —escribió Sturt en su diario—. El escorbuto se manifiesta en todos nosotros. Nos aquejan violentas jaquecas, dolores en las extremidades, inflamación y úlceras en las encías. El señor Poole fue empeorando; al final, la piel que cubría sus músculos ennegreció y el hombre perdió el uso de las extremidades inferiores. El día 14 murió repentinamente.»[24] El mar interior no existía, y me di cuenta, tras leer estos informes, que el progresivo conocimiento de la tierra se basó, más que en el éxito, en el fracaso, en errores tácticos y en sueños imposibles. La Royal Society bien podía conquistar el mundo, pero no antes de que el mundo hubiese conquistado a sus miembros. Entre la larga lista de miembros que se sacrificaron, Fawcett ocupaba una categoría aparte: la de los ni vivos ni muertos, o, como un escritor los apodó, la de «los muertos vivientes».

La chica encargada de los archivos pronto surgió de entre las estanterías cargada con media docena de carpetas recubiertas de polvo. Al dejarlas sobre la mesa, estas desprendieron el polvo acumulado que adquirió un color violáceo.

—Tiene que ponerse esto —dijo, y me tendió unos guantes blancos.

Me los puse y abrí la primera carpeta; de su interior se derramaron cartas amarillentas y quebradizas. Muchas de ellas estaban escritas con una letra pequeña e inclinada, repletas de palabras que se sucedían como si estuviesen codificadas. Era la caligrafía de Fawcett. Cogí una de las hojas y la extendí frente a mí. La carta databa de 1915 y empezaba diciendo: «Querido Reeves». El nombre me resultaba conocido; abrí uno de los libros sobre la Royal Geographical Society y miré el índice. Edward Ayearst Reeves había sido el conservador cartográfico de la institución entre 1900 y 1933.

Las carpetas contenían más de dos décadas de correspondencia entre Fawcett y el cuerpo rector de la Royal Society. Muchas de las cartas iban dirigidas a Reeves y a sir John Scott Keltie, secretario de la RGS desde 1892 hasta 1915, y más tarde vicepresidente. Había también infinidad de cartas de Nina, de funcionarios del gobierno, exploradores y amigos, relacionadas con la desaparición de Fawcett. Sabía que me llevaría días, si no semanas, revisarlo todo, y aun así estaba encantado. Ante mí tenía un mapa que me ayudaría a adentrarme en la vida de Fawcett y también en su muerte.

Alcé una de las cartas y la acerqué a la luz. Estaba fechada el 14 de diciembre de 1921. Decía: «No cabe duda de que estos bosques ocultan restos de una civilización perdida de una naturaleza totalmente insospechada y sorprendente».[25]

Abrí mi cuaderno y empecé a tomar notas. Una de las cartas mencionaba que Fawcett había recibido «un diploma» de la RGS. Nunca había encontrado referencia alguna a la entrega de diplomas por parte de la Royal Society, y pregunté a la chica de los archivos por qué se le había concedido uno a Fawcett.

—Debió de participar en alguno de los programas de formación de la Royal Society —contestó. Se acercó a una estantería y empezó a hojear periódicos—. Sí, aquí tiene. Al parecer hizo un curso y se graduó hacia 1901.

—¿Se refiere a que fue a la escuela para ser explorador?

—Supongo que podría decirse así, sí.

6

El discípulo

Fawcett no quería llegar tarde. Era el 4 de febrero de 1900 y lo único que tenía que hacer era ir de su hotel, ubicado en Redhill, Surrey, al número 1 de Savile Row, en el distrito Mayfair de Londres,[1] pero en la ciudad nada se movía…, o, más exactamente, todo parecía estar en movimiento: hombres-anuncio, carniceros, oficinistas, omnibuses tirados por caballos, y esa extraña bestia que empezaba a invadir las calles, asustando a caballos y a peatones, y que se averiaba en cada esquina: el automóvil.[2] Originalmente, la ley exigía a los conductores no superar la velocidad de tres kilómetros por hora e ir precedidos por un lacayo a pie ondeando una bandera roja, pero en 1896 el límite de velocidad se había elevado a veintidós kilómetros por hora. Y allí por donde pasara Fawcett, lo nuevo y lo viejo parecían estar enfrentados: luces eléctricas, repartidas por las calles de suelo de granito más modernas, y farolas a gas, ubicadas en las esquinas adoquinadas, refulgiendo en la niebla; el metro traqueteando en el subsuelo, una de las invenciones de Edward Fawcett digna de la ciencia ficción, y bicicletas, pocos años antes el artilugio más glamuroso que circulaba por las aceras y ya desfasado. Incluso los olores parecían enfrentados: el tradicional hedor del estiércol y el novedoso tufillo de la gasolina. Era como si Fawcett estuviera atisbando el pasado y el presente al mismo tiempo.

Desde que había partido de Inglaterra rumbo a Ceilán, catorce años antes, Londres parecía haberse vuelto más bulliciosa, más sucia, más moderna, más rica, más pobre, más todo. Con una población que superaba los cuatro millones y medio de habitantes, Londres era la ciudad más grande del mundo, incluso más que París y Nueva York. Las vendedoras ambulantes gritaban: «Flores, flores de todos los colores!». Los periódicos proclamaban: «¡Horrible asesinato!».

Mientras Fawcett caminaba por entre la gente, sin duda se esforzaba por proteger su atuendo del hollín procedente de los hornos de carbón que se mezclaba con la niebla para formar una mugre característica de Londres, un tenaz barniz negro que lo impregnaba y lo penetraba todo; incluso las cerraduras de las casas tenían que cubrirse con placas metálicas. También estaba el estiércol de los caballos —«el barro de Londres», como se denominaba cortésmente—, que los pilluelos recogían y vendían puerta por puerta como fertilizante para el jardín, y que se encontraba literalmente allí donde Fawcett pisara.

El coronel dobló por una elegante calle en Burlington Gardens, alejada de los burdeles y de las fábricas ennegrecidas. En una esquina se alzaba una imponente casa con pórtico. Era el número 1 de Savile Row.[3] Y Fawcett vio allí el imponente cartel: ROYAL GEOGRAPHICAL SOCIETY.

Al entrar en la casa de tres plantas —la Royal Society aún no se había trasladado junto a Hyde Park—, Fawcett supo que estaba accediendo a un lugar encantado. Sobre la puerta principal se abría una media ventana con forma de farol hemisférico; cada uno de sus paneles representaba los paralelos y los meridianos del planeta. Es de suponer que Fawcett pasó junto al despacho del secretario general y de sus dos ayudantes; luego subió por la escalera que llevaba a la sala de juntas para llegar finalmente a una cámara de techo acristalado. El sol se filtraba por él, iluminando con sus haces polvorientos globos terráqueos y mesas cartográficas. Era la sala de los mapas y, por lo general sentado al fondo de la misma, sobre una tarima, estaba el hombre a quien Fawcett buscaba: Edward Ayearst Reeves.

Cercano a la cuarentena, con una incipiente alopecia, la nariz aguileña y un bigote pulcro y arreglado, Reeves no solo era el conservador cartográfico sino también el instructor jefe de exploración, y la persona encargada de convertir a Fawcett en un caballero explorador.[4] Excelente delineante, Reeves había empezado a trabajar en la Royal Society en 1878, a los dieciséis años, como ayudante del anterior conservador, y nunca pareció olvidar esa sensación de admiración reverencial que asaltaba a los recién llegados. «Con qué claridad lo recuerdo —escribió en su autobiografía, *The Recollections of a Geographer*—. Con qué orgullo, y también con qué aprensión y temblores, entré en el recinto de este maravilloso lugar del que había leído en libros, y que había enviado a exploradores a todos los rincones del mundo, que después habían regresado para narrar sus fascinantes hallazgos y sus heroicas aventuras.»[5] A diferencia de muchos de los miembros de la Royal Society, belicosos y de mirada feroz, Reeves tenía un talante cálido y afable. «Poseía una capacidad innata para la enseñanza —comentó un colega—. Sabía exactamente cómo explicar un concepto de manera que hasta el más obtuso de los alumnos lo entendiera.»[6]

Fawcett y Reeves finalmente subieron a la tercera planta, donde se impartían las clases. Francis Galton advertía a cada uno de los nuevos miembros que pronto sería admitido en «la sociedad de hombres con cuyos nombres llevaba tiempo familiarizado, y a quienes había venerado como sus héroes».[7] Al mismo tiempo que Fawcett asistieron al curso Charles Lindsay Temple, que podía obsequiar a sus colegas con historias de sus tiempos en la administración pública de Brasil; el teniente T. Dannreuther, obsesionado por coleccionar mariposas e insectos raros, y Arthur Edward Symour Laughton, abatido a tiros por bandidos mexicanos en 1913 a los treinta y ocho años.

Reeves se puso manos a la obra. Si Fawcett y los demás alumnos seguían sus instrucciones, podrían convertirse en la siguiente generación de grandes exploradores. Reeves les enseñó a hacer algo que los cartógrafos de épocas pasadas desconocían: determinar la posición de uno en cualquier lugar. «Si vendáramos los ojos a un hombre y le lleváramos a cualquier punto de la superficie de la tierra, pongamos a algún lugar situado en el centro de África, y después le quitáramos la venda, el hombre en cuestión podría [de estar adecuadamente adiestrado] indicar en un mapa, en un breve espacio de tiempo, su ubicación exacta»,[8] dijo Reeves. Además, si Fawcett y sus colegas se atrevían a escalar los picos más altos y a penetrar en las selvas más densas, podrían cartografiar las zonas del mundo aún por descubrir.

Reeves mostró una serie de objetos extraños. Uno parecía un telescopio acoplado a una rueda circular metálica que lucía varios tornillos y cámaras. Reeves explicó que se trataba de un teodolito, capaz de calcular el ángulo entre el horizonte y los cuerpos celestes. Exhibió otras herramientas —horizontes artificiales, aneroides y sextantes— y luego llevó a Fawcett y a los demás al tejado del edificio para poner a prueba el equipamiento. La niebla a menudo dificultaba la observación del sol o de las estrellas, pero en aquel momento la visibilidad era buena. La latitud, dijo Reeves, podía calcularse midiendo el ángulo del sol al mediodía sobre el horizonte o la altura de la Estrella Polar, y cada uno de los alumnos intentó determinar su posición con los instrumentos, una tarea en extremo compleja para un principiante. Cuando le llegó el turno a Fawcett, Reeves lo observó atónito. «Fue asombrosamente rápido aprendiéndolo todo —recordó Reeves—. Y, aunque nunca antes había utilizado un sextante ni un horizonte artificial para la observación de las estrellas, recuerdo que la primera noche que lo intentó consiguió desplazar las estrellas al horizonte artificial y enseguida alcanzó una excelente altitud sin ninguna dificultad. Todos los que hayan probado a hacerlo sabrán que, habitualmente, es algo que tan solo se consigue tras una práctica considerable.»[9]

Fawcett aprendió no solo a examinar su entorno sino también a ver: registrar y clasificar todo cuanto le rodeaba, en lo que los griegos denominaban una *autopsis*.[10] Existían dos manuales principales que le sirvieron de ayuda: uno era *Art of Travel*, escrito por Francis Galton para el público en general; el otro, *Hints to Travellers*, que había sido editado por Galton y que hacía las veces de Biblia no oficial de la Royal Society.[11] (Fawcett llevó un ejemplar con él en su último viaje.) La edición de 1893 afirmaba: «Supone una pérdida, tanto para él como para los demás, que el viajero no observe».[12] El manual proseguía: «Recuerde que los primeros y mejores instrumentos son los propios ojos. Utilícelos constantemente, y tome nota in situ de sus observaciones, llevando a tal efecto un cuaderno de notas con páginas numeradas y un mapa […]. Anote, según se vayan sucediendo, todos los objetos importantes: los arroyos, su cauce, su color; las cadenas montañosas, su naturaleza, y su estructura y glaciación aparentes; los tonos y las formas del paisaje; los vientos dominantes; el clima […]. En suma, describa para usted mismo todo cuanto vea».[13] (La necesidad de registrar hasta la última observación estaba tan arraigada que, durante la frenética carrera hacia el polo Sur, Robert Falcon Scott siguió tomando notas incluso cuando él y todos sus hombres estaban ya moribundos. Entre las últimas palabras que garabateó en su diario figuran las siguientes: «De haber sobrevivido, habría tenido una historia que contar sobre la audacia, la resistencia y el coraje de mis compañeros que habría conmovido el corazón de todos los ingleses. Estas sobrias notas y nuestros cadáveres deberán narrarla».)[14]

Para afinar la capacidad de observación de los aspirantes a explorador, los manuales, junto con los seminarios impartidos por la Royal Society, ofrecían nociones básicas de botánica, geología y meteorología. A los estudiantes se los iniciaba asimismo en el joven ámbito de la antropología, a la que a menudo se denominaba «ciencia de los salvajes». Pese al vertiginoso contacto que los victorianos empezaban a establecer con culturas ajenas, esta doctrina la componían aún casi por entero aficionados y entusiastas. (En 1896, Gran Bretaña solo contaba con un profesor universitario de antropología.)[15] Del mismo modo que se le había enseñado a observar los contornos de la tierra, Fawcett aprendió también a observar a los Otros, aquellos a los que en *Hints to Travellers* se hacía referencia como «salvajes, bárbaros o naciones menos civilizadas».[16] El manual advertía al estudiante contra «los prejuicios que han marcado su mentalidad europea»,[17] aunque señalaba que «está demostrado que algunas razas son inferiores a otras en volumen y complejidad del cerebro, estando en este sentido los australianos y los africanos por debajo de los europeos».[18]

Igual que para cartografiar el mundo, había también herramientas para tomar las medidas de una persona: cintas métricas y calibradores para calcular las proporciones del cuerpo, dinamómetros para estimar la fuerza muscular, balanzas de resortes para determinar el peso, yeso de París para hacer impresiones y un craneómetro para averiguar el tamaño del cráneo.[19] «Cuando resulte factible hacerlo, deberán enviarse esqueletos de nativos, y especialmente cráneos, para someterlos a un examen minucioso»,[20] decía el manual. Obviamente, esto podía resultar delicado: «No siempre será fácil arriesgarse a despertar el desagrado de los nativos arrebatándoles a sus difuntos».[21] Se ignoraba si «las distintas razas expresan las emociones de forma diferente, por lo que es recomendable prestar especial atención a si su modo de sonreír, reír, fruncir el entrecejo, llorar, ruborizarse, etcétera, difiere perceptiblemente del nuestro».[22]

A Fawcett y a sus compañeros de clase se les enseñaban también los rudimentos para organizar y llevar a término una expedición: todo, desde cómo confeccionar almohadas con barro hasta escoger los mejores animales de carga. «Pese a su empedernida obstinación, el asno es una pequeña bestia excelente y sobria, despreciada en exceso por nosotros»,[23] señalaba Galton, y calculaba, con su habitual obsesión, que un asno podía cargar unos treinta kilos de peso; un caballo, unos cuarenta y cinco, y un camello, hasta ciento treinta y cinco.

Se instruía al explorador para que antes de embarcarse en el viaje hiciera firmar a todos los miembros de su expedición un consentimiento formal, una especie de pacto. Galton proporcionaba un ejemplo:

Nosotros, los abajo firmantes, componentes de una expedición destinada a explorar el interior de _____, al mando del señor X, damos nuestro consentimiento para ponernos (y poner también nuestros caballos y equipamiento) por entero y sin reservas a sus órdenes para el propósito mencionado más arriba, desde la fecha de hoy hasta nuestro regreso a _____, o, si fracasáramos en el empeño, acatar todas las consecuencias que pudieran derivarse de ello. [...]

Nosotros, individualmente, nos comprometemos a hacer uso de todo nuestro tesón para promover la armonía en el grupo y el éxito de la expedición. En fe de lo cual firmamos a continuación con nuestros nombres.

(Aquí siguen las firmas.)[24]

Se advertía a los alumnos que no tenían que ser excesivamente autoritarios con sus hombres y que debían estar atentos en todo momento a la formación de camarillas, a las posibles discrepancias y motines. «Promueva la alegría, el canto, la camaradería con todos sus esfuerzos»,[25] aconsejaba Galton. También debían tener cuidado con los ayudantes nativos: «Una actitud franca, jovial pero firme, sumada a un aire de mayor confianza a ojos de los salvajes de la que realmente sienta, será lo más adecuado».[26]

Las enfermedades y las lesiones podían dar al traste con el grupo, y Fawcett recibió nociones médicas básicas. Aprendió, por ejemplo, a extraer un diente cariado «empujando y tirando sin cesar».[27] Por si ingería veneno, se le enseñó a forzarse el vómito de inmediato: «Utilice jabonaduras o pólvora si no tiene a mano los eméticos adecuados».[28] En caso de picadura de una serpiente venenosa, Fawcett debería prender pólvora en la herida o extirpar la carne infectada con un cuchillo. «Después, apresúrese a quemar [la zona circundante a la mordedura] con el extremo de la baqueta de hierro tras ser expuesta a una fuente de calor blanco —aconsejaba Galton—. Las arterias están en un plano profundo, por lo que puede extirpar, sin correr excesivo peligro, tanta carne como pueda pellizcar con los dedos. El siguiente paso consistirá en emplear todas las energías, e incluso la violencia, para evitar que el paciente ceda al letargo y al mareo que suelen ser efectos habituales del veneno de serpiente y que con frecuencia se derivan en la muerte.»[29] El tratamiento para una herida con hemorragia —de flecha, pongamos por caso— era igualmente «bárbaro»: «Vierta grasa hirviendo sobre la herida».[30]

Una nadería, sin embargo, en comparación con los horrores provocados por la sed y el hambre. En estos casos, uno de los trucos consistía en «estimular» la saliva en la boca. «Esto puede hacerse masticando algo, como una hoja, o bien manteniendo en la boca una bala o una piedra lisa y no porosa, como un guijarro de cuarzo»,[31] explicaba Galton. En la eventualidad de pasar hambre, a Fawcett lo instruyeron para que, de ser posible, bebiera la sangre de un animal. Las langostas, los saltamontes y otros insectos eran también comestibles, y podían salvarle la vida a un hombre. («Para prepararlos, arránquele las patas y las alas y áselos con un poco de grasa en un plato de hierro, como el café.»)[32]

También existía la amenaza de los «salvajes» y de los «caníbales» hostiles. Se le advertía al explorador que, al penetrar en sus territorios, debía moverse al amparo de la oscuridad, con un rifle en ristre y preparado para disparar. Para hacer un prisionero, «coja el cuchillo, colóqueselo entre los dientes y, sin dejar de vigilarle, retire los pistones de su arma de fuego y déjela junto a usted. Luego átele las manos del mejor modo que pueda. El motivo de este curso de acción es que un salvaje rápido y ágil, mientras usted manipula la cuerda o se ocupa del arma cargada, bien podría zafarse, hacerse con ella y volver las tornas contra usted».[33]

Finalmente, a los estudiantes se les aconsejaba cómo proceder si un miembro del grupo fallecía. Debían escribir un informe detallado de lo ocurrido y hacer que los demás miembros de la expedición lo corroborasen. «Si se pierde a un hombre, antes de dar media vuelta y abandonarle a su sino, reúna formalmente al equipo y pregúnteles si convienen en que usted ha hecho todo lo posible por salvarle, y registre sus respuestas»,[34] indicaba Galton. Cuando un compañero moría, había que recoger sus efectos personales para hacérselos llegar a sus familiares y enterrar su cuerpo con dignidad. «Escoja un enclave bien señalizado, excave una fosa profunda, rodéela con espinos y cúbrala bien con piedras pesadas como defensa contra los animales depredadores.»[35]

Tras un año más de curso, Fawcett se presentó junto con sus compañeros al examen final. Los alumnos tenían que demostrar el dominio del reconocimiento, lo cual requería una total comprensión de complejas nociones de geometría y astronomía. Fawcett había pasado horas estudiando con Nina, que compartía su interés por la exploración y que trabajaba sin descanso para ayudarle. Si suspendía, sabía que volvería al tedio anterior, que sería de nuevo un soldado. Redactó con esmero cada respuesta. Cuando acabó, se lo entregó a Reeves. Y luego esperó. Reeves informó a los alumnos de sus resultados y comunicó la noticia a Fawcett: había aprobado… y no solo eso. Reeves, en sus memorias, destacó a Fawcett, subrayando que se había graduado «con honores».[36] Fawcett lo había conseguido: había recibido el imprimátur de la Royal Geographical Society, o, según lo definió él, «la RGS hizo de mí un explorador».[37] Ahora solo necesitaba una misión.

7

Helado liofilizado y calcetines
para la adrenalina

—No puedes irte así —dijo mi esposa.

Miré hacia la cama, donde había dejado varios pantalones cortos y unas deportivas Adidas.

—Tengo una navaja del ejército suizo —repuse.

—No puedo decir que eso me tranquilice mucho.

Al día siguiente, debido a su insistencia, intenté encontrar un lugar donde comprar un equipo más adecuado. Los amigos me informaron de uno de los muchos comercios de Manhattan que se dedican a equipar al creciente número de excursionistas, ciclistas de montaña, adictos a los deportes de aventura y guerreros de fin de semana. El local tenía literalmente el tamaño de un almacén industrial, y, cuando entré, me sentí abrumado. Había tiendas de campaña con los colores del arco iris, kayaks de color plátano, bicicletas de montaña de tonos violeta y tablas de *snowboard* fluorescentes colgadas del techo y de las paredes. Pasillos enteros estaban dedicados a repelentes de insectos, alimentos liofilizados, bálsamos labiales y cremas con protección solar. Toda una sección estaba destinada al calzado («¡LOS GURÚS PUEDEN CONDUCIRTE A LA COMODIDAD ABSO-LUTA!», rezaba un cartel). En un espacio adicional a este se amontonaban raquetas de nieve «provistas de resortes y cierres de trinquete». Había otra sección consagrada a los «calcetines para la adrenalina» y otra a ropa interior Techwick. En las estanterías había revistas para excursionistas, como *Super-*

vivencia en la montaña, que incluían artículos titulados «¡Sobrevive al ataque de un oso!» y «Los últimos lugares vírgenes de América: 31 maneras de encontrar la soledad, la aventura… y encontrarse a uno mismo». Me encontraba rodeado de clientes o guías especializados. Daba la impresión de que cuanto menores eran las oportunidades de exploración genuina, más medios existían para que cualquiera pudiera lanzarse a ella y más barrocos eran los métodos —*puenting, snowboard*— que la gente ideaba para emular las mismas sensaciones. La exploración, no obstante, ya no parecía destinada a algún descubrimiento en el mundo exterior; por el contrario, se dirigía al interior, a lo que las guías de viaje y los folletos denominaban «terapia de campamento y naturaleza» y «crecimiento personal por medio de la aventura».

Estaba de pie, perplejo, frente a una vitrina de vidrio repleta de diversos artilugios que parecían relojes cuando un joven dependiente de brazos largos y esbeltos apareció detrás del mostrador. Estaba radiante como si acabara de regresar del Everest.

—¿Puedo ayudarle en algo? —preguntó.

—¿Qué es eso? —le respondí yo con otra pregunta.

—Ah, eso mola. —Descorrió la puertecilla del mostrador y extrajo el objeto—. Es un pequeño ordenador. ¿Ve? Le indicará la temperatura en todas partes. Y la altitud. También incorpora reloj, brújula digital, alarma y cronómetro. Insuperable.

Le pregunté cuánto costaba, y me dijo que unos doscientos dólares, y me aseguró que no me arrepentiría si lo compraba.

—¿Y eso? —quise saber, señalando otro chisme.

—Es algo bastante parecido. Solo que también registra el ritmo cardíaco. Además, es un excelente cuaderno de bitácora. Almacena todos los datos que quiera introducir sobre el tiempo, las distancias, el ritmo de ascensión… lo que quiera. Por cierto, ¿qué tipo de viaje planea hacer?

Cuando le expliqué mis intenciones, lo mejor que pude, se mostró entusiasmado, y pensé en uno de los obsesos de Fawcett de la década de 1930, que había clasificado a las personas en función de sus planes:

> Estaban los Prudentes, que decían: «Es una extraordinaria locura». Estaban los Sabios, que decían: «Es una extraordinaria locura, pero al menos la próxima vez lo pensará dos veces». Estaban los Muy Sabios, que decían: «Es una locura, pero no tanto como parece». Estaban los Románticos, que parecían creer que si todo el mundo hiciese esta clase de cosas, los problemas del mundo pronto desaparecerían. Estaban los Envidiosos, que daban gracias a Dios por no ir conmigo, y estaban los del otro tipo, que decían con diferentes grados de hipocresía que darían lo que fuera por ir conmigo. Estaban los Sensatos, que me preguntaban si conocía a alguien en la embajada. Estaban los Pragmáticos, que me soltaban largas peroratas sobre inoculaciones y calibres [...]. Estaban los Aprensivos, que me preguntaban si había hecho testamento. Estaban los Hombres Que Habían Hecho Algo Parecido En Su Momento, Ya Sabe, y estos me adoctrinaban sobre intrincadas estratagemas para extraer el máximo partido de las hormigas y me decían que los monos constituyen un excelente alimento, así como también los lagartos y los loros; todos tenían un sabor muy similar al del pollo.[1]

El vendedor parecía pertenecer a la categoría de los Románticos. Me preguntó cuánto tiempo estaría de viaje, y le contesté que no lo sabía; como mínimo, un mes, pero probablemente más.

—Asombroso. Asombroso. Un mes le permitirá sumergirse en el ambiente del lugar.

Daba la impresión de estar pensando en algo... hasta que me preguntó si era verdad que un siluro del Amazonas, llamado candirú, «ya sabe, que...».

No acabó la pregunta, aunque tampoco era preciso que lo hiciera. Yo había leído acerca de esa criatura casi translúcida, parecida a un mondadientes, en *A través de la selva amazóni-*

ca. Más temida que las pirañas,[2] es una de las pocas criaturas que sobreviven exclusivamente con una dieta de sangre. (También se le denomina «pez vampiro de Brasil».) Por lo general, se instala en las agallas de otro pez y le succiona la sangre, pero también se introduce por los orificios humanos, como la vagina o el ano. Es, tal vez, aún más famoso por alojarse en el pene del hombre, donde se aferra de forma irrevocable con sus espinas. A menos que se extirpe al animal, conlleva la muerte segura, y en el remoto Amazonas se tiene noticia de víctimas que han tenido que ser castradas para sobrevivir. Fawcett, que había visto un candirú extraído quirúrgicamente de la uretra de un hombre, dijo: «Muchas muertes se derivan de este pez, y la agonía que provoca es atroz».[3]

Cuando le comenté al dependiente que efectivamente había oído hablar del candirú, pareció abandonar la categoría de los Románticos para pasar a la de los Pragmáticos. Aunque era poco lo que podía hacerse para protegerse de una criatura así, me habló de un sinfín de artilugios que estaban revolucionando el arte de la acampada: una herramienta que era a un tiempo termómetro digital, linterna, lupa y silbato; bolsas compresivas que encogían todo cuanto contuvieran; botellas purificadoras de agua que hacían las veces de faroles; duchas portátiles que funcionaban con energía solar; kayaks que se plegaban hasta reducirse al tamaño de un petate; una linterna flotante que no precisaba pilas; parkas que se transformaban en sacos de dormir; tiendas de campaña sin palos; una pastilla que «destruye virus y bacterias en quince minutos»...

Cuantas más cosas me explicaba, tanto más envalentonado me sentía yo. «Puedo hacerlo», pensaba, apilando en la cesta varios de aquellos objetos propios de James Bond.

—Es la primera vez que va a acampar, ¿verdad? —dijo finalmente el vendedor.

Entonces me ayudó a buscar todo aquello que realmente iba a necesitar, como unas botas de montaña cómodas, una mochila resistente, ropa de tejido sintético, alimentos liofilizados y una mosquitera. También me agencié un GPS portátil, solo para estar seguro.

—No volverá a perderse —aseguró.

Le di las gracias entusiasmado. Fui a mi apartamento, metí todo el equipo en el ascensor y pulsé el botón de la segunda planta. Cuando la puerta estaba a punto de cerrarse, alargué una mano para detenerla. Salí y, cargando con todo, subí por la escalera.

Aquella noche, después de acostar a mi hijo Zachary, saqué lo que tenía previsto llevar en el viaje y empecé a organizar la mochila. El equipaje incluiría un archivo que había confeccionado con copias de los documentos y escritos más importantes de Fawcett. Al hojearlos, me detuve en una carta que detallaba algo, en palabras de Brian Fawcett, «secretísimo»,[4] pues su padre «nunca hablaba de sus objetivos» con nadie. Tras recibir el diploma de la Royal Society, afirmaba la carta, en 1901 el gobierno británico había asignado a Fawcett su primera misión: iba a ir a Marruecos..., pero no como explorador, sino como espía.

8

Camino del Amazonas

Era la tapadera perfecta: ir como cartógrafo, con mapas, un telescopio y binoculares de largo alcance. Inspeccionar el objetivo del mismo modo en que se inspeccionaría el terreno. Observarlo todo: la gente, los lugares, las conversaciones.[1]

En su diario, Fawcett había confeccionado un listado con todo aquello que su superior británico —alguien llamado simplemente «James»— le había pedido que evaluara: «Naturaleza de los caminos […], pueblos […], agua […], ejército y organización […], armas y pistolas […], política».[2] ¿Acaso el explorador no era en esencia un infiltrado, alguien que penetraba en territorio ajeno y regresaba con secretos? En el siglo XIX, el gobierno británico había ido reclutando agentes entre los exploradores y los cartógrafos.[3] Era un modo no solo de introducir personas en el extranjero con argumentos incuestionables, sino también de sacar provecho de los reclutas diestros en la obtención de delicados datos geográficos y políticos, lo que más codiciaba el gobierno. Las autoridades británicas transformaron el Survey of India Department («Reconocimiento del Departamento de la India») en una operación secreta a tiempo completo.[4] Se entrenaba a los cartógrafos para que emplearan sus tapaderas, sus nombres codificados («Número Uno», «El Experto», «El Experto en Jefe») y, cuando accedían a territorios prohibidos para los occidentales, también disponían de excelentes disfraces. En el Tíbet, muchos topógrafos se vestían de monjes budistas y utilizaban rosarios para medir distancias (cada cuenta representaba cien pasos) y ruedas o molinillos de oración para ocultar en ellos brújulas y fragmentos de papel con anotaciones. Asimismo, instalaban trampillas en los baúles para ocultar instrumentos de mayor tamaño, como los sextantes, y vertían mercurio, esencial para el manejo de un horizonte artificial, en los cuencos con los que mendigaban como peregrinos. La Royal Geographical Society a menudo tenía conocimiento, si bien no era cómplice, de esas actividades: sus filas estaban sembradas de espías (en servicio o no), entre ellos Francis Younghusband, que fue presidente de la Royal Society desde 1919 hasta 1922.

En Marruecos, Fawcett participó en una versión africana de lo que Rudyard Kipling, en referencia a la pugna colonial por la supremacía en Asia central, denominó «el Gran Juego». Garabateando en sus rollos de papel secretos, Fawcett anotó que «charlaba» con un oficial marroquí que poseía «mucha información». Fawcett comentó tiempo después que al aventurarse más allá de las principales rutas del desierto, donde las tribus secuestraban o asesinaban a los intrusos extranjeros, «se considera necesario alguna clase de disfraz morisco, e incluso entonces el viaje conlleva grandes riesgos».[5] Llegó incluso a introducirse en la corte real para espiar al propio sultán. «El Sultán es joven y de carácter débil —escribió—. El placer personal es su máxima prioridad, y dedica el tiempo a hacer acrobacias con la bicicleta, de la que es notablemente experto; a jugar con automóviles; a los juguetes mecánicos; a la fotografía; al billar; a cazar cerdos en bicicleta, con los que da de comer a su colección de animales...».[6] Fawcett transmitió toda esta información a «James» y regresó a Inglaterra en 1902. Fue la única ocasión en que Fawcett actuó como espía oficial, pero su astucia y su capacidad de observación llamaron la atención de sir George Taubman Goldie, un administrador colonial británico que en 1905 fue nombrado presidente de la Royal Geographical Society.

A principios de 1906, Goldie convocó a Fawcett, quien, desde el viaje de Marruecos, había sido destinado a varios fuertes militares, el último en Irlanda.[7] Goldie no era alguien a quien se pudiera tomar a broma. Famoso por su aguda inteligencia y su temperamento volátil, había impuesto casi en solitario el control del Imperio británico sobre Níger en las décadas de 1880 y 1890.[8] Había conmocionado a la sociedad victoriana fugándose a París con una institutriz, y era un ateo impenitente que abogaba por la teoría de la evolución de Darwin. «Le asaltaban frenesís de impaciencia frente a la estupidez o la incompetencia —escribió uno de sus biógrafos—. Nunca nadie había encontrado a los necios tan insufribles.»[9]

Fawcett fue llevado a la RGS para ver a Goldie, cuyos ojos azules parecían «perforarle a uno»,[10] según los describió un subordinado. Goldie, a punto de cumplir los sesenta años, siempre llevaba en el bolsillo un vial de veneno, que tenía previsto ingerir si en algún momento sufría una discapacidad física o una enfermedad incurable. Tal como recordó Fawcett, Goldie le preguntó:

—¿Sabe usted algo de Bolivia?

Fawcett contestó que no, y Goldie prosiguió:

—Se suele pensar en Bolivia como un país ubicado en el techo del mundo. Gran parte de su territorio se encuentra en las montañas, pero más allá, hacia el este, se extiende una región inmensa de bosque tropical y llanuras. —Goldie alargó una mano hacia su escritorio y cogió un mapa grande del país, que desplegó frente a Fawcett como si de un mantel se tratara—. Aquí tiene, comandante: ¡este es mi mejor mapa del país! ¡Mire esta zona! ¡Está llena de espacios sin cartografiar!

Mientras paseaba el dedo sobre el mapa, Goldie le contó que la región estaba tan poco explorada que Bolivia, Brasil y Perú ni siquiera podían ponerse de acuerdo en sus fronteras: eran tan solo meras líneas especulativas trazadas entre montañas y selvas. En 1864, las disputas fronterizas entre Paraguay y sus vecinos acabaron derivando en el peor conflicto de la historia de

Latinoamérica. (Durante su transcurso murió cerca de la mitad de la población paraguaya.) Dada la extraordinaria demanda de caucho —el «oro negro»— que experimentaba la región, las apuestas por la delimitación del Amazonas solían ser tensas.

—Podría producirse una conflagración de grandes dimensiones por la cuestión de qué territorio pertenece a quién —dijo Goldie.

—Todo esto es muy interesante —le interrumpió Fawcett—, pero ¿qué tiene que ver conmigo?

Goldie le informó de que los países implicados habían creado una comisión fronteriza y pedían que un observador imparcial de la Royal Geographical Society cartografiara las fronteras en disputa, empezando por un área situada entre Bolivia y Brasil, que comprendía varios centenares de kilómetros de terreno casi impracticable. La expedición duraría dos años y no existían garantías de que sus miembros sobreviviesen. Las enfermedades asolaban el territorio y los indígenas, que habían sido atacados de forma despiadada por los cazadores de caucho, asesinaban a los intrusos.

—¿Estaría usted interesado en aceptar esta misión? —le preguntó Goldie.[11]

Tiempo después, Fawcett confesó que en aquel momento se le desbocó el corazón. Pensó en su esposa, Nina, que estaba de nuevo embarazada, y en su hijo, Jack, que estaba a punto de cumplir los tres años. Con todo, no vaciló: «El destino quería que fuera, ¡de modo que no podía haber otra respuesta!».[12]

La cubierta sucia y atestada del *Panama* estaba repleta de «bravucones, aspirantes a bravucones y viejos granujas de tez curtida como el cuero»,[13] según los describió Fawcett. Remilgado, con su cuello blanco almidonado, Fawcett se sentó al lado de su segundo de a bordo para la expedición, un ingeniero y topógrafo de treinta años llamado Arthur John Chivers,[14] a quien la Royal Geographical Society había recomendado.

Fawcett dedicó la travesía a estudiar español, mientras los demás pasajeros bebían whisky, escupían tabaco, jugaban a los dados y se acostaban con prostitutas. «A su manera, todos eran buenos tipos —escribió Fawcett, y añadió—: Para [Chivers] y para mí, resultó una toma de contacto muy útil con un aspecto de la vida que hasta entonces no conocíamos, y gran parte de nuestras reservas británicas desaparecieron en el proceso.»[15]

El barco fondeó en Panamá, donde la construcción del canal —la tentativa más audaz emprendida hasta entonces por el hombre de domeñar la naturaleza— estaba en proceso, y el proyecto proporcionó a Fawcett la primera señal de lo que estaba a punto de encontrar: docenas de ataúdes apilados en el muelle. Desde el comienzo de la excavación del canal, en 1881, más de veinte mil obreros habían muerto víctimas de la malaria y de la fiebre amarilla.[16]

En Ciudad de Panamá, Fawcett subió a bordo de un barco con destino a Perú, y luego prosiguió en tren hacia los reverberantes y nevados Andes. A unos tres mil seiscientos metros de altitud, Fawcett abandonó el tren y tomó otro barco para cruzar el lago Titicaca («¡Qué extraño resulta ver vapores transitando aquí arriba, en el techo del mundo!»),[17] antes de embutirse en otro tren traqueteante, que le llevó por el altiplano hasta La Paz, capital de Bolivia. Allí esperó durante más de un mes a que el gobierno le proporcionara varios miles de dólares, una suma bastante más magra de la que había previsto, para las provisiones y los gastos del viaje. Su impaciencia provocó una discusión con oficiales locales en la que tuvo que mediar el cónsul británico. Finalmente, el 4 de julio de 1906, Chivers y él estuvieron listos para partir. Cargaron sus mulas con té, leche en conserva, Edwards' Desiccated Soup,* sardinas en salsa de tomate, limonada en polvo efervescente y galletas de semillas de cola, que, según *Hints to Travellers*, producían «un

* Sopa deshidratada en polvo. *(N. de la T.)*

maravilloso efecto en la preservación de la resistencia durante el esfuerzo físico».[18] También compraron instrumentos de topografía, rifles, sogas para descenso de cañones, machetes, hamacas, mosquiteras, recipientes para muestras, sedales, una cámara estereoscópica, un cernedor para cribar oro y regalos tales como cuentas para establecer contacto con las tribus. Confeccionaron asimismo un botiquín con gasas para hacer vendajes, yodo para las picaduras de los mosquitos, permanganato de potasio para lavar la verdura y las heridas de flecha, un bisturí para cercenar la carne envenenada por las picaduras de serpiente o la gangrena, y opio. En su morral, Fawcett incluyó un ejemplar de *Hints to Travellers* y su diario, junto con sus poemas favoritos para recitarlos en la selva. Uno de los que solía llevar consigo era «El explorador», de Rudyard Kipling:

> *Hay algo oculto. Ve y descúbrelo. Ve y mira*
> *tras las montañas [...]*
> *Algo perdido tras las montañas. Perdido*
> *y esperándote. ¡Ve!*

Fawcett y Chivers cruzaron los Andes e iniciaron el descenso hacia la jungla. Fawcett, que llevaba calzones de tela de gabardina, botas de cuero, un sombrero Stetson y un pañuelo de seda anudado al cuello —su uniforme habitual de explorador—, avanzó por el borde de despeñaderos que caían a centenares de metros. Viajaron con ventisca, por lo que los hombres apenas alcanzaban a ver varios metros al frente, aunque oían cómo las rocas resbalaban bajo los cascos de sus animales de carga y caían al abismo de los collados. Con el viento azotando los picos de seis mil metros de altitud, resultaba difícil creer que se dirigían a la jungla. La altura les provocaba mareos y náuseas. Los animales avanzaban tambaleantes, casi sin aliento, sangrando por el hocico por la falta de oxígeno. Años después, en las mismas montañas, Fawcett perdería la mitad de una recua de veinticuatro mulas. «La carga de las mulas a veces topaba contra los salientes rocosos y [el animal] acababa despeñándose entre aullidos al precipicio»,[19] escribió.

Fawcett y Chivers fueron encontrando puentes —confeccionados con listones de palmera y cables— de hasta cien metros de largo, que salvaban cañones y oscilaban violentamente a merced del viento, como una bandera hecha jirones. Era preciso vendar los ojos a las mulas, demasiado asustadas para cruzar. Tras convencerlas a base de artimañas para que cruzaran el puente, los exploradores proseguían con el descenso rodeando peñascos y acantilados y avistando los primeros indicios de vegetación: magnolias y árboles atrofiados. Hacia los mil metros de altitud, donde el calor ya era palpable, encontraron raíces y plantas trepadoras que reptaban por las laderas. Y entonces Fawcett, bañado en sudor, miró a lo lejos del valle y atisbó árboles con forma de araña y paracaídas, nubes y humo; vías fluviales serpenteando a lo largo de miles de kilómetros; un dosel de jungla tan oscura que parecía casi negra: el Amazonas.

Fawcett y Chivers finalmente abandonaron sus animales de carga para seguir viajando en una balsa hecha con ramas y cordeles hasta la frontera del Amazonas, un conjunto de poblaciones al estilo de Dodge y con nombres socarrones, como Esperanza y Villa Hermosa, construidas recientemente en la selva a manos de colonos que habían sucumbido al hechizo del oro negro. Cristóbal Colón fue la primera persona en informar que había visto a indígenas haciendo botar una bola de esa sustancia extraña y pegajosa que brotaba de los árboles tropicales,[20] pero fue en 1896, cuando B. F. Goodrich fabricó los primeros neumáticos de automóvil en Estados Unidos, cuando la locura del caucho asoló el Amazonas, que albergaba un auténtico monopolio de látex de la mejor calidad. En 1912, solo Brasil exportó caucho por valor de más de treinta millones de dólares, el equivalente actual de casi quinientos millones de dólares.[21] Los magnates del caucho habían transformado Manaos, ubicada a orillas del río Amazonas, en una de las ciudades más chabacanas del mundo. «No se detenían ante ninguna extravagancia, por absurda que fuera —escribió el historiador Robin Furneaux en *The Amazon*—. Si un magnate del caucho compraba un yate enorme, otro instalaba un león amaestrado en su villa, y un tercero lavaba su caballo con champán.»[22] Y nada era más extravagante que el edificio de la ópera, con su mármol italiano, su cristal de Bohemia, sus plateas doradas, sus arañas de cristal, sus murales victorianos y su cúpula bañada con los colores de la bandera nacional. Prefabricada en Europa y con un coste aproximado de diez millones de dólares de fondos públicos, la ópera fue trasladada por piezas en barco a lo largo de más de mil quinientos kilómetros por el Amazonas, donde los obreros trabajaron sin respiro hasta montarla, también de noche, bajo las primeras bombillas eléctricas de Brasil. No importaba que prácticamente nadie de Manaos hubiese oído hablar de Puccini ni que más de la mitad de los miembros de una compañía teatral foránea acabara muriendo a consecuencia de la fiebre amarilla. Era la apoteosis del boom del caucho.

La perspectiva de amasar una fortuna había atraído a miles de obreros analfabetos a la jungla, donde pronto se endeudaron con los magnates del caucho que les habían proporcionado el transporte, la comida y el equipamiento a crédito. Pertrechado con una lámpara de minero a modo de linterna, el cauchero se abría paso por la jungla a machetazos, trabajando sin respiro de sol a sol, buscando árboles del caucho, y después, a su regreso, hambriento y afiebrado, pasaba horas encorvado sobre el fuego, inhalando humo tóxico, mientras cocía el caucho sobre un asador hasta que este coagulaba. A menudo se tardaba semanas en producir una única bola del tamaño suficiente para ser vendida, y que raramente bastaba para saldar la deuda. Infinidad de caucheros murieron de inanición, disentería y otras enfermedades. El escritor brasileño Euclides da Cunha denominó este sistema «la más criminal organización de mano de obra jamás concebida». Y observó que el cauchero «en realidad viene a encarnar una contradicción colosal: ¡es un hombre que trabaja para esclavizarse!».[23]

La primera ciudad fronteriza a la que Fawcett y Chivers llegaron fue Rurrenabaque, en el noroeste de Bolivia. Aunque aparecía en letras mayúsculas en el mapa de Fawcett, consistía en poco más que una hilera de cabañas hechas con barro y bambú, que innumerables buitres sobrevolaban en círculos. «Se me cayó el alma a los pies —escribió Fawcett en sus diarios—, y empecé a comprender lo ciertamente primitivo que era este país fluvial.»[24]

La región no dependía de ningún centro de poder ni de ninguna autoridad gobernante. En 1872, Bolivia y Brasil habían intentado construir un ferrocarril que cruzara la jungla, pero fueron tantos los obreros que murieron a causa de las enfermedades y de los ataques de los indígenas que el proyecto acabó siendo conocido como el Ferrocarril de la Muerte. Se decía que por cada traviesa moría un hombre. Cuando Fawcett llegó, más de tres décadas después, el ferrocarril se encontraba en fase de construcción a manos de una tercera compañía; aun así, solo se habían colocado ocho kilómetros de una vía que, según comentó Fawcett, iba «de ninguna parte a ninguna parte».[25] Dado su aislamiento, la frontera del Amazonas estaba gobernada por sus propias leyes y, tal como lo definió un observador, si se comparaba con el Oeste americano, este resultaba «tan formal y correcto como una reunión de rezo».[26] Cuando un viajero británico cruzó la región en 1911, informó de un residente que le dijo: «¿Gobierno? ¿Qué es eso? ¡Aquí no conocemos gobierno!».[27] La región había sido refugio de bandidos, fugitivos y cazadores de fortuna que llevaban un arma sobre cada cadera, cazaban jaguares al lazo por puro aburrimiento y mataban sin vacilar.

Fawcett y Chivers siguieron sumergiéndose en ese mundo y alcanzaron la lejana avanzada de Riberalta. Allí, Fawcett observó que un barco amarraba en la ribera. Un obrero gritó: «¡Aquí llega el ganado!»,[28] y Fawcett vio a guardias con látigos que hacían desembarcar a unos treinta hombres y mujeres indígenas encadenados. Una vez en tierra, los compradores empezaron a inspeccionarlos. Fawcett preguntó a un oficial de aduana quiénes eran aquellas personas. «Esclavos», contestó el oficial.

Fawcett se quedó conmocionado al oír aquello, porque eran tantos los obreros que morían en la jungla que los magnates del caucho, para nutrir sus reservas de mano de obra, enviaban partidas de hombres armados a la selva para secuestrar y esclavizar a tribus enteras. En una ocasión, a orillas del río Putumayo, en Perú, los horrores infligidos a los indígenas se hicieron tan notorios que el gobierno británico puso en marcha una investigación que reveló que los autores habían vendido acciones de su compañía en la Bolsa de Londres.[29] Las pruebas demostraban que la Peruvian Amazon Company había cometido un genocidio al tratar de pacificar y esclavizar a la población nativa: castraron y decapitaron a indígenas, los rociaron con gasolina y les prendieron fuego, los crucificaron boca abajo, los golpearon, los mutilaron, los hicieron morir de hambre, los ahogaron y los convirtieron en comida para perros. Los secuaces de la empresa también violaron a todas las mujeres, y abrieron la cabeza de niños a golpes. «En algunos sectores, los numerosos cuerpos de las víctimas emanan un hedor tal de carne putrefacta que el lugar debe abandonarse temporalmente»,[30] comentó un ingeniero que visitó la región, apodada como el «paraíso del demonio». Sir Roger Casement, cónsul general británico a cargo de la investigación, calculó que unos treinta mil indígenas habían muerto a manos de esta compañía cauchera. Un diplomático británico concluyó: «No es una exageración afirmar que esta información, al igual que los métodos empleados en la recolección de caucho por parte de los agentes de la compañía, sobrepasa en horror a todo lo conocido del mundo civilizado durante el último siglo».[31]

Mucho antes de que, en 1912, el informe de Casement se hiciera público, Fawcett denunció estas atrocidades en editoriales de un periódico británico y en reuniones con altos cargos del gobierno. En una ocasión llamó a los traficantes de esclavos «salvajes» y «escoria». Además, sabía que el boom del caucho había hecho que su propia misión resultara mucho más difícil y peligrosa. Tribus anteriormente amistosas se mostraban hostiles con los extranjeros. A Fawcett le hablaron de una partida de ochenta hombres en la que «tantos miembros murieron por flechas envenenadas que los demás abandonaron el viaje y se retiraron»;[32] a otros viajeros se los encontró enterrados hasta la cintura para que fueran devorados por las hormigas de fuego, los gusanos y las abejas. En la revista de la Royal Geographical Society, Fawcett escribió que «la espantosa política que generaba el comercio de esclavos, y que fomentaba abiertamente la despiadada matanza de los indios indígenas, muchos de ellos razas inteligentes»[33] había imbuido a los indígenas de una sed de «venganza mortal contra el extranjero», y constituía uno de «los grandes peligros para la exploración en Sudamérica».[34]

El 25 de septiembre de 1906, Fawcett y Chivers partieron de Riberalta, acompañados por veinte forajidos y guías nativos que habían reclutado en la frontera. Con ellos iban un cateador jamaicano llamado Willis, quien, pese a su afición al alcohol, era un cocinero y un pescador de primera («Era capaz de oler la comida y la bebida como el sabueso huele al conejo»,[35] bromeó Fawcett), y un antiguo oficial militar boliviano que hablaba inglés con fluidez y hacía las veces de intérprete. Fawcett se había asegurado de que todos los hombres comprendieran en qué se estaban metiendo. Cualquiera que se rompiera una pierna o enfermara en el interior de la jungla tendría pocas probabilidades de sobrevivir. Cargar con esa persona supondría arriesgar la supervivencia de toda la partida. La lógica de la selva dictaba que fuera abandonada, o, según las sombrías palabras de Fawcett: «Puede elegir entre las pastillas de opio, el hambre o la tortura si los salvajes le encuentran».[36]

A bordo de canoas que fabricaron con troncos, Fawcett y sus hombres navegaron hacia el oeste, siguiendo la ruta prevista de casi mil kilómetros a lo largo de la frontera entre Brasil y

Bolivia. El río estaba repleto de árboles caídos, y desde las canoas Chivers y Fawcett intentaron abrirse paso con los machetes. Las pirañas abundaban en aquella zona y los exploradores se cuidaban de que sus dedos no rozaran la superficie del agua. Theodore Roosevelt, tras explorar un afluente del Amazonas en 1914, describió la piraña como «el pez más feroz del mundo. —Y añadió—: Desgarra y devora vivo a cualquier hombre o animal herido, ya que la presencia de sangre en el agua lo excita hasta la locura [...]. La cabeza, con su boca pequeña, sus penetrantes y malévolos ojos, y sus fauces blindadas, es la encarnación de la ferocidad diabólica».[37]

Antes de bañarse, Fawcett se inspeccionaba el cuerpo en busca de forúnculos y cortes. La primera vez que nadó en el río, dijo: «Tenía un ligero nudo en la boca del estómago».[38] No solo temía a la piraña, sino también al candirú y a la anguila eléctrica, o *puraque*. Estas últimas —de unos dos metros, con la cabeza plana y los ojos tan prominentes que casi descansan sobre el labio superior— eran pilas vivientes: descargaban hasta seiscientos cincuenta voltios de electricidad en el cuerpo de su víctima. Podían electrocutar una rana o un pez en una charca sin siquiera tocarlo.[39] El explorador y científico alemán Alexander von Humboldt,[40] que viajó por la región amazónica del río Orinoco a principios del siglo XIX, llevó, con la ayuda de indígenas que sujetaban arpones, treinta caballos y mulas hasta un pantano lleno de anguilas eléctricas para ver qué ocurría. Los animales, con las crines erizadas y los ojos inflamados, retrocedieron aterrorizados a medida que las anguilas los rodeaban. Algunos caballos intentaron salir del agua, pero los indígenas se lo impidieron con la ayuda de arpones. En cuestión de segundos, dos caballos se habían ahogado, mientras que los demás finalmente consiguieron romper la barrera de los indígenas y se desplomaron, exhaustos y entumecidos. «Una descarga es suficiente para paralizar y ahogar a un hombre, pero la forma de ataque del *puraque* consiste en repetir las descargas para asegurarse la víctima»,[41] escribió Fawcett. Concluyó que una persona debe hacer cosas en estos lares «que no dejan esperanza al epitafio, que hay que hacer con sangre fría y, a menudo, con una secuela de tragedia».[42]

Un día, Fawcett atisbó algo en la orilla del perezoso río. Al principio le pareció un árbol caído, pero de pronto el objeto empezó a ondularse en dirección a las canoas. Era más grande que una anguila eléctrica y, al verlo, los compañeros de Fawcett gritaron. Fawcett alzó el rifle y disparó al objeto hasta que el humo saturó el aire. Cuando la criatura dejó de moverse, los hombres acercaron a ella una canoa. Era una anaconda. En sus informes a la Royal Geographical Society, Fawcett insistió en que medía más de veinte metros («¡Serpientes enormes!», anunció a toda plana un titular de la prensa británica), aunque gran parte de la anaconda estaba sumergida y seguramente era más pequeña: la más larga de la que se tiene constancia oficial medía ocho metros y medio. (Con esa longitud, una sola anaconda puede pesar más de media tonelada y, gracias a los músculos elásticos de sus mandíbulas, engullir un ciervo entero.) Mientras observaba la serpiente inmóvil que tenía frente a él, Fawcett extrajo su cuchillo. Intentó cortar un trozo de piel para guardarlo en un recipiente para muestras, pero al clavarle el cuchillo la anaconda dio una sacudida hacia él y los demás, que salieron despavoridos.

Mientras la expedición avanzaba, sus miembros observaban la jungla. «Era uno de los viajes más lúgubres que había hecho, pues la quietud del río resultaba amenazadora, y la corriente calma y las aguas profundas parecían augurar males venideros —escribió Fawcett meses después de partir de Riberalta—. Los demonios de los ríos amazónicos estaban fuera de ellos, manifestando su presencia en cielos plomizos, lluvias torrenciales y umbríos muros de vegetación.»[43]

Fawcett impuso un estricto régimen. Según Henry Costin, antiguo cabo británico que acompañó en varias expediciones posteriores a Fawcett, la partida se levantaba con la primera luz del día; una persona se encargaba de dar el toque de diana.

Luego los hombres se dirigían al río, se aseaban, se lavaban los dientes y recogían el campamento, mientras la persona encargada del desayuno prendía una hoguera. «Vivíamos de forma sencilla —recordó Costin—. El desayuno solía consistir en gachas, leche enlatada y mucho azúcar.»[44] En cuestión de minutos, los hombres estaban en marcha. La recopilación de infinidad de datos para los informes de Fawcett a la RGS —entre otros, inspecciones del entorno, bocetos del paisaje, lecturas barométricas y de temperatura, y catálogos de la flora y fauna— requería un trabajo concienzudo, y Fawcett se esforzaba con ahínco. «La inactividad era lo que no soportaba»,[45] dijo en una ocasión. La jungla parecía exacerbar sus rasgos más sobresalientes: el coraje y la resistencia, junto con la irascibilidad y la intolerancia frente a las debilidades ajenas. Permitía que sus hombres hiciesen una breve pausa para almorzar —un aperitivo consistente en varias galletas— durante caminatas que llegaban a prolongarse hasta doce horas al día.

Justo antes de la puesta de sol, indicaba a sus hombres que montasen el campamento. Willis, el cocinero, estaba a cargo de la preparación de la cena y complementaba la sopa en polvo con los animales que el grupo hubiese cazado. El hambre lo convertía todo en un manjar: armadillos, pastinacas, tortugas, anacondas, ratas. «A los monos se los considera una buena comida —observó Fawcett—. Su carne tiene un sabor bastante agradable, pero al principio la idea me repugnaba porque, extendido sobre el fuego para quemarle el pelo, su aspecto parecía horriblemente humano.»[46]

Mientras avanzaban por la selva, Fawcett y sus hombres eran más vulnerables a los depredadores. En una ocasión, una piara de cerdos salvajes corrieron en estampida hacia Chivers y el intérprete, que dispararon sus armas en todas las direcciones mientras Willis se encaramó rápidamente a un árbol para evitar recibir un disparo de sus compañeros. Incluso las ranas podían resultar mortales al tacto: un solo ejemplar de *Phyllobates terribilis*, que se encuentra en el Amazonas colombiano, posee suficientes toxinas para matar a un centenar de personas. Un día, Fawcett tropezó con una serpiente coral, cuyo veneno inhabilita el sistema nervioso central de su víctima, asfixiándola. En el Amazonas, se maravilló Fawcett, el reino animal «es contrario al hombre como en ningún otro lugar del mundo».[47]

Pero no eran los grandes depredadores lo que más preocupaba a Fawcett y a sus compañeros: eran las interminables plagas. Las hormigas bravas podían reducir a jirones la ropa y los morrales de los hombres en una sola noche. Las garrapatas, que se adherían como sanguijuelas (otro azote), y las niguas rojas peludas, que consumían tejido humano. Los milpiés, secretores de cianuro. Los gusanos parásitos que causaban ceguera. Las moscas tórsalo, que introducían el ovopositor a través de la ropa y depositaban los huevos bajo la piel, donde eclosionaban y luego anidaban las larvas. Las casi invisibles moscas llamadas pium, que dejaban el cuerpo de los exploradores sembrado de heridas. Y también estaban las «chinches besadoras», que picaban a la víctima en los labios, transfiriéndole un protozoo denominado *Trypanosoma cruzi*; veinte años después, la persona afectada, creyendo que había escapado ilesa de la jungla, moría a consecuencia de una inflamación del corazón o del cerebro. No obstante, nada resultaba más peligroso que los mosquitos. Transmitían toda clase de enfermedades y dolencias, desde la malaria hasta la fiebre «aplasta huesos», pasando por la elefantiasis y la fiebre amarilla. «[Los mosquitos] constituyen el principal motivo por el que la selva del Amazonas es aún una frontera sin conquistar»,[48] escribió Willard Price en su obra de 1952 *The Amazing Amazon* [*El maravilloso Amazonas: un mundo de riquezas sin límite*].

Fawcett y sus hombres se protegían con mosquiteras, pero incluso estas resultaban insuficientes. «Las moscas pium caían sobre nosotros en nubes —escribió Fawcett—. Nos veíamos obligados a cerrar con mosquiteras los dos extremos del cobertizo de hojas de palmera [del barco] y a cubrirnos la cabeza con velos, y pese a ello nuestras manos y nuestra cara enseguida se convertían en un tapiz de ampollas diminutas y sangrantes que picaban horrores.»[49] Mientras tanto, las *polvorinas*, tan pequeñas que parecen polvo, se ocultaban en el pelo de Fawcett y de sus compañeros. A menudo, lo único en que podían pensar los hombres era en los insectos. Llegaron a identificar los diferentes sonidos que producía el roce de las alas de cada uno de ellos. («El tábano llegaba en solitario, pero anunciaba su presencia con una sonda similar a una aguja»,[50] dijo Fawcett.) Las chinches atormentaban a los exploradores hasta el punto de la locura, como demostraba el diario de un naturalista que tiempo después acompañó a Fawcett en otra expedición:

20/10: Atacados en las hamacas por jejenes diminutos de poco más de dos milímetros de longitud; las mosquiteras no ofrecen protección contra ellos; los jejenes pican toda la noche y no dejan dormir.

21/10: Otra noche en vela debido a los jejenes succionadores de sangre.

22/10: Mi cuerpo es una masa de bultos por las picaduras de insectos; muñecas y manos hinchadas por las picaduras de los diminutos jejenes. Dos noches casi sin dormir: simplemente horrible. [...] Lluvia al mediodía, toda la tarde y casi toda la noche. Se me empaparon los zapatos desde que empezó. [...] Lo peor hasta ahora, las garrapatas.

23/10: Noche espantosa con las peores picaduras de jején hasta ahora; ni siquiera el humo los ahuyenta.

24/10: Más de la mitad de los hombres enfermos por las picaduras. Muñecas y manos hinchadas. Me embadurno las piernas con yodo.

25/10: Me he despertado y he encontrado cubierto de termitas todo lo que dejamos en el suelo. [...] Los jejenes succionadores de sangre siguen con nosotros.

30/10: Abejas del sudor, jejenes y *polverinas* (jejenes succionadores de sangre), horrible.

2/11: Veo borroso con el ojo derecho a consecuencia de los jejenes.

3/11: Abejas y jejenes peor que nunca; ciertamente, «no hay
descanso para el cansado».

5/11: Mi primera experiencia con las abejas comedoras de carne y carroña. Jejenes en nubes (los peores que hemos encontrado), que estropean la comida porque se llena de
cuerpos repugnantes, con el vientre rojo y asquerosa-
mente hinchado con la sangre de uno.[51]

A los seis meses de expedición, la mayoría de los hombres,
entre ellos Chivers, estaban enfermos y con fiebre. Les aqueja-
ba una sed insaciable, jaquecas insufribles y temblores incon-
trolables. Sus músculos palpitaban de tal modo que les resultaba difícil caminar. Habían contraído, en la mayor parte de los
casos, fiebre amarilla o malaria. Si se trataba de fiebre amarilla,
lo que los hombres más temían era esputar sangre —el llamado
«vómito negro»—, lo cual significaba que la muerte les rondaba. Cuando se trataba de malaria —que, según una estimación,[52] contraían más del ochenta por ciento de las personas
que trabajaban en el Amazonas—, los hombres experimenta-
ban a veces alucinaciones, y podían entrar en coma y morir. En
un momento dado, Fawcett compartió una embarcación con
cuatro pasajeros que enfermaron y murieron. Con la ayuda de
los remos, los demás cavaron sus tumbas en la orilla. Su único
monumento, comentó Fawcett, consistió en «un par de ramas
cruzadas y atadas con hierba».[53]

Una mañana, Fawcett advirtió una serie de hendiduras en
una ribera fangosa. Se agachó para inspeccionarlas. Eran huellas humanas. Fawcett inspeccionó el entorno, y encontró ramas rotas y hojas pisoteadas. Los indígenas seguían sus pasos.

A Fawcett le habían informado que los indios pacaguara
vivían a lo largo de las orillas del río Abuná, y que eran conocidos por secuestrar a los intrusos y llevárselos a la selva.

De otras dos tribus —los parintinin, más al norte, y los kanichana, en los llanos meridionales de Mojo— se decía que eran caníbales. Según el relato de un misionero que databa de 1781: «Cuando [los kanichana] capturaban prisioneros en sus guerras, bien los conservaban como esclavos, bien los asaban para devorarlos en sus banquetes. Utilizaban a modo de vasos los cráneos de aquellos a quienes mataban».[54] Aunque los occidentales tenían una fijación obsesiva con el canibalismo (Richard Burton y otros amigos habían creado el Cannibal Club e inaugurado sus veladas) y con frecuencia exageraban al respecto para justificar la captura de indígenas, no cabe duda de que algunas tribus amazónicas lo practicaban, ya fuera por motivos rituales o por venganza. La carne humana se ingería siempre de dos formas: asada o hervida. Los guayaki, que practicaban el canibalismo ritual cuando los miembros de la tribu morían, despedazaban los cuerpos en cuartos con un cuchillo de bambú, separando la cabeza y las extremidades del tronco. «Con la cabeza y los intestinos no se sigue la misma "receta" que con las partes musculosas y los órganos internos —explicó el antropólogo Pierre Clastres, que a principios de la década de 1960 dedicó cierto tiempo al estudio de la tribu—. La cabeza en primer lugar se afeita con sumo esmero […], luego se hierve, como los intestinos, en recipientes de cerámica. En cuanto a la carne en sí y a los órganos internos, se colocan sobre una gran parrilla que se pone al fuego […]. La carne se asa despacio y la grasa que desprende se vierte de nuevo sobre ella con un *koto* [cepillo]. Cuando la carne se considera "cocida", se reparte entre todos los presentes. Lo que no se come en el momento, se reserva en las cestas de las mujeres y se consume al día siguiente. Por lo que respecta a los huesos, se parten para succionar el tuétano, que gusta especialmente a las mujeres.» La preferencia de los guayaki por la piel humana es el motivo por el que se denominan a sí mismos «*aché kyravwa*», «guayaki comedores de grasa humana».[55]

Fawcett inspeccionó la zona en busca de indígenas guerreros. Las tribus amazónicas eran expertas en el acecho a sus enemigos. Mientras que a algunas les gustaba anunciar su presencia antes de un ataque, muchas otras se ayudaban de la densa vegetación para ocultarse mejor. Se pintaban el cuerpo y la cara de negro, con carbón, y de rojo, con ungüentos elaborados a partir de bayas y frutos. Sus armas —flechas y dardos soplados con cerbatanas— atacaban en silencio antes de que nadie tuviese tiempo de huir. Ciertas tribus explotaban las mismas materias que hacían que la selva resultara tan peligrosa para Fawcett y sus hombres: untar las puntas de sus armas con toxinas letales de pastinaca y rana flecha azul, o emplear hormigas gigantes mordedoras para suturar sus heridas en combate. En contraste, Fawcett y su partida carecían de experiencia en la jungla. Eran, como Costin confesó durante su primer viaje, «bisoños». Casi todos enfermaron, se debilitaron y pasaron hambre: eran la presa perfecta.

Aquella noche, Fawcett y todos sus hombres se hallaban en la orilla. Antes de partir, Fawcett les hizo acatar, uno por uno, una orden aparentemente suicida: no dispararían contra los indígenas en ninguna circunstancia. Cuando la Royal Geographical Society supo de las instrucciones de Fawcett, un miembro que conocía la región advirtió de que tal método «corteja el asesinato».[56] Fawcett admitió que su actitud no violenta implicaba «riesgos demenciales», si bien arguyó que no se trataba únicamente de un comportamiento ético; era también el único modo en que una partida reducida y fácilmente superable en número podía demostrar sus intenciones amistosas ante las tribus.

Los hombres, tendidos en las hamacas, con una pequeña hoguera crepitando, escuchaban la algarabía de la selva. Trataban de identificar los sonidos: el de un fruto al caer al río, la fricción de las ramas, el gemido de los mosquitos, el rugido del jaguar. En ocasiones, la jungla parecía silenciosa, y entonces, de pronto, un chillido desgarraba la oscuridad. Los hombres sabían que, si bien no podían ver nada, ellos sí podían ser vistos. «Permanecí alerta, sabedor en todo momento de que nuestros movimientos estaban siendo observados, aunque sin ver apenas nada de aquellos que nos observaban»,[57] escribió Fawcett.

Un día, navegando por el río, las embarcaciones llegaron a una serie de rápidos y uno de los pilotos bajó a tierra para inspeccionar el lugar y comprobar si podían sortearlos. Pero, al cabo de un tiempo, al no tener noticia de él, Fawcett y varios hombres partieron en su búsqueda. Se abrieron paso a machetazos por la jungla a lo largo de casi un kilómetro y de pronto encontraron el cuerpo del piloto, perforado por cuarenta y dos flechas.

Los hombres empezaron a ceder al pánico. En un momento dado, en los botes y a la deriva en dirección a los rápidos, Willis gritó: «¡Salvajes!». Allí estaban, de pie en la orilla. «Sus cuerpos [estaban] pintados por completo —escribió Fawcett—, sus orejas tenían lóbulos colgantes, y una especie de púa les atravesaba la nariz de lado a lado.»[58] Deseaba establecer contacto con ellos, pero los demás hombres a bordo chillaban y remaban frenéticos en la dirección opuesta. Los indígenas apuntaron con arcos de casi dos metros y dispararon flechas. «Una alcanzó el costado de la barca con un chasquido feroz y atravesó la madera, de cuatro centímetros de grosor»,[59] dijo Fawcett. La embarcación entonces se deslizó por una de las pendientes de los rápidos, dejando atrás, de momento, a la tribu.

Incluso antes de esta confrontación, Fawcett se había dado cuenta de que sus hombres, especialmente Chivers, empezaban a debilitarse. «Había advertido que iba hundiéndose»,[60] escribió Fawcett. Decidió relevar a Chivers de sus funciones y enviarle, junto con otros miembros de la partida, de regreso a la frontera. Aun así, dos de los hombres murieron a consecuencia de las fiebres.[61] El propio Fawcett añoraba a su familia. ¿Qué clase de insensato era, se preguntaba, para cambiar la comodidad de sus antiguos fuertes por aquellas condiciones? Su segundo hijo, Brian, había nacido estando él ausente. «Estuve tentado de abandonar y volver a casa»,[62] escribió. Pese a ello, a diferencia de sus hombres, Fawcett gozaba de buena salud. Pasaba hambre y sufría las penalidades, pero su piel no se había tornado amarilla, su temperatura era normal y no vomitaba sangre. Tiempo después, John Keltie, el secretario de la Royal Geographical Society, escribió una carta a la esposa de Fawcett en la que afirmaba: «A menos que posea una constitución excepcional, no veo cómo podría sobrevivir».[63] Fawcett observó que en aquellos lares «a la persona sana se la consideraba un bicho raro, una excepción, algo extraordinario».[64]

Pese a añorar su hogar, Fawcett siguió inspeccionando con Willis y el intérprete la frontera entre Bolivia y Brasil, abriéndose camino a machetazos por la jungla a lo largo de kilómetros. En mayo de 1907 completó su ruta y presentó sus descubrimientos a los miembros de la comisión fronteriza sudamericana y a la RGS. Nadie daba crédito. Fawcett había redefinido las fronteras de Sudamérica, y lo había hecho casi un año antes de la fecha prevista.

9

Los documentos secretos

En Inglaterra intenté seguir la pista de los descendientes de Fawcett, quienes, tal vez, podrían referirme algo más sobre el explorador y su ruta hacia Z. La esposa y los hijos de Fawcett habían muerto hacía ya mucho tiempo, pero en Cardiff, Gales, localicé a una de sus nietas, Rolette de Montet-Guerin, cuya madre había sido la única hija de Fawcett, Joan. Vivía en una casa de una sola planta, con fachadas estucadas y ventanas enmarcadas en madera, un lugar sin pretensiones que, en cierto modo, parecía desentonar con toda la espectación que durante un tiempo había suscitado la familia. Era una mujer menuda y vital que superaba la cincuentena, con el pelo negro y corto, y con gafas. Se refería afectuosamente a su abuelo por sus iniciales: P. H. F. («Así fue como siempre le llamaron mi madre y toda la familia.») La esposa y los hijos de Fawcett, tras años de acoso por parte de la prensa, se habían retirado de la escena pública. Sin embargo, Rolette me acogió en su cocina. Cuando le hablé de mis planes para rastrear la ruta de Fawcett, dijo:

—Usted no parece explorador.

—No mucho.

—Bueno, es mejor que esté bien alimentado si va a ir a la selva.

Empezó a abrir armarios y a sacar de ellos cazuelas y sartenes, y encendió la cocina de gas. La mesa pronto estuvo llena de cuencos con *risotto*, verduras al vapor, pan casero y pastel caliente de manzana.

—Todo es vegetariano —dijo—. P. H. F. creía que así aumentaba la resistencia física. Además, nunca mataba animales a menos que se viera obligado a hacerlo.

Cuando nos sentamos a comer apareció Isabelle, la hija de Rolette, de veintitrés años. Llevaba el pelo más corto que su madre y sus ojos poseían algo de esa intensidad que desprendían los de su bisabuelo. Era piloto de la British Airways.

—En realidad, envidio a mi bisabuelo —dijo Isabelle—. En sus tiempos, uno podía marcharse con el fin de descubrir alguna parte recóndita del mundo. Ahora, ¿adónde se puede ir?

Rolette colocó un cáliz de plata antiguo en el centro de la mesa.

—He traído esto especialmente para usted —dijo—. Es el cáliz con el que bautizaron a P. H. F.

Lo alzó contra la luz. En un lado tenía grabadas flores y retoños; en el otro, la inscripción del número 1876, el año en que había nacido Fawcett.

Después de cenar charlamos un rato. Le pregunté algo sobre lo que había reflexionado mucho: si, al decidir mi ruta, debía basarme, como habían hecho muchas otras expediciones, en las coordinadas del Dead Horse Camp que se citaban en *A través de la selva amazónica*.

—Bien, debe tener cuidado con eso —dijo Rolette.

—¿Qué quiere decir?

—P. H. F. las escribió para despistar a la gente. Eran un subterfugio.

La noticia me dejó atónito e inquieto al mismo tiempo: si eso era cierto, significaba que muchas personas habían emprendido, tal vez con consecuencias trágicas, el camino erróneo. Cuando pregunté por qué Brian Fawcett, que había editado *A través de la selva amazónica*, habría perpetrado ese engaño, ella me explicó que deseaba cumplir los deseos de su padre y de su hermano. Cuanto más hablaba, mejor comprendía yo que lo que para muchos era un misterio fascinante, para su familia suponía una tragedia. Cuando acabamos de cenar, Rolette comentó:

—Cuando alguien desaparece, no es como si se produjese una muerte corriente. No hay un final, una clausura.

(Más tarde, me confesó: «¿Sabe?, cuando mi madre se estaba muriendo, le dije: "Al menos, finalmente sabrás qué les pasó a P. H. F. y a Jack"».) Rolette hizo una larga pausa, como intentando tomar una decisión al respecto de algo, y luego preguntó:

—¿Realmente quiere descubrir qué le ocurrió a mi abuelo?

—Si es posible, sí.

—Quiero enseñarle algo.

Me llevó a una habitación de la parte posterior de la casa y abrió un gran baúl de madera. Dentro había varios libros encuadernados en cuero. Algunos estaban unidos con cordeles atados con lazos.

—¿Qué son? —pregunté.

—Los diarios y los cuadernos de bitácora de P. H. F. —Me los tendió—. Puede consultarlos, pero debe tratarlos con mucho cuidado.

Abrí uno de ellos, datado en 1909. La cubierta dejó una mancha negra en las yemas de mis dedos, una mezcla, imaginé, de polvo victoriano y lodo selvático. Las hojas prácticamente se desprendían al pasarlas, y las sujeté con extrema delicadeza entre el índice y el pulgar. Reconocí la caligrafía microscópica de Fawcett, y me invadió una sensación extraña. Ahí tenía algo que Fawcett también había tocado, algo que contenía sus pensamientos más íntimos y que muy pocos habían visto. La escritora Janet Malcolm comparó en una ocasión al biógrafo con un «ladrón profesional que allana una casa, husmea en ciertos cajones que tiene buenas razones para creer que contienen las joyas y el dinero, y se marcha triunfante con el botín».[1]

Me senté en el sofá del salón. Había aproximadamente un libro por año entre 1906 (la primera expedición) y 1921 (el penúltimo viaje). Como cabía esperar, había llevado un diario de cada una de sus expediciones en el que había anotado sus observaciones. Muchos estaban repletos de mapas y cálculos topográficos. En las guardas había poemas que había copiado para leerlos en la jungla, en momentos de soledad y desesperación. Uno parecía dedicado a Nina:

> *¡Oh, amor, mi amor! Conserva la voluntad [...].*
> *Soy tuyo hasta el final.*

Fawcett también garabateó versos de «Soledad», de Ella Wheeler Wilcox:

> *Pero nadie puede ayudarte a morir.*
> *Hay espacio en los salones del placer*
> *para un largo y digno tren,*
> *pero uno por uno todos tenemos que desfilar*
> *por los estrechos pasillos del dolor.*

Muchos de los diarios estaban repletos de información prosaica, del día a día, de alguien sin expectativas de hacer historia: «9 de julio. [...] Noche en vela [...] Mucha lluvia, empapados ya al mediodía [...] 11 de julio. [...] Lluvia fuerte a partir de la medianoche. Llegamos [al campamento] siguiendo nuestras huellas, pescamos [...] 17 de julio. [...] Cruzamos a nado para coger una balsa». Luego, de pronto, un comentario casual revelaba la naturaleza angustiosa de su existencia: «Me encuentro muy mal [...]. Anoche tomé una [ampolla] de morfina debido al dolor de pies para poder descansar. Me provocó un intenso dolor de estómago y tuve que introducirme un dedo en la garganta para vomitar».[2]

En la otra sala se oyó un fuerte ruido y alcé la mirada. Era Isabelle, que se había enzarzado con un videojuego en el ordenador. Cogí otro libro. Tenía un cerrojo para proteger su contenido. «Ese es su "Libro de los Tesoros"», dijo Rolette. El cerrojo estaba abierto, y dentro había historias sobre tesoros enterrados que Fawcett había recopilado, como el de Galla-pita-Galla, y mapas de supuestas ubicaciones: «En esa cueva hay un tesoro, cuya existencia conozco yo y solo yo».

En diarios posteriores, mientras desarrollaba su teoría sobre Z, Fawcett hizo más anotaciones arqueológicas. Había dibujos de extraños jeroglíficos. Los indios botocudo, en la actualidad prácticamente extintos, le habían hablado de la leyenda de una ciudad «inmensamente rica en oro, tanto que refulge como el fuego». Fawcett añadía: «Es solo concebible que pudiera tratarse de Z». A medida que parecía aproximarse a su objetivo, se tornaba más reservado. En el cuaderno de 1921, esbozaba un «código» que al parecer había ideado, junto con su esposa, para el envío de mensajes:

> 78804 Kratzbank = Hallazgos tal como se describen
> 78806 Kratzfuss = Rico, importante y maravilloso
> 78808 Kratzka = Ciudades localizadas; futuro ahora asegurado

Examinando el diario, reparé en una palabra que figuraba en el margen de una página: DEAD. Lo observé más de cerca y vi dos palabras más al lado de la primera. Juntas, decían: DEAD HORSE CAMP. Debajo estaban las coordenadas; me apresuré a hojear mi cuaderno, donde había anotado la posición del campamento según *A través de la selva amazónica*. Diferían significativamente.

Examiné los diarios durante horas y tomé notas. Creía que ya no quedaba más por cosechar cuando Rolette apareció y dijo que quería enseñarme otra cosa. Fue a la habitación trasera, y oí cómo hurgaba en cajones y armarios, musitando para sí. Varios minutos después, regresó con un libro.

—No sé dónde lo he puesto —dijo—, pero al menos puedo mostrarle una fotografía en la que sale.

Era una fotografía del anillo de sello de Fawcett, que llevaba grabado el lema de la familia: «*Nec Aspera Terrent*»; en esencia, «malditas sean las dificultades». En 1979, un inglés llamado Brian Ridout, que estaba filmando un documental sobre la flora y la fauna en Brasil, oyó rumores sobre el paradero del anillo: decían que había aparecido en un comercio de Cuiabá, la capital de Mato Grosso. Para cuando Ridout consiguió averiguar de qué comercio se trataba, su propietario había muerto. Su esposa, no obstante, buscó entre sus pertenencias y encontró el anillo del coronel Fawcett.

—Es el último objeto que tenemos de la expedición —dijo Rolette.

Me confesó que había sentido tal desesperación por saber más, que en una ocasión había mostrado el anillo a una vidente.

—¿Averiguó algo?

Ella observó la fotografía, y luego me miró.

—Que había estado bañado en sangre.

10

El infierno verde

—¿Te apuntas? —preguntó Fawcett.[1]

Estaba de vuelta en la jungla, no mucho tiempo después de su anterior expedición, tratando de convencer a su segundo de a bordo, Frank Fisher, para que fuera con él a explorar el río Verde, que fluía a lo largo de la frontera entre Brasil y Bolivia.

Fisher, ingeniero de cuarenta y un años y miembro de la RGS, vaciló. La comisión fronteriza no había contratado al equipo para que explorase el río Verde —había encargado a los hombres que topografiasen una región situada en el sudoeste de Brasil, cerca de Corumbá—, pero Fawcett insistió en inspeccionar también el río, un territorio tan poco explorado que nadie sabía siquiera dónde empezaba.

—De acuerdo, iré —dijo finalmente Fisher y añadió—: Aunque no sea lo que estipula el contrato.

Era la segunda expedición de Fawcett a Sudamérica, pero resultaría de vital importancia para su comprensión del Amazonas y para su evolución como científico. Con Fisher y otros siete reclutas, partió de Corumbá en dirección al noroeste y recorrió a pie más de seiscientos cincuenta kilómetros antes de proseguir en dos balsas artesanales de madera. Los rápidos, crecidos por las lluvias y las pronunciadas pendientes, eran imponentes, y las balsas se precipitaban al vacío antes de topar contra la espuma y las rocas, que emitían un rugido atronador.

Los hombres gritaban y se aferraban a los bordes, y Fawcett, con los ojos destellantes y el Stetson calado, trataba de dominar la balsa con la pértiga de bambú que llevaban sujeta a uno de los costados, para que no le atravesara el pecho. El *rafting* en aguas rápidas aún no era un deporte, pero Fawcett vaticinó su futuro: «Cuando [...] el viajero emprendedor tenga que construir y gobernar su propia balsa, experimentará una euforia y una emoción que pocos deportes proporcionan».[2] Pese a ello, una cosa era surcar los rápidos de un río conocido y otra descender por toboganes desconocidos que en cualquier momento podían alcanzar centenares de metros de longitud. Si un miembro de la partida caía al agua, no podía sujetarse a la balsa sin hacerla volcar; en tal caso, el único curso de acción honrosa era ahogarse.

Los exploradores remaron y dejaron atrás las colinas Ricardo Franco, unos altiplanos de arenisca que superaban los novecientos metros. «Ni el tiempo ni el pie del hombre han hallado aquellas cumbres —escribió Fawcett—. Se alzan como un mundo perdido, cubiertas de vegetación hasta la cima, y la imaginación podía entrever los últimos vestigios de una era desaparecida mucho tiempo atrás.»[3] (Hay constancia de que Conan Doyle se inspiró, al menos en parte, en estas mesetas para ambientar la trama de *El mundo perdido*.)[4]

A medida que Fawcett y su equipo serpenteaban por el cañón, los rápidos fueron tornándose infranqueables.

—¿Qué hacemos ahora? —preguntó uno de los hombres.

—No hay alternativa —contestó Fawcett—. Debemos abandonar todo lo que no podamos cargar a la espalda y seguir el curso del río por tierra.[5]

Fawcett ordenó a sus hombres que conservaran únicamente los objetos esenciales: hamacas, rifles, mosquiteras e instrumentos topográficos.

—¿Y las provisiones de comida? —preguntó Fisher.

Fawcett dijo que solo llevarían raciones para varios días. Después tendrían que vivir de lo que les proporcionase la tierra, como los indígenas cuyas hogueras habían visto arder en la distancia.

Aun dedicando toda la jornada a cortar, talar, estirar y empujar por entre la jungla, en general no avanzaban más de ochocientos metros al día. Los pies se les hundían en el lodo. Las botas se les deshacían. La vista se les nublaba a consecuencia de unas abejas diminutas que se sienten atraídas por el sudor y que les invadían las pupilas. (Los brasileños llaman a estas abejas «lamedoras de ojos».) Pese a ello, Fawcett contaba los pasos y trepaba por las riberas para ver mejor las estrellas y calcular su posición, como si el hecho de reducir la jungla a figuras y diagramas fuera a capacitarle para dominarla. Sus hombres no necesitaban esos indicadores. Estaban donde estaban: en el infierno verde.

Todos debían respetar sus raciones diarias, pero la mayoría se desmoronó y las consumió enseguida. El noveno día de marcha, la expedición había agotado ya la comida que llevaba consigo. Fue entonces cuando Fawcett descubrió lo que, desde los tiempos de Orellana, los exploradores habían aprendido y lo que se convertiría en la base de la teoría científica de un paraíso ilusorio: en la jungla más densa del mundo era muy difícil encontrar algo que llevarse a la boca.

De todas las trampas del Amazonas, quizá esta fuera la más diabólica. Así lo describió Fawcett: «El hambre parece casi inverosímil en un terreno boscoso, y aun así sobreviene».[6] En su búsqueda de alimento, Fawcett y sus hombres solo encontraban troncos de árboles que parecían apuntalados y cascadas de enredaderas. Hongos con propiedades químicas y miles de millones de termitas y hormigas habían arrasado gran parte del suelo de la jungla. A Fawcett le habían enseñado a escarbar en busca de animales muertos, pero no había modo de encontrar ninguno: en la selva, los entes vivos reciclaban al instante los cadáveres. Los árboles absorbían también los nutrientes de una tierra ya de por sí barrida por la lluvia y las inundaciones. Los árboles y las enredaderas se empujaban entre sí en su lucha por llegar a lo más alto y atrapar un rayo de luz. Una especie de liana llamada *matador* parecía zanjar la competición: se enredaba alrededor de un árbol, como ofreciéndole un tierno abrazo, y luego empezaba a estrangularlo, arrebatándole así tanto la vida como su lugar en la selva.

Aunque la lucha a muerte por la luz que se producía en lo alto generaba una noche permanente en la parte baja, pocos mamíferos erraban por el suelo de la jungla, donde otras criaturas podían atacarlos. Incluso aquellos animales que Fawcett y su equipo podrían haber visto permanecían invisibles a sus ojos indoctos. Los murciélagos se ocultaban entre las carpas que formaban las hojas. Los armadillos se protegían en madrigueras. Las polillas se mimetizaban con la corteza de los árboles. Los caimanes se convertían en leños. Una especie de oruga optaba por una simulación más temible: su cuerpo adoptaba la forma de la mortal serpiente lora, de cabeza alargada, triangular y oscilante, y ojos grandes y brillantes. Tal como explicó la escritora Candice Millard en *The River of Doubt*: «El bosque tropical no era un jardín de fácil abundancia, sino precisamente todo lo contrario. Sus pasillos silenciosos y umbríos de frondosa opulencia no eran un santuario, sino más bien el mayor campo de batalla natural de todo el planeta, donde tenía lugar una infatigable e implacable lucha por la supervivencia que ocupaba a todos y cada uno de sus habitantes todos los minutos de todos los días».[7]

En ese campo de batalla, la expedición se vio superada por el entorno. Durante días, Fawcett, cazador de prestigio mundial, peinó la tierra con su equipo, y tan solo encontró un puñado de frutos secos y hojas de palmera. Los hombres intentaron pescar, convencidos de que, dada la gran cantidad de pirañas, anguilas y delfines rosados que poblaban otros ríos de la selva amazónica, aquel les proporcionaría sustento, pero para su asombro no consiguieron atrapar un solo pez. Fawcett consideró la posibilidad de que algo hubiera contaminado las aguas. De hecho, algunos árboles y plantas producen ácidos tánicos que envenenan los ríos de la región, dando lugar a lo que los biólogos Adrian Forsyth y Kenneth Miyata han denominado «los equivalentes acuáticos del desierto».[8]

Así, el grupo se vio obligado a vagar hambriento por la jungla. Los hombres querían regresar, pero Fawcett estaba decidido a encontrar las fuentes del río Verde. Avanzaban renqueantes, con la boca abierta para capturar cuando menos algunas gotas de lluvia. Por la noche, sus cuerpos se estremecían. Una *toncandira* —una hormiga venenosa que puede provocar vómitos y fiebre alta— había infectado a Fisher, y a otro miembro de la expedición se le había caído un árbol encima de una pierna, por lo que su carga tuvo que repartirse entre los demás. Casi un mes después de iniciar la expedición a pie, los hombres llegaron a lo que parecían las fuentes del río; Fawcett insistió en que se hicieran mediciones, aunque estaba tan exhausto que apenas podía mover las extremidades. El grupo hizo una pausa para fotografiarse: parecían muertos vivientes, con las mejillas consumidas hasta los huesos, la barba enmarañada como la maleza de la selva, la mirada casi enajenada.[9]

Fisher murmuró que iban a «dejar nuestros huesos aquí». Otros rezaron por salvarse.

Fawcett intentó encontrar una ruta de regreso más fácil, pero cada vez que escogía un sendero la expedición acababa topando con un precipicio y se veía obligada a dar media vuelta. «La cuestión vital era cuánto tiempo podríamos aguantar —escribió Fawcett—. A menos que consiguiéramos comida pronto, estaríamos demasiado débiles para seguir avanzando por cualquier ruta.»[10] Habían viajado durante más de un mes sin apenas comida y estaban famélicos; la presión sanguínea les había bajado en picado y sus cuerpos consumían sus propios tejidos. «Las voces de los demás y de los sonidos de la selva parecían llegar desde una gran distancia, como a través de un largo tubo»,[11] escribió Fawcett. Incapaces de pensar en el pasado ni en el futuro, en nada que no fuera la comida, los hombres se tornaron irritables, apáticos y paranoicos. En ese estado de debilidad, eran más vulnerables a las enfermedades y a las infecciones, y la mayor parte de ellos sufrieron fiebres severas. Fawcett temió un motín. Habían empezado a mirarse entre ellos de forma diferente, no como compañeros sino... ¿como comida? Según escribió Fawcett acerca del canibalismo: «El hambre extrema embota los mejores sentimientos del hombre»,[12] y dijo a Fisher que se hiciera con las armas de los demás.

Fawcett pronto reparó en que uno de los miembros de la partida había desaparecido. Al final lo encontró, sentado y derrotado, al pie de un árbol. Fawcett le ordenó que se levantara, pero el hombre le suplicó que le dejara morir allí. Se negó a moverse y Fawcett desenfundó su machete. La hoja destelló ante los ojos del otro. Fawcett sufría las punzadas del hambre; sacudiendo el cuchillo, lo obligó a ponerse en pie. «Si tenemos que morir —le dijo—, moriremos caminando.»

Mientras avanzaban exhaustos, muchos de los hombres, rendidos ya a su sino, dejaron de ahuyentar los incordiantes mosquitos que se posaban sobre su piel y de estar alerta ante la posible presencia de indígenas. «[Una emboscada], pese al terror y la agonía que conlleva, se acaba deprisa, y considerándola de un modo razonable, resultaría incluso clemente»[13] en comparación con la muerte por inanición, escribió Fawcett.

Varios días después, con todo el grupo sumido en la inconsciencia y la vigilia, Fawcett atisbó un ciervo prácticamente fuera de su alcance. Solo tenía una oportunidad de disparar, luego el animal desaparecería. «¡Por el amor de Dios, no falles, Fawcett!»,[14] susurró uno de los hombres. Fawcett se descolgó el rifle; se le habían atrofiado los brazos y sus músculos se tensaron para mantener el cañón firme. Tomó aire y apretó el gatillo. El ruido resonó en la selva. El ciervo desapareció como si hubiese sido fruto de su imaginación delirante. Después, cuando se acercaron, lo vieron en el suelo, sangrando. Lo asaron y engulleron hasta el último resto de carne, succionando hasta el último hueso. Cinco días después encontraron un asentamiento. Aun así, cinco hombres de la expedición —más de la mitad— estaban ya demasiado débiles para recuperarse y murieron poco después. Cuando regresó a La Paz, Fawcett vio que la gente lo señalaba y lo miraba con descaro: era un esqueleto andante. Envió un telegrama a la Royal Geographical Society en el que informaba: «Infierno verde conquistado».

11

El Dead Horse Camp

—Aquí —dije a mi mujer, señalando la pantalla de mi ordenador, en la que se veía una imagen de satélite del Amazonas—. Aquí es adonde voy.

La imagen reproducía las hendiduras de la tierra allí donde el inmenso río y sus afluentes la habían excavado sin piedad. Más tarde fui capaz de mostrarle las coordenadas de forma más clara con el programa Google Earth, que se dio a conocer en el verano de 2005 y permite aproximarse, en cuestión de segundos, a prácticamente cualquier lugar del planeta y a tan solo unos metros de distancia. En primer lugar, tecleé nuestra dirección de Brooklyn. La imagen de la tierra empezó a aproximarse, como un misil teledirigido, hacia un conjunto de edificios y calles, hasta que reconocí el balcón de nuestro apartamento. La nitidez era increíble. Luego tecleé las últimas coordenadas publicadas de Fawcett y contemplé el recorrido de la pantalla por el Caribe y el océano Atlántico, luego sobre un débil perfil de Venezuela y la Guayana, y por último un borrón verde sobre el que se detuvo: la jungla. Lo que antiguamente era un espacio en blanco en el mapa ahora resultaba visible al instante.

Mi mujer me preguntó cómo sabía adónde tenía que ir, y le hablé de los diarios de Fawcett. Le indiqué en el mapa la primera y presunta ubicación del Dead Horse Camp, la que hasta entonces todo el mundo había dado por auténtica, y después las coordenadas que había encontrado en el cuaderno de bitácora de Fawcett, situadas a más de ciento sesenta kilómetros al sur. A continuación le mostré un documento que llevaba impresa la palabra «CONFIDENCIAL» y que había hallado en la Royal Geographical Society. A diferencia de otros escritos de Fawcett, este estaba pulcramente mecanografiado. Databa del 13 de abril de 1924 y se titulaba *Case for an Expedition in the Amazonas Basin* («Argumentos para una expedición en la cuenca del Amazonas»).

Desesperado por conseguir una financiación, al parecer Fawcett había accedido a ser más explícito con respecto a sus planes, algo que la Royal Society le había exigido. Tras casi dos décadas de exploración, dijo, había concluido que en la cuenca meridional del Amazonas, entre los afluentes Tapajós y Xingu, se encontraban «los vestigios más extraordinarios de una civilización ancestral».[1] Fawcett había esbozado un mapa de la región y lo había entregado junto con una propuesta. «Esta región representa la mayor área de territorio inexplorado del mundo —escribió—. La exploración portuguesa, y toda la subsiguiente investigación llevada a cabo por brasileños y extranjeros, se ha limitado invariablemente a las vías fluviales.»[2] Por el contrario, él pretendía abrir un camino por tierra entre el Tapajós, el Xingu y otros afluentes, donde «nadie ha penetrado». (Admitió lo peligrosa que resultaba esta empresa, de modo que pidió más dinero para «traer de vuelta a Inglaterra a los supervivientes», pues «a mí podrían matarme».)[3]

En una página de la propuesta, Fawcett había incluido varias coordenadas.

—¿Para qué son? —preguntó mi mujer.

—Creo que se trata del rumbo que emprendieron después de dejar el Dead Horse Camp.

A la mañana siguiente, embutí mi equipamiento y mis mapas en la mochila, y me despedí de mi mujer y de nuestro bebé.

—No hagas tonterías —me dijo.

A continuación me dirigí al aeropuerto y embarqué en un avión con destino a Brasil.

12

En manos de los dioses

Oh, la «maravillosa perspectiva de volver a casa»,[1] escribió Fawcett en su diario. Calles pavimentadas y pulcramente alineadas; casas de campo con techo de paja y tapizadas de hiedra; praderas llenas de ovejas; campanas de iglesia tañendo bajo la lluvia; comercios repletos de jaleas, sopas, limonadas, tartas, helados y vinos napolitanos; peatones subiendo y bajando a empellones de autobuses, tranvías y taxis. Era en lo único que Fawcett podía pensar durante la travesía en barco, de regreso a Inglaterra, a finales de 1907. Y por fin llegó a Devon, donde se reunió con Nina y con Jack, un Jack que ya había cumplido cuatro años, que ya corría y hablaba, y con el pequeño Brian, que observó al hombre que estaba en el umbral de la puerta como si fuera un extraño, lo que en realidad era para él. «Quería olvidar las atrocidades, dejar atrás la esclavitud, el crimen y las enfermedades espantosas, y volver a estar rodeado de ancianas respetables, cuyas ideas sobre el vicio acababan con las indiscreciones de la criada de Fulana o Mengana —escribió Fawcett en *A través de la selva amazónica*—. Quería escuchar la cháchara cotidiana del párroco del pueblo, comentar con los paisanos las incertezas del tiempo, encontrar todos los días el periódico en el plato del desayuno. Quería, en suma, ser una persona "corriente".»[2] Se bañó en agua caliente y se recortó la barba. Arregló el jardín, acostó a los niños, leyó junto a la chimenea y celebró la Navidad con su familia, «como si Sudamérica nunca hubiese existido».

Sin embargo, pronto se descubrió incapaz de amoldarse a la quietud. «En lo más profundo de mi ser, una diminuta voz me llamaba —confesó—. Al principio apenas era audible, pero persistió hasta que ya no pude obviarla. Era la voz de los lugares salvajes, y sabía que ya formaría parte de mí de por vida. —Y añadió—: De forma inexplicable y sorprendente, sabía que amaba aquel infierno. Su garra feroz me había apresado, y deseaba volver a verlo.»[3]

Así, al cabo de solo unos meses, Fawcett volvió a hacer el equipaje y huyó de lo que denominaba «la puerta de una prisión que lenta pero inexorablemente me iba confinando».[4] A lo largo de los siguientes quince años, llevó a cabo una expedición tras otra, en las que exploró miles de kilómetros cuadrados del Amazonas y ayudó a redibujar el mapa de Sudamérica. Durante ese tiempo, a menudo descuidó tanto a su esposa y a sus hijos como lo habían hecho sus padres con él. Nina comparó su propia vida con la de la esposa de un marinero: una existencia «incierta y solitaria, sin objetivos personales, miserablemente pobre, sobre todo con hijos».[5] En una carta enviada a la Royal Geographical Society en 1911, Fawcett manifestó que no «someteré a mi esposa a la ansiedad perpetua de estos arriesgados viajes».[6] (En una ocasión le había mostrado a ella las líneas de la palma de su mano y le había dicho: «Fíjate bien en ellas»; algún día podrías tener que «identificar mi cuerpo sin vida».)[7] Con todo, siguió sometiéndola a sus peligrosas compulsiones. En ciertos aspectos, la vida debió de resultar más fácil para su familia cuando él se ausentaba, ya que, cuanto más tiempo permanecía en casa, tanto más se le agriaba el carácter. Tiempo después, Brian confesó en su diario: «Me sentía aliviado cuando él no estaba».[8]

Nina, por su parte, renunció a sus ambiciones por las de su marido. El salario anual de Fawcett, de unas seiscientas libras, que sufragaba la comisión fronteriza, resultaba escaso para ella y los niños, por lo que se vio obligada a trasladar a la familia de una casa de alquiler a otra, viviendo siempre en una

Percy Harrison Fawcett fue considerado «el último de los exploradores individualistas», aquellos que se aventuraban a internarse en zonas sin cartografiar con poco más que un machete, una brújula y una determinación casi divina. Esta es una fotografía de 1911, el año de su cuarta gran expedición al Amazonas.

Fawcett cartografiando la frontera entre Brasil y Bolivia en 1908.

Cortesía de la Royal Geographical Society

A los dieciocho años, Fawcett se graduó en la Royal Military Academy de Gran Bretaña, donde aprendió a ser «un líder natural de los hombres [...] audaz».

Sandhurst Collection, Royal Military Academy Sandhurst

Nina, a quien Fawcett conoció en Ceilán y con la que contrajo matrimonio en 1901, comparó en una ocasión su situación con la de la esposa de un marinero: «Muy incierta y solitaria» y «miserablemente pobre».

© R. de Montet-Guerin

E. A. Reeves, el conservador cartográfico de la Royal Geographical Society, fue el encargado de convertir a Fawcett en un caballero explorador.

Cortesía de la Royal Geographical Society

Durante siglos, los europeos concibieron el Amazonas como un paisaje mítico donde los indígenas podían tener la cabeza en el centro del pecho, tal como refleja esta ilustración del siglo XVI. *Cortesía de la Hispanic Society of America (Nueva York)*

El legendario reino de El Dorado según una ilustración del siglo XVI impresa en Alemania.
Cortesía de la Hispanic Society of America (Nueva York)

El doctor Alexander Hamilton Rice, máximo rival de Fawcett, fue un multimillonario «que se encontraba tan cómodo en el elegante bullicio de la sociedad de Newport como en la tórrida jungla de Brasil».

Cortesía de la Royal Geographical Society

«La cuestión vital era cuánto tiempo podríamos aguantar.» Fawcett (en el centro) y sus hombres soportando el hambre durante la búsqueda de las fuentes del río Verde, en 1908.

Cortesía de la Library of Congress

(*Arriba*) Un miembro de la expedición de 1919-1920 del doctor Rice pone en funcionamiento un equipo de radiotelegrafía —precursor de la radio— que permitía a la expedición recibir mensajes del mundo exterior.

Cortesía de la Royal Geographical Society

(*Derecha*) La expedición del doctor Rice de 1924-1925 incorporaba un artefacto que revolucionaría la exploración: el avión.

Cortesía de la Royal Geographical Society

(Arriba) Brian, el hijo menor de Fawcett, estudió a fondo los diarios de su padre e ilustró sus aventuras con algunos dibujos. Los que, como este, se publicaron en *A través de la selva amazónica* en 1953 y contribuyeron a alimentar aún más la leyenda de Fawcett.

© R. de Montet-Guerin

Henry Costin, ayudante de Fawcett durante muchos años, posa en 1914 con una tribu amazónica que nunca antes había visto a un hombre blanco.

Cortesía de Michael Costin

El aclamado biólogo James Murray fue miembro de la Expedición Antártica Británica de Shackleton, y tiempo después acompañó a Fawcett en un terrible viaje al Amazonas.

Scott Polar Research Institute (Universidad de Cambridge)

Un indígena del río Xingu pesca con arco y flecha en 1937. Muchos científicos creían que el Amazonas no podía proveer suficiente alimento para sustentar a una civilización extensa y compleja.

Cortesía de la Royal Geographical Society

Jack, el hijo mayor de Fawcett, que soñaba con ser una estrella de cine, acompañó a su padre en su letal búsqueda de Z.

© R. de Montet-Guerin

«Fuertes como caballos y muy entusiastas»: Jack Fawcett y su mejor amigo, Raleigh Rimell, en la expedición de 1925.

Cortesía de la Royal Geographical Society

Percy Fawcett con
Raleigh Rimell y un guía
poco antes de que la
expedición desapareciera.
Cortesía de la Royal Geographical Society

«Nunca me había sentido
tan bien», escribió Jack
Fawcett a su madre
durante la fatídica
expedición.
Cortesía de la Royal Geographical Society

En 1928, el comandante George M. Dyott organizó la primera
gran expedición para rescatar a Fawcett.

The Washington Post Magazine

WASHINGTON, D. C., SUNDAY, SEPTEMBER 30, 1934

Deep in the Fearful Amazon Jungle,

SAVAGES SEIZE MOVIE ACTOR

Seeking to Rescue Fawcett

Relato periodístico sobre Albert de Winton, el actor de Hollywood que, en 1933, había prometido encontrar a Fawcett vivo o muerto.

Extracto de «Deep in the Fearful Amazon Jungles, Savages Seize Movie Actor Seeking to Rescue Fawcett» («En las profundidades de la temible jungla amazónica, unos salvajes secuestran a un actor que trataba de rescatar a Fawcett»), Washington Post, *30 de septiembre de 1934*

(Abajo) Brian Fawcett, a quien su padre no reclutó para la expedición de 1925, finalmente también acabó sintiéndose atraído por la jungla.

Bettmann/Corbis

(Arriba) El periodista brasileño Edmar Morel con Dulipé, el «dios blanco del Xingu», que en la década de 1940 se convirtió en la figura central del misterio de Fawcett.

Fotografía extraída de «The Strange Case of Colonel Fawcett» («El extraño caso del coronel Fawcett»), Life, *30 de abril de 1951*

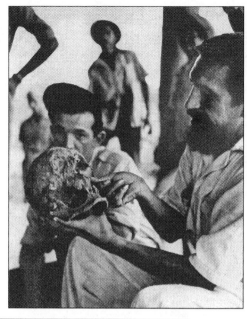

En 1951, Orlando Villas Boas, el venerado pionero brasileño, creyó haber encontrado pruebas del destino de Fawcett.

Edward A. Gourley, fotografía reproducida con permiso de Douglas A. Gourley

Se creía que los indios kalapalo —entre ellos los que aparecen en esta fotografía que tomó un misionero en 1937— sabían lo que realmente les ocurrió a Fawcett y su partida.

Cortesía de la Royal Geographical Society

(Abajo) James Lynch y su hijo de dieséis años, James Jr., partieron a la jungla en 1996 con la esperanza de resolver el misterio de Fawcett de una vez por todas.

Cortesía de James Lynch

Paolo Pinage (*izquierda*), que guió al autor al Amazonas, descansa en el hogar de un indio bakairí durante el viaje. *Cortesía de Paolo Pinage*

El autor (*en primer plano*) camina con indios bakairí por la jungla siguiendo la misma ruta que Fawcett recorrió ochenta años atrás. *Cortesía de Paolo Pinage*

Dos indios kuikuro danzan para celebrar el espíritu
«torbellino». *Cortesía de Michael Heckenberger*

Indios kuikuro participan en uno de sus rituales más sagrados, el Kuarup, que venera a los
difuntos. *Cortesía de Michael Heckenberger*

El arqueólogo Michael Heckenberger charla con Afukaká, jefe de los indios kuikuro.
Cortesía de Michael Heckenberger

Toma aérea del asentamiento kuikuro con una plaza circular y casas abovedadas a lo largo de su perímetro. *Cortesía de Michael Heckenberger*

refinada pobreza. Aun así, se aseguró de que Fawcett no tuviera de qué preocuparse: se encargó de toda clase de tareas —cocinar, limpiar, lavar— a las que no estaba habituada y educó a los niños en lo que Brian denominó una «democracia alborotada».[9] Nina actuó también como principal defensora de su esposo, haciendo cuanto estuviera a su alcance para salvaguardar su reputación. Cuando supo que un miembro de la expedición de Fawcett de 1910 intentaba publicar un relato no autorizado de la misma, se apresuró a alertar a su esposo para que él pudiera detenerlo. Y cuando Fawcett le escribía narrándole sus hazañas, ella trataba de inmediato de publicitarlas canalizando la información a la Royal Geographical Society y, en particular, a Keltie, secretario de la institución durante una larga etapa y el mayor impulsor de Fawcett. (Keltie había accedido a ser el padrino de la hija de Fawcett, Joan, que nació en 1910.) En un típico comunicado, Nina escribió de Fawcett y de sus hombres: «Han escapado milagrosamente de la muerte en varias ocasiones: en una, su barco naufragó; en otra, sufrieron el ataque de serpientes enormes». Fawcett dedicó *A través de la selva amazónica* a su querida *Cheeky*, «porque ella —dijo—, como mi compañera en todo, compartió conmigo la carga del trabajo».[10]

Aunque, en ocasiones, Nina anhelaba viajar a la jungla en lugar de quedarse en casa. «Personalmente, creo que estoy suficientemente preparada para acompañar a P. H. F. en el viaje a Brasil»,[11] le comentó una vez a una amiga. Aprendió a interpretar las estrellas, al igual que un geógrafo, y tenía una «salud espléndida».[12] En 1910, durante una visita a Fawcett en Sudamérica, escribió un despacho inédito para la RGS sobre su viaje en tren desde Buenos Aires hasta Valparaíso que consideró podría ser «interesante para quienes gustan de viajar». En un momento dado, vio cómo «los picos nevados de la cordillera brillaban con la luz rosada del amanecer», una imagen lo bastante «hermosa e imponente para grabarse en la memoria de por vida».[13]

Fawcett nunca accedió a llevarla consigo en sus expediciones, pero Nina confesó a una amiga que creía incondicionalmente en la «igualdad [...] entre el hombre y la mujer».[14] Alentó a Joan para que desarrollara una resistencia física y se enfrentara a situaciones de riesgo, como nadar varias millas en un mar encrespado. En una carta a Keltie, Nina dijo al respecto de la ahijada de este: «Algún día conseguirá los laureles de la Royal Geographical Society como geógrafa, y satisfará así la ambición por la que su madre ha luchado en vano... ¡de momento!».[15] (Fawcett también incitó a Joan, al igual que a todos sus hijos, a que asumiera riesgos extremos. «Papá nos proporcionaba una gran diversión, porque no advertía el peligro —recordó Joan tiempo después—. Pero debería haberlo hecho. Siempre nos animaba a subirnos a los tejados y a los árboles [...]. Una vez, me caí de espaldas y me hice daño en las cervicales, y pasé quince días en cama inconsciente y con delirios. Desde aquel accidente tengo el cuello un poco encorvado.»)[16]

Era Jack, sin embargo, quien más ansiaba ser como su padre. «Por lo que parece, mi pequeño Jack va a pasar por la misma fase que pasé yo en cuanto alcancé la edad adulta —comentó Fawcett, ufano, en una ocasión—. Ya le fascinan las historias que le contamos sobre Galla-pita-Galla.»[17] Fawcett escribió e ilustró relatos para Jack, en los que lo dibujaba como un joven aventurero, y cuando estaba en casa, lo compartía todo con él: salir de excursión, jugar al críquet, navegar. Jack era «la verdadera niña de sus ojos»,[18] recordó un pariente.

En 1910, cuando Jack estaba a punto de ingresar en un internado junto con Raleigh Rimell, Fawcett le envió un poema desde «muy lejos, en la jungla». Se titulaba «Jack va a la escuela» y, en parte, decía así:

> *Nunca nos olvides, pequeño y audaz hombre.*
> *Tu padre y tu madre confían en ti.*
> *Sé valiente como un león, pero amable*
> *al oponerte a los errores.*

Nunca olvides que eres un caballero,
y nunca dudes de que lo conseguirás.

La vida es corta y el mundo, ancho.
Solo somos una onda en la gran charca de la vida.
Disfruta de la vida tanto como puedas
y eso te ayudará a llegar más lejos.
Pero nunca olvides que eres un caballero
y que llegará el día en que todos, orgullosos,
recordaremos tus tiempos en la escuela.[19]

En otra carta para Nina, Fawcett hablaba del carácter y del futuro de su primogénito: «Un líder nato, creo (quizá un orador), siempre independiente, adorable, de personalidad voluble, que podría llegar lejos [...]; un manojo de nervios (energía nerviosa inagotable), un muchacho destacado, capaz de extremos (sensible y orgulloso); el hijo que deseábamos y, creo, con una misión en la vida que aún desconocemos».[20]

Mientras tanto, las noticias de las proezas de Fawcett como explorador empezaban a propagarse. Aunque sus hazañas carecían de un logro claro y evidente, como llegar al polo Norte o a la cima del Everest —el Amazonas suponía un desafío ante esa clase de metas: nadie podría jamás conquistarlo—, Fawcett, avanzando centímetro a centímetro por la jungla, cartografiando ríos y montañas, catalogando especies exóticas e investigando a los nativos, había explorado más territorio de la selva amazónica que nadie hasta entonces. Como un periodista lo describió más tarde: «Probablemente fuera el primero y más destacado experto del mundo en Sudamérica».[21] William S. Barclay, miembro de la RGS, dijo de Fawcett: «Durante años le he considerado uno de los mejores de la historia en su ámbito».[22]

Sus gestas llegaron en un momento en que Gran Bretaña, con la muerte de la reina Victoria y el alzamiento de Alemania, empezaba a inquietarse con respecto a su imperio. El recelo se vio exacerbado por la afirmación de un general inglés de que el sesenta por ciento de los jóvenes del país no cumplían con los requisitos físicos que exigía el servicio militar,[23] y por una avalancha de novelas apocalípticas, entre las que se contaba *Hartmann the Anarchist; or, The Doom of the Great City*, que había escrito el hermano mayor de Fawcett, Edward. Publicada en 1893, esta novela de ciencia ficción, convertida en una obra de culto, detallaba cómo una célula clandestina de anarquistas («una enfermedad engendrada por una decadente forma de civilización»)[24] inventaba un prototipo de aeroplano denominado *Attila*, y, en una escena que presagiaba el Blitz* de la Segunda Guerra Mundial, lo utilizaba para bombardear Londres. («Los pináculos del Parlamento se derrumbaban y sus muros se resquebrajaban con el estallido de los obuses en sus entrañas.»)[25] El público estaba tan consternado por el estado de la hombría victoriana que el gobierno creó un cuerpo de investigación denominado Inter-Departmental Committee on Physical Deterioration («Comité Interdepartamental del Deterioro Físico»).

La prensa aprovechaba los logros de Fawcett, a quien retrataba como un «héroe de otros tiempos» y realzaba su hombría y su valor para atenuar la falta de confianza de los ingleses en sus hombres. Un periódico declaró: «"La atracción de lo salvaje" no ha perdido su poder en la clase de hombres audaces e ingeniosos a la que representa el comandante Fawcett». Otra publicación instaba a los niños a emularlo: «¡Existe un auténtico *scout* al que debéis seguir! Él deja de lado todo pensamiento acerca de su propia seguridad o comodidad para cumplir con el deber que le ha sido impuesto».[26]

A principios de 1911, con motivo de una conferencia en la sede de la Royal Geographical Society en la que Fawcett iba a presentar sus descubrimientos, docenas de científicos y exploradores de toda Europa se aglomeraron en el vestíbulo para

---

* Bombardeo de Londres por parte de los alemanes en 1940-1941. *(N. de la T.)*

atisbar al «Livingstone del Amazonas». El hijo de Charles Darwin, Leonard, en aquel entonces presidente de la Royal Society, le reclamó al frente del vestíbulo, y describió cómo el explorador había cartografiado «regiones que nunca antes habían sido visitadas por europeos» y había navegado ríos que «nunca antes lo habían sido». Darwin añadió que Fawcett había demostrado que existía aún un lugar «al que el explorador puede ir y dar un ejemplo de perseverancia, energía, coraje, previsión y todas las cualidades que conforman las de un explorador de la era que ahora concluye».[27]

Aunque a Fawcett le gustaba protestar e insistir en que él no buscaba «demasiada publicidad»,[28] sin duda disfrutaba de las atenciones que recibía. (Una de sus aficiones era recopilar en un álbum artículos de prensa que hablaran de él.) Mientras mostraba diapositivas de la jungla y bocetos de sus mapas, dijo a la multitud congregada:

> En lo que confío es en que la publicidad de estas exploraciones atraiga a otros espíritus aventureros a esta descuidada parte del mundo. Pero habrá que recordar que las dificultades son grandes y la historia de tragedias, larga, pues los rincones del mundo que permanecen ignotos cobran un precio por sus secretos. Sin ningún deseo de glorificarme, puedo dar fe de que se requiere gran entusiasmo para salvar, año tras año, el gran abismo que se extiende entre las comodidades de la civilización y los riesgos y castigos que acechan a cada paso en las selvas sin explorar de este aún poco conocido continente.[29]

Un emisario boliviano que estaba allí comentó al respecto del mapa emergente de Sudamérica: «Debo decirles que solo gracias a la valentía del comandante Fawcett esto ha sido posible [...]. Si contáramos con más hombres como él, estoy seguro de que no habría un solo rincón de esas regiones sin explorar».[30]

La creciente leyenda de Fawcett se fundamentaba en que

no solo había hecho viajes que nadie más había osado emprender, sino que además los había realizado en unos plazos que resultaban inhumanos. Completaba en meses lo que a otros les llevaba años, o, como prosaicamente lo describió Fawcett: «Soy un trabajador rápido y no dispongo de días de ocio».[31] También resultaba increíble que rara vez cayera enfermo. «Estaba hecho a prueba de fiebres», dijo Thomas Charles Bridges, popular escritor y aventurero contemporáneo de Fawcett, a quien conoció. Esta particularidad provocó desenfrenadas especulaciones sobre su fisiología. Bridges atribuía su resistencia al hecho de tener «un ritmo cardíaco por debajo de lo normal».[32] Un historiador observó que Fawcett disfrutaba de «una inmunidad virtual a las enfermedades tropicales. Tal vez esta última cualidad fuera la más excepcional. Había otros exploradores, aunque no muchos, que le igualaban en dedicación, coraje y fuerza, pero en su resistencia a la enfermedad era único».[33] Incluso Fawcett empezó a maravillarse de lo que él denominaba una «constitución perfecta».[34]

Asimismo, se sorprendía de su habilidad para eludir a los depredadores. En una ocasión, tras esquivar de un salto a una serpiente lora, escribió en su diario: «Lo que me pasmó, más que cualquier otra cosa, fue la advertencia de mi subconsciente, y la respuesta muscular inmediata [...]. No la había visto hasta que refulgió entre mis piernas, pero el "hombre interior" (si así puedo llamarlo) no solo la vio a tiempo, ¡sino que además calculó con exactitud la altura y la distancia de su ataque, y envió las subsiguientes órdenes al cuerpo!».[35] Su colega de la RGS William Barclay, que trabajaba en Bolivia y conocía mejor que nadie los métodos de exploración de Fawcett, dijo que con los años había desarrollado «la convicción de que ningún peligro podría tocarle» y de que, al igual que un héroe mítico, «sus actos y sus reacciones estaban predestinados».[36] O, como a Fawcett le gustaba decir: «Estoy en manos de los dioses».[37]

No obstante, esas mismas características que hacían de Fawcett un gran explorador —furia demoníaca, resolución y un sentido casi divino de inmortalidad—, también lo convertían en una compañía terrible. No permitía que nada interfiriese en su camino hacia el objetivo que se había marcado... o en su destino. Estaba «preparado para viajar con menos peso y más esfuerzo de lo que la mayoría de las personas consideran posible o adecuado»,[38] reproducía la revista de la Royal Geographical Society. En una carta a la Royal Society, Nina informó: «Por cierto, les divertirá saber que el comandante Fawcett contempló la posibilidad de cruzar ciento sesenta kilómetros de selva... ¡en un mes! ¡Los otros casi se quedaron sin aliento ante la idea!».[39]

Mostraba una gran lealtad hacia aquellos que eran capaces de seguirle el paso. Con quienes no lo eran..., bien, Fawcett llegó a creer que la enfermedad, incluso la muerte de estos, confirmaba una cobardía subyacente. «Estos viajes no pueden ejecutarse a la ligera —escribió Fawcett a Keltie—, o yo no habría llegado nunca a ninguna parte. Para con quienes puedan hacerlos, no tengo sino gratitud y elogios; para con quienes no puedan, solo tengo compasión, pues aceptan el trabajo con los ojos abiertos; pero para los perezosos o incompetentes, no tengo nada en absoluto.»[40] En sus documentos privados, Fawcett tildaba a un antiguo ayudante de «¡sinvergüenza inútil! ¡El típico vago!»,[41] y así lo escribió bajo el obituario del hombre. (Se había ahogado en un río de Perú.) Expulsó a varios hombres de sus expediciones, y otros tantos, ofendidos y amargados, le abandonaron. «No nos permitía detenernos para comer o dormir —se quejó un antiguo componente de su equipo a otro explorador sudamericano—. Trabajábamos veinticuatro horas al día y nos trataba como a bueyes espoleados con un látigo.»[42]

«La presión siempre ha sido excesiva para los miembros de mis partidas»,[43] informó Fawcett a Keltie, y añadió: «No tengo compasión con la incompetencia».[44]

Keltie reprendió amablemente a su amigo: «Me alegra mucho saber que te mantienes en tan buena forma. Debes de tener una constitución maravillosa para soportar todo lo que has soportado y no haber empeorado. Me temo que quizá esto te haga ser un poco intolerante con los hombres que no son tan fuertes como tú».[45]

Keltie sin duda tenía en mente a un hombre en particular, un explorador cuya colaboración con Fawcett, en 1911, acabó siendo nefasta.

Parecían el tándem perfecto: James Murray, el gran científico polar, y Fawcett, el gran explorador del Amazonas. Juntos se abrirían camino a lo largo de kilómetros de jungla inexplorada en las inmediaciones del río Heath, siguiendo la frontera noroccidental entre Bolivia y Perú, para cartografiar la región y estudiar a sus habitantes y su fauna. La Royal Geographical Society había alentado la expedición, de modo que ¿por qué no?

Nacido en Glasgow en 1865,[46] Murray era el hijo brillante y singular de un tendero. De joven, había vivido obsesionado con el reciente descubrimiento de criaturas microscópicas y, pertrechado con poco más que un microscopio y un recipiente para muestras, se convirtió en un experto en la materia, prácticamente autodidacta y de renombre mundial. En 1902 ayudó a inspeccionar las profundidades lodosas de los lagos escoceses. Cinco años después, Ernest Shackleton alistó a Murray para su expedición a la Antártida, donde recabó datos que revolucionaron la biología marina, la física, la óptica y la meteorología. Más tarde, fue coautor de un libro titulado *Antarctic Days*, en el que describía el uso de un trineo en la nieve: «Mientras tiras, tienes un calor que te incomoda; mientras descansas, tienes un frío que también te incomoda. Siempre tienes hambre. Al frente tan solo tienes la superficie del hielo, que se prolonga hasta el horizonte».[47] De una curiosidad voraz, soberbio, rebelde, excéntrico, audaz y autodidacta, Murray parecía el *Doppelgänger* de Fawcett, su clon. Incluso era artista. Y en septiembre de 1911, cuando llegó a San Carlos, un puesto fronterizo situado entre Bolivia y Perú, Fawcett afirmó en una carta a la Royal Geographical Society: «Es un hombre admirable para el trabajo».[48]

Pero, de haber estudiado alguien con detenimiento el carácter de ambos, habría advertido señales de alarma. Aunque solo era dos años mayor que Fawcett, Murray, de cuarenta y seis, tenía un aspecto ajado; su rostro, con un bigote bien recortado y el pelo algo canoso, estaba repleto de surcos; y no gozaba de buena forma física. Durante la expedición escocesa, había sufrido un colapso que había afectado todo su cuerpo. «Tuve reumatismo, inflamación de ojos, y sabe Dios qué no tuve»,[49] dijo. En la expedición con Shackleton, había estado a cargo del campamento base y no había tenido que soportar las condiciones más brutales del entorno.

Asimismo, los requisitos para un gran explorador polar y para un explorador amazónico no eran necesariamente los mismos. De hecho, las dos modalidades de exploración son, en muchos sentidos, antitéticas. El explorador polar tiene que soportar temperaturas de casi cien grados bajo cero, y los mismos horrores una y otra vez: congelación, grietas en el hielo y escorbuto. Mira a su alrededor y ve una y otra vez nieve y hielo: un entorno de un blanco implacable. Saber que ese paisaje no cambiará produce un terror psicológico, y el reto consiste en soportar, al igual que un prisionero sin ningún contacto con el mundo exterior, la privación sensorial. En contraste, el explorador amazónico, inmerso en una caldera de calor, sufre una agresión constante a los sentidos. En vez de hielo hay lluvia, y el explorador topa por todas partes con algún peligro que le acecha: el mosquito de la malaria, una lanza, una serpiente, una araña, una piraña. La mente debe bregar con el terror del cerco perpetuo.

Fawcett llevaba tiempo convencido de que el Amazonas era un lugar que entrañaba más dificultades y de mayor trascendencia científica —en los aspectos botánico, zoológico, geográfico y antropológico— que lo que él desdeñaba como la exploración de «estériles regiones de hielo perpetuo».[50] Y le contrariaba la popularidad de la que gozaban los exploradores polares entre el público y la extraordinaria financiación que recibían. Murray, por su parte, estaba seguro de que su viaje con Shackleton —un viaje más publicitado que ninguno de los que Fawcett había emprendido hasta entonces— elevaba su persona por encima del hombre al cargo de su última expedición.

Mientras los dos exploradores se tomaban las medidas, se les unió Henry Costin, un cabo británico que en 1910, aburrido de la vida militar, había respondido a un anuncio que Fawcett había publicado en la prensa buscando un acompañante aventurero. Bajo y fornido, con un atrevido bigote kiplinesco y pobladas cejas, Costin había demostrado ser el ayudante más incondicional y eficaz de Fawcett. Estaba sobradamente en forma —había sido instructor de gimnasia en el ejército— y era un tirador de talla mundial. Uno de sus hijos lo describió tiempo después de este modo: «Un tipo duro que detestaba las sandeces».[51]

Completaban la partida Henry Manley, un inglés de veintiséis años, que decía ser «explorador» de profesión, aunque aún no había viajado mucho, y unos cuantos porteadores nativos.

El 4 de octubre de 1911, la expedición se preparó para partir de San Carlos e iniciar la caminata hacia el norte a lo largo de las riberas del río Heath. Un oficial boliviano había advertido a Fawcett de que no viajara en esa dirección. «Es imposible —dijo—. Los [indios] guarayo son peligrosos, ¡hay tantos que incluso se atreven a atacarnos a nosotros, a soldados armados! Penetrar en su territorio es una auténtica locura.»[52]

Fawcett no se amilanó. Tampoco Murray; al fin y al cabo, ¿qué dificultad podía tener la jungla en comparación con la Antártida? Durante las primeras etapas, los hombres disfrutaron de las ventajas que suponía llevar consigo los animales de carga, por lo que Murray aprovechó para llevar su microscopio y sus recipientes para muestras. Una noche, Murray se quedó atónito al ver el cielo atestado de murciélagos que atacaban a los animales. «Varias mulas con heridas terribles y sangrantes»,[53] escribió en su diario. Los murciélagos tenían los dientes tan afilados como cuchillas, y perforaban la piel con tal rapidez y precisión que si la víctima estaba dormida a menudo no se despertaba. Empleaban sus lenguas estriadas para chupar sangre durante un intervalo de hasta cuarenta minutos, segregando una sustancia que impedía que la sangre se coagulara y que la herida cicatrizase. También podían transmitir un protozoo letal.

Los hombres se apresuraron a lavar y a curar las heridas de las mulas para evitar que se infectaran, pero esa no era su única preocupación: los muerciélagos también se alimentaban de sangre humana, como Costin y Fawcett habían descubierto en un viaje anterior. «A todos nos mordieron los murciélagos —recordó Costin tiempo después en una carta—. El comandante tenía heridas en la cabeza, mientras que a mí me mordieron en cada uno de los cuatro nudillos de la mano derecha [...]. Es asombroso la cantidad de sangre que puede perderse por esas pequeñas incisiones.»[54]

«Nos despertamos y vimos las hamacas empapadas de sangre —dijo Fawcett—, ya que cualquier parte de nuestro cuerpo que tocara la mosquitera o asomara bajo ella era atacada por estos detestables animales.»[55]

En la jungla, un animal de carga tropezaba cada pocos pasos con troncos cubiertos de lodo o se hundía en charcos de barro, y los hombres tenían que atizar, empujar y golpear a las pobres bestias para que siguieran avanzando. «Sin duda se necesita tener el estómago de acero y piedra para caminar detrás [de estos animales] y guiarlos —escribió en su diario un compañero de Fawcett—. A menudo me mancho con coágulos húmedos de sangre putrefacta y otras sustancias hediondas que supuran de sus cabezas ulceradas, constantemente irritadas por las picaduras de insectos. Ayer les extirpé unos gusanos con una rama y embadurné las heridas con una mezcla de cera derretida y azufre, pero dudo que resulte efectivo.»[56] Los animales, por lo general, no sobrevivían más de un mes en esas condiciones. Otro explorador del Amazonas escribió: «Los propios animales son una estampa lastimosa: sangran por heridas grandes y con escaras [...], les sale espuma de la boca, embisten y se crispan en este auténtico infierno terrenal. Tanto para los hombres como para las bestias, esta es una existencia espantosa, aunque una muerte clemente suele poner fin al sufrimiento de estas últimas».[57] Fawcett finalmente anunció que abandonarían a los animales de carga y proseguirían a pie con solo un par de perros, a los que consideraban la mejor compañía: hábiles en la caza, sumisos y leales hasta el final.

Con los años, Fawcett había ido afinando la cantidad de equipaje que su equipo podía cargar a la espalda, de modo que los fardos pesaban unos veintisiete kilos. Cada hombre cargaba con el suyo, pero Fawcett pidió a Murray que llevara una cosa más: el cernedor para cribar oro. El peso de la mochila dejó perplejo a Murray cuando empezó a cargarla por la densa jungla y el barro, que en ocasiones llegaba hasta la cintura. «Estuve a punto de perder las fuerzas, y avanzaba despacio, descansando cada poco»,[58] escribió en su diario. Fawcett se vio obligado a enviar a un porteador para que le ayudara a transportar su carga. Al día siguiente, Murray parecía incluso más exhausto y se desplomó en la retaguardia del grupo mientras ascendía una colina repleta de árboles caídos. Los demás no se dieron cuenta y prosiguieron con la ascensión. «Subí y sorteé los árboles durante una hora, una tarea agotadora con la pesada carga, y no recorrí ni cien metros —escribió Murray—. No quedaba rastro del sendero y no podía seguir, no podía ascender la pronunciada colina ni podía retroceder.»

Mientras trataba de encontrar a Fawcett y a los demás, Murray oyó el rumor de un río y, con la esperanza de que pudiera conducir a un sendero más fácil, sacó el machete e intentó descender hasta él, cercenando las enmarañadas enredaderas y las enormes raíces de los árboles. «Sin un machete —advirtió—, perderse en una selva así significa la muerte.» Tenía llagas en los pies debido al roce de las botas, y lanzaba al frente la mochila, luego la recogía y volvía a lanzarla. El rugido del río era cada vez más intenso. Murray se precipitó hacia él, pero llegó a la orilla a demasiada velocidad y perdió el equilibrio, lo que hizo que algo cayera de su mochila: un retrato y cartas de su esposa. Mientras contemplaba cómo el agua los engullía, se apoderó de él «un desánimo supersticioso».

Siguió avanzando, desesperado por encontrar a los otros antes de que la noche consumiera la poca luz que se filtraba en la selva. Vio huellas en el lodo que se acumulaba en la orilla. ¿Serían de los indios guarayo de los que tanto les habían hablado, el nombre de cuya tribu significaba «bélico»? Luego atisbó una tienda en la distancia y se encaminó hacia ella, renqueante. Cuando llegó allí descubrió que se trataba de una roca. Su mente le engañaba. Había estado caminando desde el amanecer, pero apenas había avanzado unos centenares de metros. Empezaba a oscurecer y en un arrebato de pánico disparó el rifle al aire. No hubo respuesta. Le dolían los pies, se sentó y se quitó las botas y los calcetines; la piel se le desprendió de los tobillos. No tenía más comida que medio kilo de caramelos, que Nina Fawcett había preparado para la expedición. Debían repartirse entre todo el grupo, pero Murray devoró la mitad de la caja, con la ayuda de la lechosa agua del río. Tumbado solo en la penumbra, se fumó tres cigarrillos turcos, tratando de sofocar el hambre. Y se durmió.

Por la mañana, el grupo lo encontró y Fawcett le reprendió por ralentizar la progresión de la partida. Pero Murray se rezagaba cada vez más. No estaba habituado a pasar tanta hambre, un hambre incesante, opresiva y lacerante que corroía cuerpo y mente por igual. Más tarde, cuando le dieron unos pocos cereales, se los embutió ávido en la boca con la ayuda de una hoja y dejó que se le deshicieran en la lengua. «No deseo otra cosa que tener asegurada una ración como esta durante el tiempo que me queda», dijo. Las anotaciones de su diario se tornaron más agitadas y frenéticas:

Mucho esfuerzo y calor, muy exhausto; sugiero un descanso breve, Fawcett se niega; me quedo atrás, solo. Cuando consigo avanzar a duras penas, maleza terriblemente densa, no puedo atravesarla, atajo de nuevo por el río, muy duro ir hasta allí [...]. Veo otra *playa* en el siguiente meandro del río; intento alcanzarla vadeándolo, demasiado profundo; vuelvo a la *playa* de barro, ya ha anochecido; recojo ramas, cañas y lianas y enciendo una hoguera para secar la ropa; no tengo comida, algunos comprimidos de sacarina; me fumo tres cigarrillos; succiono algunos frutos; los mosquitos, muy mal, las picadas no me dejan dormir; frío y cansancio; pruebo con un sedante de opio, no surte efecto; ruidos extraños en el río y en la selva; [un oso hormiguero] baja a beber a la orilla opuesta y arma mucho estrépito. Me parece oír voces al otro lado del río, e imagino que podrían ser los guarayo. Toda la ropa llena de arena, se me mete en la boca; noche terrible.

Intentó llevar a cabo alguna tarea científica, pero pronto se rindió. Según lo describió otro biólogo que viajó tiempo después con Fawcett: «Creía que conseguiría mucha información valiosa sobre historia natural, pero mi experiencia es que mientras se efectúa un esfuerzo físico duro y prolongado, la mente en absoluto está activa. Uno piensa en el problema en particular que le atañe en ese momento, o quizá la mente divaga sin generar pensamientos coherentes. En cuanto a la añoranza de ciertos aspectos de la vida civilizada, uno no tiene tiempo de echar nada de menos salvo la comida, el sueño o el descanso. En muy poco tiempo, uno se transforma en poco más que un animal racional».[59]

Una noche, cuando llegaban al campamento, Fawcett, Murray y los demás estaban tan débiles que la mayoría se desplomó en el suelo sin extender las hamacas. Más tarde, Fawcett, al parecer percibió la atmósfera de desesperación y, teniendo en cuenta su enorme experiencia como explorador, trató de fomentar la alegría. Sacó una flauta de su mochila y tocó «The

Calabar», una canción tradicional irlandesa de humor negro acerca de un naufragio. Y la cantó:

Al día siguiente nos quedamos sin suero de leche —todo por culpa del capitán—,
así que la tripulación contrajo el escorbuto, pues los arenques estaban terriblemente salados.
Nuestro cocinero de color dijo que la carne se había acabado, tampoco había un triste panecillo en el anaquel.
«Pues nos comeremos la sopa —gritó el capitán—, y no dejaremos que ningún hombre se lave.»

Hacía treinta años que Murray no la oía y empezó a cantarla, al igual que Costin, que también sacó su flauta. Manley escuchaba, mientras el sonido de sus voces e instrumentos sofocaban el aullido de los monos y el zumbido de los mosquitos. Por un momento parecieron, si no felices, sí al menos capaces de mofarse de la perspectiva de su propia muerte.

—¡No tienes derecho a estar cansado! —espetó Fawcett a Murray.

Iban a bordo de dos balsas que habían construido para remontar el río Heath. Murray había dicho que quería esperar a una embarcación que los seguía, pero Fawcett creyó que se trataba de otra excusa para descansar. Tal como Costin había advertido, las disputas internas eran habituales en condiciones tan deplorables, y suponían quizá la principal amenaza para la supervivencia de la partida.[60] Durante la primera expedición europea al Amazonas, a principios de la década de 1540, sus integrantes fueron acusados de abandonar a su comandante con la «mayor crueldad de que los infieles han dado muestra jamás».[61] En 1561, miembros de otra expedición a Sudamérica mataron a puñaladas a su jefe mientras este dormía, y luego, no mucho tiempo después, asesinaron al hombre a quien habían elegido para reemplazarle. Fawcett tenía su propia visión del motín: había advertido a un amigo, tiempo atrás, que «todas las partidas tienen un Judas».[62]

Los días transcurrían y las tensiones entre Fawcett y Murray iban en aumento. Había algo en el hombre a quien Costin llamaba en tono reverencial «jefe» que atemorizaba a Murray. Fawcett esperaba que «todos los hombres hicieran tanto como pudieran» y adoptaba «una actitud despectiva» con aquellos que sucumbían ante el miedo. (En una ocasión, Fawcett lo definió como «la fuerza motriz de todo mal»[63] que había «excluido a la humanidad del Jardín del Edén».) Cada año que pasaba en la jungla parecía endurecerlo más e intensificar su fanatismo, como el soldado que lleva demasiado tiempo en el campo de batalla. Raramente abría un sendero en la selva; por el contrario, arremetía con el machete en todas las direcciones, como si le estuvieran picando abejas. Se pintaba la cara con pigmentos de colores brillantes que extraía de las bayas, como un guerrero indio, y hablaba abiertamente de convertirse en un nativo. «No hay ninguna deshonra en esto —afirmó en *A través de la selva amazónica*—. Por el contrario, en mi opinión, es una muestra de encomiable respeto hacia las cosas auténticas de la vida en detrimento de las artificiales.»[64] En sus documentos privados, anotó pensamientos íntimos con el encabezamiento «Renegados de la civilización»: «La civilización nos domina solo relativamente, y existe una incuestionable atracción por una vida de absoluta libertad una vez se ha probado. La "llamada de lo salvaje" está en la sangre de muchos de nosotros y encuentra su válvula de escape en la aventura».[65]

Fawcett, que parecía enfocar cada viaje como si de un rito budista de purificación se tratase, creía que la expedición no llegaría a ningún puerto con Murray en ella. El biólogo no solo no estaba preparado para el Amazonas, sino que además minaba la moral de los demás con sus constantes quejas. Murray, que había servido a las órdenes de Shackleton, creía que podía cuestionar la autoridad de Fawcett. En una ocasión, mientras vadeaban un río con una balsa cargada de equipamiento, lo arrastró la corriente. Prescindiendo de las instrucciones de Fawcett, Murray se aferró al borde de la balsa, amenazando con volcarla. Fawcett le ordenó que se soltara y que nadara hasta la orilla, pero él se negó, lo que confirmó, según palabras de Fawcett, que era «un blando afeminado».

Fawcett pronto empezó a sospechar del científico por algo más grave que la cobardía: el robo. Además de los caramelos, otras provisiones comunitarias habían desaparecido. Era uno de los delitos más graves. «En una expedición de estas características, el hurto de comida sigue al asesinato en la jerarquía de crímenes y es de ley castigarlo como tal»,[66] afirmó Theodore Roosevelt con referencia a su viaje al Amazonas de 1914. Cuando Fawcett se enfrentó a Murray al respecto de esta cuestión, el biólogo se mostró indignado. «Les dije lo que había comido —escribió con acritud, y añadió—: Al parecer, lo más honroso habría sido morir de hambre.» No mucho tiempo después, Costin sorprendió a Murray con maíz que parecía proceder de las reservas de comida para etapas posteriores del viaje.

—¿De dónde has sacado eso? —le preguntó Costin.

Murray contestó que era suyo, que formaba parte de sus provisiones personales.

Fawcett ordenó que, puesto que Murray había cogido un puñado de maíz, no se le permitiera comer el pan que se elaborase con él. Murray señaló que Manley también había comido maíz de sus provisiones personales. Fawcett no se inmutó. Era una cuestión de principios, repuso.

—Si así era —replicó Murray—, eran los principios de un idiota.

Los ánimos siguieron deteriorándose. Tal como Murray lo describió en una ocasión: «Esta noche no se canta en el campamento».

Manley fue el primero en caer. Su temperatura aumentó a cuarenta grados y sufría fuertes convulsiones: habían contraído la malaria. «Es demasiado para mí —susurró a Murray—. No puedo soportarlo.» Incapaz de mantenerse en pie, Manley se tumbó en la lodosa orilla, confiando en que el sol le aliviara la fiebre, aunque aquello poco alivio le aportó.

A continuación, Costin contrajo la espundia, una enfermedad de síntomas aún más aterradores. Producida por un parásito que transmiten las moscas de la arena, destruye la carne de alrededor de la boca, la nariz y las extremidades, como si la víctima fuera disolviéndose poco a poco. «Se va convirtiendo en [...] una masa de corrupción leprosa»,[67] dijo Fawcett. En casos raros, se deriva en infecciones secundarias mortales. En el de Costin, la enfermedad acabó alcanzando un estado tan nefasto que Nina Fawcett informó tiempo después a la Royal Geographical Society de que el hombre «se había vuelto majara».

Murray, mientras tanto, parecía estar desarmándose literalmente. Uno de los dedos se le inflamó tras rozar una planta venenosa. Luego se le desprendió la uña, como si alguien se la hubiese extirpado con unas tenazas. A continuación, en la mano derecha se le abrió, según la describió él mismo, «una herida supurante, profunda y muy enferma», que convertía en una «agonía» incluso tender la hamaca. Luego tuvo diarrea. Un día se despertó y vio que en una rodilla y en un brazo tenía algo que parecían lombrices. Lo examinó más de cerca. Eran gusanos que habían anidado y crecían bajo su piel. Solo en el codo contó cincuenta. «Resulta muy doloroso cuando se mueven, cosa que hacen a todas horas», escribió Murray.

Asqueado, intentó, a pesar de las advertencias de Fawcett, envenenarlos. Se introducía en las heridas cualquier cosa —nicotina, sublimado corrosivo, permanganato de potasio— y luego intentaba sacar los gusanos con una aguja o apretando la carne de alrededor. Algunos gusanos murieron por efecto del veneno y empezaron a pudrírsele dentro. Otros alcanzaron los dos centímetros y medio y ocasionalmente asomaban la cabeza de su cuerpo, como el periscopio de un submarino. Era como si se estuvieran apoderando de él las criaturas diminutas que había estudiado tiempo atrás. Su piel desprendía un olor pútrido. Tenía los pies hinchados. ¿Estaría contrayendo también la elefantiasis? «Tengo los pies demasiado grandes para las botas —escribió—. La piel es como pulpa.»

Solo Fawcett parecía tranquilo. Descubrió uno o dos gusanos bajo su piel —una especie de mosca parasítica inocula los huevos en un mosquito que después deposita las larvas en los humanos—, pero él no los envenenó, y las heridas que le provocaron no se infectaron. Pese al debilitamiento, el grupo siguió avanzando. En un momento dado, oyeron un grito terrorífico. Según Costin, un puma se había abalanzado sobre uno de los perros y lo arrastraba hacia la espesura de la selva. «Yendo desarmados, salvo por el machete, era inútil seguirlo»,[68] escribió Costin. Poco después, el otro perro se ahogó.

Hambrientos, empapados, enfebrecidos, acosados por los mosquitos, el grupo empezó a consumirse por dentro, del mismo modo que los gusanos devoraban el cuerpo de Murray. Una noche, Murray y Manley discutieron agriamente por quién iba a dormir a qué lado de la hoguera. Para entonces, Fawcett había llegado a creer que Murray era un cobarde, un impostor de enfermedades, un ladrón y, lo peor de todo, un cáncer que se extendía por su expedición. En su opinión, no se trataba de si la lentitud de Murray podía provocar el fracaso de la expedición, sino de si llegaría incluso a impedir que esta regresara.

Murray creía que Fawcett carecía de empatía: «No tiene misericordia para con el hombre enfermo o cansado». Fawcett podía ralentizar el paso para «conceder al débil la oportunidad de sobrevivir», pero se negó a hacerlo. Mientras la partida volvía a avanzar, Murray empezó a obsesionarse con el cernedor de Fawcett, hasta que ya no pudo soportarlo. Abrió su mochila y se deshizo de él, y también de la mayor parte de sus pertenencias, incluso de la hamaca y de la ropa. Fawcett le advirtió que necesitaría todo aquello, pero Murray insistió en que estaba intentando salvar la vida, ya que Fawcett se negaba a esperarle.

El peso reducido de la mochila permitió a Murray avanzar a paso más ligero, pero sin la hamaca se vio obligado a dormir en el suelo bajo la lluvia torrencial y envuelto en chinches. «Para entonces, el biólogo [...] sufría enormemente por las heridas y por no cambiarse de ropa, pues la que llevaba puesta apestaba —escribió Fawcett—. Empezaba a comprender lo insensato que había sido tirando todo cuanto llevaba en la mochila salvo aquello que iba a necesitar de inmediato, y se fue volviendo taciturno y temeroso —añadió—. Dado que caían tormentas a diario, auténticos diluvios, su estado, lejos de mejorar, empeoró. Yo estaba francamente preocupado por él. Si se le infectaba la sangre, sería hombre muerto, pues nada podía hacerse al respecto.»[69]

«La perspectiva de salir con vida disminuye; la comida está a punto de agotarse», escribió Murray en su diario.

El cuerpo de Murray se había hinchado por efecto del pus, los gusanos y la gangrena; las moscas se arremolinaban a su alrededor como si ya fuese un cadáver. Con más de la mitad de la ruta aún por cubrir, había llegado el momento más crítico: Fawcett había advertido a todos los miembros de la expedición que en caso de que enfermaran hasta el punto de no poder continuar se los abandonaría.

Aunque Fawcett se había preparado para tal contingencia, en realidad nunca la había puesto en práctica, y consultó con Costin y con Manley mientras Murray los miraba con expresión apesadumbrada. «Esta noche ha habido una curiosa discusión en el campamento sobre la posibilidad de abandonarme —escribió Murray—. Al viajar por la selva despoblada, sin más recursos que los que uno puede llevar consigo, todo hombre comprende que si enferma o no puede seguir el paso al grupo debe asumir las consecuencias. Los demás no pueden esperar y morir con él.» Aun así, Murray creía que estaban bastante cerca de un puesto fronterizo donde podrían dejarle. «Esta serena aceptación de la predisposición a abandonarme [...] resultaba extraña viniendo de un inglés, aunque no me sorprendió, porque ya había calibrado su carácter mucho tiempo antes.»

Al final, Fawcett, con su habitual impetuosidad, dio un paso que para él era casi tan radical como dejar morir a un hombre: desvió el rumbo de su misión, al menos lo bastante para intentar sacar a Murray de allí. Con acritud y a regañadientes, buscó el asentamiento más próximo. Ordenó a Costin que se quedara con Murray y garantizara su evacuación. Según Costin, Murray dio muestras de delirio. «No detallaré los métodos de fuerza física que tuve que adoptar con él —recordó Costin tiempo después—. Bastará con decir que le quité el revólver para que no pudiese dispararme [...]. Pero era la única alternativa a dejarle morir allí.»[70]

Finalmente, la partida encontró a un hombre de la frontera a lomos de una mula que prometió intentar llevar al biólogo de vuelta a la civilización. Fawcett ofreció a Murray dinero para comida, pese a que la enemistad entre ambos aún persistía. Costin le dijo a Murray que confiaba en que las duras palabras que se habían intercambiado en la jungla pudieran olvidarse. Luego miró su rodilla infectada. «¿Sabe? Esa rodilla está mucho peor de lo que cree»,[71] le dijo.

Murray dedujo de su actitud que Costin y los demás esperaban que muriese, que no esperaban volver a verlo. Los hombres lo cargaron sobre la mula. Sus extremidades, al igual que la rodilla, habían empezado a segregar una sustancia fétida. «Es sorprendente la cantidad que sale del brazo y de la rodilla —escribió Murray—. La sustancia del brazo es muy inflamatoria y hace que todo el antebrazo se me enrojezca y duela mucho. La de la rodilla es más copiosa; se derrama en regueros desde media docena de orificios y me empapa las medias.» Apenas podía sentarse sobre la mula. «Me encuentro más enfermo que nunca, la rodilla muy mal, el talón muy mal, los riñones afectados por la comida o el veneno, y tengo que orinar con frecuencia.» Se preparó para morir: «He pasado en vela toda la noche preguntándome cómo será el final, y si es justificable hacerlo más fácil, con fármacos o por algún otro medio»; una alusión al suicidio. Proseguía: «No puedo decir que me asuste el final en sí, pero me pregunto si será muy difícil».

Fawcett, Manley y Costin, mientras tanto, siguieron avanzando, tratando de llevar a cabo al menos parte de la misión. Un mes después, cuando salieron de la jungla en Cojata (Perú), no tuvieron noticia de Murray. Había desaparecido. Más tarde, en La Paz, Fawcett envió una carta a la Royal Geographical Society:

> Murray, lamento decirlo, ha desaparecido […]. El gobierno de Perú está poniendo en marcha una investigación, pero temo que debió de sufrir un accidente en las peligrosas pistas de la cordillera, o que habrá muerto por el camino a consecuencia de la gangrena. El ministro británico está al corriente y no comunicará nada a la familia a menos que haya una noticia concluyente, en un sentido u otro, o se abandone toda esperanza de su existencia.[72]

Tras señalar que Manley también había estado a punto de morir, Fawcett concluía: «Yo estoy bien y en forma, pero necesito un descanso».

Y entonces, milagrosamente, Murray surgió de la selva. Resultó ser que, después de más de una semana, había conseguido, con la mula y el colono, llegar a Tambopata, un puesto situado en la frontera entre Bolivia y Perú y compuesto por una sola casa; allí, un hombre llamado Sardon y su familia lo habían cuidado durante semanas. Lentamente le extirparon «una buena cantidad de gusanos muertos, grandes y gordos», le desinfectaron las heridas y lo alimentaron. Cuando estuvo lo bastante fuerte, lo subieron a lomos de una mula y lo enviaron a La Paz. Por el camino, leyó «pesquisas sobre el señor Murray, presuntamente muerto en esta región». Llegó a La Paz a principios de 1912. Su aparición impactó a las autoridades, que descubrieron que no solo estaba vivo sino también furioso.

Murray acusó a Fawcett de haber intentado asesinarle, y le encolerizó saber que había insinuado que era un cobarde. Keltie informó a Fawcett: «Me temo que existe la posibilidad de que el asunto sea puesto en manos de un abogado de renombre. James Murray tiene amigos poderosos y acaudalados que le respaldan».[73] Fawcett insistió: «Todo cuanto, humanamente hablando, podía hacerse por él se hizo […]. Estrictamente hablando, su condición fue consecuencia de hábitos insalubres, insaciabilidad por la comida y excesiva parcialidad por el licor fuerte, todo lo cual resulta suicida en tales lugares. —Fawcett añadió—: Le profeso poca compasión. Sabía en detalle qué era lo que iba a tener que soportar y que en viajes pioneros de este tipo no puede permitirse que las enfermedades y los accidentes comprometan la seguridad de la partida. Todo el que va conmigo comprende esto claramente de antemano. Fue el hecho de que él y el señor Manley estuvieran enfermos lo que me impelió a abandonar el viaje proyectado. Que se sintiera despachado de forma algo cruel […] fue una cuestión de racionamiento de la comida y de la necesidad de salvar su vida, al respecto de la cual él mismo tendía a mostrarse pesimista».[74] Costin estaba dispuesto a testificar a favor de Fawcett, como también Manley. La Royal Geographical Society, tras examinar las pruebas iniciales, dedujo que Fawcett «no desatendió a Murray, sino que hizo cuanto pudo por él dadas las circunstancias».[75] Sin embargo, la Royal Society suplicó a Fawcett que dejara reposar el asunto con discreción antes de que se convirtiera en un escándalo nacional. «Estoy seguro de que no desea ningún mal a Murray y, ahora que ambos se encuentran en un clima templado, creo que deberían tomar medidas para llegar a un entendimiento»,[76] dijo Keltie.

Se desconoce si fue Fawcett quien presentó sus disculpas a Murray o este a Fawcett, pero todos los detalles de la contienda se hicieron públicos, entre ellos lo cerca que había estado Fawcett de abandonar a su compatriota en la jungla. Costin, mientras tanto, era para entonces el único que seguía al borde de la muerte. La espundia empeoraba rápidamente, agravada por otras posibles infecciones. «Por el momento han sido incapaces de curarle —informó Fawcett a Keltie—, pero está sometido a un tratamiento nuevo y particularmente doloroso en la Escuela de Medicina Tropical [de Londres]. Confío sinceramente en que se recupere.»[77] Tras visitar a Costin, un alto cargo de la RGS dijo a Fawcett en una carta: «Qué atroz estampa es el pobre hombre».[78] Poco a poco, Costin fue recobrando la salud, y cuando Fawcett anunció que tenía previsto regresar al Amazonas, decidió acompañarle. Según sus propias palabras: «Es el infierno absoluto, pero a uno en cierto modo le gusta».[79] También Manley, pese a su flirteo con la muerte, se comprometió a ir con Fawcett. «Él y Costin eran los únicos ayudantes a quienes siempre podré considerar de confianza y que se adaptan perfectamente al entorno, y nunca he deseado mejor compañía»,[80] dijo Fawcett.

Para Murray, sin embargo, aquella experiencia con el trópico había sido más que suficiente. Anhelaba la conocida desolación del hielo y la nieve, y en junio de 1913 se alistó en una expedición científica canadiense al Ártico. Seis semanas después, el barco en el que viajaba, el *Karluk*, quedó encallado en el hielo y tuvo que ser abandonado. En esta ocasión, Murray contribuyó a liderar un motín contra el capitán y, junto con una facción disidente, escapó con trineos por la yerma nieve. El capitán consiguió rescatar a su partida. Murray y su grupo, sin embargo, nunca volvieron a ser vistos.[81]

13

Rescate

Cuando aterricé en São Paulo, fui a ver a la persona que, estaba seguro, podría ayudarme en mi expedición: James Lynch. Era el explorador brasileño que en 1996 había encabezado la última gran expedición en busca de indicios de la partida de Fawcett y que, junto con su hijo de dieciséis años y otros diez exploradores, había sido secuestrado por indígenas. Había oído que, después de conseguir que lo liberaran y regresar a São Paulo, Lynch había dejado su empleo en el Chase Bank y fundado una empresa de asesoría financiera. (Parte de su nombre era, acertadamente, Phoenix.) Cuando le telefoneé, accedió a recibirme en su despacho, que estaba ubicado en un rascacielos del centro de la ciudad. Parecía mayor y de apariencia más frágil de lo que yo había imaginado. Llevaba un traje elegante y el pelo, rubio, pulcramente peinado. Me llevó hasta su despacho, situado en la novena planta, y miró por la ventana. «São Paulo hace que Nueva York casi parezca pequeña, ¿no le parece?», dijo, y apuntó que en el área metropolitana vivían dieciocho millones de personas. Sacudió la cabeza, maravillado, y se sentó a su escritorio.

—Y bien, ¿cómo puedo ayudarle? —Le hablé de mis planes para rastrear la ruta de Fawcett—. Tiene el gusanillo de Fawcett, ¿eh? —concluyó.

Para entonces, lo tenía ya más de lo que me atrevía a admitir, y me limité a contestar:

—Parece una historia interesante.

—Oh, lo es, lo es.

Cuando le pregunté cómo había conseguido que los liberasen, se puso tenso. Me explicó que, después de que los llevaran a él y a su grupo río arriba, los indios los habían obligado a desembarcar y a subir por un inmenso terraplén de barro. En lo alto del mismo, apostaron vigías y montaron un campamento provisional. Lynch dijo que había intentado observar detenidamente el entorno y a sus captores —en busca de algún punto débil—, pero que la oscuridad pronto los envolvió, y a partir de entonces solo pudo diferenciar a los indios por la voz. Ruidos extraños surgían de la selva.

—¿Ha oído alguna vez el sonido de la jungla? —me preguntó Lynch. Negué con la cabeza—. No es lo que uno se imagina —prosiguió—. No es que sea muy bulliciosa, pero siempre habla.

Recordó que había dicho a su hijo, James Jr., que intentara dormir y que él también acabó sucumbiendo al sueño por puro agotamiento. No estaba seguro de cuánto tiempo había dormido, dijo, pero cuando abrió los ojos, vio, a la luz de la mañana, la punta de una lanza que refulgía en la selva.

Se dio media vuelta y vio otra punta brillante, y otra, a medida que más indios, todos armados, emergían de la selva. Superaban el centenar. James Jr., que también se había despertado con el ruido, susurró: «Están en todas partes».

—Le dije que todo iría bien, aunque sabía que no era así —recordó Lynch.

Los indígenas formaron un círculo alrededor de Lynch y de su hijo, y otros cinco, que parecían ser los jefes, se sentaron en tocones frente al grupo.

—Fue entonces cuando supe que nuestro sino estaba a punto de decidirse —dijo Lynch.

El joven indio que había liderado el asalto avanzó unos pasos y habló airado ante lo que parecía ser un consejo; ocasionalmente, tras alguno de sus argumentos, varios indígenas hacían chocar los palos de madera contra el suelo en señal de aprobación. Otros se dirigían a los jefes, y cada poco un indio, que chapurreaba el portugués, traducía para Lynch y su grupo: les dijo que se les acusaba de intrusismo. Las negociaciones se prolongaron durante dos días.

—Durante horas, que se nos hicieron eternas, debatieron entre ellos y nosotros no sabíamos qué estaba pasando —recordó Lynch—. Después el traductor lo resumía todo en una sola frase. Era algo así como: *bam*, «Os atarán en el río y dejarán que las pirañas os devoren», o: *bam*, «Os embadurnarán con miel y dejarán que las abejas os piquen hasta que muráis».

En ese instante la puerta del despacho de Lynch se abrió y entró un joven. Tenía un rostro redondeado, atractivo.

—Este es mi hijo James Jr. —dijo Lynch.

Tenía ya veinticinco años y estaba prometido en matrimonio. Cuando James Jr. supo que estábamos hablando de la expedición de Fawcett, dijo:

—¿Sabe?, yo tenía una idea romántica de la jungla, y aquello, de algún modo, hizo que mi perspectiva cambiara.

Lynch dijo que la tribu centró entonces la atención en su hijo, tocándolo y provocándolo, y Lynch sintió el impulso de decirle que echara a correr hacia la selva, aunque allí también acechara la muerte. Pero entonces advirtió que cuatro de los jefes parecían diferir del quinto, quien parecía el menos afectado por las violentas exhortaciones. Mientras varios indígenas indicaban que tenían intención de atar a su hijo y matarlo, Lynch se levantó ansioso y se dirigió al quinto jefe. Recurriendo al traductor indio, Lynch se disculpó por si sus hombres habían ofendido a su pueblo en algún sentido. Asumiendo la función de jefe, me relató Lynch, empezó a negociar directamente con él y accedió a entregarles las embarcaciones y el equipamiento a cambio de la liberación del grupo. El anciano jefe se volvió hacia el resto del consejo y habló varios minutos, y, mientras lo hacía, los indígenas se enfurecían cada vez más. Luego todos guardaron silencio y el jefe supremo dijo algo a

Lynch con voz inmutable. Lynch aguardó a que el traductor encontrara las palabras adecuadas, no sin cierta dificultad. Finalmente, dijo: «Aceptamos vuestros regalos».

Antes de que el consejo pudiera cambiar de opinión, Lynch recuperó su radio, que la tribu había confiscado, para enviar un mensaje de socorro señalando sus coordenadas. Se fletó una avioneta para rescatarlos. El valor del rescate ascendió a treinta mil dólares.

Lynch dijo que él fue el último miembro de la partida en ser liberado, y que hasta que estuvo a bordo del avión y a salvo en el aire no volvió a pensar en el coronel Fawcett. Se preguntó si Fawcett y su hijo también habrían caído prisioneros, y si habrían intentado sin éxito ofrecer un rescate. Mirando por la ventanilla vio el terraplén donde él y su equipo habían pasado tres días retenidos. Los indios reunían sus pertrechos y Lynch los observó hasta que desaparecieron en el bosque.

—No creo que nadie consiga resolver nunca el misterio de la desaparición de Fawcett —dijo—. Es imposible.

En la pantalla del ordenador que Lynch tenía sobre el escritorio, advertí una imagen de satélite de unas montañas escarpadas. Para mi sorpresa, tenía relación con la siguiente expedición de Lynch.

—Partiré dentro de dos días. Vamos al techo de los Andes.

—Yo no —dijo James Jr.—. Tengo una boda que organizar.

James Jr. se despidió de mí y salió del despacho, y Lynch habló de su inminente aventura.

—Vamos en busca del avión que se estrelló en los Andes en 1937 —dijo—. Nadie ha conseguido encontrarlo. —Parecía emocionado cuando, a media explicación, se detuvo y dijo—: No se lo diga a mi hijo, pero no me importaría irme con usted. Si encuentra algo sobre Z, infórmeme, por favor.

Le dije que así lo haría. Antes de marcharme, Lynch me dio varios consejos.

—En primer lugar, necesitará un guía de primera, alguien que tenga vínculos con las tribus de la región —dijo—. En segundo lugar, deberá proceder con el mayor sigilo posible. Fawcett tenía razón: las partidas numerosas llaman demasiado la atención. —Me advirtió que tuviese mucho cuidado—. Recuerde que mi hijo y yo tuvimos suerte. La mayoría de las exploraciones que van tras el rastro de Fawcett nunca regresan.

14

La teoría de Z

No se produjo ninguna epifanía, no hubo ningún destello esclarecedor. De modo que la teoría fue desarrollándose con el tiempo, a partir de un dato aquí y otro allí, a trompicones, con giros inesperados, y el rastreo de las pruebas se remontó incluso hasta los días de Fawcett en Ceilán. En Fort Frederick, supo por vez primera de la posible existencia de una antigua civilización oculta en la jungla, cuyos palacios y calles, con el inexorable paso del tiempo, habrían desaparecido bajo una maraña de plantas trepadoras y raíces. Pero el concepto de Z —de una civilización perdida oculta en el Amazonas— realmente empezó a cuajar cuando Fawcett topó con los indígenas hostiles a los cuales le habían advertido que evitara a toda costa.

En 1910, junto con Costin y otros compañeros, exploraba una sección desconocida del río Heath, en Bolivia, cuando empezó a caer sobre ellos una lluvia de flechas de dos metros de largo envenenadas y que perforaron el costado de las canoas en las que viajaban.[1] Un fraile español describió en una ocasión lo que vio cuando un arma semejante hirió a un compañero: «En el instante en que se clavó en él le produjo un intenso dolor [...], pues el pie en el que había sido herido se tornó muy negro, y el veneno fue ascendiendo gradualmente por la pierna, como un ente vivo, sin que fuera posible detenerlo, aunque le aplicaron numerosas cauterizaciones con fuego [...], y cuando le llegó al corazón, el hombre murió, víctima de un inmenso padecimiento hasta el tercer día, cuando entregó su alma a Dios, que la había creado».[2]

Un miembro del equipo se tiró al agua, gritando: «¡Retirada! ¡Retirada!»,[3] pero Fawcett insistió en llevar las canoas hasta la orilla opuesta, mientras las flechas seguían cayendo del cielo en forma de cascada. «Una de ellas pasó a unos treinta centímetros de mi cabeza, y llegué a ver la cara del salvaje que la había disparado»,[4] recordó Costin tiempo después. Fawcett ordenó a sus hombres que bajaran los rifles, pero la cortina de flechas persistió. El explorador pidió entonces a uno de sus hombres que, como muestra de sus intenciones pacíficas, sacara el acordeón y tocara. El resto de la partida, ante la orden de permanecer en pie y afrontar la muerte con resignación, cantaron mientras Costin, al principio con voz trémula y luego con mayor fervor, entonaba la letra de «Los soldados de la reina»: «En la lucha por la gloria de Inglaterra, muchachos / por su gloria mundial dejadnos cantar».

A continuación, Fawcett hizo algo que impactó de tal modo a Costin que este lo recordaría vívidamente hasta el final de sus días: el comandante se desató el pañuelo que llevaba anudado al cuello y, agitándolo por encima de la cabeza, se encaminó hacia el río, directamente hacia la descarga de flechas. Con los años, Fawcett había adquirido ciertas nociones de los dialectos indígenas. Por las noches garabateaba los términos en sus cuadernos de bitácora y los estudiaba. En aquel momento pronunció algunas palabras que conocía, repitiendo «amigo, amigo, amigo», sin estar seguro siquiera de que ese fuera el término correcto, mientras el agua del río empezaba a llegarle a la altura de los hombros. La lluvia de flechas cesó. Por un instante, nadie se movió mientras Fawcett seguía en el río, con las manos sobre la cabeza, como un penitente en su bautismo.[5] Según Costin, un indio apareció de detrás de un árbol y se acercó a la orilla. Fue remando en una balsa hasta Fawcett y cogió el pañuelo que este tenía en la mano. «El comandante indicó con gestos que le llevara con él», relató más tarde Costin en una carta dirigida a su hija, y el indígena «regresó a su orilla impulsándose con una pértiga y con Fawcett arrodillado en su endeble embarcación».[6]

«Al ascender por la ribera opuesta —dijo Fawcett—, tuve la desagradable impresión de que iba a recibir un disparo en la cara o una flecha en el estómago.»[7]

Los indígenas se lo llevaron consigo. «[Fawcett] desapareció en la selva, ¡y nosotros nos quedamos allí, preguntándonos qué sería de él!»,[8] dijo Costin. La partida temía que hubiesen matado a su jefe hasta que, una hora después, este apareció de nuevo junto a un alegre indio que llevaba calado su sombrero Stetson.

De ese modo Fawcett entabló amistad con un grupo de guarayo. «[Los indios] nos ayudaron a montar el campamento, se quedaron toda la noche con nosotros y nos dieron mandioca, plátanos, pescado, collares, loros y, de hecho, todo cuanto tenían»,[9] escribió Fawcett en uno de sus comunicados.

Fawcett no llevaba consigo ningún craneómetro y se basó en su capacidad de observación para tomar nota del aspecto que presentaban los indígenas. Se había acostumbrado a encontrar tribus que se hallaban bajo el dominio de los blancos y sometidos a un proceso de aculturación, con sus miembros debilitados a consecuencia de las enfermedades y de la brutalidad con que se los trataba. Aquellos aproximadamente ciento cincuenta indígenas de la selva, en cambio, parecían robustos. «Los hombres están correctamente desarrollados, tienen una cabellera castaña oscura, buen aspecto y van bien vestidos, con camisas de algodón teñido que ellos mismos confeccionan en gran parte en sus chozas»,[10] escribió Fawcett. Le impresionó el hecho de que, a diferencia de los exploradores, demacrados y debilitados, dispusieran de sustanciosos recursos alimentarios. Un guarayo trituró una planta con una piedra y vertió su jugo en un arroyo hasta que este formó una pequeña nube lechosa. «A los pocos minutos apareció en la superficie un pez nadando en círculos y boqueando; acto seguido, se dio la vuelta y quedó con el vientre arriba, aparentemente muerto —recordó Costin—. Pronto había una docena de peces flotando del mismo modo.»[11] Los habían envenenado. Un niño indígena entró en el agua y sacó los más grandes para la comida. Aquella cantidad de veneno tan solo los aturdía y no suponía ningún riesgo para las personas una vez cocinados. De forma igualmente asombrosa, los peces que el chico había dejado en el agua enseguida revivieron y se alejaron, ilesos. El mismo veneno era utilizado en ocasiones para mitigar el dolor de muelas. Observando a los indígenas, Fawcett descubrió que eran maestros en farmacología, expertos en la manipulación del entorno para satisfacer sus necesidades, y llegó a la conclusión de que los guarayo eran «una raza en extremo inteligente».[12]

Tras la expedición de 1910, Fawcett, que sospechaba que los indígenas del Amazonas guardaban secretos que los historiadores y los etnólogos habían pasado por alto, empezó a buscar varias tribus, sin importarle lo feroz que fuese su reputación. «Aquí hay problemas por resolver [...] que piden a gritos que alguien se haga cargo de ellos —informó a la RGS—, pero la experiencia resulta esencial. Sin ella, es una locura internarse en las regiones inexploradas, y en estos tiempos es también suicida.»[13] En 1911 presentó su renuncia a la comisión fronteriza para llevar a cabo pesquisas en el nuevo y pujante terreno de la antropología. En una ocasión, no lejos del río Heath, Fawcett almorzaba con Costin y el resto de su equipo cuando un grupo de indígenas los rodearon con los arcos alzados. «Sin la menor vacilación —escribió Costin—, Fawcett dejó caer el cinturón y el machete, para mostrar que estaba desarmado, y avanzó hacia ellos, con las manos por encima de la cabeza. Se produjo una pausa vacilante y luego uno de los *bárbaros* dejó las flechas en el suelo y se encaminó a su encuentro. ¡Nos habíamos hecho amigos de los echoja!»[14]

Con el tiempo, esta se convirtió en la táctica de aproximación habitual de Fawcett. «Siempre que se encontraba con salvajes —dijo Costin—, caminaba despacio hacia ellos [...] con las manos en alto.»[15] Al igual que su manera de viajar en grupos muy reducidos, sin la protección de soldados armados, su forma de establecer contacto con las tribus, algunas de las cuales nunca habían visto a un hombre blanco, sorprendió a muchos, pues la consideraban tan heroica como suicida. «Sé, por personas que me han informado, que cruzaba el río frente a toda una tribu de salvajes hostiles, y recurriendo únicamente a su valentía los inducía a dejar de disparar, para luego acompañarlos a su poblado —informó un oficial boliviano a la Royal Geographical Society al respecto del encuentro de Fawcett con los guarayo—. Debo decir que son de hecho muy hostiles, porque yo mismo he estado entre ellos, y en 1893 el general Pando no solo perdió a algunos de sus hombres sino también a su sobrino, y al ingeniero, el señor Muller, quien, fatigado por el viaje, decidió atajar desde uno de los ríos hasta Modeidi, y a fecha de hoy aún no hemos sabido nada de ellos.»[16]

La capacidad de Fawcett para salir airoso donde tantos otros habían fracasado contribuyó al creciente mito de su invencibilidad, en la que él mismo empezaba a creer. ¿Cómo podía explicarse, se preguntaba, «estar deliberadamente de pie delante de salvajes con quienes era crucial trabar amistad, con flechas volando sobre la cabeza, entre las piernas, incluso entre los brazos y el cuerpo, durante varios minutos, y aun así seguir ileso»?[17] Nina también creía que era indestructible. En una ocasión, después de que él se hubiese acercado a una tribu indígena hostil con su habitual modus operandi, ella informó a la RGS: «Su encuentro con los salvajes y el modo en que los trató constituye uno de los episodios de los que he oído hablar, y me alegro de que actuara como lo hizo. Personalmente, no albergo el menor temor con respecto a su seguridad, tan convencida estoy de que en ocasiones como esta hará lo correcto».[18]

Costin escribió que, en sus cinco expediciones, Fawcett trabó invariablemente amistad con las tribus que encontró a su paso. Hubo, no obstante, una excepción. En 1914, Fawcett fue en busca de un grupo de maricoxi en Bolivia. Otros indígenas de la región les habían advertido que fueran precavidos con ellos. Cuando puso en práctica su tentativa habitual, los indios reaccionaron de forma violenta. Al ver que se disponían a masacrarlos, los hombres suplicaron permiso a Fawcett para emplear las armas contra ellos. «¡Tenemos que disparar!»,[19] gritó Costin.

Fawcett dudó. «No quería hacerlo, pues nunca antes habíamos disparado»,[20] recordó Costin. Pero, al final, Fawcett transigió. Tiempo después dijo que había ordenado a sus hombres disparar solo al suelo o al aire. Pero, según Costin, «vimos que uno [indígena], al menos, había sido alcanzado en el estómago».[21]

Si la versión de Costin es correcta, y no existe motivo para dudar de ello, aquella fue la única ocasión en que Fawcett transgredió su propio decreto, y al parecer quedó tan mortificado que amañó los informes oficiales para la RGS y ocultó la verdad durante el resto de su vida.

Un día, estando con una tribu de indios echoja en la región boliviana del Amazonas, Fawcett topó con otras pruebas que parecían contradecir el concepto preponderante de que la jungla era una trampa mortal en la que pequeñas bandas de cazadores-recolectores llevaban una existencia penosa, abandonando y matando a los suyos para sobrevivir. Fawett había reforzado esta imagen con relatos de sus angustiosos viajes, por lo que le pasmó descubrir que, al igual que los guarayo, los echoja disponían de inmensas reservas de comida. Con frecuencia utilizaban las tierras que inundaba el río, que eran más fértiles que el resto, para cultivar, y habían desarrollado elaborados métodos de caza y pesca. «La cuestión de la comida nunca les preocupaba —relató Fawcett—. Cuando tenían hambre, se internaban en la selva y atraían a los animales. Yo acompañé a uno de ellos en una ocasión para ver cómo lo hacía. No vi indicios de presencia animal en la maleza, pero el indio sencillamente sabía más que yo. Profirió unos gritos estridentes y me indicó con un gesto que no hiciera ruido. En pocos minutos, un pequeño ciervo asomó tímidamente de entre la maleza [...] y el indio lo derribó con el arco y la flecha. He visto cómo monos y aves salían en desbandada de los árboles más próximos con estos peculiares gritos.»[22] Costin, tirador galardonado, se quedó igualmente atónito al ver que los indígenas daban en un flanco que él, con el rifle, fallaba una y otra vez.

Y no solo fue la capacidad de los indígenas para procurarse un abundante suministro de alimento —condición indispensable para que una población crezca y evolucione— lo que impactó a Fawcett. Aunque los echoja carecían de defensas contra las enfermedades importadas por los europeos, como el sarampión, habían desarrollado un notable surtido de hierbas medicinales y tratamientos nada convencionales para protegerse contra las constantes agresiones de la jungla. Eran incluso expertos en extirpar los gusanos que habían torturado a Murray. «[Los echoja] emitían una especie de silbido con la lengua y al instante la cabeza de la larva asomaba por la herida —escribió Fawcett—. Luego el indio estrujaba la herida con un movimiento rápido y el invasor salía despedido.»[23] Y añadió: «Yo he succionado, silbado, protestado e incluso tocado la flauta a los míos, sin absolutamente ningún efecto».[24] Un médico occidental que viajaba con Fawcett opinaba que estos métodos eran propios de la brujería, pero Fawcett los consideraba, junto con el surtido de hierbas curativas, una maravilla. «Con semejante prevalencia de enfermedades y dolencias no es de extrañar que empleen hierba medicinales —dijo Fawcett—. Da la impresión de que todo desorden tenga su correspondiente cura natural aquí. —Y añadió—: Por supuesto, la profesión médica no fomenta su uso. Sin embargo, las curas que ellos practican son con frecuencia notables, y hablo como alguien que ha probado varias con un éxito rotundo.»[25] Adoptando las hierbas medicinales y los métodos de caza de los nativos, Fawcett estuvo mejor capacitado para sobrevivir en la jungla. «En 99 casos de cada 100 no hay necesidad de pasar hambre»,[26] concluyó.

Pero, aunque el Amazonas pudiera sustentar a una gran civilización, como él suponía, ¿realmente habían creado una los indígenas? Aún no había pruebas arqueológicas. No había siquiera pruebas de la existencia de poblaciones de gran densidad en el Amazonas. Y el concepto de civilización compleja contradecía los dos principales paradigmas etnológicos que habían predominado durante siglos y que se habían originado con el primer encuentro entre europeos y nativos americanos, hacía más de cuatrocientos años. Aunque algunos de los primeros conquistadores quedaron maravillados ante las civilizaciones que habían desarrollado los nativos americanos,[27] muchos teólogos debatían si aquellas gentes de piel oscura y semidesnudas eran, de hecho, humanas; porque ¿cómo podían los descendientes de Adán y Eva haber llegado hasta tan lejos, y por qué los profetas bíblicos los habían obviado? A mediados del siglo XVI, Juan Ginés de Sepúlveda, uno de los capellanes del Sagrado Imperio Romano, argumentó que los indígenas eran «medio hombres», a quienes había que tratar como a esclavos naturales. «Los españoles tienen perfecto derecho de gobernar a estos bárbaros del Nuevo Mundo —declaró Sepúlveda, y añadió—: Existe entre ambos una diferencia tan grande como entre [...] los simios y los hombres.»[28]

En aquel tiempo, el crítico más contundente a este paradigma genocida fue Bartolomé de Las Casas, un fraile dominico que había viajado por las Américas. En un famoso debate con Sepúlveda y en una serie de tratados, De Las Casas trató de demostrar de una vez por todas que los indígenas también eran humanos («¿No son hombres? ¿Acaso no tienen almas racionales?»),[29] y condenar a aquellos que «fingiendo ser cristianos los borraron de la faz de la Tierra».[30] En el proceso, no obstante, contribuyó a establecer un concepto de los indígenas que se convirtió en un clásico similar de la etnología europea: el «salvaje noble». Según De Las Casas, los indígenas eran «el pueblo más simple del mundo», «sin malicia ni astucia», «nunca pendenciero, beligerante ni bullicioso», que «no es ambicioso ni codicioso, y que no tiene interés alguno en el poder material».[31]

Aunque en la época de Fawcett ambos conceptos seguían prevaleciendo en las literaturas erudita y popular, se tamizaban ahora a través de una nueva teoría científica: la evolución. La teoría de Darwin, expuesta en *El origen de las especies*, de 1859, sugería que el ser humano y el simio compartían un ancestro común, y, sumada a recientes hallazgos de fósiles que revelaban que los seres humanos habían habitado la tierra desde hacía mucho más tiempo de lo que estipulaba la Biblia, contribuyeron de forma irrevocable a escindir la antropología de la teología. Los victorianos empezaron a abordar la diversidad humana desde una óptica ya no teológica sino biológica. La obra *Notes and Queries on Anthropology* [*Manual de campo del antropólogo*], lectura recomendada en la escuela de exploración de Fawcett, incluía capítulos titulados «Anatomía y fisiología», «Cabello», «Color», «Olor», «Gesticulación», «Fisonomía», «Patología», «Anomalías», «Reproducción», «Capacidades físicas», «Sentidos» y «Herencia». Entre las preguntas que se le hacían a Fawcett y a otros exploradores se encontraban las siguientes:

> ¿Existe alguna peculiaridad destacable en el olor vinculado a las personas de la tribu o al pueblo descrito? ¿Cuál es la postura habitual durante el sueño? ¿Está el cuerpo bien equilibrado al caminar? ¿Llevan el cuerpo erguido y las piernas rectas? ¿Balancean los brazos al caminar? ¿Se encaraman bien a los árboles? ¿Se expresa el asombro en los ojos y la boca, abriéndose estos al máximo, y en las cejas, arqueándose? ¿Provoca rubor la vergüenza?[32]

Los victorianos querían saber por qué algunos simios habían evolucionado hasta convertirse en caballeros ingleses y otros no.

Mientras que Sepúlveda argüía que los indígenas eran inferiores en el plano religioso, muchos victorianos afirmaban ahora que eran inferiores en el biológico, que posiblemente eran incluso un «eslabón perdido» en la cadena entre el simio y el hombre.[33] En 1863 se creó la Anthropological Society of London con el fin de investigar estas teorías. Richard Burton, uno de sus fundadores, postuló que los indígenas, al igual que los negros, con su «condición gorilesca»,[34] constituían «subespecies».[35] (El propio Darwin, que nunca suscribió el racismo extremo que surgió en su nombre, describió a los fueguinos que vio en Sudamérica como «estos pobres desdichados [...] atrofiados en el crecimiento, la cara espantosa y embadurnada con pintura blanca, la piel roñosa y grasienta, el pelo enmarañado, la voz discordante, y el gesto violento y exento de dignidad», como si costara «creer que son congéneres y habitantes del mismo mundo».)[36] Muchos antropólogos, incluso Burton, practicaban la frenología: el estudio de las protuberancias del cráneo humano, que se consideraban indicativas de la inteligencia y de las peculiaridades del carácter. Un frenólogo que comparó dos cráneos indios con otros europeos dijo que los primeros se caracterizaban por la «dureza» y el «hermetismo»,[37] y que su forma explicaba «la magnanimidad que mostraban los indios en su resistencia a la tortura». Francis Galton, en su teoría de la eugenesia, que en un tiempo contó entre sus adeptos con John Maynard Keynes y Winston Churchill,[38] sostuvo que la inteligencia humana era hereditaria e inmutable, y que los pueblos nativos del Nuevo Mundo eran, en esencia, «mentalmente niños».[39] Incluso muchos victorianos que creían en una «unidad psíquica de toda la humanidad» asumían que las sociedades indígenas se encontraban en una etapa distinta del desarrollo evolutivo. A principios del siglo xx, la entonces popular escuela difusionista de antropólogos sostenía que si en algún momento había existido en Sudamérica una civilización ancestral sofisticada, sus orígenes se habrían encontrado bien en Occidente bien en Oriente Próximo —en las tribus perdidas de Israel,[40] por ejemplo, o en los marineros fenicios—. «Existe toda clase de teorías entre los antropólogos respecto de la distribución de la especie humana», observó Keltie, de la Royal Geographical Society, añadiendo que los antropólogos difusionistas «afirman que los fenicios navegaron por todo el océano Pacífico y que muchos de ellos penetraron en Sudamérica».[41]

Fawcett estaba profundamente influido por estas ideas; sus escritos están plagados de imágenes que retrataban a los indios como «niños joviales» y salvajes «simiescos».[42] La primera vez que vio llorar a un indígena se mostró aturdido, pues estaba convencido de que desde un punto de vista fisiológico los indígenas tenían que ser estoicos. Se esforzó por reconciliar lo que observaba con todo cuanto le habían enseñado, y sus conclusiones estaban repletas de circunvoluciones y contradicciones. Creía, por ejemplo, que la jungla albergaba a «salvajes de la más bárbara condición, hombres mono que viven en agujeros en la tierra y que solo salen de noche»;[43] pese a ello, casi siempre describía a los indígenas a quienes conocía como seres «civilizados», con frecuencia más que los europeos. («Mi experiencia es que pocos de estos salvajes son "malos" por naturaleza, a menos que el contacto con "salvajes" del mundo exterior les haya hecho serlo.»)[44] Se oponía enérgicamente a la destrucción de las culturas indígenas por medio de la colonización. En la jungla, el absolutista se transformaba en relativista. Tras haber presenciado cómo una tribu practicaba el canibalismo con uno de sus muertos como parte de una ceremonia religiosa —el cuerpo «asado sobre un gran fuego» y «cortado y repartido entre varias familias»—,[45] Fawcett imploró a los europeos que no deplorasen aquel «sofisticado ritual».[46] Detestaba clasificar a los indígenas no aculturados como «salvajes» —la terminología común en aquel entonces—, y observó que los afables y decentes echoja eran «una prueba evidente de lo injustificada que está la condena general de todos los pueblos que habitan la selva».[47] Además de adoptar costumbres de los indios, aprendió a hablar un sinfín de lenguas indígenas. «Conocía a los indios como pocos hombres blancos han llegado a conocerlos, y tenía el don de las lenguas —observó Thomas Charles Bridges, escritor de obras de aventuras y colega de Fawcett—. Pocos hombres han poseído en la historia ese don en un grado tan notable.»[48] Costin, resumiendo la relación de Fawcett con los nativos del Amazonas, se limitó a decir: «Los comprendía mejor que nadie».[49]

Con todo, Fawcett nunca consiguió encontrar el camino de salida en lo que el historiador Dane Kennedy ha denominado el «laberinto mental racial».[50] Cuando Fawcett se encontraba con una tribu altamente sofisticada, a menudo intentaba buscar indicadores raciales —más «blancura» o «rojez»— que pudieran reconciliar la noción de una sociedad indígena avanzada con sus creencias y actitudes victorianas. «Existen tres tipos de indígenas —escribió en una ocasión—. Los primeros son dóciles y pusilánimes [...]; los segundos, caníbales peligrosos y repulsivos, difíciles de encontrar, y los terceros, un pueblo robusto y de piel clara que debe de tener un origen civilizado.»[51]

La idea de que las Américas albergaran a una tribu «de piel clara» o «indios blancos» pervivía desde que Colón aseguró haber visto a varios nativos que eran tan «blancos como nosotros».[52] Más tarde, varios conquistadores dijeron que habían encontrado una sala azteca llena de «hombres, mujeres y niños con la cara, el cuerpo, el pelo y las pestañas blancos de nacimiento».[53] La leyenda de los «indios blancos» tal vez había arraigado con mayor fervor en el Amazonas, donde los primeros exploradores españoles que descendieron el río describieron a mujeres guerreras «muy blancas y altas».[54] Muchas de estas leyendas encuentran, sin duda, sus orígenes en la existencia de tribus de piel marcadamente más clara. Una comunidad de indios insólitamente altos y pálidos del este de Bolivia recibió el nombre de «yurucare», que literalmente significa «hombres blancos». Los yanomami del Amazonas fueron también conocidos como «indios blancos» debido a su tez clara, al igual que ocurrió con los wai-wai de la Guayana.

En los tiempos de Fawcett, la «cuestión de los indios blancos», como se la llamó, dio crédito a la teoría de los difusionistas de que los fenicios o algún otro pueblo occidental, como los atlantes o los israelitas, habían migrado a la jungla miles de años antes. En un principio, Fawcett se mostró escéptico ante la existencia de «indios blancos», considerando que las pruebas eran «débiles», pero con el tiempo parecieron proporcionarle una salida de su propio laberinto mental respecto a la cuestión racial: si los indios descendían de una civilización occidental, no cabía duda de que eran capaces de crear una sociedad compleja. Fawcett nunca consiguió dar el salto final de un antropólogo moderno y aceptar que las civilizaciones complejas eran capaces de surgir de forma independiente unas de otras. Como resultado, mientras que algunos antropólogos e historiadores actuales consideran a Fawcett un adelantado para su época, otros, como John Hemming, lo retratan como un «explorador nietzscheano»[55] que peroraba «galimatías eugenésicos». En verdad, era ambas cosas. Por mucho que Fawcett se rebelara contra las costumbres victorianas —haciéndose budista y viviendo como un guerrero indígena—, nunca consiguió trascenderlas. Esquivó toda clase de patologías en la jungla, pero no supo liberarse de la perniciosa enfermedad de la raza.

Lo que sí resulta coherente en sus escritos es la creencia, cada vez más sólida, de que el Amazonas y sus pobladores no respondían al prototipo que se había establecido al respecto. Faltaba algo. Durante sus *autopsis* se había encontrado con muchas tribus cuyas características no se ajustaban a las teorías expuestas por la etnología europea.

En 1914, Fawcett viajaba con Costin y Manley por un rincón remoto del Amazonas brasileño, lejos de los grandes ríos, cuando la jungla de pronto se abrió en un claro enorme. Bajo la repentina e intensa luz, Fawcett vio un conjunto de hermosas casas de paja con tejado abovedado; algunas superaban los veinte metros de altura y los treinta de diámetro. Cerca de allí había plantaciones de maíz, mandioca, plátanos y patatas dulces. No parecía haber nadie en las proximidades, y Fawcett pidió a Costin que inspeccionase el interior de una de las casas. Cuando Costin llegó a la entrada, vio en su interior a una solitaria anciana inclinada sobre un fuego, cocinando. El aroma a mandioca y patata llegó flotando hasta él y, acuciado por el hambre, se sorprendió entrando a pesar del peligro que aquello conllevaba. Fawcett y Manley percibieron también el olor y le siguieron. Los hombres se llevaron una mano al estómago y la perpleja mujer les ofreció cuencos con comida. «Probablemente ninguno de nosotros había probado nunca nada tan bueno»,[56] recordó Fawcett tiempo después. Mientras los exploradores comían, a su alrededor empezaron a aparecer guerreros con el cuerpo pintado a franjas. «Entraron por varios accesos en los que no habíamos reparado, y por el que teníamos al lado vimos las sombras de más hombres que permanecían fuera»,[57] escribió Fawcett. Tenían la nariz y la boca perforadas por estaquillas de madera; llevaban arcos y cerbatanas.

Fawcett susurró a Costin y a Manley: «¡No os mováis!».[58]

Según Costin, Fawcett se desató despacio el pañuelo que llevaba al cuello y lo dejó en el suelo, a modo de presente, frente a un hombre que parecía ser el jefe. El hombre lo cogió y lo examinó en un adusto silencio.

—Tienes que darle algo —dijo Fawcett a Costin.

«Yo cometí un error garrafal —recordó Costin más tarde—. No solo saqué un fósforo sino que lo prendí.»[59]

El pánico cundió entre los indígenas y Fawcett se apresuró a hurgar en un bolsillo en busca de otro regalo: un refulgente collar. Un miembro de la tribu, a cambio, ofreció a sus visitantes calabazas llenas de cacahuetes. «Nuestra amistad fue así aceptada —escribió Fawcett—, y el propio jefe se sentó sobre un escabel curvado y compartió los cacahuetes con nosotros.»[60] Habían trabado amistad con un grupo de indios desconocidos hasta entonces y al que Fawcett clasificó como los maxubi.[61] Durante su estancia allí, Fawcett descubrió algo que nunca antes había visto: una población grande, de varios miles de personas. Asimismo, el poblado estaba rodeado de asentamientos indígenas con otros tantos miles de pobladores. (El hallazgo de Fawcett de tantos indios desconocidos incitó al presidente de la American Geographical Society a proclamar: «No habíamos tenido conocimiento de nada tan extraordinario en la historia reciente de la exploración».)[62] Fawcett cayó en la cuenta de que en regiones alejadas de los ríos principales, adonde se dirigían la mayoría de los viajeros y traficantes de esclavos europeos, las tribus gozaban de mejor salud y eran más populosas. Físicamente, sufrían en menor medida el embate de las enfermedades y del alcoholismo; culturalmente, seguían siendo muy activos. «Tal vez este sea el motivo por el que la etnología del continente se ha erigido sobre un concepto erróneo»,[63] dijo Fawcett.

Los maxubi, en particular, daban muestra de una cultura sofisticada, creía Fawcett. Elaboraban una cerámica exquisita y habían asignado nombres a los planetas. «La tribu es también sumamente musical», observó. Al describir sus canciones, añadió: «En el silencio absoluto de la selva, cuando las primeras luces del día silenciaban el bullicio nocturno de la vida de los insectos, sus melodías nos impresionaban enormemente por su belleza».[64] Era cierto, escribió, que había encontrado algunas tribus en la jungla que eran «intratables, terriblemente brutales»,[65] pero otras, como los maxubi, eran «valerosos e inteligentes», «refutando por completo las conclusiones alcanzadas por los etnólogos, que solo han explorado los ríos y no saben nada de los lugares menos accesibles».[66] Lo que es más: muchas de estas tribus narraban leyendas sobre sus ancestros, que vivían en asentamientos aún más magníficos y hermosos.

Existían otros detalles reveladores. Por toda la jungla, Fawcett había advertido en las rocas lo que parecían ser pinturas ancestrales y tallas con formas humanas y animales. En una ocasión, mientras ascendía un desolado montículo de tierra sobre las tierras inundadas del Amazonas boliviano, reparó en algo que asomaba del suelo. Lo cogió y lo examinó: se trataba de un fragmento de cerámica. Empezó a escarbar en la tierra. Prácticamente, allí donde hurgaba, según informó después a la RGS, encontraba pedazos de cerámica antigua y frágil. Le pareció que aquel arte era tan refinado como el de las antiguas Grecia y Roma, e incluso de China. Sin embargo, no había habitantes en centenares de kilómetros a la redonda. ¿De dónde procedía aquella cerámica? ¿A quién había pertenecido en el pasado?

Aunque el misterio parecía acrecentarse, empezaban a surgir algunas pautas. «Donde hay alturas, es decir, tierra elevada sobre planicies» en la cuenca del Amazonas, dijo Fawcett a Keltie, «hay artefactos».[67] Y eso no era todo: entre estas alturas se extendían una especie de senderos dispuestos geométricamente. Parecían, casi podía jurarlo, «carreteras» y «pasos elevados».[68]

A medida que desarrollaba su teoría de una civilización amazónica ancestral, Fawcett era consciente de la cada vez mayor competencia que representaban otros exploradores, que se precipitaban al interior de Sudamérica para inspeccionar uno de los últimos reinos aún sin cartografiar. Eran un grupo ecléctico, díscolo y monomaníaco, cada uno con su teoría y sus obsesiones. Estaba, por ejemplo, Henry Savage Landor,[69] quien se había ganado un renombre mundial por sus documentales de viajes en los que narraba cómo había estado a punto de ser ejecutado en el Tíbet, cómo había ascendido el Himalaya sin cuerdas ni clamps, cómo había cruzado los desiertos de Persia y Baluchistán a lomos de un camello, y cómo ahora se dedicaba a recorrer ciertas regiones del Amazonas ataviado como si se dirigiera a un almuerzo en Piccadilly Circus («Yo no iba por ahí disfrazado con los estrambóticos uniformes que uno imagina que deben llevar los exploradores»).[70] Sin embargo, en una ocasión, sus hombres se amotinaron y estuvieron a punto de matarle de un disparo. Estaba el coronel brasileño, huérfano de madre indígena, Cândido Mariano da Silva Rondon, que había ayudado a tender líneas de telégrafo por la jungla, había perdido un dedo del pie debido a la mordedura de una piraña y fundado el Indian Protection Service. (El lema de la entidad, como el suyo propio, era: «Muere si tienes que hacerlo, pero nunca mates».) Estaba Theodore Roosevelt, quien, tras ser derrotado en las elecciones presidenciales de 1912, buscó refugio en el Amazonas y exploró con Rondon el río de la Duda. (Al final del viaje, el que fuera presidente de Estados Unidos, que había abogado por «la vida extenuante», estaba prácticamente condenado a morir, debido al hambre y a las fiebres, y repetía sin cesar los primeros versos del poema de Samuel Taylor Coleridge «Kubla Khan»: «En Xanadú Kubla Khan ordenó construir una cúpula señera».)[71]

Pero el rival a quien tal vez más temía Fawcett era Alexander Hamilton Rice, un médico espigado y gallardo que, como Fawcett, se había formado bajo la tutela de Edward Ayearst Reeves en la Royal Geographical Society. Sin haber cumplido aún los treinta años y con un torso corpulento y un poblado mostacho, Rice se había graduado en la Harvard Medical School en 1904. El interés por las enfermedades tropicales le había llevado al Amazonas, donde estudiaba parásitos letales diseccionando monos y jaguares, y donde pronto se obsesionó con la geografía y la etnología de la región. En 1907, mientras Fawcett concluía su primer viaje de inspección, el doctor Rice recorría a pie los Andes con un entonces desconocido arqueólogo aficionado llamado Hiram Bingham. Más adelante, el doctor Rice descendió hacia la cuenca septentrional del Amazonas en busca de las fuentes de varios ríos y con el fin de estudiar a los habitantes nativos. En una carta a un amigo, el doctor Rice escribió: «Avanzo muy despacio, lo inspecciono todo con sumo cuidado y solo llego a conclusiones tras una larga meditación. Si dudo de algo, vuelvo a trabajar en ello».[72]

Tras aquella expedición, el doctor Rice, consciente de que carecía de la suficiente formación técnica, ingresó en la School of Astronomy and Surveying de la Royal Geographical Society. Después de graduarse en 1910 («Lo consideramos, de forma muy especial, un hijo de nuestra Sociedad»,[73] comentó tiempo después un presidente de la RGS), regresó a Sudamérica para explorar la cuenca del Amazonas. Mientras que Fawcett era impetuoso y osado, el doctor Rice emprendió su misión con la serena precisión de un cirujano. No deseaba tanto trascender las condiciones brutales del lugar como transformarlas. Reunió equipos de hasta cien hombres, y se obsesionó con los artilugios —barcos nuevos, botas nuevas, generadores nuevos—, y con llevar consigo a la selva los últimos métodos de la ciencia moderna. En el transcurso de una expedición, tuvo que intervenir quirúrgicamente a un nativo aquejado de un ántrax y a un indígena con un absceso cerca del hígado. La RGS destacó que este último procedimiento constituía «probablemente la primera operación quirúrgica con cloroformo llevada a cabo en esta selva primigenia».[74] Aunque el doctor Rice no presionaba a sus hombres como lo hacía Fawcett, al menos en una ocasión estos se amotinaron y lo abandonaron en la jungla.[75] Durante esa misma expedición, el doctor Rice sufrió una infección tan grave en una pierna que él mismo cogió el bisturí y se extirpó parte del tejido. Tal como Keltie dijo a Fawcett: «Es médico y muy astuto en todo su trabajo».[76]

Fawcett estaba seguro de que nadie sería capaz de superar su habilidad como explorador, pero sabía que su principal rival contaba con una ventaja que él jamás igualaría: el dinero. El doctor Rice, acaudalado nieto de un antiguo alcalde de Boston y gobernador de Massachusetts, se había casado con Eleanor Widener, viuda de un magnate de Filadelfia que había sido uno de los hombres más ricos de Estados Unidos. (Su primer marido y su hijo viajaban en el *Titanic* cuando este naufragó.) Con una fortuna valorada en millones de dólares, el doctor Rice y su esposa —quien donó la Widener Library a la Universidad de Harvard en memoria de su difunto hijo— contribuyeron a financiar un nuevo salón de conferencias en la Royal Geographical Society. En Estados Unidos, el doctor Rice acudía con frecuencia a sus citas en su Rolls-Royce azul con chófer y ataviado con un abrigo de pieles de cuerpo entero. Según afirmó un periódico, se encontraba «tan cómodo en el elegante bullicio de la sociedad de Newport como en la tórrida jungla de Brasil».[77] Con fondos ilimitados para financiar sus expediciones, pudo disponer del equipamiento más avanzado y de los hombres mejor preparados. Fawcett, mientras tanto, tenía que mendigar constantemente ayuda económica a fundaciones y a capitalistas. «Los exploradores no siempre son esos trotamundos felices e irresponsables que la imaginación retrata —se quejó en una ocasión por carta a la RGS—, sino que nacen sin la proverbial cuchara de plata.»[78]

Pese a su vastedad, parecía imposible que el Amazonas pudiera dar cabida a todos los egos y ambiciones de estos exploradores. Los hombres tendían a mirarse con desconfianza y preservaban con celo sus rutas por temor a que alguien se les adelantara y les arrebatara un descubrimiento. Incluso intentaban estar al tanto de las actividades de los otros. «Mantenga los oídos bien atentos a cualquier información que pueda obtener acerca de los movimientos de Landor»,[79] aconsejó la RGS a Fawcett en un comunicado de 1911. Fawcett no necesitaba que le incitaran a hacerlo: conservaba ese rasgo paranoico del espía que había sido.

Al mismo tiempo, los exploradores no vacilaban en cuestionar, e incluso denigrar, los logros de un rival. Después de que Roosevelt y Rondon anunciaran que habían explorado por primera vez un río de cerca de mil seiscientos kilómetros —llamado río Roosevelt en honor del ex presidente—, Landor dijo a los periodistas que era imposible que existiera un afluente de esas características. Tildó a Roosevelt de «charlatán» y le acusó además de plagiar acontecimientos de su viaje: «Veo que incluso ha sufrido los mismos problemas de salud que yo y, lo que es más extraordinario, en la misma pierna. Estas cosas les ocurren muy a menudo a los exploradores que leen con esmero los libros de algunos de los humildes viajeros que les han precedido».[80] Roosevelt respondió espetando que Landor era «un puro farsante a quien no debía prestársele atención».[81] (No era la primera vez que se llamaba farsante a Landor: tras culminar un pico del Himalaya, Douglas Freshfield, uno de los escaladores más célebres de su tiempo y futuro presidente de la RGS, dijo que «ningún montañero puede aceptar las maravillosas gestas de velocidad y resistencia que el señor Landor cree haber llevado a cabo» y que su «historia sensacionalista» afecta al «honor, tanto en el país como en el continente, de los viajeros, los críticos y las sociedades científicas inglesas».)[82] El doctor Rice, por su parte, encontró en un principio «ininteligible»[83] el relato de Roosevelt, pero, después de que este le proporcionase más detalles, se disculpó. Aunque Fawcett nunca dudó del hallazgo del ex presidente, lo desestimó con aspereza como un buen viaje «para un anciano».[84]

«No deseo menospreciar otros trabajos de exploración en Sudamérica —puntualizó Fawcett a la RGS—, sino tan solo señalar la inmensa diferencia que existe entre los viajes por río, libres del gran problema de la comida, y los viajes a pie por la jungla, cuando uno se ve obligado a soportar sus condiciones y a penetrar de forma deliberada en santuarios indígenas.»[85] Tampoco le impresionó Landor, a quien consideraba «un embaucador desde el principio».[86] Fawcett dijo a Keltie que no albergaba deseo alguno de ser «incluido junto con los salvajes Landores y Roosevelts en la supuesta fraternidad de la exploración».[87]

Fawcett había expresado a menudo admiración por Rondon, pero finalmente acabó sospechando también de él. Sostenía que sacrificaba demasiadas vidas viajando con partidas numerosas. (En 1900, Rondon se embarcó en una expedición con ochenta y un hombres y regresó solo con treinta; el resto había muerto o había sido hospitalizado, o bien había desertado.)[88] Rondon, un hombre orgulloso y profundamente patriótico, no entendía por qué Fawcett —que había dicho a la RGS que prefería incorporar en sus equipos a «caballeros [ingleses], debido a su mayor capacidad de resistencia y entusiasmo por la aventura»—[89] siempre se resistía a llevar soldados brasileños en sus expediciones. Un colega de Rondon comentó que al coronel le disgustaba «la idea de que un extranjero venga aquí a hacer lo que los brasileños podían hacer por sí mismos».[90]

Pese a su invulnerabilidad frente a las condiciones más brutales de la jungla, Fawcett era hipersensible a la menor crítica personal. Un alto cargo de la RGS le aconsejó: «Creo que le preocupa en exceso lo que la gente diga de usted. En su lugar, yo no me inquietaría por eso. Nada tiene más éxito que el mismo éxito».[91]

Aun así, mientras recababa pruebas de la existencia de una civilización perdida en el Amazonas, a Fawcett le angustiaba que alguien como el doctor Rice pudiera ir tras la misma pista. Cuando Fawcett insinuó a la RGS el nuevo derrotero de sus investigaciones antropológicas, Keltie le contestó por carta que el doctor Rice estaba «decidido a volver a ir» y que podría estar «dispuesto a hacerse cargo de la tarea que usted indica».[92]

En 1911, la cohorte de exploradores de Sudamérica, junto con el resto del mundo, se quedó atónita ante el anuncio de que Hiram Bingham, antiguo compañero de viaje del doctor Rice, había descubierto con la ayuda de un guía peruano las ruinas incas de Machu Picchu, a casi dos mil quinientos metros de altitud sobre el nivel del mar, en los Andes. Aunque Bingham no había encontrado una civilización desconocida —el imperio inca y sus obras arquitectónicas monumentales estaban bien documentadas—, sí había ayudado a arrojar luz sobre este mundo ancestral de un modo asombroso. La revista *National Geographic*, que dedicó todo un ejemplar al hallazgo de Bingham, observó que los templos, los palacios y las fuentes de piedra de Machu Picchu —con toda probabilidad, un lugar de retiro del siglo xv para la nobleza inca— podrían «resultar el conjunto de ruinas más importante descubierto en Sudamérica».[93] El explorador Hugh Thomson posteriormente lo denominó «el culmen de la arqueología del siglo xx».[94] Bingham fue catapultado a la estratosfera de la fama. Fue incluso elegido senador de Estados Unidos.

El descubrimiento espoleó la imaginación de Fawcett. Sin duda también le mortificó. Pero Fawcett creía que las pruebas que él había reunido indicaban algo potencialmente más trascendental: los restos de una civilización aún desconocida en el corazón del Amazonas, donde durante siglos los conquistadores habían buscado un reino ancestral, un lugar llamado El Dorado.

15

El Dorado

Las crónicas estaban enterradas en los sótanos polvorientos de viejas iglesias y bibliotecas, y desperdigadas por el mundo. Fawcett, tras aparcar temporalmente su uniforme de explorador y vestido con ropa más formal, investigó en todas partes en busca de esos manuscritos que narraban los viajes al Amazonas de los primeros conquistadores. Esta clase de documentos caían con frecuencia en el descuido y el olvido; unos cuantos, temía Fawcett, se habían perdido para siempre, y, cuando descubría alguno, copiaba pasajes cruciales en sus cuadernos de notas. Investigar aquello le llevó mucho tiempo, pero poco a poco Fawcett fue reconstruyendo la leyenda de El Dorado.

«El Gran Señor […] circula constantemente cubierto con una capa de polvo de oro tan fino como la sal molida. Considera que resultaría menos hermoso llevar cualquier otro ornamento. Sería ordinario ponerse armaduras de oro moldeadas o esculpidas, pues otros señores ricos las llevan cuando lo desean. Pero empolvarse con oro es algo exótico, insólito, novedoso y más costoso, ya que por la mañana reemplaza lo que lava la noche anterior, que de este modo se pierde, y lo hace todos los días del año.»[1]

Así, según relató el cronista Gonzalo Fernández de Oviedo en el siglo XVI, comenzó la historia de El Dorado.[2] Su nombre hace referencia al «hombre dorado». Los indígenas hablaron a los españoles de este regente y de su gloriosa tierra, y el reino se convirtió en sinónimo de ambos. Otro cronista informó que el rey se embadurnaba con oro y flotaba en el lago, «refulgiendo como un rayo de sol», mientras sus súbditos hacían «ofrendas de joyas de oro, exquisitas esmeraldas y otros ornamentos personales».[3] Por si estas crónicas no hubiesen bastado para espolear los codiciosos corazones de los conquistadores, se creía además que el reino contenía larguísimas ringleras de canelos o árboles de la canela, una especia en aquel entonces casi tan preciada como el oro.

Por fantasiosas que resultasen estas historias,[4] existían precedentes en la búsqueda de fabulosas ciudades en el Nuevo Mundo. En 1519, Hernán Cortés cruzó el paso elevado que daba acceso a la capital azteca de Tenochtitlán, situada en medio de una isla, rodeada de un lago. Refulgía bajo el sol con sus innumerables pirámides, palacios y elementos decorativos. «Algunos de nuestros soldados incluso preguntaron si lo que veíamos no sería un sueño»,[5] escribió el cronista Bernal Díaz del Castillo. Catorce años después, Francisco Pizarro conquistó Cuzco, la capital de los incas, cuyo imperio llegó a abarcar casi dos millones de kilómetros cuadrados y albergó a más de diez millones de personas. Haciéndose eco de Díaz, Gaspar de Espinosa, gobernador de Panamá, dijo que las riquezas de la civilización inca eran «como algo salido de un sueño».[6]

En febrero de 1541, Gonzalo Pizarro, el hermanastro pequeño de Francisco y gobernador de Quito, organizó la primera expedición en busca de El Dorado. Desde allí escribió al rey de España: «Según numerosas crónicas que he recibido en Quito y fuera de esa ciudad, procedentes de jefes prominentes y de edad muy avanzada, así como de españoles, cuyos relatos coinciden entre sí, la provincia de La Canela y el lago El Dorado eran una tierra muy populosa y rica, y decidí ir a conquistarla y explorarla».[7] Osado y apuesto, codicioso y sádico —el prototipo de conquistador—, Gonzalo Pizarro estaba tan seguro de su inminente éxito que invirtió toda su fortuna en reunir un ejército que superó incluso a aquel que había capturado al emperador inca.

Más de doscientos soldados partieron en procesión montados a caballo y ataviados como caballeros, con yelmos de hierro, espadas y escudos, acompañados de cuatro mil indígenas esclavizados, vestidos con pieles de animales, a los que Pizarro había mantenido encadenados hasta el día de la partida. Tras ellos avanzaban carretas tiradas por llamas y cargadas con unos dos mil bulliciosos cerdos y, por último, cerca de dos mil perros de caza. Para los nativos, la escena debió de resultar tan asombrosa como la visión de El Dorado. La expedición se dirigió al este desde Quito para franquear los Andes, donde un centenar de indígenas murieron de frío, para internarse finalmente en la cuenca del Amazonas. Abriéndose camino por la jungla con la ayuda de las espadas, sudando dentro de la armadura, sedientos, hambrientos, empapados y abatidos, Pizarro y sus hombres encontraron al fin varios canelos. Oh, las crónicas eran ciertas: «Canelos de la variedad más perfecta».[8] Pero los árboles estaban dispersos por territorios de tal vastedad que habría resultado infructuoso intentar cultivarlos. Era otra de las despiadadas estafas del Amazonas.

Poco después, Pizarro topó con varios indios en la selva y exigió saber dónde se encontraba el reino de El Dorado. Al ver que los indios se limitaban a mirarle con cara inexpresiva, mandó torturarlos y lincharlos. «El carnicero Gonzalo Pizarro, no contento con quemar a unos indios que no habían cometido falta alguna, ordenó después que se arrojara a otros tantos a los perros, que los despedazaron con sus fauces y los devoraron»,[9] escribió el historiador del siglo XVI Pedro de Cieza de León.

A orillas de un río serpenteante, Pizarro decidió dividir en dos grupos a los supervivientes de la partida. Mientras que la mayoría permaneció con él y siguió batiendo las riberas, su segundo de a bordo, Francisco de Orellana, se llevó consigo a cincuenta y siete españoles y a dos esclavos río abajo, en un barco que ellos mismos habían construido, con la esperanza de encontrar alimento. El fraile dominico Gaspar de Carvajal, que iba con Orellana, escribió en su diario que algunos de sus hombres estaban tan débiles que tuvieron que gatear por la jungla al desembarcar. Muchos, afirmó Carvajal, eran «como dementes y no tenían uso de razón».[10] En lugar de regresar para reunirse con Pizarro y el resto de la expedición, Orellana y sus hombres decidieron seguir descendiendo por el inmenso río hasta que, según dijo Carvajal, «murieran o vieran qué había a lo largo de su curso».[11] Carvajal, según informó, pasó junto a poblados y sufrió el ataque de miles de indígenas, incluso el de las guerreras amazonas. Durante uno de los asaltos, una flecha le alcanzó en un ojo y «penetró hasta la cuenca ocular».[12] El 26 de agosto de 1542, el barco fue expulsado al océano Atlántico y sus tripulantes se erigieron en los primeros europeos en recorrer por entero el Amazonas.

Se trató tanto de una hazaña increíble como de un fiasco. Cuando Pizarro supo que Orellana le había abandonado, un acto que consideró un motín, se vio obligado a retirarse con sus tropas hambrientas hacia los Andes y regresar. Cuando llegó a Quito, en junio de 1542, solo ochenta hombres de su antiguo y gallardo ejército sobrevivían, apenas cubiertos por harapos. Se tiene constancia de que una persona intentó ofrecer ropa a Pizarro, pero el conquistador se negó tan siquiera a mirarla, y tampoco miró a nadie más; fue directamente a su casa y se recluyó en ella.

Aunque Orellana regresó a España, El Dorado permaneció, resplandeciente, en sus pensamientos, y en 1545 invirtió todo su dinero en una nueva expedición. Las autoridades españolas consideraron que su flota, con una tripulación compuesta por varios centenares de personas —entre ellas, su esposa—, no era apta para la navegación y le denegaron el permiso de viaje, pero Orellana zarpó igualmente del puerto de forma clandestina. Pronto una plaga asoló a la tripulación y acabó con la vida de casi cien personas. Luego, uno de los barcos se perdió en el mar, con otras setenta y siete almas a bordo. Tras alcanzar la desembocadura del Amazonas e internarse apenas cien leguas en el río, otros cincuenta y siete miembros de la tripulación perecieron debido a las enfermedades y al hambre. Los indígenas atacaron después su barco y mataron a diecisiete más. Finalmente, Orellana sucumbió a la fiebre y musitó la orden de retirada. Poco después se le paró el corazón, como si no pudiera soportar más decepciones. Su esposa lo envolvió en una bandera española y lo enterró a orillas del Amazonas, viendo, según palabras de un escritor, «cómo las aguas marrones que durante tanto tiempo habían poseído su mente, poseían ahora su cuerpo».[13]

Con todo, la atracción que ejercía este paraíso terrenal era demasiado fuerte para resistirse a ella. En 1617, el poeta y explorador isabelino Walter Raleigh, convencido de que no solo había un hombre dorado sino miles, partió en un barco llamado *Destiny* con su hijo de veintitrés años para localizar lo que él denominaba «las ciudades más ricas y hermosas, con más templos adornados con imágenes doradas, más sepulcros llenos de tesoros de los que Cortez encontró en México o Pizarro en Perú».[14] Su hijo —«más deseoso de honor que de seguridad»,[15] según comentó Raleigh— murió enseguida en un enfrentamiento con los españoles en la ribera del río Orinoco. En una carta dirigida a su esposa, Raleigh escribió: «Sabe Dios que no conocía el dolor hasta ahora [...] Tengo los sesos destrozados».[16] Raleigh regresó a Inglaterra sin pruebas de la existencia de su reino, y fue decapitado por el rey Jaime en 1618. Su cráneo fue embalsamado por su esposa y ocasionalmente exhibido al público, un crudo recordatorio de que El Dorado era, cuando menos, letal.[17]

Otras expediciones que buscaron el reino acabaron practicando el canibalismo. Un superviviente de una partida en la que doscientos cuarenta hombres murieron confesó: «Algunos, en contra de la naturaleza, comieron carne humana: se encontró a un cristiano cocinando un cuarto de niño con verduras».[18] Al saber de tres exploradores que habían asado a una mujer indígena, Oviedo exclamó: «¡Oh, plan diabólico! Pero pagaron por su pecado, pues esos tres hombres nunca volvieron a aparecer: Dios quiso que hubiera indios que después se los comieron a ellos».[19]

Ruina económica, miseria, hambre, canibalismo, asesinato, muerte: estos parecían ser los únicos indicios reales de El Dorado. Según dijo un cronista al respecto de varios buscadores: «Marchaban como dementes de un lugar a otro, hasta que, superados por el agotamiento y la falta de fuerza, ya no podían seguir moviéndose y se quedaban allí, a donde el triste canto de sirena les había llevado, engreídos y muertos».[20]

¿Qué podía aprender Fawcett de semejante locura?

En el siglo XIX, la mayoría de los historiadores y antropólogos habían desechado no solo la existencia de El Dorado, sino incluso la mayor parte de lo que los conquistadores habían asegurado haber visto en el transcurso de sus viajes. Los eruditos creían que estas crónicas eran producto de imaginaciones fervorosas, y que habían sido adornadas para excusar ante los monarcas la naturaleza desastrosa de las expediciones; de ahí las mujeres guerreras mitológicas.

Fawcett convenía en que El Dorado, con su plétora de oro, era un «romance exagerado»,[21] pero no estaba dispuesto a descartar todas las crónicas en bloque ni la posibilidad de que hubiese existido una civilización amazónica ancestral. Carvajal, por ejemplo, había sido un clérigo respetado, y otros miembros de la expedición habían confirmado su relato. Incluso las guerreras amazonas tenían cierta base real, creía Fawcett, pues él había encontrado jefas tribales a lo largo del río Tapajós. Y que se hubiera adornado algunos detalles de los relatos no significaba que hubiese ocurrido lo mismo con todos. De hecho, Fawcett contemplaba las crónicas como un retrato por lo general preciso del Amazonas antes de la avalancha europea. Y lo que los conquistadores describían, en su opinión, era una revelación.

En la época de Fawcett, las riberas del Amazonas y sus principales afluentes albergaban únicamente a tribus muy reducidas y dispersas. Los conquistadores, sin embargo, fueron informando de poblaciones indígenas grandes y densas. Carvajal había observado que algunos lugares estaban tan «densamente poblados» que resultaba peligroso dormir en tierra. («Toda aquella noche seguimos pasando junto a numerosos y enormes poblados, hasta que llegó el día en que logramos recorrer más de veinte leguas, pues con el fin de alejarnos del territorio habitado nuestros compañeros no dejaron de remar, y cuanto más avanzábamos, tanto más densamente poblada encontrábamos la tierra.»)[22] Cuando Orellana y sus hombres desembarcaron, vieron «muchos caminos» y «excelentes carreteras» que llevaban al interior, algunas de las cuales eran «como carreteras reales, y más anchas».[23]

Las crónicas parecían describir lo que Fawcett había visto, pero a mayor escala. Cuando los españoles invadían un poblado, afirmó Carvajal, «descubrían gran cantidad de maíz (y también se encontraba gran cantidad de cabras) con el que los indígenas hacían pan, y un vino muy bueno similar a la cerveza, este último en gran abundancia. Se encontraba en este poblado un lugar destinado a la dispensa de tal vino, [algo tan insólito] que regocijó sobremanera a nuestros compañeros, y se encontraba muy buena calidad de artículos de algodón».[24] En los poblados abundaban la mandioca, el ñame, los frijoles y el pescado, y se criaban miles de tortugas en rediles para consumirlas después como alimento. El Amazonas parecía sustentar civilizaciones grandes y altamente complejas. Los conquistadores observaron «ciudades que refulgían en blanco»,[25] con templos, plazas públicas, empalizadas y artefactos exquisitos. En un asentamiento, según escribió Carvajal, encontró «una villa en la que había gran cantidad de [...] bandejas y cuencos y candelabros de la mejor porcelana que yo jamás he visto en el mundo». Añadía que estos objetos estaban «glaseados y decorados con todos los colores, y brillan tanto que aturden, y, aún más, los dibujos y las pinturas que los decoran están hechos con tanta meticulosidad que [uno se pregunta cómo] con [solo] la destreza natural consiguen producir todos estos objetos como [si fueran artículos] romanos».[26]

El fracaso de los exploradores y de los etnógrafos victorianos para encontrar asentamientos semejantes reforzó la creencia de que los relatos de los conquistadores estaban «repletos de mentiras»,[27] tal como un historiador había afirmado con anterioridad en referencia a la crónica de Carvajal. Sin embargo, ¿por qué tantos cronistas proporcionaron testimonios tan similares? Recordando una expedición liderada por alemanes, por ejemplo, un historiador del siglo XVI escribió:

> Tanto el general como los demás vieron una ciudad de medidas desproporcionadas, bastante cerca […]. Era compacta y estaba bien ordenada, y en el centro había una casa que sobrepasaba con creces a las demás en tamaño y altura. Preguntaron al jefe que llevaban como guía: «¿De quién es esa casa, tan extraordinaria y eminente entre las demás?». El hombre contestó que era la casa del jefe, llamado Qvarica. Tenía varias efigies o ídolos de oro del tamaño de niños, y una mujer hecha por entero de oro, que era su diosa. Él y sus súbditos poseían otras riquezas. Pero, a poca distancia, había otros jefes que superaban a este en cantidad de súbditos y de riquezas.[28]

Un soldado de otra expedición recordó más tarde que «habían visto ciudades tan grandes que estaban atónitos».[29]

Fawcett se preguntaba adónde habría ido toda aquella gente. Especulaba con la idea de que la «introducción de la viruela y las enfermedades europeas exterminasen a millones de indígenas».[30] Aun así, las poblaciones del Amazonas parecían desvanecerse de forma tan repentina y rotunda que Fawcett contemplaba la posibilidad de que hubiese ocurrido algo más dramático, incluso una catástrofe natural. Había empezado a creer que el Amazonas contenía «los mayores secretos del pasado, aún vedados incluso a nuestro mundo actual».[31]

16

La caja fuerte

—Me temo que no hay modo de que vea el documento. Está guardado en una cámara de seguridad.

Había llegado a Río de Janeiro y hablaba por teléfono con un estudiante universitario que me había ayudado a rastrear otro documento, lo que Fawcett consideraba la prueba última que corroboraba su teoría de la existencia de una civilización perdida en el Amazonas. El manuscrito se encontraba en la Biblioteca Nacional de Brasil, en Río, y era tan antiguo y se hallaba en unas condiciones tan pésimas que lo conservaban en una caja fuerte. Yo había cumplimentado solicitudes formales y efectuado otras tantas por correo electrónico. Nada funcionó. Finalmente, como última tentativa, fui a Río en avión para solicitarlo en persona.

Ubicada en el centro de un edificio neoclásico con columnas y pilastras corintias, la biblioteca contiene más de nueve millones de documentos: es el archivo más grande de Latinoamérica. Fui escoltado escaleras arriba hasta el departamento de manuscritos, una sala tapizada de libros que se prolongaba a lo largo de varios niveles hasta el techo, un vitral por el que se filtraba una luz tenue que revelaba, entre la grandiosidad de la estancia, ciertos indicios de deterioro: escritorios en estado ruinoso y bombillas polvorientas. En toda aquella área reinaba el silencio, y hasta el roce de las suelas de mis zapatos contra el suelo resultaba audible.

Había acordado una cita con la responsable del departamento de manuscritos, Vera Faillace, una erudita con media melena y gafas. Me saludó en la puerta de seguridad y, cuando le pregunté por el documento, dijo:

—Es, sin lugar a dudas, el manuscrito más famoso y codiciado que tenemos en este departamento.

—¿Cuántos manuscritos tienen aquí? —le pregunté, sorprendido.

—Alrededor de ochocientos mil.

Comentó que científicos y cazadores de tesoros de todo el mundo habían querido estudiar aquel documento en particular. Después de que se supiera que Fawcett se había basado en él para elaborar su teoría, dijo, sus adeptos lo habían tratado casi como un icono religioso. Al parecer, era el Santo Grial para los *freaks* de Fawcett.

Recité todo lo que había planeado decirle para convencerla de que me dejara ver el documento original, entre otras cosas, lo importante que era para mí comprobar su autenticidad y la promesa de no tocarlo; un discurso que comenzó con sobriedad pero que fue volviéndose, para mi desesperación, cada vez más abstracto y grandilocuente. Aun así, Faillace enseguida me interrumpió con un gesto de la mano y me indicó que cruzara la puerta de seguridad.

—Esto debe de ser muy importante para usted. Ha venido de muy lejos sin saber si podría ver el documento —dijo—. Lo he dejado sobre la mesa.

Y allí, a solo unos metros de distancia, abierto como una Torá, estaba el manuscrito de apenas cuarenta por cuarenta centímetros. Sus páginas habían adquirido una tonalidad amarronada, casi dorada y tenía los bordes desgastados.

—Es pergamino —me explicó Faillace—. Data de antes de que empezara a añadirse pulpa de madera al papel. Es una especie de tela.

Las páginas mostraban una bella caligrafía en tinta negra, pero muchos fragmentos se habían desvanecido o habían sido engullidos por gusanos e insectos.

Miré el título que encabezaba la primera página. Estaba escrito en portugués y decía: «Relato histórico de una ciudad grande, escondida y muy antigua [...] descubierta en el año 1753».

—¿Entiende la siguiente frase? —pregunté a Faillace.

Ella negó con la cabeza, pero más abajo las palabras volvían a ser legibles, y un bibliotecario que hablaba inglés con fluidez me ayudó a traducirlas poco a poco. Habían sido escritas por un *bandeirante* portugués, un «soldado de fortuna». (Su nombre resultaba indescifrable.) En la crónica describía cómo él y sus hombres, «incitados por una codicia insaciable de oro», habían partido hacia el interior de Brasil en busca del tesoro: «Tras una peregrinación larga y problemática [...] y casi perdidos durante muchos años [...], descubrimos una cadena de montañas tan altas que parecían llegar a las regiones etéreas, y servían de trono al Viento o a las mismas Estrellas». Finalmente, decía el *bandeirante*, él y su partida encontraron un sendero entre las montañas, que parecían haber sido «cortadas en dos por el arte y no por la naturaleza». Cuando llegaron al final del sendero, alzaron la mirada y vieron una escena cautivadora: bajo ellos se extendían las ruinas de una ciudad antigua. Al alba, los hombres cargaron sus armas y descendieron. Entre enjambres de murciélagos, hallaron arcadas de piedra, una estatua, caminos y un templo. «Las ruinas mostraban bien el tamaño y el esplendor de lo que debió de haber allí, y lo muy poblada y opulente que había sido en la época en la que había prosperado», escribió el *bandeirante*.

Cuando la expedición regresó a la civilización, el *bandeirante* había enviado ya el documento con la «información confidencial» al virrey, «en recuerdo de lo mucho que os debo». Instaba a su «Excelencia» a enviar una expedición para encontrar y «hacer uso de estas riquezas».[1]

Se desconoce lo que el virrey hizo con el informe, o si el *bandeirante* intentó volver a la ciudad. Fawcett había encontrado el manuscrito mientras examinaba documentos en la Biblioteca Nacional de Brasil. Durante más de un siglo después de que se redactara, según afirmó él mismo, el manuscrito había permanecido «clasificado» en archivos burocráticos. «Para una administración sumida en la férrea intolerancia de una Iglesia omnipotente, resultaba difícil dar mucho crédito a algo como una civilización ancestral»,[2] escribió Fawcett.

La bibliotecaria señaló el final del documento.

—Mire eso —dijo.

Había varios diagramas extraños que parecían jeroglíficos. El *bandeirante* afirmaba que había visto esas imágenes talladas en algunas de las ruinas. Me resultaban conocidas, y caí en la cuenta de que eran idénticas a los dibujos que había encontrado en uno de los diarios de Fawcett: debía de haberlos copiado tras ver el documento.

La biblioteca estaba a punto de cerrar, y Faillace vino a rescatar el antiguo manuscrito. Mientras observaba cómo lo llevaba con sumo cuidado de vuelta a la caja fuerte, comprendí por qué Brian Fawcett, al ver el documento años después de que su padre y su hermano hubiesen desaparecido, había proclamado: «¡Parece auténtico! ¡Tiene que ser auténtico!».[3]

17

El mundo entero está loco

Fawcett había acotado la ubicación. Estaba seguro de que había encontrado pruebas de restos arqueológicos, entre ellos pasos elevados y cerámica, dispersos por el Amazonas. Creía incluso que había más de una ciudad antigua; con toda probabilidad, la que el *bandeirante* describía se encontraba, dado el terreno, cerca del estado brasileño de Bahía. Pero Fawcett, tras consultar registros archivísticos y entrevistar a miembros de varias tribus, había deducido que existía una ciudad monumental que posiblemente aún albergara cierta población, en la jungla aledaña al río Xingu, en el Mato Grosso brasileño. En consonancia con su naturaleza reservada, otorgó a la ciudad un nombre tan críptico como atrayente, un nombre que jamás explicó en ninguno de sus escritos ni entrevistas. La llamó sencillamente Z.

En septiembre de 1914, tras efectuar un viaje de reconocimiento de un año con Manley y Costin, Fawcett se consideró preparado para partir de expedición en busca de la ciudad perdida. Sin embargo, al salir de la jungla le esperaba la noticia de que, más de dos meses antes, el archiduque austríaco Francisco Fernando —quien fuera el improbable catalizador del primer encuentro entre Fawcett y Nina en Ceilán— había sido asesinado. La Primera Guerra Mundial había comenzado.

Fawcett y sus dos compañeros británicos zarparon de inmediato rumbo a Inglaterra. «Obviamente, se precisan hombres experimentados como usted: hay un gran déficit de oficiales adiestrados —dijo Keltie a Fawcett por carta aquel mes de diciembre—. Como puede ver, hemos sufrido tremendas pérdidas en el frente; en proporción, muchas más, me inclino a pensar, de las que nunca antes se habían producido entre los oficiales.»[1] Aunque Fawcett contaba cuarenta y siete años y era un «renegado» de la vida europea, se sintió obligado a presentarse voluntario. Informó a Keltie de que estaba a punto de efectuar «importantes descubrimientos» en el Amazonas, pero que le obligaba «el deseo patriótico de todo hombre capacitado de aplastar a los teutones».[2]

La mayor parte de Europa era presa de un fervor similar. Conan Doyle, que producía propaganda en serie en la que retrataba la guerra como un enfrentamiento entre auténticos caballeros, escribió: «No temas, pues nuestra espada no se quebrará ni caerá jamás de nuestras manos».[3]

Tras una breve visita a su familia, Fawcett se dirigió al frente occidental, en el que, según dijo a Keltie, pronto estaría «metido de lleno».[4]

Como comandante de la Royal Field Artillery, Fawcett fue puesto al mando de una batería de más de cien hombres. Cecil Eric Lewis Lyne, un subteniente de veintidós años, recordaba el momento en que el explorador del Amazonas llegó con su uniforme de color caqui oscuro y armado con un revólver. Era, escribió Lyne en un diario, «una de las personalidades más atractivas que he conocido en mi vida», un hombre de «físico magnífico y gran capacidad técnica».[5]

Como siempre, Fawcett era una figura electrizante y polarizante, y sus hombres se dividieron en dos bandos: los Costin y los Murray. Los Costin gravitaban hacia él, fascinados por su osadía y su ímpetu, mientras que los Murray despreciaban su ferocidad y su inclemencia. Un oficial de los Murray dijo que Fawcett «era probablemente el hombre más repugnante que jamás he conocido en este mundo y la antipatía que él me profesaba solo era superada por la antipatía que le profesaba yo a él».[6] Pero Lyne era un Costin. «Fawcett y yo, pese a la diferencia de edad, nos hicimos muy amigos.»[7]

Junto con sus hombres, Fawcett y Lyne cavaron trincheras —en ocasiones a solo varios centenares de metros de los alemanes— en la zona circundante a Ploegsteert, una aldea del oeste de Bélgica próxima a la frontera con Francia. Un día,[8] Fawcett avistó en el pueblo una figura de aspecto sospechoso que llevaba un abrigo de pieles, un casco francés de acero tres tallas más pequeño de lo que le correspondía y un guardapolvo de pastor,[9] «un atuendo extraño», según lo describió Fawcett. Fawcett alcanzó a oír que el hombre decía, con voz gutural, que aquella zona era idónea para instalar un puesto de observación, aunque a Fawcett le parecía «un lugar absolutamente inapropiado». Se rumoreaba que espías alemanes se estaban infiltrando en las líneas británicas ataviados como civiles belgas, y Fawcett, que había sido agente secreto, corrió de vuelta a los cuarteles generales e informó: «¡Tenemos un espía en nuestro sector!».[10]

Antes de que se enviara una partida de arresto, posteriores pesquisas revelaron que el hombre no era otro que Winston Churchill, que se había ofrecido voluntario para comandar un batallón en el frente occidental tras ser obligado a dimitir como ministro de Marina después de la desastrosa invasión de Gallipoli. Mientras visitaba las trincheras situadas al sur de la posición de Fawcett, Churchill escribió: «Mugre y basura por todas partes, tumbas cavadas en las defensas y desperdigadas indiscriminadamente, pies y ropa asomando de la tierra, agua y porquería por doquier, y en medio de esta escena, a la resplandeciente luz de la luna, ejércitos de murciélagos enormes por tierra y cielo, acompañando el incesante ruido de los rifles y las metralletas, y al ponzoñoso gemido y zumbido de las balas que nos sobrevuelan».[11]

Fawcett, que estaba habituado a vivir en condiciones inhumanas, defendió su posición de forma admirable, y en enero de 1916 fue ascendido a teniente coronel y puesto al mando de una brigada de más de setecientos hombres. Nina mantuvo informados de sus actividades a Keltie y a la Royal Geographical Society. En una carta fechada el 2 de marzo de ese mismo año, escribió: «Está muy bien, a pesar de llevar tres meses bajo bombardeos constantes».[12] Varias semanas después, dijo que estaba supervisando nueve baterías, muchas más de las que constituían una brigada estándar. «De modo que ya puede imaginar lo duro que es su trabajo —comentaba, y añadía—: Por supuesto, me alegro de que tenga una oportunidad para poner en práctica su capacidad de organización y liderazgo, ya que todo ello ayuda en la lucha por la victoria.»[13] Nina no era la única que pregonaba sus habilidades. Fawcett era continuamente citado en despachos por sus «airosos» y «distinguidos» servicios en el campo de batalla.

Incluso estando en las trincheras, Fawcett intentó mantenerse al corriente de los acontecimientos que tenían lugar en el Amazonas. Supo de expediciones encabezadas por antropólogos y exploradores de Estados Unidos, que aún no participaba en la guerra, y esta información solo intensificó su temor a que alguien descubriera Z antes que él. En una carta dirigida a su profesor y mentor Reeves, confesó: «Si supiera el desgaste físico que suponen estas expediciones, estoy seguro de que valoraría lo mucho que significa para mí concluir el trabajo que he iniciado».[14]

Tenía razón al inquietarse, en particular, por el doctor Rice. Para indignación de Fawcett, la RGS le había condecorado en 1914 con la medalla de oro por su «meritorio trabajo en las fuentes del Orinoco y los afluentes septentrionales del Amazonas». A Fawcett le enfureció que sus esfuerzos no recibieran un reconocimiento equiparable. Más tarde, a principios de 1916, supo que Rice estaba preparando otra expedición. Un comunicado[15] en el *Geographical Journal* anunciaba que «nuestro» medallista, el doctor Rice, remontaría el Amazonas y el río Negro con «el fin de ampliar aún más nuestro conocimiento de la región previamente explorada por él». ¿Por qué regresaba Rice a la misma zona? El comunicado poco más decía, aparte de que Rice estaba construyendo una embarcación propulsada a motor, de doce metros de eslora, y capaz de navegar por tremedales y llevar a bordo dos mil seiscientos cincuenta litros de combustible. Debía de haber costado una fortuna, aunque ¿qué importancia tenía eso para un millonario?

Aquella primavera, en pleno fragor del combate, Fawcett recibió una carta de la Royal Geographical Society. En ella le comunicaban que, en tributo a su histórica contribución a la cartografía de Sudamérica, él también había sido galardonado con una medalla de oro. (La Royal Society concedía dos medallas, ambas de igual prestigio: la de Fawcett era la Medalla del Fundador y la del doctor Rice, la del Patrono.) El galardón suponía el mismo honor que había sido otorgado a figuras como Livingstone y Burton; «el sueño de su vida»,[16] según lo definió Nina. Ni siquiera la perspectiva de la expedición del doctor Rice ni la prolongación de la guerra conseguirían atenuar el entusiasmo de Fawcett. Nina, que dijo a Keltie que una oportunidad así solo llega «una vez en la vida», se apresuró a planificar la entrega del premio, el 22 de mayo. Fawcett obtuvo un permiso para asistir. «Tengo la medalla y estoy satisfecho»,[17] comentó.

Tras la ceremonia, regresó de inmediato al frente: había recibido órdenes relacionadas con el asalto sin precedentes que el ejército británico estaba planificando con el objetivo de poner fin a la guerra. A principios de julio de 1916, Fawcett y sus hombres tomaron sus puestos a lo largo de un plácido río en el norte de Francia, para cubrir a decenas de miles de soldados británicos que trepaban por escalerillas apoyadas contra las lodosas paredes de la trinchera y marchaban hacia el campo de batalla, con las bayonetas refulgentes y los brazos oscilando a ambos costados del cuerpo, como en un desfile. Desde su puesto, Fawcett debía de ver a los artilleros alemanes, que se suponía habían sido aniquilados tras semanas de bombardeo. Salían de agujeros cavernosos y disparaban con la ametralladora. Los soldados británicos caían uno tras otro. Fawcett intentó cubrirlos, pero no había modo de proteger a unos hombres que se dirigían hacia una lluvia de proyectiles, bombas de ocho kilos y explosiones líquidas de lanzallamas. Ninguna fuerza de la naturaleza le había preparado en la jungla para aquel ataque generado por el hombre. Fragmentos de cartas y fotografías que los hombres llevaban consigo al campo de batalla revoloteaban sobre los cadáveres como si fuera nieve. Los heridos reptaban hasta los cráteres abiertos por las bombas entre gritos de dolor. Fawcett lo denominó «Armagedón».

Era la batalla del Somme,[18] a la que los alemanes, que también sufrieron cuantiosas bajas, hacían referencia en las misivas que enviaban a su hogar como «el baño de sangre». El primer día de la ofensiva, cerca de veinte mil soldados británicos murieron y casi cuarenta mil fueron heridos. Era la mayor pérdida de vidas humanas de la historia militar de Gran Bretaña, y en Occidente muchos empezaron a retratar al «salvaje» como un europeo y no como un nativo en la jungla. Fawcett, parafraseando a un compañero, escribió que el canibalismo «al menos proporciona un motivo razonable para matar a un hombre, lo cual es más de lo que puede decirse de la guerra civilizada».[19]

Cuando Ernest Shackleton, que había viajado a pie por la Antártida durante cerca de año y medio, apareció en 1916 en la isla de South Georgia, preguntó de inmediato a un hombre: «Dígame, ¿cuándo acabó la guerra?». El hombre contestó: «La guerra no ha acabado [...]. Europa está loca. El mundo entero está loco».[20]

El conflicto se prolongaba y Fawcett pasaba la mayor parte del tiempo en el frente, viviendo entre cadáveres. El aire olía a sangre y a gases. Las trincheras se habían convertido en ciénagas de orina y excrementos, de huesos, piojos, gusanos y ratas. Las paredes se desmoronaban por efecto de la lluvia y, ocasionalmente, los hombres se ahogaban en el cieno. Un soldado se hundió durante días en un agujero de barro sin que nadie consiguiera llegar hasta él. Fawcett, que siempre había buscado refugio en el mundo natural, ya no reconocía aquella naturaleza compuesta por pueblos bombardeados, árboles desintegrados, cráteres y esqueletos endurecidos al sol. Tal como Lyne escribió en su diario: «Dante nunca habría condenado a vagar a las almas perdidas en un purgatorio tan terrible».[21]

Periódicamente, Fawcett oía un sonido similar al de un gong, lo cual significaba que se aproximaban los gases. Los proyectiles despedían fosgeno, cloro o gas mostaza. Una enfermera describió a pacientes «con todo el cuerpo quemado y lleno de grandes ampollas supurantes de color mostaza, ciegos [...], pringosos y pegados entre sí, y siempre con dificultades para respirar, con la voz reducida a un mero susurro, diciendo que se les cerraba la garganta y que estaban seguros de que iban a asfixiarse».[22] En marzo de 1917, Nina envió una carta a la RGS informando que su esposo había sido «gaseado» después de Navidad. Por primera vez, Fawcett estaba herido. «Tuvo problemas durante algún tiempo por el efecto del veneno», dijo Nina a Keltie. Algunos días eran peores que otros: «Se encuentra mejor, pero aún no del todo recuperado».[23]

Alrededor de Fawcett, las personas a las que conocía o con las que había tenido relación iban pereciendo. La guerra había arrebatado la vida a más de ciento treinta miembros de la RGS.[24] El primogénito de Conan Doyle, Kingsley, murió a causa de las heridas y de la gripe. Un topógrafo con quien Fawcett había trabajado para la comisión fronteriza en Sudamérica cayó en combate. («Era un buen hombre, todos así lo creíamos —dijo Fawcett a Keltie—. Lo lamento.»)[25] Un amigo de su misma brigada falleció en un bombardeo cuando corría a ayudar a alguien; un acto, según escribió Fawcett en un informe oficial, «de sacrificio personal puramente desinteresado».[26]

Hacia el final de la guerra, Fawcett describió parte de la carnicería que había presenciado en una misiva publicada en un periódico inglés con el título «Coronel británico habla aquí en una carta de una tremenda masacre»: «Si puede imaginar casi cien kilómetros de frente, con una profundidad de entre dos y cincuenta kilómetros, literalmente tapizado de cadáveres, a menudo formando pequeños montículos... —escribió Fawcett—. Es una medida del precio que estamos pagando. Masas de hombres llevados a la masacre en oleadas infinitas sortearon alambradas y llenaron las trincheras de muertos y moribundos. Era la fuerza irresistible de un ejército de hormigas, y la presión de las subsiguientes oleadas obligaba a las brigadas a avanzar en el frente, de forma voluntaria o no, hacia el caos y el desastre absolutos. Ninguna fila podría resistir la marea humana, o seguir matando eternamente. Es, considero, el testimonio más terrible del implacable efecto de un militarismo desenfrenado». Y concluía: «¡Civilización! ¡Dioses! Para ver lo que uno ha visto, el mundo es una absurdidad. Ha sido una explosión demente de las más bajas emociones humanas».[27]

En medio de esta carnicería, Fawcett seguía siendo citado en despachos por su coraje, y, tal como anunció el *London Gazette* el 4 de enero de 1917, fue galardonado con la medalla al Orden del Servicio Distinguido. No obstante, si bien su cuerpo permanecía intacto, en ocasiones su mente parecía titubear. Al volver a casa durante un permiso, a menudo pasaba horas sentado en silencio, con la cabeza entre las manos. Buscaba solaz en el espiritualismo y los rituales ocultos que ofrecían un medio de comunicarse con los seres amados perdidos, un refugio al que muchos europeos recurrieron en su duelo. Conan Doyle describió una sesión de espiritismo a la que asistió y en la que oyó una voz:

> Yo dije: «¿Eres tú, muchacho?».
> Él dijo en un susurro muy intenso y en un tono muy suyo: «¡Padre!», y, tras una pausa: «¡Perdóname!».
> Yo dije: «Nunca ha habido nada que perdonar. Fuiste el mejor hijo que jamás ha tenido hombre alguno». Una fuerte

mano descendió sobre mi cabeza, que fue empujada lentamente hacia delante, y sentí un beso justo encima de una ceja.

«¿Eres feliz?», grité.

Hubo una pausa y después oí, con voz muy dulce: «Soy muy feliz».[28]

Fawcett escribió a Conan Doyle sobre sus propias experiencias con médiums. Relató cómo su temida madre le había hablado durante una sesión de espiritismo. El médium, que había canalizado su espíritu, dijo: «Te quiso mucho cuando eras pequeño y ahora siente remordimientos por haberte tratado mal». Y: «Le gustaría enviarte su amor, pero teme que no quieras aceptarlo».[29]

En el pasado, y durante mucho tiempo, el interés de Fawcett por el ocultismo había sido una expresión de rebeldía y fruto de la curiosidad científica de su juventud, y había contribuido a su voluntad de desafiar las ortodoxias que prevalecían en su propia sociedad y a respetar las leyendas y las religiones tribales. En aquel momento, sin embargo, su enfoque se desvinculó de la rigurosa formación que había recibido en la RGS y de su aguda capacidad de observación. Fawcett se imbuyó de las doctrinas más estrafalarias de madame Blavatsky acerca de los hiperbóreos, de los cuerpos astrales, de los Señores del Rostro Oscuro y de las claves para abrir el universo, pues el Otro Mundo parecía más atractivo que el real. (En *La tierra de la niebla*, la secuela que Conan Doyle publicó de *El mundo perdido* en 1926, John Roxton, el personaje del que se dice está inspirado en Fawcett, se hace adepto al espiritualismo e investiga la existencia de los fantasmas.) Entre algunos oficiales corría el rumor de que Fawcett utilizaba una ouija, una popular herramienta de los médiums, para tomar decisiones tácticas en el campo de batalla. «Él y su oficial de informaciones […] se retiraban a una sala oscura y colocaban las cuatro manos, aunque no los codos, sobre el tablero —escribió en unas memorias inéditas Henry Harold Hemming, en aquel entonces capitán del cuerpo de Fawcett—. Fawcett preguntaba entonces al tablero, en voz alta, si la ubicación [de la posición del enemigo] estaba confirmada, y si el desdichado tablero se deslizaba en la dirección correcta, no solo incluía la posición en el listado de ubicaciones confirmadas, sino que a menudo ordenaba que se disparasen veinte ráfagas de obuses del calibre 9,2 en el lugar en cuestión.»[30]

No obstante, más que cualquier otra cuestión, lo que consumía a Fawcett eran las visiones de Z, que, en pleno horror de la guerra, no hacía sino adquirir mayor luminosidad: un lugar refulgente al parecer inmune a la podredumbre de la civilización occidental. O, como dijo a Conan Doyle, algo de «El mundo perdido» realmente existía.[31] A decir de todos, Fawcett pensaba en Z cuando disparaba obuses, cuando era objetivo del fuego enemigo en las trincheras, cuando enterraba a los muertos. En un artículo publicado en el *Washington Post* en 1934, un soldado de la unidad de Fawcett recordó cómo «muchas veces, en Francia, cuando el comandante "marcaba el paso" entre asaltos y ataques, hablaba de sus exploraciones y de sus aventuras en las selvas de Sudamérica, de las lluvias torrenciales y de la maraña de hierba y maleza que se enzarzaba con enredaderas y ramas colgantes, y de la quietud profunda e ininterrumpida del interior».[32] Un oficial de su brigada escribió en una carta que Fawcett ya estaba «lleno de ciudades ocultas y tesoros [...] que tenía previsto ir a buscar».[33]

Fawcett envió un aluvión de cartas a Costin y a Manley, que también estaban luchando en el frente occidental, intentando asegurarse sus servicios en el futuro. Y solició financiación a la RGS.

«Como comprenderá, en estos momentos nos resulta un poco incómodo efectuar una promesa en firme con respecto a lo que podría hacerse tras la guerra —respondió Keltie a una de sus solicitudes—. Si, al menos, pudiera esperar...»[34]

«Me hago viejo y, me atrevería a decir, me estoy volviendo impaciente con los meses y los años perdidos»,[35] se quejaba

Fawcett a Keltie a principios de 1918. Ese mismo año afirmaría en la revista *Travel*: «Sabiendo lo que estos viajes por el corazón de la selva significan para hombres mucho más jóvenes que yo, no quiero demorar la acción».[36]

El 28 de junio de 1919, casi cinco años después de que Fawcett regresara del Amazonas y poco antes de cumplir cincuenta y dos años, finalmente los alemanes firmaron un tratado de paz y se rindieron. Unos veinte millones de personas habían muerto y al menos otros veinte millones habían quedado heridas. Fawcett describió «todo el asunto» como un «suicidio»[37] para la civilización occidental, y pensaba que «muchos miles [de personas] habrán sobrevivido a esos cuatro años de barro y sangre con un desencanto similar».[38]

De regreso en su hogar, en Inglaterra, vio a su esposa y a sus hijos con regularidad por primera vez en años. Le sorprendió cuánto había crecido Jack, cómo se le habían ensanchado los hombros y fortalecido los brazos. Jack había celebrado recientemente su decimosexto cumpleaños y era «¡casi tres centímetros, como mínimo, más alto que su padre!»,[39] escribió Nina en una carta dirigida a Harold Large, un amigo de la familia que vivía en Nueva Zelanda. Jack se había convertido en un atleta de fuerte complexión y preparaba su cuerpo para el día en que fuera lo bastante mayor para aventurarse con su padre en la jungla. «Todos asistimos a los juegos deportivos y le vimos ganar el segundo premio en salto de altura y en alzamiento de pesas»,[40] dijo Nina.

Fawcett y Jack practicaban juntos sus deportes habituales, pero ahora el hijo a menudo superaba al padre en habilidad. Jack escribió a Large, alardeando: «He jugado un partido de críquet fantástico, pues soy el segundo capitán del equipo [de la escuela] y he ganado el promedio de bolas y he quedado segundo en promedio de bateo. Tampoco he fallado recogiendo la bola ni una sola vez en toda la temporada». Escribía con una mezcla de petulancia e inocencia juveniles. También le contó que se había aficionado a la fotografía y que había hecho «algunas fotos fantásticas».[41] Ocasionalmente, en sus cartas incluía una caricatura en tinta de su hermano o hermana.

Pese a su desparpajo y a su complexión atlética, en muchos sentidos Jack seguía siendo un adolescente torpe que se sentía inseguro a la hora de relacionarse con las chicas y que se empeñaba desesperadamente en respetar los dictados monacales de su padre. Solo parecía realmente cómodo en la compañía de su amigo de la infancia, Raleigh Rimell. Brian Fawcett dijo que Raleigh era el «capaz y voluntarioso teniente»[42] de Jack. Durante la guerra, los dos amigos disparaban a los estorninos que se posaban en los tejados de las casas aledañas, escandalizando con ello a los vecinos y a la policía local. Una vez, Raleigh destrozó un buzón y fue requerido por la policía, que le impuso una multa de diez chelines para reemplazarlo por uno nuevo. Siempre que Raleigh pasaba junto al buzón nuevo, le sacaba brillo con un pañuelo y proclamaba: «Eh, ¿sabéis?, es mío».[43]

En las raras ocasiones en que Raleigh no estaba con Jack, era Brian Fawcett quien le seguía a todas partes. Brian era diferente de su hermano mayor; de hecho, era diferente de la mayoría de los varones Fawcett. Carecía de su destreza atlética, y con frecuencia, tal como él mismo admitió, era víctima de los abusos de otros niños «hasta el estupor». Sufriendo a la sombra de su hermano, Brian recordó: «En la escuela, siempre era Jack quien destacaba en los juegos, en las peleas y soportando los severos azotes del director».[44]

Aunque Nina creía que sus hijos no albergaban «sentimientos ocultos de miedo o desconfianza»[45] para con ella o con Fawcett, a Brian le afectaba la actitud de su padre, pues daba la impresión de que siempre quería jugar con Jack y que trataba a este como a un futuro explorador; incluso le regaló el mapa del tesoro de Ceilán. En una ocasión, Brian comentó en una carta a su madre que al menos cuando su padre estaba de viaje no había «favoritos»[46] en casa.

Un día, Brian siguió a Jack hasta la habitación en la que su padre guardaba su colección de artefactos. Entre ellos había una espada, hachas de piedra, una lanza con punta de hueso, arcos y flechas, y collares de conchas. Los chicos ya habían devorado una bolsa de frutos que el jefe de los maxubi había regalado a Fawcett. Aquel día, Jack sacó un hermoso mosquete artesanal llamado *jezail* que Fawcett había conseguido en Marruecos. Intrigado por saber si dispararía de verdad, Jack llevó afuera el *jezail* y lo cargó con pólvora. Dado lo oxidado que estaba y lo viejo que era, había muchas probabilidades de que el arma detonara por la culata con consecuencias letales, y Jack propuso a Brian que se jugaran a cara o cruz quién apretaría el gatillo. Perdió Brian. «Mi hermano mayor se apartó bien lejos y me acosó para que cumpliera con mi honrosa obligación de correr el riesgo de suicidarme —recordó Brian—. Apreté el gatillo, la cazoleta refulgió y crepitó… y no pasó nada. Pero sí estaba pasando algo. Un buen rato después de haber apretado el gatillo, se oyó una especie de tos fuerte y asmática, ¡y la boca del arma vomitó una inmensa nube de polvo rojo!»[47] El arma no se disparó, pero Brian había demostrado, al menos durante un instante, que era tan osado como su hermano mayor.

Mientras tanto, Fawcett intentaba frenéticamente organizar lo que él llamaba su «camino a Z». Ya no podía contar con sus dos compañeros de mayor confianza: Manley había muerto a consecuencia de una dolencia cardíaca poco después de la guerra, y Costin se había casado y había decidido asentarse. La pérdida de estos hombres fue un golpe que quizá solo Costin podía apreciar en su justa medida. Dijo a su familia que el único talón de Aquiles de Fawcett como explorador era que detestaba demorarse en su avance por la selva, y que necesitaba a alguien en quien confiara lo bastante para que cuando esa persona dijera: «¡Basta!», él accediera a parar. Sin él y sin Manley, temía Costin, no habría nadie que detuviera a Fawcett.

Fawcett sufrió entonces un contratiempo aún más grave: la RGS y varias instituciones más le denegaron la financiación que había solicitado. La guerra había dificultado la consecución de fondos para la exploración científica, pero ese no era el único motivo. Antropólogos y arqueólogos formados en universidades empezaban a desplazar a los aficionados a *Hints to Travellers*; la falta de especialización había provocado que los hombres y las mujeres que osaban intentar proporcionar una *autopsis* de toda la tierra quedaran en cierto modo obsoletos. Otro explorador sudamericano y contemporáneo de Fawcett se quejó amargamente de que «en este mundo cotidiano nuestro, el practicante general se está quedando sin espacio».[48] Y, aunque Fawcett seguía siendo una leyenda, la mayoría de los nuevos especialistas cuestionaban su teoría de Z. «No consigo inducir a los científicos a aceptar siquiera la suposición de que existen indicios de la existencia de una civilización ancestral»[49] en el Amazonas, escribió Fawcett en sus diarios.

Algunos colegas habían dudado de su teoría de Z, ante todo por razones biológicas: los indígenas eran físicamente incapaces de crear una civilización compleja. Ahora muchos de los científicos de nueva generación dudaban por razones medioambientales: el entorno físico del Amazonas era demasiado inhóspito para que tribus primitivas erigieran ningún tipo de sociedad sofisticada. El determinismo biológico había ido dando paso al determinismo medioambiental. Y el Amazonas —el gran «paraíso ilusorio»— era la prueba más concluyente de los límites malthusianos que el entorno imponía a las civilizaciones.

Para muchos componentes de la élite científica, las crónicas de los primeros buscadores de El Dorado que Fawcett citaba confirmaban que no era sino un «aficionado». Un artículo publicado en la *Geographical Review* concluía que la cuenca del Amazonas estaba tan exenta de humanidad que era como «uno de los grandes desiertos del mundo [...], comparable al Sahara».[50] El distinguido antropólogo sueco Erland Nordenskiöld, que había conocido a Fawcett en Bolivia, admitió que el explorador inglés era «un hombre sumamente original, absolutamente audaz», pero que adolecía de una «imaginación ilimitada».[51] Un alto cargo de la RGS opinó: «Es un hombre visionario que a veces dice disparates».[52] Y añadió: «No confío en que su incursión en el espiritualismo haya mejorado su juicio».[53]

Fawcett protestó ante Keltie: «Recuerde que soy un sano entusiasta y no un excéntrico cazador del snark»,[54] una referencia al animal imaginario del poema de Lewis Carroll. (Según el poema, los cazadores del snark con frecuencia «desaparecen, / y nunca se los vuelve a ver».)

En el seno de la RGS, Fawcett conservaba una facción fiel de partidarios, entre ellos Reeves y Keltie, quien en 1921 se erigió en vicepresidente de la Royal Society. «No se preocupe por lo que la gente diga de usted y de sus presuntos "cuentos chinos" —le dijo Keltie—. Eso no importa. Hay mucha gente que cree en usted.»[55]

Fawcett podría haber persuadido a sus detractores con tacto y delicadeza, pero, tras muchos años en la jungla, se había convertido en una de sus criaturas. No se vestía con elegancia y en su casa prefería dormir en una hamaca. Tenía los ojos hundidos en las cuencas, como un profeta del día del Juicio Final, e, incluso para los excéntricos de la RGS, había algo vagamente aterrador en lo que un alto cargo denominó sus modales «más bien extraños».[56] Después de que por la Royal Society circulasen informes de que era demasiado temperamental, demasiado incontrolable, Fawcett se quejó al cuerpo directivo: «No pierdo los nervios. No soy tempestuoso por naturaleza»,[57] si bien su protesta sugería que seguía acumulando resentimiento.

En 1920, después de Año Nuevo, Fawcett invirtió los pocos ahorros de que disponía para trasladar a su familia a Jamaica, arguyendo que quería que sus hijos tuvieran «una oportunidad de crecer en el ambiente varonil del Nuevo Mundo».[58] Aunque su hijo Jack, de dieciséis años de edad, tuvo que dejar la escuela, estaba encantado porque Raleigh Rimell también se mudó allí con su familia tras la muerte de su padre.

Mientras Jack trabajaba como peón en un rancho, Raleigh se dejaba la piel en una plantación de la United Fruit Company. Por la noche, los dos solían encontrarse y planear su incandescente futuro: irían a Ceilán a desenterrar el tesoro de Gallapita-Galla y recorrerían el Amazonas en busca de Z.

Aquel febrero, Fawcett volvió a partir rumbo a Sudamérica, con la esperanza de conseguir financiación del gobierno brasileño. El doctor Rice, cuyo viaje de 1916 había concluido de forma prematura debido a la entrada de Estados Unidos en la guerra, estaba de vuelta en la jungla, cerca del Orinoco, en una región situada al norte de una zona que Fawcett tenía como objetivo y de la que durante siglos se había especulado que podía ser una de las posibles ubicaciones de El Dorado. Como era habitual en él, el doctor Rice viajó con una partida numerosa y bien armada, que raramente se alejaba de los ríos principales. Siempre obsesionado con los artilugios, había diseñado una embarcación de casi catorce metros de eslora para superar, según sus palabras, «la dificultad de los rápidos, las corrientes fuertes, las rocas sumergidas y las aguas poco profundas».[59] La embarcación fue transportada hasta Manaos por piezas, del mismo modo que se había hecho con la ópera, y montada allí por obreros que trabajaron día y noche. El doctor Rice la bautizó como *Eleanor II*, por su esposa, que le acompañó en el tramo menos arriesgado del viaje. También llevó consigo una misteriosa caja negra de algo más de dieciocho kilos de peso, de la que asomaban diales y cables. Jurando que transformaría el arte de la exploración, cargó el artefacto en la embarcación y se lo llevó a la jungla.

Una tarde, en el campamento, cogió la caja y la colocó con cuidado sobre una mesa improvisada. Tras ponerse unos auriculares y hacer girar los diales mientras las hormigas le subían por los dedos, oyó sonidos vagos y crepitantes, como si alguien estuviera susurrando desde detrás de los árboles..., solo que las señales llegaban, nada más y nada menos, que desde Estados Unidos. El doctor Rice había contactado con sus emisores por medio de un equipo de radiotelegrafía —una temprana radio— equipada especialmente para la expedición. El dispositivo había costado alrededor de seis mil dólares, el equivalente actual de unos sesenta y siete mil dólares.

Todas las noches, bajo las gotas de lluvia que se desprendían de las hojas y los monos que se balanceaban en las ramas, el doctor Rice montaba el aparato y escuchaba las noticias: que el presidente Woodrow Wilson había sufrido una apoplejía, que los Yankees habían comprado a Babe Ruth a los Red Sox por ciento veinticinco mil dólares... Aunque la máquina no podía enviar mensajes, captaba señales que indicaban la hora del día en diferentes meridianos de todo el planeta, lo cual permitía al doctor Rice calcular la longitud con mayor precisión. «Los resultados [...] excedieron con creces a las expectativas», comentó John W. Swanson, un miembro de la expedición que ayudaba a hacer funcionar la radio. «Las señales de la hora se recibían allí donde lo deseábamos, y un diario que se elaboraba y publicaba con noticias recibidas desde estaciones de radio ubicadas en Estados Unidos, Panamá y Europa mantenía perfectamente informados de los acontecimientos a los miembros de la expedición.»[60]

La partida siguió el Casiquiare, un canal natural de trescientos veintidós kilómetros que conectaba los sistemas fluviales del Orinoco y del Amazonas. En un punto determinado, el doctor Rice y sus hombres abandonaron las embarcaciones y siguieron a pie para explorar una parte de la jungla en la que, según se rumoreaba, había artefactos indígenas. Tras abrirse paso a lo largo de apenas ochocientos metros, encontraron varias rocas inmensas con curiosas marcas. Los hombres se apresuraron a rascar el musgo y a retirar las enredaderas. El frontal de las rocas estaba pintado con figuras que semejaban animales y cuerpos humanos. Sin tecnología más moderna (no se dispuso de la datación por radiocarbono hasta 1949) era imposible determinar su antigüedad, pero eran muy similares a las pinturas de aspecto ancestral que Fawcett había visto en rocas y había reproducido en sus cuadernos de bitácora.

La expedición, emocionada, regresó a la embarcación y siguió remontando el río. El 22 de enero de 1920, dos miembros del equipo del doctor Rice investigaban en la orilla cuando creyeron advertir que alguien los observaba. Regresaron al campamento a toda prisa e hicieron correr la alarma. En un instante, los indígenas se desplegaron en la orilla opuesta del río. «Un individuo alto, corpulento, oscuro y horrendo gesticulaba violentamente y no dejaba de gritar airado —escribió más tarde el doctor Rice en un informe para la RGS—. Una mata de pelo densa y corta adornaba su labio superior, y un diente grande colgaba del inferior. Era el jefe de una banda de la que en un principio se veían unos sesenta miembros, pero con cada minuto que pasaba iban apareciendo más, hasta que la ribera quedó repleta de ellos hasta donde alcanzaba la vista.»[61]

Llevaban largos arcos, flechas, garrotes y cerbatanas. Lo más sorprendente, sin embargo, era su piel. Era casi «de color blanco», afirmó el doctor Rice. Se trataba de la tribu de los yanomami, uno de los grupos de los llamados «indios blancos».

Durante sus expediciones anteriores, el doctor Rice había adoptado una actitud precavida y paternalista cuando contactaba con tribus. Mientras que Fawcett creía que los indígenas, en su mayor parte, debían permanecer «no contaminados» por los occidentales, el doctor Rice opinaba que debían ser «civilizados», y él y su esposa crearon una escuela en São Gabriel, junto al río Negro, así como varios centros médicos gestionados por misioneros cristianos. Tras una visita a la escuela, el doctor Rice dijo a la RGS que el cambio en «la vestimenta, los modales y la apariencia general» de los niños y «la atmósfera de orden y diligencia» estaban en «notable contraste con la mísera aldea de pequeños salvajes desnudos»[62] que había sido en el pasado.

Mientras los yanomami se acercaban a ellos, los hombres del doctor Rice permanecieron en guardia pertrechados con un amplio surtido de armas, entre ellas rifles, una escopeta, un revólver y un arma de fuego que se cargaba por el cañón. El doctor Rice depositó en el suelo ofrendas de cuchillos y espejos, donde la luz pudiera hacerlos centellear. Los indígenas, tal vez al ver las armas apuntándoles, se negaron a aceptar los presentes; por el contrario, algunos siguieron acercándose a los exploradores con los arcos tensados. El doctor Rice ordenó a sus hombres que disparasen al aire a modo de advertencia, pero aquello solo consiguió provocar a los indígenas, que empezaron a disparar flechas, una de las cuales cayó junto a los pies de Rice. Este dio entonces la orden de abrir fuego, de disparar a matar. Se desconoce cuántos indígenas murieron en aquella encarnizada lucha. En una misiva dirigida a la RGS, el doctor Rice escribió: «No hubo alternativa, pues ellos fueron los agresores, rehusando toda tentativa de parlamento o tregua, y provocando un ataque defensivo que resultó desastroso para ellos y supuso una gran desilusión para mí».[63]

Mientras los indígenas se retiraban ante la descarga de fusilería, el doctor Rice y sus hombres regresaron a sus embarcaciones y huyeron. «Oíamos sus gritos escalofriantes, pues nos pisaban los talones»,[64] refirió el doctor Rice. Cuando la expedición finalmente salió de la jungla, los exploradores fueron aclamados por su coraje. Fawcett, sin embargo, se sintió horrorizado y dijo a la RGS que disparar de forma indiscriminada a los indígenas era censurable. Tampoco pudo resistirse a señalar que el doctor Rice había «puesto pies en polvorosa»[65] en el instante en que topó con el peligro y que había sido «demasiado blando para la verdadera experiencia de la jungla».[66]

Con todo, la noticia de que el doctor había encontrado pinturas ancestrales y tenía intención de regresar a la jungla con aún más artilugios intensificó la ansiedad de Fawcett, que seguía intentando conseguir financiación en Brasil. En Río se alojó con el embajador británico, sir Ralph Paget, un buen amigo, que presionó por su cuenta al gobierno brasileño. Aunque la RGS se había negado a consagrar sus escasos recursos a la expedición, recomendó a su famoso discípulo al gobierno brasileño, escribiendo en un cable que «es cierto que tiene reputación de ser de trato difícil [...], pero al mismo tiempo posee una capacidad extraordinaria para superar dificultades que disuadirían a cualquier otro».[67] El 26 de febrero, se acordó una reunión con el presidente de Brasil, Epitácio Pessoa, y el célebre explorador y responsable del Indian Protection Service, Cândido Rondon.[68] Fawcett se presentó como coronel, aunque tras la guerra se había retirado como teniente coronel. Recientemente había solicitado al Ministerio de Guerra británico que le ascendieran, ya que iba a regresar a Sudamérica para conseguir financiación y «es una cuestión de cierta importancia».[69] En una petición posterior, fue más explícito: «Tener un rango superior tiene cierta importancia al tratar con los altos funcionarios locales, ya que el de teniente coronel no solo es allí equivalente al de comandante, un grado inferior al de coronel, sino que además ha perdido gran parte de su prestigio debido al gran número de oficiales eventuales que lo han conservado».[70] El Ministerio de Guerra rechazó su solicitud en ambas ocasiones, pero aun así él infló su rango, un subterfugio que mantuvo de modo tan categórico que prácticamente todo el mundo, incluso su familia y sus amigos, lo conocían como «coronel Fawcett».

En el palacio presidencial, Fawcett y Rondon se saludaron cordialmente. Rondon, que había sido ascendido a general, iba de uniforme y llevaba una gorra con ribetes dorados. El pelo canoso le confería un aire distinguido, y su cuerpo permanecía erguido como una baqueta. Tal como observó otro viajero inglés en una ocasión, atraía una «atención inmediata; una atmósfera de dignidad y poder conscientes que le hacían destacar».[71] Aparte del presidente, no había nadie más en la sala.

Según Rondon, Fawcett expuso su teoría de la existencia de Z, enfatizando la importancia de su investigación arqueológica para Brasil. El presidente pareció simpatizar con la idea y preguntó a Rondon qué opinaba de «este valioso proyecto». Rondon sospechaba que su rival, que se mostraba muy reservado en cuanto a la ruta que pretendía seguir, podría tener algún otro motivo para llevar a cabo ese viaje, tal vez explotar la riqueza mineral de la jungla en beneficio de Inglaterra. Corrían también rumores, más tarde aireados por los rusos en Radio Moscú, de que Fawcett seguía siendo espía, aunque no existían pruebas de ello. Rondon insistió en que no era necesario que «extranjeros realicen expediciones en Brasil, ya que nosotros disponemos de civiles y militares muy capaces de hacer ese trabajo».

El presidente señaló que había prometido al embajador británico que le ayudaría. Rondon repuso que, en tal caso, era imperativo que la búsqueda de Z la efectuara una expedición conjunta de Brasil y Gran Bretaña.

Fawcett estaba convencido de que Rondon intentaba sabotearle, y su temperamento fue encendiéndose. «Tengo intención de ir solo», espetó.

Los dos exploradores se enfrentaron. En un principio, el presidente se puso de parte de su compatriota y dijo que la expedición debía incluir a los hombres de Rondon. Pero las dificultades económicas provocaron que el gobierno brasileño se retirase de ella, aunque concedió a Fawcett suficiente dinero para llevar a cabo una modesta exploración. Antes de que Fawcett se marchara de su última reunión, Rondon le dijo: «Rezo por la buena suerte del coronel».

Fawcett había alistado para la expedición a un oficial del ejército británico y miembro de la RGS a quien Reeves había recomendado, pero en el último momento el oficial renunció. Sin inmutarse, Fawcett publicó un anuncio en los periódicos y reclutó a un boxeador australiano de casi dos metros de estatura llamado Lewis Brown y a un ornitólogo estadounidense de treinta y un años, Ernest Holt.[72] Brown era de naturaleza agreste y desenfrenada, y antes de partir con la expedición satisfizo su apetito sexual. «¡Soy de carne y hueso como los demás!»,[73] dijo a Fawcett. Holt, por el contrario, era un joven sensible que, durante su infancia en Alabama, había coleccionado lagartos y serpientes, y hacía mucho tiempo que aspiraba a ser explorador naturalista a semejanza de Darwin. Al igual que Fawcett, escribió poemas en su diario para recitarlos en la jungla, y también algunos versos de Kipling: «¡El soñador cuyo sueño se hizo realidad!». Además, anotó en la cubierta de su diario, con letras mayúsculas, la dirección de un pariente, acompañada de una aclaración: «EN CASO DE ACCIDENTE MORTAL».

Los tres se reunieron en Cuiabá, la capital del Mato Grosso. Durante los seis años que Fawcett había permanecido alejado del Amazonas, la venta del caucho se había desmoronado, y en su caída había desempeñado un papel esencial un antiguo presidente de la Royal Geographical Society, sir Clements Markham. En la década de 1870, Markham había ideado el modo de pasar de contrabando a Europa semillas del árbol del caucho, que luego se distribuyeron entre las plantaciones de las colonias británicas en Asia.[74] En comparación con la extracción brutal, ineficaz y costosa del caucho en la jungla, cultivarlo en las plantaciones de Asia resultaba fácil y barato, y el producto era abundante. «Las luces eléctricas se apagaron en Manaos —escribió el historiador Robin Furneaux—. La ópera quedó en silencio y las joyas que lo habían llenado desaparecieron [...]. Los murciélagos colgaban de las lámparas de araña de los palacios en ruinas y las arañas correteaban por el suelo.»[75]

Fawcett describió Cuiabá como una población «empobrecida y atrasada», un lugar que había degenerado en «poco más que una ciudad fantasma».[76] Las calles estaban cubiertas de barro y hierba; solo la avenida principal estaba iluminada con bombillas eléctricas. Mientras reunía provisiones para la expedición, Fawcett temía que estuvieran espiándole. De hecho, el general Rondon había prometido no perder de vista al inglés hasta que averiguara sus verdaderas intenciones. En su correspondencia, Fawcett empezó a utilizar una clave para ocultar su ruta. Tal como Nina explicó en una carta a un amigo de confianza: «Lat. x + 4 a x + 5, y Long. y + 2, donde "x" es dos veces la cantidad de letras que tiene el nombre de la ciudad donde estuvo con nosotros, e "y" es el número del edificio de Londres donde yo solía visitarle. —Y añadía—: No desveles absolutamente a nadie este código».[77]

Fawcett recibió una nota de despedida de su hijo Jack. En ella le decía que había tenido un «sueño» en el que entraba en un templo antiguo de una ciudad como Z. Que la «protección» esté «contigo en todas las etapas de tu viaje»,[78] dijo Jack a su padre, y le deseó buena suerte. Fawcett pidió a un intermediario local que si su familia y sus amigos «se alarman por no recibir noticias, por favor tranquilícelos con la certeza de que no llegaremos a ningún final adverso y que se sabrá de nosotros en el debido momento».[79] Y en una carta a Keltie prometió: «Voy a llegar a ese lugar y a regresar de él».[80] Seguido de sus dos acompañantes y de dos caballos, dos bueyes y un par de perros, se puso en marcha rumbo al norte, hacia el río Xingu, blandiendo el machete como lo haría un caballero con su espada.

Poco después, todo empezó a torcerse. La lluvia inundó el camino y destrozó su equipamiento. Brown, pese a su feroz apariencia, sufrió una crisis nerviosa y Fawcett, temiendo otro desastre parecido al vivido con Murray, le envió de vuelta a Cuiabá. Holt también se tornó débil; dijo que era imposible hacer ningún trabajo de campo en aquellas condiciones terribles, y se dedicó a catalogar como un poseso las chinches que le atacaban, hasta el punto de que su diario apenas contenía nada más. «Algo más que un poco enfermo por los insectos —garabateó, y añadió—: Días de esfuerzo, noches de tortura… ¡la vida del explorador! ¿Dónde está ahora el romanticismo?»[81]

Fawcett estaba furioso. ¿Cómo iba a llegar a ninguna parte con «este lisiado»?, escribió en sus diarios. No obstante, con cincuenta y tres años, tampoco él era inmune ya a las fuerzas de la naturaleza. Se le había inflamado e infectado una pierna, «provocándome tanto dolor por la noche que me costaba dormir»,[82] confesó en su diario. Una noche tomó píldoras de opio y enfermó violentamente. «Era bastante insólito para mí verme tan derrotado por algo y me sentí terriblemente avergonzado de mí mismo»,[83] escribió.

Al mes de viaje, los animales empezaron también a flaquear. «Destroza los nervios ver cómo los animales de carga de uno van muriendo lentamente»,[84] escribió Holt. Uno de los bueyes, invadido por los gusanos, se tumbó y no volvió a levantarse. Un perro se estaba muriendo de hambre y Holt lo mató de un disparo. Un caballo se ahogó. Y después el otro se desplomó y Fawcett le ahorró más sufrimiento con una bala; aquel era el lugar al que se acabó conociendo como el Dead Horse Camp. Finalmente, Holt se postró y dijo: «No se preocupe por mí, coronel. Siga usted, déjeme aquí».[85]

Fawcett sabía que aquella expedición podía ser su última oportunidad para demostrar la veracidad de su teoría de la existencia de Z, y maldijo a los dioses por conspirar contra él: propició imprecaciones contra el tiempo, contra sus compañeros y contra la guerra que le había retenido tanto tiempo. Pero comprendió que si dejaba a Holt allí, el hombre moriría. «No había más opción —escribió Fawcett después— que llevarle de vuelta y abandonar este viaje como un fracaso, ¡un fracaso exasperante, desgarrador!»[86]

Lo que no estaba dispuesto a admitir era que su pierna infectada prácticamente le imposibilitaba seguir adelante. Durante el penoso trayecto de regreso hasta el puesto fronterizo más próximo, soportando treinta y seis horas sin agua, Fawcett dijo a Holt: «La salida del infierno siempre es difícil».[87]

Cuando aparecieron en Cuiabá, en enero de 1921, el embajador Paget envió un telegrama a Nina diciéndole únicamente: «Su esposo ha regresado». Nina preguntó a Harold Large: «¿Qué cree que significa eso? ¡No puede tratarse de un fracaso! Posiblemente no haya dado con las "ciudades perdidas", pero me inclino a pensar que ha encontrado algo importante o sin duda no habría vuelto».[88] Sin embargo, había vuelto sin nada. El general Rondon envió un ufano comunicado a la prensa: «La expedición del coronel Fawcett ha concluido en abandono [...] pese a todo su orgullo como explorador [...]. Regresó delgado, obviamente decepcionado por haberse visto obligado a retirarse antes de acceder a la zona más dura del Xingu».[89] Desolado, Fawcett hizo planes para volver a la jungla con Holt, quien seguía bajo contrato y cuyos servicios era todo cuanto Fawcett podía permitirse. La esposa del vicecónsul estadounidense en Río, que era amiga del ornitólogo, envió a Holt una carta suplicándole que no fuera:

> Eres un hombre joven, fuerte y sano, así que ¿por qué [...] desperdicias deliberadamente tu vida como harás volviendo al Mato Grosso? [...] Todos comprendemos que estás profundamente interesado por la ciencia y enamorado de ella, pero ¿qué bien va a hacerte a ti o al mundo internarte sin rumbo en las profundidades de la nada? [...] ¿Y tu madre y tu hermana? ¿Acaso no cuentan en absoluto? [...] Algún día una de ellas, o las dos, te necesitarán y ¿dónde estarás tú? No tienes derecho a sacrificar tu vida solo porque un hombre al que no conoces quiere que vayas con él. Muchas vidas se han perdido para que la humanidad mejore, es cierto, pero ¿cómo va un ganso salvaje a contribuir o a aportar nada al mundo?[90]

Aun así, Holt estaba decidido a participar en la expedición y fue a Río para comprar suministros. Fawcett, mientras tanto, barruntaba sobre todos los aspectos de su comportamiento: cada queja, cada paso en falso, cada error. Incluso empezó a sospechar, aunque carecía de pruebas, de que Holt era un Judas que pasaba información al doctor Rice o a algún otro rival. Al cabo de un tiempo, le envió un mensaje en el que le decía: «Desgraciadamente, vivimos y pensamos en mundos diferentes y no podemos mezclarnos más de lo que se mezclan el aceite y el agua [...]. Y, dado que el objetivo de este viaje es lo primero para mí y las consideraciones personales están en un segundo plano, prefiero llevarlo a cabo en solitario que poner en riesgo los resultados innecesariamente».[91]

Holt, perplejo, escribió en su diario: «Tras una estrecha colaboración con el coronel Fawcett durante un período de un año, [...] veo que la lección que con mayor claridad ha quedado impresa en mi mente es: nunca más, por ninguna circunstancia, volveré a establecer conexión alguna con ningún inglés, jamás». Lamentaba que, en lugar de granjearse fama, seguía siendo un «ornitólogo vagabundo, o quizá "trampero desollador de aves" se acercaría más al verdadero título». Y concluyó: «Por lo que he podido deducir de mi observación parcial, [Fawcett] únicamente posee tres cualidades que yo admiro: coraje, piedad con los animales y capacidad para olvidar al instante».[92]

Fawcett dijo a un amigo que había despedido a otro acompañante de la expedición, quien estaba «convencido, no me cabe la menor duda, de que estoy loco».[93]

Por primera vez, la idea empezó a cobrar fuerza: «Si mi hijo pudiera venir...». Jack era fuerte y abnegado. No se quejaría como un blando afeminado. No exigiría un sueldo elevado ni se amotinaría. Y, lo más importante, creía en Z. «Ansiaba que llegara el día en que mi hijo fuera lo bastante mayor para trabajar conmigo»,[94] escribió.

Por el momento, sin embargo, Jack, que solo tenía dieciocho años, no estaba preparado, y Fawcett no tenía a nadie. La opción lógica era posponer el viaje, pero en lugar de hacerlo se gastó la mitad de la pensión militar en provisiones —jugándose los pocos ahorros que tenía— e ideó un nuevo plan. Esta vez intentaría llegar a Z desde la dirección opuesta, viajando de este a oeste. Partiría de Bahía, pasando por donde creía que el *bandeirante* había descubierto la ciudad en 1753, y caminaría centenares de kilómetros tierra adentro, hacia la jungla del Mato Grosso. El plan parecía disparatado. El propio Fawcett admitió a Keltie que si iba solo «las probabilidades de regresar se reducen».[95] Sin embargo, en agosto de 1921 partió en solitario. «La soledad no es intolerable cuando el entusiasmo por una búsqueda colma la mente»,[96] escribió. Sediento y hambriento, entre delirios y casi trastornado, avanzó sin cesar. En un momento dado, alzó la mirada hacia las colinas que perfilaban el horizonte y creyó ver la silueta de una ciudad… ¿o empezaba a fallarle la razón? Se le habían acabado las provisiones, le flaqueaban las piernas. Después de tres meses en la jungla viéndole la cara a la muerte, no tuvo más opción que abandonar.

«Tengo que volver —juró—. ¡Volveré!»[97]

18

Una obsesión científica

—Tú decides, Jack[1] —dijo Fawcett.

Estaban hablando los dos tras el regreso de Fawcett de su expedición de 1921. Durante su ausencia, Nina había trasladado a su familia de Jamaica a Los Ángeles, adonde también se habían desplazado los Rimell. Una vez allí Jack y Raleigh sucumbieron al embrujo de Hollywood: se engominaron el pelo, se dejaron bigote a lo Clark Gable y visitaron los estudios cinematográficos con la esperanza de conseguir un papel. (Jack había conocido a Mary Pickford y le había prestado su bate de críquet para la producción de *El pequeño lord*.)

Fawcett tenía una propuesta para su hijo. El coronel T. E. Lawrence —el célebre espía y explorador del desierto más conocido como Lawrence de Arabia— se había ofrecido voluntario para acompañar a Fawcett en su siguiente viaje en busca de Z, pero este recelaba de admitir en su expedición a un compañero con un ego tan grande y que carecía de experiencia en un entorno como el del Amazonas. Según escribió a un amigo: «[Lawrence] podría ser un buen compañero en una exploración en Sudamérica, pero, para empezar, probablemente exija un salario que no puedo sufragar y, en segundo lugar, haber hecho un trabajo excelente en Oriente Próximo no asegura poseer la capacidad o la disposición para cargar con una mochila de casi treinta kilos, vivir un año en la selva, sufrir el envite de legiones de insectos y aceptar las condiciones que yo impondría».[2] Fawcett propuso a Jack participar en la expedición en lugar de Lawrence. Sería una de las más difíciles y peligrosas en la historia de la exploración, la prueba última, en palabras de Fawcett, «de fe, coraje y determinación».[3]

Jack no dudó.

—Quiero ir contigo,[4] —le dijo.

Nina, que estaba presente en estas conversaciones, no puso objeción. Por una parte, confiaba en que los poderes aparentemente sobrehumanos de Fawcett protegerían a su hijo y, por otra, creía que Jack, heredero natural de su padre, poseería capacidades similares. No obstante, parece ser que sus motivaciones eran más profundas: dudar de su esposo tras tantos años de sacrificio equivalía a dudar del sentido de su propia vida. De hecho, necesitaba Z tanto como él. Y aunque Jack no tuviera experiencia como explorador y ello suponía un peligro extraordinario, nunca consideró, como tiempo después comentó a un periodista, la posibilidad de «retener» con ella a su hijo.

Obviamente, Raleigh también tendría que ir. Jack dijo que no podía llevar a cabo la experiencia más importante de su vida sin él.

La madre de Raleigh, Elsie, se mostró reticente a permitir que su hijo pequeño —su «chico», como le llamaba— participara en una empresa tan peligrosa. Pero Raleigh insistió. Sus aspiraciones en el cine habían fracasado, y se estaba dejando la piel en la industria maderera. Tal como dijo a su hermano mayor, Roger, se sentía «insatisfecho e inestable».[5] Aquella era una oportunidad no solo de ganar un «montón de pasta», sino también de hacer algo bueno con su vida.

Fawcett informó a la RGS y a los demás que contaba con dos acompañantes idóneos («ambos fuertes como caballos y entusiastas»),[6] e intentó una vez más conseguir financiación. «Solo puedo decir que se me ha otorgado la medalla del Fundador [...] y que, por tanto, merezco confianza»,[7] sostuvo. Aun así, el fracaso de su expedición anterior —aunque fuera la primera y única de una brillante trayectoria— había proporcionado más munición a sus detractores. Además, sin patrocinadores, y tras haber agotado en su último viaje los pocos ahorros que tenía, ya no pudo seguir costeándose la vida en California y se vio obligado a desarraigar una vez más a su familia para regresar a Stoke Canon, Inglaterra, donde alquiló una casa vieja y destartalada, sin agua corriente ni electricidad. «Hay que bombear el agua y serrar en pedazos troncos inmensos, lo que supone mucho más trabajo»,[8] escribió Nina a Large. El esfuerzo era extenuante. «Al final me derrumbé hace cinco semanas y enfermé seriamente», dijo Nina. Una parte de ella deseaba huir de todos aquellos sacrificios y responsabilidades, pero, como ella misma comentó, «la familia me necesitaba».

«La situación es difícil —admitió Fawcett a Large—. Uno aprende poco de la vida cómoda, pero no me gusta arrastrar a otros a las dificultades que me han perseguido con tanta persistencia [...]. No es que desee lujos. Me importan poco esas cosas, pero detesto la inactividad.»[9]

No podía permitirse enviar a Jack a la universidad, y Brian y Joan dejaron la escuela para ayudar en las tareas domésticas y trabajar ocasionalmente para ganar dinero. Se desprendieron de fotografías y cuadros mientras Fawcett vendía las pertenencias y las reliquias de la familia. «Hace unos días mi hombre llegó a sugerir que sería conveniente vender esas sillas españolas antiguas si [...] alcanzaban un buen precio»,[10] escribió Nina a Large. En 1923, Fawcett disponía de tan poco dinero que ya no podía pagar la cuota de socio de la RGB de tres libras anuales. «Le agradecería que me concediera el beneficio de su consejo sobre si podría renunciar [...] sin provocar algún tipo de escándalo tratándose de un miembro galardonado con la medalla del Fundador —escribió Fawcett a Keltie—. El hecho es que la inercia forzada y [...] el traslado de la familia a California me han dejado sin blanca. Había confiado en sobrellevar la situación, pero tales esperanzas parecen marchitarse, y no creo que pueda aguantar. —Y añadía—: Es como haber caído de un sueño.»[11]

Aunque consiguió dinero suficiente para pagar otro año de alquiler, Nina estaba preocupada por su marido. «P. H. F. se encuentra en el abismo de la desesperación»,[12] confesó a Large.

«La impaciencia de mi padre por partir en su último viaje cada vez le consumía más —recordó Brian tiempo después—. De carácter habitualmente reservado, se convirtió en un ser hosco.»[13]

Fawcett empezó a arremeter contra la élite científica; consideraba que le había dado la espalda. Dijo a un amigo: «Las ciencias arqueológica y etnológica se fundamentan en las arenas de la especulación, y sabemos lo que puede ocurrirles a las casas así construidas».[14] Denunciaba a sus enemigos de la RGS y, por todas partes, sospechaba de «traición». Se quejaba del «dinero desperdiciado en esas inútiles expediciones a la Antártida»,[15] de los «hombres de ciencia», que habían «desdeñado en su día la existencia de las Américas, y, después, las ideas sobre Herculano, Pompeya y Troya».[16] Afirmaba que «todo el escepticismo propio de la cristiandad no me hará cambiar ni un ápice de opinión»[17] en la creencia en Z, y que lo «conseguiré de un modo u otro aunque tenga que esperar otra década».[18]

Empezó a rodearse de espiritualistas que no solo confirmaban su visión de Z sino que la embellecían aún más. Un vidente le dijo: «El valle y la ciudad están repletos de joyas, joyas espirituales, pero también de una inmensa abundancia de joyas auténticas».[19] Fawcett publicó artículos en revistas, como la *Occult Review*, en los que hablaba de su empresa espiritual y de «los tesoros del Mundo invisible».[20]

Otro explorador sudamericano y miembro de la RGS dijo que mucha gente creía que Fawcett se había vuelto «algo desequilibrado».[21] Algunos lo llamaban «maníaco científico».[22]

En la revista espiritualista *Light*, Fawcett publicó un artículo titulado «Obsesión». Sin mencionar su propia *idée fixe*, describía cómo las «tormentas mentales»[23] podían consumir a una persona en una «espantosa tortura». «Sin duda, la obsesión es el diagnóstico de muchos casos de locura», concluía.

Rumiando día y noche, Fawcett se planteaba diferentes posibilidades —explotar nitrato en Brasil, prospectar petróleo en California— con el fin de conseguir dinero para la expedición. «El Mining Syndicate [«Sindicato Minero»] ha fracasado» porque era un «nido de desvergonzados»,[24] escribió Fawcett a Large en octubre de 1923.

Jack dijo a otro amigo de la familia: «Era como si algún geniecillo malvado estuviera tratando de poner todos los obstáculos posibles en nuestro camino».[25]

Pese a ello, Jack seguía un entrenamiento físico en caso de que el dinero acabara llegando. Sin la alegre influencia de Raleigh, adoptó el ascetismo de su padre y renunció a ingerir carne y alcohol. «Hace poco tiempo tuve la idea de que debía someterme a una prueba extremadamente difícil que exigiera un tremendo esfuerzo —escribió a Esther Windust, una amiga de la familia que era teósofa—. Con grandes esfuerzos lo he conseguido y ya he notado los beneficios. —Y añadía—: Disfruto inmensamente de la vida y de las doctrinas de Buda [que] llegaron hasta mí, produciéndome una gran sorpresa por su absoluta afinidad con mis propias ideas. Uno percibe su rechazo a los credos y al dogma.»[26] Una persona, durante una visita a la familia, quedó impresionada con la presencia de Jack: «Su capacidad de amar y su leve moderación ascética en cierto modo hacen pensar en los caballeros del Grial».[27]

Fawcett, mientras tanto, intentaba conservar la fe en que tarde o temprano «los dioses me aceptarán a su servicio».[28] En cierto momento, su amigo Rider Haggard le dijo que tenía algo importante que darle: era un ídolo de piedra, de unos veinticinco centímetros de alto, con ojos almendrados y jeroglíficos tallados en el pecho. Haggard, que lo conservaba sobre su escritorio mientras escribía en 1919 el libro *Cuando el mundo se estremeció*, le dijo que se lo había dado en Brasil alguien que creía que procedía de los indígenas del interior.

Fawcett se llevó el ídolo y pidió a varios expertos museísticos que lo examinaran. La mayoría dictaminó que era falso, pero Fawcett, en su desesperación, se lo mostró incluso a un adivino, y concluyó que podía ser una reliquia de Z.

En la primavera de 1924, Fawcett supo que el doctor Rice, tras recurrir a su inagotable cuenta bancaria, estaba organizando una de las expediciones más extraordinarias jamás llevadas a cabo. Había reunido a un equipo que reflejaba la nueva necesidad de contar con especialistas en todos los ámbitos: expertos en botánica, zoología, topografía, astronomía, geografía y medicina, así como uno de los antropólogos más prestigiosos del mundo, el doctor Theodor Koch-Grünberg, y Silvino Santos, considerado el primer cinematógrafo del Amazonas. Más asombroso aún era el arsenal que constituía el equipamiento de la expedición: el *Eleanor II*, junto con otra elegante embarcación, y un nuevo sistema de radio, en esta ocasión no solo capaz de recibir señales sino también de transmitirlas. Sin embargo, no fue esta nueva tecnología la que provocó el gran revuelo que se había formado en torno a la expedición. Según informó el *The New York Times*, Rice llevaría consigo un hidroavión de ciento sesenta caballos, seis cilindros, hélices de roble y capacidad para tres personas, al que se había acoplado un sistema de cámaras aéreas.

Fawcett creía que no podría sacarse el máximo provecho al equipamiento del doctor Rice en un entorno como el Amazonas: las radios que llevaban consigo eran tan voluminosas que solo podrían utilizarse en las travesías en barco, y la observación y la fotografía aéreas no necesariamente permitirían ver más allá del dosel que formaba la vegetación. Existía también el riesgo de aterrizar en zonas hostiles. El *Times* informaba que el hidroavión iba cargado con «un suministro de bombas» que se utilizarían para «atemorizar a los indios caníbales»,[29] una táctica que horrorizó a Fawcett.

Sin embargo, Fawcett sabía que un aeroplano podía llevar incluso al explorador más inepto a los lugares más recónditos.

El doctor Rice afirmó que iba a «revolucionar las técnicas de la exploración y de la cartografía geográfica».[30] La expedición —o, al menos, la grabación que Santos pretendía hacer— se denominó *No rastro do Eldorado*, o *Tras la pista de El Dorado*. Aunque Fawcett consideraba que su rival seguía buscando demasiado al norte de donde él creía que se hallaba Z, se quedó estupefacto.

Aquel mes de septiembre, mientras Rice y su equipo se dirigían hacia el Amazonas, Fawcett conoció a un intrépido corresponsal de guerra británico y antiguo miembro de la RGS llamado George Lynch. Este tenía buenos contactos tanto en Estados Unidos como en Europa, y frecuentaba el Savage Club de Londres, donde escritores y artistas se reunían, tomaban copas y fumaban cigarros. Lynch, de cincuenta y seis años, le pareció a Fawcett un «hombre altamente respetable, de carácter intachable y de excelente renombre».[31] Y, lo más importante, también le fascinaba la idea de encontrar Z.

A cambio de un porcentaje de los beneficios que pudieran devengarse de la expedición, Lynch, mucho más avezado que Fawcett en el plano comercial, se ofreció a ayudarle a conseguir dinero. Fawcett había centrado sus esfuerzos por encontrar financiación en la RGS, menoscabada económicamente. Ahora, con la ayuda de Lynch, buscaría apoyo en Estados Unidos, ese nuevo y bullicioso imperio en constante expansión hacia nuevas fronteras y rebosante de capital. El 28 de octubre, Jack escribió a Windust para decirle que Lynch había ido a Estados Unidos «para ponerse en contacto con millonarios».[32] Consciente del poder de la leyenda de Fawcett y del valor comercial de su historia —«la mejor historia de exploración que creo se ha escrito en nuestros tiempos»,[33] como la definió Fawcett—, en un principio Lynch recurrió a sus contactos en los medios de comunicación. En cuestión de días, se había asegurado miles de dólares vendiendo los derechos del relato de la expedición de Fawcett a la North American Newspaper Alliance, o NANA, un consorcio de publicaciones con presencia en casi todas las principales ciudades de Estados Unidos y Canadá. El consorcio, que incluía el *New York World*, *Los Angeles Times*, el *Houston Chronicle*, el *Times-Picayune* y el *Toronto Star*, era conocido por conceder acreditaciones de prensa a reporteros no profesionales que pudieran proporcionar información que fascinara al público desde los lugares más exóticos y peligrosos. (Tiempo después, alistó a Ernest Hemingway como corresponsal en el extranjero durante la guerra civil española y financió expediciones como la travesía del Pacífico en balsa de Thor Heyerdahl, en 1947.) Habitualmente, los exploradores redactaban sus aventuras después de haberlas vivido; sin embargo, Fawcett enviaría a mensajeros indígenas con comunicados durante el viaje; incluso, de ser posible, desde «la misma ciudad prohibida», según había informado un periódico.

Lynch también vendió los derechos de la expedición de Fawcett a periódicos de todo el mundo, de modo que decenas de millones de personas de prácticamente todos los continentes leerían el devenir de su viaje casi en tiempo real. Aunque Fawcett temía trivializar sus empeños científicos con tanta «jerga periodística», agradecía cualquier ayuda financiera. Además, aquel despliegue de medios le garantizaba la gloria absoluta. Lo que más le alegró, no obstante, fue un cable de Lynch en el que le informaba que su propuesta estaba generando el mismo entusiasmo entre prestigiosas instituciones científicas estadounidenses. Estas fundaciones no solo tenían más dinero que sus homólogas europeas, sino que además se mostraban de acuerdo con la teoría de Fawcett. El director de la American Geographical Society, el doctor Isaiah Bowman, había sido miembro de la expedición en la que Hiram Bingham descubrió el Machu Picchu, un enclave que los científicos del momento nunca esperaron encontrar. El doctor Bowman dijo a un periodista: «Conocemos al coronel Fawcett desde hace muchos años como un hombre de carácter firme y de absoluta integridad. Le profesamos una confianza absoluta, tanto en su capacidad y en su competencia como en su fiabilidad como científico».[34] La American Geographical Society ofreció a la expedición una subvención de mil dólares; el Museum of the American Indian añadió otros mil dólares.

El 4 de noviembre de 1924, Fawcett escribió a Keltie, diciéndole: «Por el cable y las cartas de Lynch, deduzco que todo el asunto […] está estimulando la fantasía de los estadounidenses. Supongo que se trata de la vena romántica que ha erigido y sin duda erigirá imperios».[35] Tras advertir a la institución británica que estaba a punto de saberse que «un Colón moderno ha sido rechazado en Inglaterra»,[36] le ofreció una última oportunidad para respaldar la misión. «La RGS me formó como explorador, y no quiero que se quede fuera»[37] de una expedición que sin duda iba a hacer historia, dijo. Finalmente, con Keltie y otros partidarios presionando a su favor, y con científicos de todo el mundo considerando seriamente la posibilidad de la existencia de Z, la Royal Society votó por apoyar a la expedición y ayudar a completar el equipamiento.

El total ascendió a apenas cinco mil dólares, menos que el coste de una de las radios del doctor Rice. No era suficiente para que Fawcett, Jack o Raleigh pudiesen cobrar un salario, y gran parte de la financiación ofrecida por los periódicos se recibiría una vez concluido el viaje. «Si no regresan, no habrá nada»[38] de lo que pueda vivir la familia, le dijo Nina más tarde a Large.

«No es una suma que inspiraría a la mayoría de los exploradores»,[39] comentó Fawcett a Keltie. Pero añadía en otra carta: «En cierto sentido, me alegro de que ninguno de los tres vaya a ganar un céntimo a menos que el viaje tenga éxito, ya que nadie podrá decir que íbamos tras el dinero al emprender esta peligrosa empresa. Es una investigación científica honrada fomentada por su interés y su valor excepcionales».[40]

Fawcett y Jack visitaron la RGS, donde los resentimientos y las frustraciones parecían haber desaparecido de pronto. Todos les desearon suerte. Reeves, el conservador cartográfico de la Royal Society, recordó tiempo después el «joven admirable» que era Jack: «Corpulento, alto y fuerte, como su padre».[41] Fawcett expresó su gratitud a Reeves y a Keltie, que nunca habían vacilado en apoyarle. «Me alegrará inmensamente narraros la historia completa dentro de tres años»,[42] les dijo.

De vuelta en Stoke Canon, Fawcett, Jack y el resto de la familia se sumieron en un frenesí de embalajes y planes. Se decidió que Nina y Joan, que contaba entonces catorce años, se trasladarían a la isla portuguesa de Madeira, donde la vida era más asequible. Brian, que estaba disgustado porque su padre no le había escogido a él para la expedición, había desviado su atención hacia la ingeniería ferroviaria. Con la ayuda de Fawcett, encontró un empleo en una compañía de Perú y fue el primero en partir hacia Sudamérica. La familia acompañó a Brian, quien entonces tenía solo diecisiete años, a la estación de tren.

Fawcett dijo a Brian que sería responsable del cuidado de Nina y de su hermana mientras ellos estuviesen de expedición, y que cualquier ayuda económica que su hijo pudiera enviarles contribuiría a que sobrevivieran. La familia hizo planes para el regreso de Fawcett y de Jack como héroes. «Al cabo de dos años estarían de vuelta y, en cuanto yo tuviera mi primer permiso, todos volveríamos a encontrarnos en Inglaterra —recordó Brian tiempo después—. Luego la familia se instalaría en Brasil, donde sin duda estaría el trabajo de los años venideros.»[43] Brian se despidió de ellos y subió al tren. Mientras este se ponía en marcha y empezaba a alejarse, los miró desde la ventanilla y lentamente vio desaparecer a su padre y a su hermano en la distancia.

El 3 de diciembre de 1924, Fawcett y Jack se despidieron de Joan y de Nina y subieron a bordo del *Aquitania* rumbo a Nueva York, donde iban a encontrarse con Raleigh. El camino hacia Z parecía al fin asegurado. Sin embargo, cuando desembarcaron en Nueva York, una semana después, Fawcett supo que Lynch, su socio de «carácter intachable», se había confinado, borracho y rodeado de prostitutas, en el hotel Waldorf-Astoria. «Había sucumbido a la trampa de la omnipresente botella en aquella Ciudad de la Ley Seca»,[44] escribió Fawcett a la RGS. Dijo que Lynch «debe de haber sufrido una aberración alcohólica. Podría ser algo más grave, pues sufre algún trastorno sexual».[45] La aberración había costado más de mil dólares de los fondos para la expedición, y Fawcett temía que la misión fracasara antes incluso de empezar. No obstante, la inminente gesta ya se había convertido en un acontecimiento internacional; incluso John D. Rockefeller Jr., descendiente del multimillonario fundador de la Standard Oil y aliado del doctor Bowman, extendió un talón por la suma de cuatro mil quinientos dólares para que «el plan pueda ponerse en marcha de inmediato».[46]

Con el camino a Z despejado, Fawcett ni siquiera pudo dar rienda suelta a su conocida ira contra Lynch, que había regresado a Londres totalmente desacreditado. «Él propició esta exploración, algo que le honra, y a veces los dioses eligen a curiosos agentes para sus propósitos»,[47] escribió Fawcett a la RGS. Además, dijo: «Creo enormemente en la Ley de la Compensación».[48] Estaba seguro de que había sacrificado todo cuanto tenía para llegar a Z. Ahora confiaba en recibir lo que él denominaba «el honor de la inmortalidad».[49]

19

Una pista inesperada

—Sí, he oído hablar de Fawcett —me dijo un guía brasileño que ofrecía recorridos por el Amazonas—. ¿No es el que desapareció mientras buscaba El Dorado o algo así?

Cuando le comenté que quería contratar a un guía para que me ayudara a rastrear la ruta de Fawcett y buscar Z, me contestó que estaba «*muito ocupado*», lo que me pareció una forma amable de decir: «Está usted loco».

Era difícil encontrar a alguien que no solo estuviera dispuesto a viajar a la jungla, sino que además tuviera vínculos con las comunidades indígenas de Brasil, que funcionan prácticamente como países autónomos, con leyes y cuerpos gubernamentales propios. La historia de la interacción entre los *brancos* y los *indios* —blancos e indígenas— en el Amazonas a menudo asemeja un extenso epitafio: las tribus fueron exterminadas por las enfermedades y las masacres; las lenguas y las canciones, borradas de la existencia. Una tribu enterró con vida a los niños para ahorrarles la vergüenza de la subyugación. Pero algunas, muchas de las cuales aún se desconocen, han conseguido aislarse en la selva. En décadas recientes, a medida que muchos pueblos indígenas se han organizado políticamente, el gobierno de Brasil ha dejado de intentar «modernizarlos» y ha trabajado con mayor eficacia para protegerlos. Como resultado, varias tribus amazónicas, en particular las que habitan en la región del Mato Grosso, donde Fawcett desapareció, han prosperado. Sus poblaciones, tras ser diezmadas, vuelven a crecer; sus lenguas y sus costumbres han pervivido.

La persona a la que finalmente convencí para que me acompañara fue Paolo Pinage, un antiguo bailarín de samba profesional y director de teatro de cincuenta y dos años. Aunque Paolo no descendía de indios, había trabajado en el pasado para la FUNAI, la agencia que sucedió al Indian Protection Service de Rondon. Paolo compartía su lema «Muere si tienes que hacerlo, pero nunca mates». En nuestra primera conversación telefónica le había preguntado si podíamos acceder a la misma región en la que penetró Fawcett, incluida la zona de lo que ahora es el Parque Nacional del Xingu, la primera reserva indígena de Brasil, creada en 1961. (El parque, junto con una reserva adyacente, tiene el tamaño de Bélgica y es una de las mayores extensiones de selva del mundo con control indígena.) Paolo contestó: «Puedo llevarle allí, pero no será fácil».

Acceder a territorios indígenas, me explicó, requería complejas negociaciones con los jefes tribales. Me pidió que le enviara informes médicos que confirmaran que no sufría ninguna enfermedad contagiosa. Luego contactó con varios jefes. Muchas tribus de la selva disponían ya de radios de onda corta, una versión más moderna de la que había utilizado el doctor Rice, y durante semanas intercambiamos mensajes en los que Paolo les aseguraba que yo era un periodista y no un *garimpero*, o «prospector». En 2004, veintinueve mineros de diamantes entraron sin autorización en una reserva del oeste de Brasil, y miembros de la tribu cinta larga los mataron a tiros o a golpes con garrotes de madera.[1]

Paolo me indicó que me reuniera con él en el aeropuerto de Cuiabá. Aunque ninguna de las tribus había dado su visto bueno a mi visita, me pareció optimista cuando le saludé. Llevaba varios recipientes de plástico a modo de equipaje y un cigarrillo colgando de la boca. Vestía un chaleco de camuflaje con un sinfín de bolsillos repletos de suministros: una navaja del ejército suizo, un medicamento japonés para calmar el picor, una linterna, una bolsa de cacahuetes, y más cigarrillos. Parecía alguien que regresaba de una expedición, no que iba a embarcarse en ella. Llevaba el chaleco andrajoso. Tenía el rostro escuálido y cubierto de una barba algo canosa, y la cabeza, calva, curtida por el sol. Pese a su vacilante acento inglés, hablaba tan deprisa como fumaba. «Venga, venga, nos vamos ya —dijo—. Paolo se encarga de todo.»

Fuimos en taxi al centro de Cuiabá, que ya no era la «ciudad fantasma» que Fawcett había descrito sino una urbe que desprendía cierto aire de modernidad, con calles pavimentadas y varios rascacielos modestos. En el pasado, colonos brasileños se habían dirigido al interior, atraídos falsamente por el caucho y el oro. Ahora, la principal tentación era el elevado precio de los artículos procedentes de la ganadería, y la ciudad hacía las veces de escala para estos últimos pioneros.

Nos alojamos en un hotel llamado El Dorado («Una coincidencia graciosa, ¿verdad?», dijo Paolo) y empezamos a organizar los preparativos. Nuestro primer desafío era asegurarnos de que trazábamos correctamente la ruta de Fawcett. Informé a Paolo de mi viaje a Inglaterra y de todo cuanto Fawcett había hecho —dejar pistas falsas, utilizar códigos secretos— para mantener su ruta en secreto.

—Este coronel se esforzó mucho en ocultar algo que nadie ha encontrado nunca —dijo Paolo.

Extendí sobre la mesa los documentos más relevantes que había conseguido en los archivos británicos. Entre ellos había copias de varios de los mapas originales de Fawcett. Eran meticulosos; recordaban cuadros puntillistas. Paolo cogió uno y lo examinó bajo la luz durante varios minutos. Fawcett había escrito «INEXPLORADO» con mayúsculas sobre una imagen que reproducía la selva que se extendía entre el río Xingu y otros dos afluentes principales del Amazonas. En otro hizo varias anotaciones: «Pequeñas tribus […] que se cree que son amistosas», «Tribus indígenas feroces, nombres desconocidos», «Indios probablemente peligrosos».

Uno de los mapas parecía dibujado de forma algo rudimentaria, y Paolo preguntó si lo había hecho Fawcett. Le expliqué que una de las anotaciones del mapa —que yo había encontrado entre varios documentos antiguos de la North American Newspaper Alliance— indicaba que había pertenecido a Raleigh Rimell; este había esbozado en el mapa la ruta de la expedición y se lo había entregado a su madre. Aunque le hizo prometer que lo destruiría en cuanto él partiera, ella lo había conservado.[2]

Paolo y yo convinimos en que los mapas confirmaban que Fawcett y su equipo, tras salir de Cuiabá, se habían dirigido hacia el norte, al territorio de los indios bakairí. Desde allí habrían ido al Dead Horse Camp, y después, presumiblemente, se habrían internado en lo que hoy es el Parque Nacional del Xingu. En la ruta que Fawcett había proporcionado en secreto a la Royal Geographical Society escribió que su partida viraría hacia el este, hacia el undécimo paralelo al sur del Ecuador, y que proseguiría dejando atrás el río de la Muerte y el Araguaia hasta llegar al océano Atlántico. Según Fawcett, seguir la trayectoria hacia el este, en dirección a las regiones litorales de Brasil, «avanzando constantemente hacia las profundidades de la selva, mantendría un nivel más elevado de entusiasmo».[3]

Sin embargo, un segmento de la ruta que Raleigh había trazado parecía contradecir esto último. En el río Araguaia, según indicaba Raleigh, la expedición viraría bruscamente hacia el norte en lugar de seguir hacia el este, y pasaría del Mato Grosso al estado brasileño de Pará, antes de salir cerca de la desembocadura del río Amazonas.

—Quizá fue un error de Raleigh —dijo Paolo.

—Es lo que pensé en un principio —repuse—, pero lee esto.

Le mostré la última carta que Jack había enviado a su madre. Paolo leyó la línea que yo había resaltado: «La próxima vez que escriba probablemente lo haré desde Pará».

—Creo que Fawcett mantuvo en secreto esta última parte de la ruta, incluso a la RGS —dije.

Paolo parecía cada vez más intrigado por la figura de Fawcett, y con un bolígrafo negro empezó a trazar su ruta en un nuevo mapa, marcando entusiasmado cada uno de nuestros destinos previstos. Al final, se quitó el cigarrillo de la boca y preguntó:

—Hasta Z, ¿no?

20

No temas

El tren traqueteaba hacia la frontera. El 11 de febrero de 1925, Fawcett, Jack y Raleigh habían partido de Río de Janeiro en su viaje de más de mil seiscientos kilómetros hacia el interior de Brasil. En Río se habían alojado en el Hotel Internacional, en cuyo jardín comprobaron su equipamiento y donde prácticamente todo lo que hicieron fue publicado en crónicas de periódicos de todo el mundo. «Al menos cuarenta millones de personas conocen ya nuestro objetivo», escribió Fawcett a su hijo Brian, disfrutando de aquella «tremenda» publicidad.[1]

Aparecían fotografías de los exploradores con títulos como «Tres hombres se enfrentan a los caníbales en su búsqueda de reliquias». Un artículo afirmaba: «Ningún deportista olímpico se ha entrenado nunca como estos tres reservados y pragmáticos ingleses, cuyo camino hacia un mundo olvidado está plagado de flechas, pestes y bestias».[2]

«¿No te parecen divertidos los artículos que publican los periódicos ingleses y estadounidenses sobre la expedición?»,[3] escribió Jack a su hermano.

Las autoridades brasileñas, temerosas de perder en su territorio a una partida tan ilustre, exigió a Fawcett que firmase una declaración que los redimía de toda responsabilidad, a lo que él accedió sin vacilar.[4] «No quieren sufrir presiones […] si no volvemos a aparecer —dijo Fawcett a Keltie—. Pero todos volveremos a aparecer sanos y salvos, aunque eso sea lo máximo que mis cincuenta y ocho años puedan soportar.»[5] Pese a estas inquietudes, el gobierno y sus ciudadanos dieron un cálido recibimiento a los exploradores: proporcionarían transporte gratuito al grupo hasta la frontera en vagones de tren reservados para dignatarios, lujosos compartimientos con cuarto de baño privado y bar. «Nos hemos encontrado con una simpatía y una buena voluntad ilimitadas»,[6] informó Fawcett a la RGS.

Raleigh, sin embargo, parecía algo abatido. En el viaje desde Nueva York se había enamorado, al parecer, de la hija de un duque británico.[7] «Conocí a cierta chica a bordo, y a medida que el tiempo pasaba nuestra amistad fue creciendo hasta que admito que amenazaba con volverse seria»,[8] confesó en una carta a Brian Fawcett. Deseaba hablar con Jack de sus turbulentas emociones, pero su mejor amigo, que se había tornado incluso más circunspecto mientras se preparaba para la expedición, le reprochó que estaba «haciendo el ridículo». Anteriormente Raleigh se había mostrado del todo centrado en su aventura con Jack; ahora en lo único que podía pensar era en aquella... mujer.

«[El coronel] y Jack empezaban a inquietarse, ¡temerosos de que yo fuera a fugarme o algo así!», escribió Raleigh. En realidad, Raleigh contempló la posibilidad de casarse en Río, pero Fawcett y Jack le disuadieron. «Entré en razón y comprendí que iba a ser miembro de la expedición y que, como tal, no se me permitiría llevar conmigo a mi esposa —dijo Raleigh—. Tuve que dejarla de la manera más amistosa posible y dedicarme al trabajo.»[9]

«[Raleigh] está mucho mejor ahora»,[10] escribió Jack. Aun así, le preguntó preocupado: «Supongo que cuando volvamos te casarás antes de un año, ¿verdad?»[11]

Raleigh contestó que no podía prometer nada, pero, según comentó tiempo después: «No tengo intención de quedarme soltero toda la vida, ¡aunque Jack lo haga!».[12]

Los tres exploradores hicieron una parada de varios días en São Paulo y fueron a visitar el Instituto Butantan, uno de los centros de investigación de biología y biomedicina donde se encuentran las serpientes más grandes del mundo. El personal llevó a cabo diversas demostraciones para los exploradores, mostrándoles cómo atacaban varios depredadores. En un momento dado, un empleado introdujo un gancho largo en una jaula y extrajo un crótalo negro de veneno letal, mientras Jack y Raleigh observaban sus colmillos. «Salió un buen chorro de veneno»,[13] escribió más tarde Jack a su hermano. Fawcett estaba familiarizado con las serpientes del Amazonas, pero aun así encontró instructivas las demostraciones y compartió sus notas en uno de los informes dirigidos a la North American Newspaper Alliance. («La mordedura de serpiente que sangra no es venenosa. La presencia de dos orificios, además del amoratamiento de la zona y de la ausencia de sangre, son indicios de veneno.»)[14]

Antes de partir, a Fawcett le entregaron lo que más deseaba: el resultado de cinco años de investigación en antídotos contra mordeduras de serpiente, guardados en ampollas etiquetadas: «Serpientes de cascabel», «Víboras» y especies «Desconocidas». Recibió asimismo una aguja hipodérmica para administrarlos.

Después de que altos funcionarios de São Paulo ofrecieran a los exploradores lo que Jack describió como «una excelente despedida», los tres ingleses subieron de nuevo al tren y se dirigieron hacia el oeste, hacia el río Paraguay, situado a lo largo de la frontera entre Brasil y Bolivia. Fawcett había hecho el mismo viaje en 1920 con Holt y Brown, y aquellos paisajes ya conocidos intensificaron su impaciencia crónica. Mientras saltaban chispas de los raíles, Jack y Raleigh miraban por la ventanilla y veían pasar las ciénagas y los montes bajos, imaginando lo que pronto encontrarían. «Vi algunas cosas bastante interesantes —escribió Jack—. En las tierras de pasto había numerosos loros, y vimos dos rebaños [...] de ñandúes [aves similares al avestruz] jóvenes, de entre aproximadamente un metro veinte y un metro y medio. Atisbé una telaraña en un árbol, con una araña casi del tamaño del gorrión que se había posado en el centro de la misma.»[15] Al ver caimanes en las riberas, él y Raleigh cogieron los rifles e intentaron dispararles desde el tren en marcha.

La inmensidad del paisaje sobrecogió a Jack, que ocasionalmente hacía bocetos de lo que veía como si quisiera absorberlo mejor, un hábito que su padre había arraigado en él. En una semana, los hombres llegaron a Corumbá, una ciudad fronteriza cerca de la frontera boliviana y próxima al lugar donde Fawcett había llevado a cabo sus primeras exploraciones. Este enclave marcaba el final de la línea ferroviaria y el de los confortables alojamientos. Aquella noche los exploradores pernoctaron en un sórdido hotel. «Los servicios son muy primitivos —escribió Jack a su madre—. El [cuarto de baño] y la ducha combinados están tan mugrientos que hay que ir con cuidado de dónde se pisa, pero papá dice que en *Cuyaba* será mucho peor.»[16]

Jack y Raleigh oyeron bullicio en el exterior y vieron, a la luz de la luna, siluetas desfilando de un extremo al otro de la ciudad, cantando y bailando, por la única calle que estaba en buen estado. Era la última noche de Carnaval. Raleigh, a quien le gustaba salir de noche y beber «varios cócteles excelentes», se sumó al jolgorio. «Por cierto, ahora me encanta bailar —había informado con anterioridad a su hermano—. Probablemente me consideres temerario, ¿verdad?, pero aun así supuse que tendría pocas ocasiones para evadirme en los próximos veinte meses más o menos.»[17]

El 23 de febrero, Fawcett dijo a Jack y a Raleigh que cargaran el equipamiento a bordo del *Iguatemi*, un barco pequeño y sucio que estaba atracado en el río Paraguay y que se dirigía a Cuiabá. Raleigh apodó al barco «la pequeña bañera». Estaba ideado para transportar a veinte pasajeros, pero más del doble atestaban ya su cubierta interior. El aire apestaba a sudor y a la madera que ardía en la caldera. No había camarotes privados y para colgar las hamacas tuvieron que abrirse paso a empellones. A medida que el barco se alejaba del muelle, rumbo al norte, Jack aprovechó para practicar el portugués con otros pasajeros, pero no así Raleigh, quien carecía de esa facilidad para las lenguas y de la paciencia necesaria para captar más que *faz favor* («por favor») y *obrigado* («gracias»). «Raleigh es un tipo divertido —escribió Jack—. Llama al portugués "ese maldito idioma farfullante" y no hace el menor intento de aprenderlo. En lugar de eso, se pone furioso con todo el mundo porque nadie habla inglés.»[18]

Por la noche, la temperatura descendía en picado y los exploradores debían abrigarse para dormir: camisas, pantalones y calcetines. Decidieron no afeitarse y en sus rostros pronto asomó una barba incipiente. Jack opinaba que Raleigh parecía un «maleante desesperado, como los que se ven en los *thrillers* del cine occidental».[19]

Cuando el barco viró hacia el río São Laourenço y después hacia el Cuiabá, los jóvenes empezaron a conocer la amplia gama de insectos amazónicos. «La noche del miércoles llegaron a bordo en nubes —escribió Jack—. ¡El techo del lugar donde comemos y dormimos estaba negro, literalmente negro! Tuvimos que dormir con la cara tapada con la camisa y el cuerpo cubierto con un chubasquero. Las termitas fueron otra plaga. Nos invadieron durante un par de horas, revoloteando alrededor de las luces hasta que se les desprendían las alas, y después caían en el suelo y en la mesa por millones retorciéndose.»[20] Raleigh insistió en que los mosquitos eran «casi lo bastante grandes para inmovilizarte».[21]

El *Iguatemi* fue deslizándose por el río, tan despacio que en una ocasión una canoa lo adelantó rápidamente. Los chicos querían hacer ejercicio, pero a bordo no había espacio y lo único que podían hacer era contemplar las interminables ciénagas. «¡*Cuyaba* nos parecerá el Cielo después de esto!»,[22] escribió Jack a su madre. Dos días después, añadió: «Papá dice que este es el viaje por río más monótono y tedioso que ha hecho nunca».[23]

El 3 de marzo, ocho días después de partir de Corumbá, el *Iguatemi* llegó a Cuiabá, a la que Raleigh describió como «un agujero olvidado de Dios [...]. ¡Es mejor verlo con los ojos cerrados!».[24]

Fawcett escribió que habían alcanzado el «punto de partida» para internarse en la selva. Sin embargo, tuvieron que esperar varias semanas a que las lluvias amainaran para «la consecución del gran propósito».[25] Aunque Fawcett detestaba esperar y demorarse, no se atrevió a partir antes de que llegara la estación seca, como había hecho en 1920 en compañía de Holt con consecuencias desastrosas. Y aún quedaban cosas por hacer: reunir provisiones y estudiar los mapas a conciencia. Jack y Raleigh intentaron domar sus botas nuevas caminando por el monte aledaño. «Raleigh tiene los pies cubiertos de tiritas Johnson, pero está más alegre que nunca ahora que se aproxima el día de la partida»,[26] comentó Jack. Llevaban consigo los rifles y practicaban el tiro, disparando a objetos como si fueran jaguares o monos. Fawcett les había aconsejado que ahorrasen munición, pero ambos estaban tan emocionados que gastaron veinte cartuchos solo en el primer intento. «¡[Vaya] ruido infernal!»,[27] exclamó Jack refiriéndose a los disparos. Raleigh alardeaba de ser un excelente tirador, «aunque esté mal que yo lo diga».[28]

Los jóvenes comían más de lo habitual. Jack incluso infringió su dieta vegetariana con pollo y ternera. «Estamos engordando —dijo a su madre— y confío en ganar cinco kilos antes de partir, pues necesitamos carne extra para soportar el hambre en ciertas etapas de la expedición.»[29]

Un misionero estadounidense, alojado en Cuiabá, tenía varios ejemplares de *Cosmopolitan*, la popular revista mensual propiedad de William Randolph Hearst, y Raleigh y Jack se las pidieron a cambio de libros que habían llevado consigo. *Cosmopolitan* evocaba un mundo que ambos jóvenes conocían y que no volverían a ver al menos durante dos años. Las publicaciones de esa época llevaban anuncios de latas de sopa de tomate Campbell de a doce centavos y de la American Telephone & Telegraph Company («En lugar de hablar a través de un tabique, hay comunicación entre continentes»). Aquello recordó a Raleigh su hogar y se puso «sentimental», según sus propias palabras. Las revistas también contenían varias historias de aventuras apasionantes, entre ellas «La emoción de enfrentarse a la eternidad», en la que el narrador preguntaba: «¿Qué hacer con el miedo? ¿Qué sé del coraje? [...] Hasta que realmente se enfrente a una crisis, ningún hombre sabe cómo reaccionará».

Antes que enfrentarse a sus propias reservas de coraje, Jack y Raleigh preferían pensar en lo que harían cuando regresaran de la expedición. Estaban seguros de que el viaje los convertiría en ricos y famosos; sus fantasías seguían siendo más propias de adolescentes que de jóvenes. «Tenemos intención de comprar motocicletas y disfrutar al máximo de unas buenas vacaciones en Devon, visitando a todos nuestros amigos y nuestros sitios preferidos»,[30] dijo Jack.

Una mañana fueron con Fawcett a comprar animales de carga a un rancho del lugar. Aunque Fawcett se quejó de que el dueño le «estaba timando», compró cuatro caballos y ocho burros. «Los caballos son bastante buenos, pero los burros están muy *fracos* (débiles)», afirmó Jack en una carta a su familia, alardeando de la última palabra que había aprendido en portugués. Jack y Raleigh pusieron inmediatamente nombre a los animales: una mula obstinada recibió el de Gertrude; otra, con la cabeza con forma de bala, Dumdum, y una tercera, de aspecto triste, acabó llamándose Sorehead («cascarrabias»). Fawcett compró también un par de perros de caza que estaban, según dijo, «encantados con los nombres de Pastor y Chulim».[31]

Para entonces, la casi totalidad de los habitantes de la remota capital habían oído hablar de los famosos ingleses. Algunos contaron a Fawcett leyendas de ciudades ocultas. Un hombre dijo que recientemente había llevado a la ciudad a un indígena de la selva que, tras ver las iglesias de Cuiabá, comentó: «Esto no es nada; en mi selva hay edificios mucho más grandes y majestuosos que estos. Tienen puertas y ventanas de piedra. El interior está iluminado por un gran cuadrado de cristal abierto en una columna. Brilla con tanta intensidad que deslumbra a la vista».[32]

Fawcett agradecía cualquier visión que, por absurda que fuera, confirmara la suya. «No veo motivo alguno para alejarme ni un pelo»[33] de la teoría de Z, escribió a Nina.

Por aquel entonces, Fawcett oyó la primera noticia sobre la expedición del doctor Rice. Durante varias semanas, no se había recibido comunicado alguno de la partida, que había estado explorando un afluente del río Branco, a unos dos mil kilómetros al norte de Cuiabá. Muchos temían que los hombres hubiesen desaparecido. Pero un buen día un radioaficionado de Caterham, en Inglaterra, captó con su receptor inalámbrico señales en morse procedentes de las profundidades de la selva amazónica. El operador anotó el siguiente mensaje:

> Progreso lento, debido a condiciones físicas extremadamente difíciles. El personal de la expedición supera los cincuenta miembros. Imposible utilizar el hidroavión debido al bajo nivel de las aguas. Se están alcanzando los objetivos de la expedición. Todos bien. Este mensaje está siendo enviado con el sistema inalámbrico de la expedición. Rice.[34]

Otro mensaje informaba que el doctor Theodor Koch-Grünberg, el renombrado antropólogo integrante de la partida, había contraído la malaria y había fallecido. El doctor Rice anunció por medio de la radio que estaba a punto de utilizar el hidroavión, aunque antes sería necesario retirar la capa de hormigas, termitas y telarañas que cubría el panel de control y la cabina como si fuera ceniza volcánica.

A los hombres les preocupaba qué ocurriría en caso de que tuviesen que efectuar un aterrizaje forzoso. Albert William Stevens, un destacado aeronauta y fotógrafo aéreo de la expedición, dijo a la RGS: «En caso de no sobrevolar una vía fluvial, sería recomendable lanzarse en paracaídas antes de que el avión se estrelle contra los inmensos árboles de la selva; la única esperanza para los paracaidistas sería entonces encontrar los restos del avión y asegurarse la provisión de comida. Con un machete y una brújula, tal vez podrían abrirse camino hasta el río más próximo, construir una balsa y escapar. Una fractura en un brazo o en una pierna implicaría una muerte segura, por descontado».[35]

Finalmente, los hombres llenaron el depósito de combustible —suficiente para unas cuatro horas—, y tres miembros de la expedición subieron a bordo del avión. El piloto puso en marcha la hélice y el aparato empezó a deslizarse por el río entre rugidos para luego alzarse hacia el cielo. Stevens describió la primera perspectiva de la jungla de la que disfrutaron los exploradores desde unos mil quinientos metros:

> Las palmeras, dispersas por la selva, parecían centenares de estrellas de mar en el fondo del océano […]. Salvo por las espirales, los mantos y las nubes de emanaciones brumosas ascendiendo desde numerosos arroyos ocultos, no se veía más que selva sombría, de apariencia infinita, premonitoria en su silencio y su vastedad.[36]

Por lo general, el piloto y otro miembro de la partida volaban unas tres horas todas las mañanas, antes de que la creciente temperatura exterior pudiera provocar un sobrecalentamiento del motor. Durante varias semanas, el doctor Rice y su equipo inspeccionaron miles de kilómetros cuadrados de selva amazónica, una extensión inconcebible a pie o incluso en barca. Los hombres descubrieron, entre otras cosas, que los ríos Parima y Orinoco no compartían, como se sospechaba, las mismas fuentes.

En una ocasión, el piloto creyó ver algo moviéndose entre los árboles y descendió hacia el dosel arbóreo: había una congregación de indios «blancos» yanomami. El avión amerizó y el doctor Rice intentó establecer contacto con los indígenas, ofreciéndoles abalorios y pañuelos. A diferencia de lo ocurrido en su anterior expedición, los indígenas aceptaron sus ofrendas. Tras pasar varias horas con la tribu, el doctor Rice y su partida se dispusieron a abandonar la selva. La RGS pidió al operador de la Caterham que transmitiera «la felicitación y los buenos deseos de la Royal Society».[37]

La expedición, pese a la desafortunada muerte de Koch-Grünberg, supuso un logro histórico. Además de los hallazgos cartográficos que efectuó: por primera vez pudo verse la región del Amazonas desde el otro lado del dosel arbóreo, invirtiendo la balanza del poder que siempre había favorecido a la selva sobre sus intrusos. «En las regiones donde los nativos son tan hostiles o los obstáculos físicos son tan grandes para efectivamente impedir [el acceso a pie] —declaró el doctor Rice—, el avión las sobrevuela con facilidad y rapidez.»[38] Además, la radio inalámbrica le había permitido mantenerse en contacto con el mundo exterior. («La selva brasileña ha dejado de ser solitaria»,[39] proclamó el *The New York Times*.) La RGS aclamó en un comunicado la primera «comunicación por radio con la Royal Society de una expedición sobre el terreno».[40] Al mismo tiempo, reconocía con nostalgia que se había pasado un rubicón: «Si constituye o no una ventaja despojar de glamour a una expedición a lo desconocido informando a diario es una cuestión en la que las opiniones difieren».[41] Debido al tremendo coste del equipo, la voluminosidad de las radios y la ausencia de lugares seguros donde aterrizar en la mayor parte de las regiones del Amazonas, los métodos del doctor Rice no serían ampliamente adoptados hasta al menos una década después, pero él había mostrado el camino.

Para Fawcett, sin embargo, tan solo un dato era importante: su rival no había encontrado Z.

Al salir del hotel una mañana de abril, Fawcett sintió el sol abrasador en la cara. La estación seca había llegado. Tras el anochecer, el 19 de abril, llevó a Raleigh y a Jack por la ciudad, donde forajidos armados con rifles Winchester de calibre 44 solían merodear a la entrada de cantinas penumbrosas. Varios bandidos habían atacado a un grupo de buscadores de diamantes que se alojaba en el mismo hotel que Fawcett y su partida. «[Un buscador] y uno de los bandidos resultaron muertos, y otros dos gravemente heridos —refirió Jack a su madre—. La policía empezó a trabajar en el caso varios días después, y, compartiendo una taza de té... ¡preguntaron a los asesinos por qué lo habían hecho! Y ahí quedó todo.»[42]

Los exploradores hicieron una visita a John Ahrens, un diplomático alemán asentado en la región, con quien habían trabado amistad. Ahrens ofreció a sus invitados té y galletas. Fawcett le preguntó si sería tan amable de reenviar a Nina y al resto del mundo las cartas o las noticias de la expedición que llegaran desde la selva. Ahrens contestó que estaría encantado de hacerlo, y más tarde escribió a Nina para comentarle que las conversaciones de su esposo con respecto a Z eran tan insólitas e interesantes que nunca se había sentido más feliz.

La mañana siguiente, bajo la atenta mirada de Fawcett, Jack y Raleigh se ataviaron con su equipo de exploradores, que incluía unos pantalones ligeros e irrompibles y sombreros Stetson. Cargaron los rifles de calibre 30 y se armaron con machetes de cuarenta y cinco centímetros de largo, que el propio Fawcett había diseñado y encargado al mejor cuchillero de Inglaterra. La NANA envió un informe que tituló: «Equipo único para el explorador [...]. Producto de años de experiencia en la exploración de la selva. Peso de los utensilios reducido al mínimo».

Fawcett contrató a dos porteadores y a guías nativos para que acompañaran a la expedición hasta el territorio más peligroso, situado a unos ciento sesenta kilómetros al norte. El 20 de abril, una muchedumbre se congregó para ver partir al grupo. Con el restallar de los látigos, la caravana empezó a avanzar; Jack y Raleigh estaban rebosantes de orgullo. Ahrens acompañó a los exploradores durante una hora a lomos de su caballo. Luego, según refirió a Nina, los vio alejarse hacia el norte, hacia «un mundo hasta el momento completamente incivilizado y desconocido».[43]

La expedición cruzó el *cerrado*, o «bosque seco», que constituía el tramo menos complejo del viaje. El terreno estaba formado en su mayor parte por árboles bajos y retorcidos, y pasto similar al de la sabana, donde varios rancheros y buscadores habían establecido asentamientos. Aun así, según explicó Fawcett a su esposa por carta, supuso «una excelente iniciación»[44] para Jack y Raleigh, que avanzaron despacio, deshabituados como estaban al terreno rocoso y al calor. Este era tan intenso, escribió Fawcett en un despacho especialmente fervoroso, que en el río Cuiabá «los peces literalmente se cocían vivos».[45]

Al anochecer habían recorrido algo más de once kilómetros, y Fawcett ordenó que se montara el campamento. Jack y Raleigh aprendieron que antes de que la oscuridad los envolviera y los mosquitos los devoraran, suponía toda una carrera contrarreloj colgar las hamacas, lavarse los rasguños para prevenir infecciones, recoger leña y amarrar a los animales de carga. La cena consistió en sardinas, arroz y galletas, todo un festín en comparación con lo que comerían cuando tuvieran que sobrevivir con lo que encontraran.

Aquella noche, mientras dormía en la hamaca, Raleigh notó que algo le rozaba. Se despertó presa del pánico, como si le estuviera atacando un jaguar, pero solo se trataba de una de las mulas que se había soltado. Después de volver a atarla, intentó conciliar de nuevo el sueño, pero faltaba poco para que amaneciera y Fawcett gritaba ya para que todo el mundo se pusiera en marcha. Cada uno de ellos engulló un cuenco de gachas de avena y media taza de leche condensada: la ración hasta la cena. A continuación los hombres volvieron a ponerse en marcha, apurando el paso para alcanzar a su jefe.

Fawcett aumentó el ritmo de once kilómetros diarios a dieciséis, y después a veinticuatro. Una tarde, cuando los exploradores se aproximaban al río Manso, a unos sesenta y cuatro kilómetros de Cuiabá, el resto de la expedición se rezagó. Según escribió más tarde Jack a su madre: «Papá se había adelantado a tal velocidad que lo perdimos de vista».[46] Era justo lo que Costin había temido: nadie podía detener a Fawcett. El sendero se bifurcaba y los guías no sabían qué camino había seguido Fawcett. Finalmente, Jack vio hendiduras de cascos de caballo en uno de los senderos y dio la orden de seguirlas. Empezaba a oscurecer y los hombres tuvieron que ir con cuidado de no distanciarse. Oían un rugido constante en la distancia. Con cada paso, se iba intensificando y de pronto los hombres atisbaron un torrente. Habían alcanzado el río Manso. Pero no se veía rastro de Fawcett. Jack, tras asumir el mando de la partida, indicó a Raleigh y a uno de los guías que disparasen al aire con sus rifles. No hubo respuesta. «¡Papá!», gritó Jack, pero lo único que oyó fue el rumor de la selva.

Jack y Raleigh colgaron las hamacas y prendieron una hoguera; temían que Fawcett hubiese sido secuestrado por los indios kayapó, que se insertaban grandes discos en el labio inferior y atacaban a sus enemigos con garrotes. Los guías brasileños, que recordaban vívidos relatos de los asaltos indígenas, no contribuyeron a calmar los nervios de Jack y de Raleigh. Los hombres permanecieron despiertos, atentos a los ruidos de la selva. Cuando amaneció, Jack ordenó que todos disparasen al aire e inspeccionasen el área circundante. Pero entonces, mientras desayunaban, Fawcett apareció a lomos de su caballo. Había perdido la pista al grupo mientras buscaba pinturas en las rocas y había dormido en el suelo, con la silla de montar a modo de almohada. Cuando Nina supo lo que había ocurrido, temió lo «ansiosos» que debieron de estar todos. Había recibido una fotografía de Jack con un aspecto insólitamente lúgubre, y se la había enseñado a Large. «Es obvio que [Jack] ha estado pensando en el enorme trabajo que tiene por delante»,[47] dijo Large. Ella comentó tiempo después que el orgullo de Jack le haría seguir adelante, porque él mismo se diría: «Mi padre me eligió para esto».[48]

Fawcett dejó que la expedición pasara un día más en el campamento para recuperarse de la terrible experiencia. Cobijado bajo la mosquitera, redactó los despachos, que a partir de aquel punto serían «llevados a la civilización por medio de corredores indígenas a lo largo de una ruta larga y peligrosa», tal como especificaron más tarde las notas de los editores.

Fawcett describió aquella región como «el lugar con más garrapatas del mundo»;[49] enjambres de insectos lo cubrían todo, como una lluvia negra. Varios picaron a Raleigh en un pie, y las picaduras se le infectaron; se «envenenó», según palabras de Jack. Al día siguiente, a medida que avanzaban, Raleigh fue apagándose. «Se dice que uno conoce bien a un hombre cuando vive junto a él en la selva —dijo Fawcett a Nina—. Raleigh, en lugar de mostrarse alegre y vital, está aletargado y silencioso.»[50]

El fervor de Jack, en contraste, iba en aumento. Nina estaba en lo cierto: parecía haber heredado la extraña y curiosa constitución de su padre. Jack escribió que había ganado masa muscular, «pese a comer mucho menos. Raleigh ha perdido más de lo que yo he ganado, y es él quien parece resentirse más de los efectos del viaje».[51]

Tras saber de Jack en palabras de su esposo, Nina dijo a Large: «Creo que se alegrará conmigo al saber que Jack se está volviendo muy competente, y que se mantiene fuerte y animado. Veo que su padre está muy complacido con él, ¡y no hace falta decir que yo también!».[52]

Debido al estado de Raleigh y al debilitamiento de los animales, Fawcett, más precavido esta vez con el fin de no volver a distanciarse demasiado de los demás, decidió hacer una parada de varios días en un rancho propiedad de Hermenegildo Galvão, uno de los granjeros más despiadados del Mato Grosso. Sus propiedades eran las únicas que sobrepasaban la frontera que delimitaba el territorio indígena, y se sabía que disponía de un pelotón de *bugueiros*, «cazadores de salvajes», encargados de matar a los indios que supusieran una amenaza para su imperio feudal.[53] Galvão no estaba habituado a las visitas, pero acogió a los exploradores en su gran casa de ladrillo rojo. «Por sus modales, resultaba evidente que el coronel Fawcett era un caballero y un hombre de personalidad atrayente»,[54] dijo Galvão a un periodista tiempo después.

Durante varios días, los exploradores permanecieron allí, comiendo y descansando. Galvão sentía curiosidad por lo que había atraído a los ingleses a un lugar tan inhóspito. Fawcett, mientras le explicaba cómo se imaginaba Z, sacó un extraño objeto envuelto en una tela. La desenvolvió con cuidado y dejó a la vista el ídolo de piedra que le había dado Haggard. Lo llevaba consigo como un talismán.

Los tres ingleses pronto volvieron a estar en marcha, rumbo al este, en dirección a Puesto Bakairí, donde en 1920 el gobierno había establecido una guarnición: «el último punto de civilización», como los colonos se referían a él. Ocasionalmente, en la selva se abría un claro y los exploradores podían ver el sol cegador y las montañas en la lejanía, tiznadas de azul. El camino se tornó más difícil y los hombres tuvieron que descender cañones pronunciados y enlodados, y vadear rápidos entre grandes rocas. Uno de los ríos era demasiado peligroso para que los animales lo cruzasen con la carga a lomos. Fawcett vio una canoa abandonada en la orilla opuesta y dijo que la expedición podría utilizarla para transportar el equipo, pero que alguien tendría que ir hasta ella a nado, una hazaña que implicaba, según lo definió Fawcett, «un peligro considerable, que empeoró aún más por una repentina y violenta tormenta».[55]

Jack se ofreció voluntario y empezó a desnudarse. Aunque más tarde admitió que estaba «muerto de miedo», comprobó que no tuviese ningún corte o rasguño que pudiera atraer a las pirañas y se lanzó al río. Sacudía con fuerza los brazos y las piernas oponiendo resistencia a las corrientes que amenazaban con arrastrarlo. Cuando emergió en la orilla opuesta, se subió a la canoa y regresó remando; su padre lo recibió ufano.

Un mes después de que los exploradores partieran de Cuiabá y tras lo que Fawcett describió como «una prueba de paciencia y resistencia para experiencias de mayor envergadura» que les deparaban, los hombres llegaron al Puesto Bakairí. El asentamiento consistía en una veintena de chozas destartaladas, acordonadas con alambre de espino para protegerlas de las tribus agresivas. (Tres años después, otro explorador describió el puesto como «un agujerito en el mapa: aislado, desolado, primitivo y dejado de la mano de Dios».)[56] La tribu bakairí era una de las primeras en la región a las que el gobierno había intentado someter a un proceso de aculturación, y a Fawcett le horrorizó lo que denominó «los métodos brasileños para civilizar a las tribus indígenas».[57] En una carta destinada a uno de sus patrocinadores estadounidenses, observó: «Los bakairí no han dejado de morir desde que los han civilizado. Solo quedan unos ciento cincuenta».[58] Y proseguía: «Los han traído aquí en parte para cultivar arroz, mandioca [...] que luego se envía a Cuiabá, donde alcanza, en la actualidad, precios elevados. Los bakairí no reciben remuneración alguna, visten harapos, en su mayoría uniformes gubernamentales caquis, y predomina la miseria general y la falta de higiene que está provocando que todos enfermen».[59]

Fawcett fue informado de que una chica bakairí acababa de enfermar. Con frecuencia intentaba tratar a los nativos con su equipo médico, pero, a diferencia del doctor Rice, sus conocimientos eran limitados, y no pudo hacer nada para salvarle la vida. «Dicen que los bakairí están muriendo a consecuencia de un fetiche [brujería], pues hay un fetichista en el poblado que los odia —escribió Jack—. Ayer mismo murió una niña... ¡por el fetiche, dicen!»[60]

El brasileño al mando del puesto, Valdemira, alojó a los exploradores en la recién construida escuela. Los hombres se remojaron en el río para limpiarse la mugre y el sudor. «Todos nos hemos afeitado la barba y nos sentimos mejor sin ella»,[61] dijo Jack.

Miembros de otras tribus remotas visitaban de cuando en cuando el Puesto Bakairí para conseguir provisiones, y Jack y Raleigh pronto vieron algo que los dejó atónitos: «Unos ocho indios salvajes, absolutamente desnudos»,[62] según escribió Jack a su madre. Los indígenas llevaban arcos de dos metros y flechas de un metro ochenta. «Para gran deleite de Jack, hemos visto aquí los primeros indios salvajes, salvajes desnudos del Xingu»,[63] escribió Fawcett a Nina.

Jack y Raleigh se apresuraron a recibirlos. «Les dimos un poco de queso de guayaba —escribió Jack—, que les gustó muchísimo.»[64]

Jack intentó llevar a cabo una rudimentaria *autopsis*: «Son gente menuda, de algo menos de metro sesenta, y muy corpulentos —escribió sobre los indígenas—. Solo comen pescado y verduras, nunca carne. Una mujer llevaba un magnífico collar hecho con discos diminutos de concha de caracol, cuya confección debió de requerir una tremenda paciencia».[65]

Raleigh, a quien Fawcett había designado fotógrafo de la expedición, preparó la cámara y retrató a los indios. En una de las fotografías, Jack se colocó junto a ellos para dar muestra de «las estaturas comparativas»; los indios le llegaban por los hombros.

Por la noche, los tres exploradores fueron a la choza de barro donde se alojaban los indígenas. Un fuego iluminaba el interior y el aire estaba saturado de humo. Fawcett sacó un ukelele y Jack un flautín que habían incluido en su equipaje. (Fawcett dijo a Nina que «la música era un gran consuelo "en la selva", y que podría incluso salvar de la locura a un hombre solo».)[66] Los indios fueron congregándose a su alrededor, y

Jack y Fawcett prolongaron el recital hasta bien entrada la noche; la música envolvió al pueblo como una brisa.

El 19 de mayo, un día fresco, Jack se despertó entusiasmado: era su vigésimo segundo cumpleaños. «Nunca me había sentido tan bien»,[67] le escribió a su madre. Para la ocasión, Fawcett permitió que se bebiera alcohol, y los tres exploradores celebraron el acontecimiento con una botella de licor brasileño. A la mañana siguiente prepararon el equipo y los animales de carga. Al norte del puesto se veían las imponentes montañas y la jungla. Era, escribió Jack, un «territorio absolutamente inexplorado».[68]

La expedición puso rumbo a aquella *terra incognita*. No se veían senderos definidos, y la luz que se filtraba a través del dosel que formaban los árboles era escasa. Se esforzaban por ver no solo lo que pisaban sino también lo que había en lo alto, pues era allí donde acechaban la mayoría de los depredadores. Sus pies se hundían en charcos de barro. Las manos les ardían por el uso de los machetes. La piel les sangraba por las picaduras de los mosquitos. Incluso Fawcett confesó a Nina: «Los años pasan factura, pese al espíritu de entusiasmo».[69]

A Raleigh se le había curado ya el pie, pero se le infectó el otro, y al quitarse el calcetín se llevó con él un considerable trozo de piel. Parecía estar desmoronándose; ya había padecido ictericia, tenía un brazo hinchado y se sentía, según sus propias palabras, «descompuesto».

Al igual que su padre, Jack tendía a la intolerancia con la debilidad ajena, y se quejó a su madre de que su amigo era incapaz de cargar con su parte de trabajo —iba a caballo, descalzo— y de que siempre se sentía asustado y abatido.

La selva agrandaba las fisuras que habían surgido a raíz del romance que Raleigh había vivido en el barco. Abrumado por los insectos, el calor y el dolor en el pie, Raleigh fue perdiendo el interés en «la Búsqueda». Ya no pensaba en regresar como un héroe: lo único que quería, según él, era montar un pequeño negocio y formar una familia. («¡Los Fawcett pueden quedarse con toda mi ración de fama y disfrutarla cuanto les plazca!»,[70] escribió a su hermano.) Cuando Jack habló de la relevancia arqueológica de Z, Raleigh se encogió de hombros y dijo: «Eso es demasiado profundo para mí».[71]

«Me gustaría que [Raleigh] fuera más listo, porque apenas puedo comentar nada con él ya que no sabe absolutamente nada —escribió Jack—. Solo conversamos sobre Los Ángeles o Seaton. No sé qué hará durante un año en "Z".»[72]

«Me encantaría que estuvieras aquí —dijo Raleigh a su hermano, y añadió—: ¿Sabes?, hay un dicho en el que creo: "Dos, compañía; tres, multitud". ¡Y ahora lo estoy comprobando bastante a menudo!»[73] Jack y Fawcett, afirmaba, trataban con cierta «inferioridad a los demás. Por eso a veces me siento "fuera de todo". Por supuesto, no lo demuestro [...], pero, aun así, como ya te he dicho, me siento "terriblemente solo" y falto de una amistad verdadera».[74]

Nueve días después, los exploradores alcanzaron al fin el Dead Horse Camp, donde pudieron ver los «huesos blancos» del antiguo animal de carga de Fawcett. Los hombres se aproximaban al territorio de los belicosos suyá y kayapó. En una ocasión, un indio describió a un periodista una emboscada que los kayapó habían tendido a su tribu. Él y otros, escribió el periodista, huyeron a la otra margen del río y «presenciaron a lo largo de toda la noche la macabra danza de sus enemigos alrededor de sus hermanos masacrados». Durante tres días, los invasores permanecieron allí, tocando flautas de madera y danzando entre los cadáveres. Cuando finalmente se marcharon, los pocos indios que habían escapado regresaron a su poblado: no quedaba nadie con vida. «Las mujeres, a quienes creían que habrían perdonado la vida, yacían boca arriba; sus cuerpos exánimes estaban ya en un avanzado estado de descomposición, con las piernas separadas con un puntal encajado entre las rodillas.»[75] En un despacho, Fawcett describió a los kayapó como un violento «puñado de apaleadores que mutilan y matan a los individuos que encuentran solos [...]. Su única arma es un garrote corto, similar a la porra de la policía»,[76] que, añadía, utilizan con gran destreza.

Tras cruzar el territorio de los suyá y de los kayapó, la expedición viraría hacia el este y se enfrentaría a los xavante, que eran tal vez incluso más temibles. A finales del siglo XVIII, muchos miembros de la tribu habían establecido contacto con los portugueses, quienes los habían trasladado a pueblos donde fueron bautizados en masa.[77] Diezmados por las epidemias y sometidos a la brutalidad de los soldados brasileños, finalmente huyeron de vuelta a la selva, cerca del río de la Muerte. Un viajero alemán del siglo XIX escribió que «desde entonces [los xavante] no han vuelto a confiar en ningún hombre blanco [...]. Los nativos de este pueblo maltratado han dejado por tanto de ser compatriotas para convertirse en enemigos peligrosos y resueltos. Por lo general, matan a todo aquel al que puedan apresar fácilmente».[78] Varios años después del viaje de Fawcett, miembros del Indian Protection Service intentaron establecer contacto con los xavante. Cuando regresaron al campo base, se encontraron con los cadáveres desnudos de cuatro de sus colegas. Uno tenía aún en la mano los presentes que había ofrecido a los indios.

A pesar de los riesgos que entrañaba todo aquello, Fawcett se sentía confiado: a fin de cuentas, siempre había salido airoso donde otros habían fracasado. «Es obvio que resulta peligroso penetrar en un territorio habitado por grandes hordas de indios tradicionalmente hostiles —escribió—, pero creo en mi misión y en su propósito. Lo demás no me preocupa, pues he visto ya a muchos indios, y sé qué hacer y qué no hacer.»[79] Añadió: «Creo que nuestra pequeña partida de tres hombres blancos trabará amistad con todos ellos».[80]

Los guías, aquejados ya por las fiebres, eran reticentes a seguir avanzando, y Fawcett decidió que había llegado el momento de enviarlos de vuelta. Seleccionó aproximadamente una docena de animales, los más fuertes, para llevarlos consigo unos días más. Luego los exploradores tendrían que seguir con sus pocas provisiones cargadas a la espalda.

Fawcett se llevó a un lado a Raleigh y le animó a regresar con los guías. Tal como había escrito a Nina: «Intuyo en él una debilidad constitucional, y temo que esta acabe debilitándonos a todos».[81] Tras aquel punto, explicó Fawcett a Raleigh, no habría modo de sacarle de allí, pero este último insistió en que proseguiría. Quizá, pese a todo, seguía profesando lealtad a Jack, o tal vez no quería que se le considerase un cobarde, o simplemente le daba miedo volver sin ellos.

Fawcett acabó de redactar las últimas cartas y despachos. Escribió que intentaría enviar otros comunicados durante el siguiente año, aproximadamente, pero añadió que era improbable. Tal como observó en uno de sus últimos artículos: «Para cuando se imprima este despacho, podríamos llevar ya tiempo desaparecidos en lo desconocido».[82]

Tras plegar las misivas, Fawcett se las dio a los guías. Raleigh había escrito antes a su «queridísima madre» y a su familia: «Estaré impaciente por volver a veros en la vieja California cuando regrese —les dijo, y se dirigió a su hermano con coraje—: Intenta estar siempre alegre y todo saldrá bien, como me ha ocurrido a mí».[83]

Los exploradores se despidieron por última vez de los brasileños, se dieron la vuelta y se encaminaron hacia las profundidades de la jungla. En sus últimas palabras a su esposa, Fawcett escribió: «No temas ningún fracaso».[84]

21

El último testigo ocular

—¿Has conseguido que funcione el GPS? —preguntó Paolo.

Yo iba sentado en el asiento trasero de una camioneta Mitsubishi con tracción en las cuatro ruedas, manipulando un dispositivo de Global Positioning System en un intento de obtener la lectura de nuestras coordenadas. Nos dirigíamos al norte —hasta aquí llegaban mis conocimientos— con un chófer al que habíamos contratado al alquilar la camioneta. Paolo me había dicho que íbamos a necesitar un vehículo potente y a un conductor profesional si queríamos tener alguna posibilidad de completar el viaje, especialmente en plena estación de lluvias.

—Es la peor época del año —me dijo—. Las carreteras están hechas una… ¿cómo lo decís en inglés? Mierda.

Cuando le expliqué mi misión, el chófer me preguntó cuándo había desaparecido el coronel británico.

—En 1925 —contesté.

—¿Y quiere encontrarlo en la selva?

—No exactamente.

—¿Es usted descendiente suyo?

—No.

Pareció meditar unos instantes, y luego dijo:

—Muy bien.

Y empezó a cargar alegremente nuestro equipo, que incluía hamacas, soga, mosquiteras, pastillas potabilizadoras de agua, un teléfono vía satélite, antibióticos y medicamentos contra la malaria. Camino de Cuiabá, también recogimos a un amigo de Paolo, descendiente de un jefe bakairí llamado Taukane Bakairí. (En Brasil, los apellidos de los indios suelen corresponderse con el nombre de la tribu a la que pertenecen.) Taukane, que tenía unos cuarenta y cinco años y un rostro apuesto y redondeado, llevaba unos Levi's y una gorra de béisbol. Había sido educado por misioneros y, aunque vivía la mayor parte del tiempo en Cuiabá, seguía representando los intereses políticos de su tribu. «Soy lo que podría llamarse un embajador», me dijo. Y, a cambio de un «regalo» consistente en dos neumáticos para un tractor comunitario, había accedido a llevarnos a su pueblo, el último lugar donde Fawcett había sido visto. («Si dependiera de mí, le llevaría gratis —dijo Taukane—. Pero ahora todos los indios debemos comportarnos como capitalistas. No tenemos elección.»)

Después de dejar atrás la ciudad, accedimos a las llanuras centrales de Brasil, que delimitan la transición del bosque seco a la selva húmeda. Más tarde avistamos una planicie: de color rojo marciano, se extendía más de cinco mil kilómetros; una meseta infinita que se alzaba hacia las nubes. Nos detuvimos en su base, y Paolo dijo:

—Ven, te enseñaré algo.

Nos apeamos de la camioneta y ascendimos por una ladera pronunciada y rocosa. La tierra estaba aún húmeda por una tormenta reciente, y tuvimos que ayudarnos de las manos y de las rodillas para subir, gateando sobre las aberturas de las madrigueras de serpientes y armadillos.

—¿Adónde vamos? —pregunté a Paolo, que ya llevaba un cigarrillo entre los dientes.

—Ay, los estadounidenses, siempre tan impacientes —contestó.

Un rayo surcó el cielo y una fina bruma descendió sobre nosotros; el terreno se tornó más resbaladizo. Las rocas cedían bajo nuestros pies y resonaban al tocar el suelo, unos cuarenta y cinco metros más abajo.

—Ya casi estamos —dijo Paolo.

Me ayudó a salvar un saliente y, cuando me incorporé, cubierto de barro, señaló hacia otra sierra, situada unos metros más allá, y dijo:

—¡Ahora puedes verlo!

Una columna de piedra agrietada se elevaba hacia el cielo. Parpadeé bajo la lluvia... De hecho, no solo había una, sino varias, en fila, como si se tratase de unas ruinas griegas. Había también una gran arcada, cuyos laterales parecían intactos, y tras ella una torre de unas dimensiones impresionantes. El conjunto se asemejaba al que el *bandeirante* había descrito en 1753.

—¿Qué es esto? —pregunté.

—La ciudad de piedra.

—¿Quién la construyó?

—Es... ¿cómo lo decís? Una ilusión.

—¡¿Eso?! —exclamé, señalando una de las columnas.

—Es fruto de la naturaleza, debido a la erosión, pero muchas personas que lo ven creen que es una ciudad perdida, como Z.

En 1925, el doctor Rice había visto riscos erosionados similares en Roraima (Brasil), y comentó que parecían «ruinas arquitectónicas».[1]

Mientras regresábamos al vehículo y poníamos rumbo al norte, hacia la selva, Paolo dijo que pronto averiguaríamos si Z era un espejismo como aquel. En un momento dado, doblamos hacia la BR-163, una de las carreteras más traicioneras de Sudamérica. Construida en 1970 por el gobierno de Brasil en un esfuerzo por acceder al interior del país, se extiende a lo largo de más de mil seiscientos kilómetros, desde Cuiabá hasta el río Amazonas. En nuestro mapa estaba catalogada como una carretera principal, pero casi todo el asfalto que recubría sus dos carriles había desaparecido durante la estación de lluvias, dando lugar a una combinación de zanjas y hondonadas llenas de charcos. En ocasiones, nuestro chófer optaba por prescindir de la carretera y circular por las márgenes rocosas y el campo, donde rebaños ocasionales se apartaban a nuestro paso.

Al franquear el río Manso, donde Fawcett se había alejado del resto del grupo y donde a Raleigh le habían picado garrapatas, no dejé en ningún momento de mirar por la ventanilla, esperando ver los primeros indicios de una temible selva. Sin embargo, el paisaje se parecía al de Nebraska: llanuras perpetuas que se perdían en el horizonte. Cuando pregunté a Taukane dónde estaba la selva, este contestó de forma natural:

—Ha desaparecido.

Instantes después, señaló hacia una flota de humeantes camiones diésel que avanzaban en la dirección opuesta cargados con troncos de casi veinte metros.

—Solo los indios respetan la selva —dijo Paolo—. Los blancos la arrasan.

El Mato Grosso, prosiguió, estaba siendo transformado en tierras de cultivo, dedicadas en su mayoría a la soja. Tan solo en Brasil, el Amazonas ha perdido en las últimas cuatro décadas unos setecientos mil kilómetros cuadrados de su masa selvática original, un territorio más grande que Francia. Pese a los esfuerzos gubernamentales por reducir la deforestación, en tan solo cinco meses del año 2007 se destruyeron siete mil kilómetros cuadrados, una región más grande que el estado de Delaware. Infinidad de animales y plantas, muchos de ellos con grandes propiedades medicinales, han desaparecido. Dado que el Amazonas genera la mitad de su propia lluvia por medio de la humedad que se evapora a la atmósfera, la devastación ha empezado a alterar la ecología de la zona, contribuyendo a que se produzcan inundaciones que destruyen la capacidad de la selva para sustentarse. Y pocos lugares han sido tan arrasados como el Mato Grosso, donde el gobernador estatal, Blairo Maggi, es uno de los mayores productores de soja del mundo. «No siento la menor culpa por lo que estamos haciendo aquí

—afirmó Maggi al *The New York Times* en 2003—. Estamos hablando de un territorio más grande que Europa que apenas ha sido tocado, por lo que no hay nada en absoluto de lo que preocuparse.»[2]

El último boom económico, mientras tanto, ha dado lugar a otro de los estallidos de violencia del Amazonas. El ministro brasileño de Transporte ha dicho que los madereros que transitan por la BR-163 emplean a «la mayor concentración de trabajo esclavizado del mundo».[3] Los indígenas a menudo son arrancados de su tierra, esclavizados o asesinados. El 12 de febrero de 2005, mientras Paolo y yo viajábamos a la selva, varios pistoleros, presuntamente al servicio de un ranchero del estado de Pará, se enfrentaron a una monja estadounidense de setenta y tres años que defendía los derechos de los indígenas. Mientras los hombres le apuntaban con sus armas, ella cogió su Biblia y empezó a leer el evangelio de san Mateo: «Bienaventurados los que tienen hambre y sed de justicia, porque ellos serán saciados». Los pistoleros le descerrajaron seis disparos y dejaron su cuerpo tendido boca abajo en el barro.[4]

James Petersen, el prestigioso científico de la Universidad de Vermont que formó al arqueólogo Michael Heckenberger y que fue de gran ayuda en la planificación de mi viaje, me dijo en el transcurso de nuestra última conversación, unos meses antes, que estaba emocionado porque tenía previsto ir al Amazonas para llevar a cabo una investigación cerca de Manaos. «Tal vez pueda visitarme al volver del Xingu», me dijo. «Sería fantástico», le contesté. Pero pronto supe que en agosto, mientras cenaba con el arqueólogo brasileño Eduardo Neves en un restaurante de un pueblo situado a orillas del río Amazonas, un par de bandidos, que presuntamente trabajaban para un antiguo oficial de la policía, asaltaron el local con intenciones de robar. Uno de los ladrones abrió fuego y alcanzó a Petersen en el estómago. El científico cayó al suelo y dijo: «No puedo respirar». Neves le aseguró que todo iría bien, pero para cuando llegaron al hospital Petersen ya había muerto. Tenía cincuenta y un años.[5]

Desde la BR-163 viramos hacia otra carretera sin asfaltar en dirección al este, hacia el Puesto Bakairí. Pasamos cerca del rancho de Galvão donde Fawcett se había alojado unos días, y decidimos ver si conseguíamos encontrarlo. En las cartas, Fawcett había dicho que en la zona era conocido como Rio Novo, y el nombre aparecía en varios mapas actualizados. Tras casi cuatro horas de traqueteos y sacudidas, encontramos una señal oxidada en un desvío de la carretera: «Rio Novo», con una flecha que señalaba a la izquierda.

—Mira eso —dijo Paolo.

Cruzamos un frágil puente de listones de madera que salvaba un río. El puente crujió bajo el peso de la camioneta y nosotros miramos al torrente de agua que fluía quince metros más abajo.

—¿Cuántas mulas y caballos llevaba el coronel? —preguntó Paolo, tratando de imaginar a Fawcett cruzando aquel mismo puente.

—Alrededor de una docena —contesté—. Según sus cartas, Galvão reemplazó a algunos de los animales más débiles y le regaló un perro..., que al parecer volvió al rancho, varios meses después de que Fawcett desapareciera.

—¿Volvió solo? —preguntó Paolo.

—Eso dijo Galvão. También comentó algo acerca de unos penachos de humo que vio en la selva, hacia el este, y que creyó que se trataba de alguna señal de Fawcett.

Por primera vez, penetramos en una franja de bosque denso. Aunque no se veía ningún rancho, llegamos a una cabaña de barro con techo de paja. Dentro se encontraba un indio muy mayor, sentado en un tocón y con un bastón de madera en la mano. Iba descalzo y solo llevaba unos pantalones polvorientos. De la pared que quedaba a sus espaldas colgaba la piel de un jaguar y una imagen de la Virgen María. Taukane le preguntó, en la lengua de los bakairí, si había por allí un rancho conocido como Rio Novo. El hombre escupió al oír aquel nombre y agitó el bastón en dirección a la puerta.

—Por ahí —contestó.

En ese instante apareció otro indio, más joven, que se ofreció a mostrarnos el camino. Volvimos a la camioneta y enfilamos un sendero cubierto de malas hierbas; las ramas restallaban contra el parabrisas. Cuando se hizo impracticable, nuestro guía saltó del vehículo y nosotros le seguimos por el bosque mientras él cercenaba las enredaderas y las lianas con un machete. En varias ocasiones alzó la vista, escrutó las copas de los árboles y dio varios pasos hacia el este o hacia el oeste. Finalmente se detuvo.

Miramos a nuestro alrededor: no había nada salvo un muro gigante de árboles.

—¿Dónde está Rio Novo? —preguntó Paolo.

Nuestro guía alzó el machete sobre su cabeza y lo arrojó al suelo. La hoja topó contra algo duro.

—Justo aquí —contestó.

Bajamos la mirada y, para nuestra sorpresa, vimos una hilera de ladrillos resquebrajados.

—Aquí es donde estaba la entrada de la finca —dijo el guía, y añadió—: Era muy grande.

Nos desplegamos por el bosque en busca de indicios de la gran hacienda de Galvão. Empezó a llover de nuevo.

—¡Aquí! —gritó Paolo.

Estaba a unos treinta metros, de pie, junto a una pared de ladrillo envuelta en plantas trepadoras. La selva había devorado el rancho en apenas unas décadas, y yo me pregunté cómo podrían sobrevivir los restos de civilizaciones ancestrales en un entorno tan hostil. Entonces comprendí que era posible que sencillamente desaparecieran.

Cuando volvimos a la carretera, empezaba a anochecer. Con la emoción del momento habíamos perdido la noción del tiempo. No habíamos comido nada desde las cinco y media de la mañana y tampoco llevábamos nada en la camioneta, salvo una botella de agua recalentada y unas galletas saladas. (En etapas previas del viaje habíamos devorado ya todas mis provisiones de comida liofilizada, con Paolo preguntando: «¿De verdad que los astronautas comen esto?».) Mientras conducíamos en plena noche, los relámpagos refulgían en la distancia e iluminaban el espacio vacío que nos rodeaba. Taukane finalmente se quedó dormido, y Paolo y yo nos enzarzamos en lo que se había convertido en nuestra distracción predilecta: tratar de imaginar qué les habría ocurrido a Fawcett y a los demás después de partir del Dead Horse Camp.

—Yo los veo muriendo de hambre —dijo Paolo, que parecía centrado en su propio apetito—. Muy despacio y con mucho sufrimiento.

Paolo y yo no éramos los únicos que especulábamos sobre el posible desenlace de la saga Fawcett. Decenas de escritores y artistas habían imaginado un final donde solo existía una incógnita, del mismo modo que los primeros cartógrafos habían concebido gran parte del mundo sin haberlo visto. Se habían escrito radionovelas y obras de teatro sobre el misterio. Un guión titulado *Encontrar al coronel Fawcett* sirvió tiempo después de inspiración (extremadamente imprecisa) para la película de 1941 *Camino a Zanzíbar*, con Bing Crosby y Bob Hope. También se habían hecho cómics, entre ellos una serie de *Las aventuras de Tintín*: en ella, un explorador desaparecido, inspirado en Fawcett, salva a Tintín de una serpiente venenosa en la selva. («Todo el mundo le cree muerto», dice Tintín al explorador, que replica: «He decidido no regresar a la civilización. Aquí soy feliz».)

Fawcett también inspiró novelas de búsqueda. En 1956, el popular autor belga de aventuras Charles-Henri Dewisme, que firmaba con el seudónimo Henry Verne, escribió *Bob Moran and the Fawcett Mystery*. En la obra, el héroe Moran investiga la desaparición del explorador del Amazonas y, aunque fracasa en su empeño de desvelar lo que le ocurrió, descubre la Ciudad de Z, «haciendo realidad el sueño de Fawcett».[6]

Fawcett aparece, incluso, en la novela de 1991 *Indiana Jones y los siete velos*, un libro perteneciente a una serie escrita para sacar el máximo beneficio del gran éxito de taquilla *En busca del arca perdida*, de 1981. En el enrevesado argumento, Indiana Jones —si bien insistiendo en que «Soy arqueólogo, no detective privado»—[7] parte en busca de Fawcett. Halla fragmentos de su diario correspondiente a la última expedición, en los que el explorador afirma: «Mi hijo, cojo por una lesión en el tobillo y con fiebre a causa de la malaria, regresó hace varias semanas, y envié con él al último guía. Que Dios los proteja. Yo remonté un río [...]. Me quedé sin agua, y los dos o tres días siguientes mi única provisión de líquido fue el rocío que lamía de las hojas. ¡Cuántas veces me he cuestionado el haber decidido seguir solo! Me llamé insensato, idiota, loco».[8] Jones localiza a Fawcett y descubre que el explorador del Amazonas ha encontrado su ciudad mágica. Después, los dos arqueólogos aficionados caen prisioneros de una tribu hostil, pero Jones, látigo en mano, y Fawcett escapan saltando al río de la Muerte.

Paolo y yo imaginamos otras situaciones fantásticas: Fawcett y los demás habían sido devorados por gusanos al igual que Murray, o habían contraído la elefantiasis o bien se habían envenenado con ranas letales. Luego nos quedamos dormidos en la camioneta. Por la mañana ascendimos por una pequeña ladera para alcanzar el Puesto Bakairí. Fawcett había tardado un mes en llegar aquí desde Cuiabá. Nosotros, dos días.

El Puesto Bakairí había crecido, y en la zona vivían ahora más de ochocientos indios. Fuimos al pueblo más grande, donde encontramos una plaza de tierra alrededor de la cual había dispuestas en filas varias decenas de casas de una sola planta. La mayor parte de las casas estaban hechas de arcilla y bambú y techos de paja, aunque algunas eran nuevas y tenían las paredes de cemento y el techo de hojalata en el que repiqueteaba la lluvia. El pueblo, si bien seguía siendo incuestionablemente pobre, disponía ahora de un pozo, un tractor, antenas parabólicas y electricidad.

Cuando llegamos, casi todos los hombres, jóvenes y ancianos, estaban ausentes, cazando y preparándose para la celebración ritual de la cosecha de maíz. Pero Taukane dijo que había alguien a quien teníamos que ver. Nos llevó a una casa adyacente a la plaza, próxima a una hilera de fragantes mangos. Entramos en una pequeña sala con una única bombilla colgando de lo alto y varios bancos de madera colocados a lo largo de las paredes.

Al poco rato, una mujer menuda y encorvada apareció por una puerta trasera. Se apoyaba en la mano de un niño y caminaba despacio hacia nosotros, como si luchase contra un fuerte viento de cara. Llevaba un vestido de algodón con un estampado de flores y tenía el pelo largo y canoso, que enmarcaba un rostro tan arrugado que sus ojos eran casi inapreciables. Lucía una amplia sonrisa que dejaba a la vista una espléndida dentadura. Taukane nos explicó que la mujer era la habitante más anciana del pueblo y que había visto pasar por allí a Fawcett y a su expedición. «Probablemente es la última persona viva que tuvo contacto con ellos», dijo.

La anciana se sentó en una silla; sus pies descalzos apenas llegaban al suelo. Con la ayuda de Paolo, quien tradujo del inglés al portugués, y de Taukane quien lo hizo después al bakairí, le pregunté cuántos años tenía. «No sé qué edad tengo exactamente —contestó ella—, pero nací alrededor de 1910. —Y prosiguió—: Yo solo era una niña cuando los tres forasteros vinieron a alojarse en nuestro pueblo. Los recuerdo porque nunca había visto a gente tan blanca y con barbas tan largas. Mi madre dijo: "¡Mira, han venido los cristianos!".»

Recordaba también que los tres exploradores se habían instalado en la nueva escuela del pueblo, que ya no existe. «Era el edificio más bonito —dijo—. No sabíamos quiénes eran, pero sí que debían de ser importantes porque dormían en la escuela.» En una carta, recordé, Jack Fawcett había mencionado que, en efecto, dormían en la escuela. La mujer añadió: «Recuerdo que eran altos, muy altos. Y que uno de ellos llevaba un fardo muy gracioso. Parecía un tapir».

Le pregunté cómo era el pueblo en aquel entonces. Ella contestó que para cuando Fawcett y sus hombres llegaron, todo estaba cambiando. Oficiales militares brasileños, prosiguió, «nos dijeron que teníamos que vestirnos, y nos pusieron nombres nuevos. Mi verdadero nombre era Comaeda Bakairí, pero ellos me dijeron que a partir de entonces me llamaría Laurinda. Y me convertí en Laurinda». Recordaba aquella enfermedad tan extendida de la que Fawcett hablaba en sus cartas. «El pueblo bakairí se despertaba con tos e iba al río para lavarse, pero no servía de nada», dijo.

Al cabo de un rato, Laurinda se puso en pie y salió de la cabaña. La acompañamos y en la distancia alcanzamos a ver las montañas que Jack había contemplado maravillado. «Los tres se marcharon en esa dirección —dijo—. Más allá de esos picos. La gente decía que detrás de esas montañas no había gente blanca, pero allí fue adonde dijeron que iban. Esperábamos que volvieran, pero nunca lo hicieron.»

Le pregunté si había oído hablar de alguna ciudad que se encontrara al otro lado de las montañas y que los indios pudieran haber construido siglos atrás. Ella contestó que no sabía de ninguna, pero señaló las paredes de su casa y dijo que sus ancestros habían hablado de casas bakairí que habían sido mucho más grandes y espectaculares. «Estaban hechas con hojas de palmera, de los árboles *buriti*, y eran el doble de altas y muy hermosas.»

Algunos de los cazadores regresaron, cargando con los cuerpos de venados y osos hormigueros. En la plaza, un funcionario montaba una gran pantalla de cine. Me dijeron que iba a proyectarse un documental para enseñar a los bakairí el significado del ritual de la cosecha de maíz que estaban a punto de celebrar y que formaba parte de su mito de la creación. En el pasado el gobierno había intentado arrebatar a los bakairí sus tradiciones y ahora intentaba preservarlas. La anciana observó las tareas desde el umbral. «La nueva generación aún lleva a cabo algunas de las antiguas ceremonias, pero ya no son tan ricas ni tan bellas —comentó—. Ya no se preocupan por la artesanía ni las danzas. Intento contarles historias antiguas, pero no les interesan. No entienden que esto es lo que somos.»

Antes de despedirnos, recordó algo más sobre Fawcett. Durante años, dijo, otras personas habían llegado de muy lejos preguntando por los exploradores desaparecidos. Me miró fijamente y sus menudos ojos se abrieron. «¿Qué es lo que hicieron esos blancos? —preguntó—. ¿Por qué es tan importante para su tribu encontrarlos?»

22

Vivo o muerto

El mundo aguardaba noticias. «Cualquier día de estos llegará un cable de mi esposo anunciando que está bien y que regresa con Jack y Raleigh»,[1] dijo Nina Fawcett a un periodista en 1927, dos años después de que se supiera por última vez de la partida. Elsie Rimell, con la que se escribía a menudo, se hacía eco de sus sentimientos: «Creo firmemente que mi hijo y las personas con las que está volverán de aquella selva».[2]

Nina, que vivía en Madeira con su hija de dieciséis años, Joan, imploraba a la Royal Geographical Society que no perdiera la confianza en su esposo y mostraba con orgullo una de las últimas cartas de Jack en la que su hijo describía su viaje a la selva. «Considero que es bastante interesante, tratándose de la primera experiencia de este tipo vista por un chico de veintidós años»,[3] dijo. En una ocasión, durante una travesía a nado de larga distancia en el océano en la que competía, Joan dijo a Nina: «¡Mamá! Tengo que ganar hoy, porque si lo hago papá conseguirá encontrar lo que está buscando, y si pierdo..., ellos también lo harán».[4] Para asombro de todos, ganó. Brian, que entonces contaba veinte años y trabajaba en la compañía ferroviaria de Perú, aseguró a su madre que no había motivo para preocuparse: «Papá ha alcanzado su objetivo —aseguró— y se está quedando allí el mayor tiempo posible».[5]

En la primavera de 1927, sin embargo, la inquietud se había propagado ya; tal como declaró la North American Newspaper Alliance: «El temor por la suerte de Fawcett aumenta». Abundaban las teorías sobre lo que podría haberles ocurrido a los exploradores: «¿Habrán sido asesinados por los belicosos salvajes, algunos de ellos caníbales? —conjeturaba un periódico—. ¿Habrán perecido en los rápidos [...] o habrán muerto de hambre en esta región absolutamente carente de alimento?»[6] Una de las teorías más extendidas sostenía que los exploradores eran rehenes de una tribu, una práctica relativamente común. (Varias décadas después, cuando algunas autoridades brasileñas contactaron con la tribu txukahamei por primera vez, encontraron a media docena de cautivos blancos.)[7]

En septiembre de 1927, Roger Courteville, ingeniero francés, anunció que mientras viajaba cerca de las fuentes del río Paraguay, en el Mato Grosso, había encontrado a Fawcett y a sus compañeros viviendo, no como rehenes, sino como ermitaños. «Explorador presuntamente embaucado por la hechicería de la jungla: Fawcett olvida al mundo en un paraíso de aves, ganado salvaje y caza»,[8] informó el *Washington Post*. Aunque algunos simpatizaban con el aparente deseo de Fawcett de «huir de la era de las máquinas y [...] de húmedos y oscuros andenes subterráneos y de bloques de pisos oscuros»,[9] según lo definió el editorial de un periódico estadounidense, otros alegaban que el explorador había perpetrado la mayor patraña de la historia.

Brian Fawcett, que se había apresurado a encontrarse con Courteville, consideró que el francés «describió a papá con exactitud».[10] Pese a ello, cada vez que relataba su historia, Courteville cambiaba tanto el contenido como la grafía de su propio nombre, y Nina defendió ferozmente la reputación de Fawcett. «Me hervía la sangre de indignación por las difamaciones lanzadas contra el honor de mi esposo»,[11] escribió a la RGS, e informó a Courteville: «A medida que la historia ha ido creciendo y cambiando, ha ido incorporando un componente de maldad y perfidia. Pero, gracias a Dios, yo, esposa [de Fawcett], he visto las discrepancias de las declaraciones publicadas».[12] Para cuando concluyó su campaña contra el francés, prácticamente nadie otorgaba ya a este la menor credibilidad, y tampoco a su historia.

Con todo, la pregunta seguía pendiente: ¿dónde estaban Fawcett y sus jóvenes acompañantes? Nina confiaba en que su marido, habiendo sobrevivido años en la jungla, estuviera vivo. Pero, al igual que Elsie Rimell, comprendía ahora que algo terrible debía de haberle ocurrido a la expedición: probablemente los indios los habían secuestrado. «No hay modo de saber el abatimiento y la desesperación que podrían estar soportando los chicos»,[13] comentó Nina.

Mientras su angustia iba en aumento, un hombre alto e impecablemente vestido se presentó en la puerta de su casa de Madeira. Era el eterno rival de Fawcett: el doctor Alexander Hamilton Rice. Había ido a consolarla, y le aseguró que aunque los exploradores hubiesen caído prisioneros, Fawcett encontraría el modo de escapar. «La única persona por la que, cuando está en la jungla, nadie debe preocuparse es el coronel», dijo el doctor Rice.

Hasta entonces, Nina se había resistido a enviar a un equipo de rescate, insistiendo en que Fawcett y su hijo preferirían morir a que otros les salvaran la vida, pero ahora, con el pánico apoderándose de ella, preguntó a Rice si él estaría dispuesto a hacerlo. «No podría elegirse a ningún hombre mejor para encabezar tal expedición»,[14] comentó más tarde. Sin embargo y para conmoción de muchos de sus colegas, el doctor Rice decidió abandonar el mundo de la exploración. Tal vez, a los cincuenta años, se sentía ya demasiado mayor, especialmente tras haber visto lo que le había ocurrido a su aparentemente invulnerable rival. Tal vez la esposa del doctor Rice, que había perdido a su marido y a su hijo en un trágico accidente, le convenció de que no volviera allí. O tal vez sencillamente Rice consideraba que ya había hecho todo cuanto podía como explorador.

Mientras tanto, la Royal Geographical Society declaró en 1927: «Reiteramos nuestra predisposición a ayudar [a toda partida de rescate] competente y bien acreditada».[15] Aunque advirtió que si Fawcett «no pudo penetrar y avanzar, mucho menos podría nadie más», la Royal Society recibió un aluvión de cartas de voluntarios. Uno de ellos escribió: «Tengo treinta y seis años. Prácticamente soy inmune a la malaria. Mido un metro cincuenta y seis descalzo y soy duro como las uñas».[16] Otro aseguraba: «Estoy dispuesto a sacrificarlo todo, incluso mi vida».[17]

Algunos voluntarios buscaban una huida de su deprimente vida cotidiana. («Mi esposa y yo hemos [...] decidido que una separación de un par de años nos hará un bien infinito.»)[18] Otros anhelaban fama y fortuna, al igual que Henry Morton Stanley, que había encontrado a Livingstone cinco décadas antes. Unos cuantos se sentían atraídos por la naturaleza heroica de la búsqueda: saber, según lo describió uno de ellos, «si tengo madera de hombre, o soy tan solo arcilla».[19] Un joven galés, que se ofreció a alistarse con sus amigos, escribió: «Consideramos que esta discreta aventura entraña una mayor dosis de heroísmo que, por ejemplo, el espectacular triunfo de Lindbergh».[20]

En febrero de 1928, George Miller Dyott, un miembro de la Royal Geographical Society de cuarenta y cinco años, puso en marcha la primera gran tentativa de rescate. Nacido en Nueva York —su padre era británico y su madre, estadounidense—, había sido piloto de pruebas poco después de los hermanos Wright y se contaba entre los primeros que volaron de noche. Tras servir como comandante de escuadrón aéreo en la Primera Guerra Mundial, había abandonado la aviación para hacerse explorador, y, aunque no encajaba demasiado con el prototipo del aventurero duro —medía algo más de metro setenta y apenas pesaba sesenta y tres kilos—, había recorrido a pie los Andes en más de seis ocasiones y se había internado en ciertas regiones del Amazonas. (Había navegado el río de la Duda para confirmar las reivindicaciones, en un tiempo disputadas, de Teddy Roosevelt.) También había pasado varias semanas cautivo de una tribu amazónica que reducía las cabezas de sus enemigos.

Para los medios de comunicación, la desaparición de Fawcett solo había contribuido a dar vida a lo que un escritor denominó una «historia romántica que erige imperios periodísticos»,[21] y pocos parecían tan hábiles en mantener la historia incandescente como Dyott. Antiguo director ejecutivo de una empresa llamada Travel Films, había sido uno de los primeros exploradores en llevar consigo cámaras cinematográficas, y sabía instintivamente cómo posar y hablar como un personaje de película de serie B.

La North American Newspaper Alliance patrocinó la tentativa de rescate, que publicitó como «una aventura que acelera el corazón […]. Romance, misterio… ¡y peligro!». Pese a las protestas por parte de la RGS, que alegaba que la publicidad ponía en riesgo el objetivo de la expedición, Dyott tenía previsto enviar despachos diarios con una radio de onda media y filmar su viaje. Para garantizarse el éxito, Dyott, que había coincidido con Fawcett en una ocasión, aseguró que necesitaría «la intuición de Sherlock Holmes» y «la pericia de un profesional de la caza mayor».[22] Imaginó a Fawcett y a sus compañeros «acampados en algún rincón remoto de la selva primigenia, incapaces de avanzar ni de retroceder. Sus provisiones de comida debieron de agotarse hace ya tiempo. Su ropa, hecha jirones o descompuesta en trozos».[23] En un combate «mano a mano» tan prolongado con la selva, añadió Dyott, solo «su supremo coraje [de Fawcett] habrá mantenido unida a su partida y le habrá infundido la entereza necesaria para seguir con vida».[24]

Al igual que Fawcett, Dyott había desarrollado con los años sus idiosincrásicos métodos de exploración. Creía, por ejemplo, que los hombres de complexión menuda —es decir, los hombres de su misma complexión— tenían mayor capacidad de resistencia en la selva. «Un hombre alto y corpulento tiene que emplear tanta energía en cargar con su propio peso que acaba agotándola —comentó Dyott a los periodistas, y que sería— difícil de encajar en una canoa.»[25]

Dyott publicó un anuncio en varios periódicos estadounidenses buscando un voluntario que fuera «menudo, libre y robusto». *Los Angeles Times* lo hizo con el título «Dyott necesita un joven soltero para viaje peligroso a la selva en busca de un científico: el aspirante debe ser célibe, discreto y vigoroso». En pocos días, recibió ofertas de veinte mil personas. «Vienen de todo el mundo —informó Dyott a los periodistas—: Inglaterra, Irlanda, Francia, Alemania, Holanda, Bélgica, Suecia, Noruega, Dinamarca, Perú, México… Están representados todos los países. También han llegado cartas de Alaska.»[26] Y destacó: «Los aspirantes proceden de todos los estratos sociales […]. Hay cartas de abogados, médicos, agentes inmobiliarios, reparadores de chimeneas… De Chicago han escrito un acróbata y un luchador».[27] Dyott contrató a tres secretarias para que le ayudaran a cribar las solicitudes. El *Independent*, un semanario estadounidense, se maravilló: «Tal vez si existiesen suficientes selvas y expediciones para recorrerlas, presenciaríamos el espectáculo de toda nuestra población partiendo en busca de exploradores perdidos, civilizaciones ancestrales y quizá alguna vaga carencia en la vida personal».[28] Nina comentó a la RGS que semejante avalancha de voluntarios suponía un «gran halago» a la firme reputación del coronel Fawcett.

Una de las personas que se presentaron como aspirantes fue Roger Rimell, el hermano de Raleigh, quien entonces contaba treinta años. «Me siento muy angustiado, obviamente —informó a Dyott—; considere que estoy tan capacitado para ir como cualquier otro.»[29] Elsie Rimell estaba tan desesperada por encontrar a Raleigh que dio su consentimiento, diciendo: «No conozco mejor forma de ayudarlos que ofrecerles los servicios del hijo que me queda».[30]

Dyott, sin embargo, no quiso llevar consigo a alguien con tan poca experiencia y rehusó la oferta cortésmente. También se presentaron como voluntarias varias mujeres, pero Dyott arguyó: «No puedo llevar a una mujer».[31] Finalmente, escogió a cuatro hombres habituados a trabajar en el exterior y curtidos, que además sabían manejar una radio inalámbrica y una cámara cinematográfica en la selva.

Dyott había sido muy estricto en cuanto a los hombres casados: no los quería en su partida ya que, según él, estaban acostumbrados a «comodidades infantiles» y que «siempre piensan en sus esposas».[32] Pero, la víspera de la partida de la expedición, en Nueva York, violó su propio edicto y se casó con una mujer a la que casi doblaba en edad, Persis Stevens Wright, a quien los periódicos retrataron como una «chica de clase alta de Long Island». La pareja planeó celebrar la luna de miel durante el viaje del grupo a Río de Janeiro. El alcalde de Nueva York, Jimmy Walker, que fue a despedir a la expedición, dijo a Dyott que el consentimiento de su prometida para que él arriesgase su vida a fin de salvar las de otros era «una muestra de generoso coraje de la cual todo el país debería enorgullecerse».[33]

El 18 de febrero de 1928, en medio de una ventisca, Dyott y su partida acudieron a los mismos muelles de Hoboken, New Jersey, de los que Fawcett había zarpado con Jack y Raleigh tres años antes. El grupo de Dyott se disponía a subir a bordo del *Voltaire* cuando una angustiada mujer de mediana edad apareció abrigada contra la tormenta. Era Elsie Rimell. Había volado desde California para encontrarse con Dyott, cuya expedición, dijo, «me colma de nueva esperanza y coraje».[34] Le entregó un pequeño paquete: un regalo para su hijo Raleigh.

Durante la travesía a Brasil, la tripulación del barco apodó a los exploradores como los «Caballeros de la Mesa Redonda». Se celebró un banquete en su honor, y se imprimieron nuevas cartas de menús con los sobrenombres de cada uno de los exploradores: «Rey Arturo» y «Sir Galahad». El comisario del barco declaró: «En nombre de vuestra noble cohorte de caballeros, permitidme desearos buena suerte, buen viaje y feliz retorno».[35]

Cuando el *Voltaire* llegó a Río, Dyott se despidió de su esposa y se dirigió con sus hombres a la frontera. Allí reclutó a un pequeño ejército de ayudantes brasileños y guías indígenas. La partida pronto aumentó hasta los veintiséis miembros, y requirió setenta y cuatro bueyes y mulas para transportar más de tres toneladas de provisiones y equipamiento. Tiempo después, un periodista describió la partida como un «safari a lo Cecil B. DeMille».[36] Los brasileños empezaron a referirse a ella como el «club de los suicidas».

En junio, la expedición llegó al Puesto Bakairí, donde poco antes un grupo de kayapó había atacado y asesinado a varios habitantes. (Dyott describió el puesto como «la escoria de la civilización mezclada con la inmundicia de la selva».)[37] Mientras permanecía acampado allí, Dyott hizo lo que consideró un gran avance: conoció a un indígena llamado Bernardino que afirmaba haber sido guía de Fawcett en el descenso del río Kurisevo, uno de los principales afluentes que alimenta el cauce del Xingu. A cambio de regalos, Bernardino accedió a llevar a Dyott hasta donde había conducido al grupo de Fawcett, y, poco después de partir, Dyott vio marcas con forma de «Y» talladas en troncos de árboles, un posible indicio de la antigua presencia del explorador. «La ruta de Fawcett se extendía frente a nosotros, y, como sabuesos tras un rastro, seguíamos de cerca a la presa»,[38] escribió Dyott.

Por la noche, Dyott enviaba despachos por radio, que después la Radio Relay League, una red de radioaficionados de Estados Unidos, solía transmitir a la NANA. Cada nuevo dato se pregonaba a los cuatro vientos: «Dyott se aproxima al calvario de la selva», «Dyott emprende la ruta de Fawcett», «Dyott encuentra una nueva pista». John J. Whitehead, miembro de la expedición, escribió en su diario: «Qué diferente habría sido el relato de la historia de Stanley y Livingstone de haber dispuesto de una radio».[39] Muchas personas de todo el mundo sintonizaban los boletines, fascinadas. «Oí hablar por primera vez [de la expedición] por medio del receptor de cristal cuando solo tenía once años»,[40] recordaría tiempo después Loren McIntyre, una estadounidense que acabó siendo también una prestigiosa exploradora del Amazonas.

Los radioyentes afrontaban desde sus casas los terrores que amenazaban a la partida. Una noche, Dyott informó:

> Encontramos huellas en la tierra blanda, huellas de pies humanos. Nos detuvimos para examinarlas. Debían de pertenecer a treinta o cuarenta personas integrantes de un mismo grupo. Instantes después, uno de nuestros indios bakairí se volvió y dijo con voz inexpresiva: «Indios kayapó».[41]

Tras caminar casi un mes en dirección norte desde el Puesto Bakairí, la partida llegó al asentamiento de nahukwá, una de las numerosas tribus que habían buscado refugio en las selvas circundantes al Xingu. Dyott escribió a propósito de los nahukwá: «Estos nuevos moradores de la selva eran tan primitivos como Adán y Eva».[42] Varios miembros de la tribu recibieron cordialmente a Dyott y a sus hombres, pero el jefe, Aloique, parecía hostil. «Nos observó impasible con sus pequeños ojos —escribió Dyott—. La astucia y la crueldad acechaban tras sus párpados.»[43]

Dyott se vio enseguida rodeado por los hijos de Aloique y observó algo atado a un trozo de cuerda que uno de los niños llevaba al cuello: una pequeña placa conmemorativa con la inscripción «W. S. Silver and Company». Era el nombre de la empresa británica que había aprovisionado a Fawcett. Al entrar en la penumbrosa choza del jefe, Dyott prendió una bengala. En un rincón vio un baúl metálico de estilo militar.

Sin la ayuda de traductores, Dyott intentó interrogar a Aloique por medio de un sofisticado lenguaje de signos. Aloique, también con gestos, pareció sugerir que el baúl era un regalo. Luego indicó que había guiado a tres hombres blancos hasta un territorio vecino. Dyott, escéptico, instó a Aloique y a varios de sus hombres a que le llevaran por la misma ruta.

Aloique le advirtió que una tribu sanguinaria, los suyá, vivía en la zona a la que pretendían dirigirse. Cada vez que los nahukwá pronunciaban la palabra «suyá», se señalaban la nuca, como si los estuvieran decapitando. Dyott insistió y Aloique, a cambio de cuchillos, accedió a acompañarlos.

Aquella noche, mientras Dyott y sus hombres dormían entre los indios, muchos miembros de la partida se sintieron desazonados. «No podemos prever los actos [de los indios] puesto que nada sabemos de ellos, excepto, y esto es importante, que la partida de Fawcett desapareció en estas regiones»,[44] escribió Whitehead. Dormía con un Winchester de calibre 38 y un machete debajo de la manta.

Al día siguiente, a medida que la expedición avanzaba por entre la selva, Dyott siguió interrogando a Aloique, y el jefe no tardó en aportar un nuevo elemento a su historia. Fawcett y sus hombres, insinuó, habían sido asesinados por los suyá. «¡Suyá! ¡Bum-bum-bum!», gritó el jefe, y se dejó caer al suelo como si estuviera muerto. Las cambiantes explicaciones de Aloique despertaron sospechas en Dyott. Tal como este escribió más tarde: «El dedo acusador parece señalar a Aloique».[45]

En un momento dado, mientras Dyott informaba por radio de sus últimos hallazgos, el aparato dejó de funcionar. «El grito de la selva, sofocado», declaró un boletín de la NANA. «La radio de Dyott, desconectada en crisis.» Su prolongado silencio desencadenó especulaciones nefastas. «Estoy aterrada»,[46] confesó la esposa de Dyott a los periodistas.

Mientras tanto, la comida y el agua empezaron a escasear, y varios miembros de la expedición estaban tan enfermos que apenas podían caminar. Whitehead escribió que no podía «comer, de tanta fiebre como tengo».[47] El cocinero tenía las piernas hinchadas y le supuraban pus. Dyott decidió proseguir con solo dos de sus hombres, con la esperanza de encontrar los restos de Fawcett. «Recuerda —dijo Dyott a Whitehead—: si me ocurre algo, todos mis efectos personales son para mi esposa.»[48]

La noche previa a la partida del reducido contingente, uno de los hombres de la expedición de Dyott, un indígena, informó que había oído a Aloique conspirando con otros miembros de la tribu para asesinar a Dyott y robarle el equipamiento. Para entonces, Dyott no albergaba ya ninguna duda de que había encontrado al asesino de Fawcett. Como argumento disuasorio, Dyott dijo a Aloique que tenía la intención de llevar a todos sus hombres con él. La mañana siguiente, Aloique y su séquito habían desaparecido.

Poco después, infinidad de indios de varias tribus de la región del Xingu surgieron de la selva armados con arcos y flechas, y exigieron regalos. Cada hora, una nueva canoa llegaba con más indígenas. Algunos de ellos lucían llamativas alhajas y poseían exquisitas piezas de cerámica, lo cual hizo pensar a Dyott que las historias de Fawcett sobre una civilización ancestral sofisticada podían ser ciertas. Pero era imposible seguir indagando. Tal como lo explicó Whitehead: «Nativos de tribus de todo el territorio, posiblemente dos mil, fueron acechándonos gradualmente desde todas las direcciones».[49]

Dyott había agotado ya las reservas de regalos y los indios iban tornándose hostiles. Les prometió que a la mañana siguiente daría a cada uno de ellos un hacha y cuchillos. Pasada la medianoche, cuando los indios parecían dormir, Dyott reunió con sigilo al grupo y partió en las barcas de la expedición. Los hombres las empujaron al río y se dejaron llevar por la corriente. Nadie se atrevió a utilizar los remos. Instante después, oyeron varias canoas remontando el río con más indios a bordo, al parecer dirigiéndose a su campamento. Dyott indicó a sus hombres que llevaran las barcas a la orilla y se escondieran dentro de ellas. Todos contuvieron el aliento hasta que los indios los dejaron atrás.

Dyott dio al fin la orden de remar y los exploradores obedecieron al momento. Uno de los técnicos consiguió que la radio inalámbrica funcionara el rato suficiente para enviar un breve mensaje: «Lamento informar que la expedición de Fawcett pereció a manos de indios hostiles. Nuestra situación es crítica [...]. Ni siquiera dispongo de tiempo para comunicar detalles por radio. Debo descender el Xingu sin demora o también nos apresarán a nosotros».[50] La expedición entonces se deshizo de la radio, junto con otro equipamiento pesado, para aligerar la huida. Los periódicos debatían sobre sus posibilidades de sobrevivir. «Las probabilidades de Dyott de escapar son del cincuenta por ciento», proclamaba un titular. Cuando Dyott y sus hombres finalmente surgieron de la selva, meses después —enfermos, demacrados, con barba y acribillados por los mosquitos—, fueron recibidos como héroes. «Queremos disfrutar de la plácida y embriagadora atmósfera de la fama»,[51] dijo Whitehead, que fue contratado después como anunciante de una marca de laxantes llamada Nujo. («Puede estar seguro de que, aunque tenga que descartar equipo importante, en mi próxima aventura me llevaré una buena cantidad de Nujol.»)[52] Dyott publicó un libro, *Man Hunting in the Jungle*, y en 1933 protagonizó en Hollywood una película sobre sus aventuras titulada *Savage Gold*.

Pero para entonces la historia de Dyott había empezado a desmoronarse. Tal como Brian Fawcett señaló, resultaba difícil creer que su padre, que había sido tan precavido para que nadie conociera su ruta, dejara marcas con forma de «Y» en los árboles. El equipamiento que Dyott encontró en casa de Aloique podría haber sido un regalo de Fawcett, como insistió en afirmar Aloique, o proceder de la expedición de 1920, en la que él y Holt se vieron obligados a abandonar gran parte de la carga que llevaban. De hecho, los argumentos de Dyott se basaban en lo que él consideraba una actitud «traicionera» por parte de Aloique, un juicio fundamentado en gran medida en la comunicación por gestos y en los presuntos conocimientos de Dyott en «psicología indígena».[53]

Años después, cuando misioneros y otros exploradores accedieron a la región, describieron a Aloique y a los nahukwá como un pueblo, en general, pacífico y cordial. Dyott había obviado que la esquivez de Aloique y su decisión de desaparecer se derivaba de sus propios miedos al extranjero blanco que lideraba un grupo armado. Por último, estaba Bernardino. «Dyott [...] debe de haberse tragado el anzuelo que le lanzaron con lo que le contaron —escribió Brian Fawcett—. Lo digo porque en 1925 no había ningún Bernardino en la partida de mi padre.»[54] Según las últimas cartas de Fawcett, desde el Puesto Bakairí solo había llevado consigo a dos ayudantes brasileños: Gardenia y Simão. No mucho tiempo después del retorno de la expedición de Dyott, Nina Fawcett concluyó en una declaración pública: «Por consiguiente, no hay pruebas de que los tres exploradores estén muertos».[55]

Elsie Rimell insistía en que «jamás dejaría»[56] de creer que su hijo regresaría. En privado, no obstante, se mostraba desesperada. Una amiga le escribió una carta diciéndole que era natural que se sintiera tan «deprimida», pero le suplicaba: «No pierdas la esperanza».[57] La amiga le aseguraba que pronto se conocería el verdadero sino de los exploradores.

El 12 de marzo de 1932, un hombre de ojos siniestros y bigote oscuro se presentó ante la embajada británica en São Paulo exigiendo ver al cónsul general. Llevaba una chaqueta informal, corbata de rayas, pantalones holgados, y unas botas de montar que le llegaban hasta la rodilla. Dijo que se trataba de un asunto urgente relativo al coronel Fawcett.

El hombre fue llevado en presencia del cónsul general, Arthur Abbott, que había sido amigo de Fawcett. Durante años, Abbott había confiado en que los exploradores aparecieran, pero tan solo unas semanas antes había destruido las últimas cartas que había recibido de Fawcett: creía que «toda esperanza de volver a verle se había desvanecido».[58]

En una declaración jurada posterior, el visitante dijo: «Me llamo Stefan Rattin. Soy ciudadano suizo. Llegué a Sudamérica hace veintiún años».[59] Explicó que, unos cinco meses antes, él y dos acompañantes habían ido a cazar cerca del río Tapajós, en el extremo noroccidental del Mato Grosso, cuando toparon con una tribu que tenía preso a un hombre blanco de edad avanzada con el pelo largo y amarillento. Más tarde, cuando muchos de los indios estaban borrachos, según afirmó Rattin, el hombre blanco, que iba vestido con pieles de animales, se acercó a él en silencio.

—¿Eres amigo? —le preguntó.

—Sí —contestó Rattin.

—Soy un coronel inglés —repuso el anciano, e imploró a Rattin que fuera al consulado británico y le dijera al «mayor Paget» que estaba preso.

Abbott sabía que el antiguo embajador británico en Brasil, sir Ralph Paget, había sido confidente de Fawcett. De hecho, había sido Paget quien había presionado al gobierno brasileño para que financiara la expedición de Fawcett de 1920. Estos hechos, señaló Abbott en una carta dirigida a la Royal Geographical Society, «solo los conozco yo y varios amigos íntimos».[60]

Cuando Nina Fawcett y Elsie Rimell oyeron por primera vez el relato de Rattin, consideraron que era verosímil. Nina dijo: «No me atrevo a alimentar en exceso mis esperanzas»;[61] no obstante, envió un telegrama a una agencia de noticias de Brasil diciendo que ahora estaba convencida de que su esposo seguía «VIVO».

Otros se mostraron escépticos. El general Rondon, tras entrevistarse con Rattin durante tres horas, comentó en un informe que el lugar donde el trampero suizo afirmaba haber encontrado a Fawcett estaba a unos ochocientos kilómetros del punto en el que la expedición fue vista por última vez. El propio Paget, al preguntarle al respecto, se cuestionó por qué la tribu habría dejado marchar a Rattin si seguía reteniendo a Fawcett.

Abbott, sin embargo, estaba convencido de la sinceridad de Rattin, especialmente porque el suizo prometió rescatar a

Fawcett sin ánimo de recompensa alguna. «Prometí al coronel Fawcett que llevaría ayuda y esa promesa será cumplida»,[62] dijo Rattin. El trampero pronto partió con dos hombres, uno de ellos un reportero que escribía artículos para la agencia United Press. Tras caminar por la selva durante semanas, los tres hombres llegaron al río Arinos, donde construyeron varias canoas con corteza de árbol. En un despacho con fecha del 24 de mayo de 1932, cuando la expedición estaba a punto de penetrar en territorio indígena hostil, el reportero informó: «Rattin está ansioso por salir. Grita: "¡Todos a bordo!". Allá vamos».[63] Nunca volvió a saberse de ellos.

No mucho tiempo después, un inglés de cincuenta y dos años llamado Albert de Winton llegó a Cuiabá jurando que encontraría a Fawcett, vivo o muerto. Había participado recientemente en varias películas de Hollywood con papeles de escasa relevancia, entre ellas *El rey de la selva*. Según el *Washington Post*, Winton había «abandonado la emoción de las imitaciones en las películas por la auténtica de la selva».[64] Con un impoluto uniforme de safari, una pistola sujeta al cinturón y fumando una pipa, se precipitó hacia la selva. Una mujer de Orange (New Jersey), refiriéndose a sí misma como «representante estadounidense» de Winton, fue enviando comunicados a la RGS para los que empleó un papel que llevaba repujado, a modo de membrete: «Albert de Winton, EXPEDICIÓN A LA JUNGLA BRASILEÑA INEXPLORADA EN BUSCA DEL CORONEL P. H. FAWCETT». Nueve meses después de que Winton entrara en la selva, salió con la ropa hecha jirones y el rostro consumido. El 4 de febrero de 1934, los periódicos publicaron una foto de él con el pie: «Albert Winton, actor de Los Ángeles, no está caracterizado para una película dramática. El aspecto que presenta es fruto de los nueve meses en la selva sudamericana».[65] Tras un breve descanso en Cuiabá, donde visitó un museo que albergaba una exposición dedicada a Fawcett, Winton volvió a la región del Xingu. Transcurrieron meses sin que se supiera de él. Pero un día, en septiembre, un corredor indígena surgió de la selva con una maltrecha nota de Winton. En ella decía que había caído prisionero de una tribu y suplicaba: «Por favor, envíen ayuda». La hija de Winton informó a la RGS de «este grave giro de los acontecimientos»,[66] y rogaba que alguien de la Royal Society acudiera a salvar a su padre. No obstante, nadie volvió a verle nunca. Años después, oficiales brasileños supieron por indígenas de la región que dos miembros de la tribu kamayurá habían encontrado a Winton flotando en una canoa a la deriva, desnudo y medio enloquecido. Uno de los kamayurá le aplastó la cabeza con un garrote y luego le quitó el rifle.[67]

Historias como esta apenas contribuyeron a disuadir al sinfín de exploradores que volvieron a intentar encontrar a Fawcett o la Ciudad de Z. Hubo expediciones lideradas por alemanes, italianos, rusos y argentinos. Hubo una joven licenciada en antropología por la Universidad de California; un soldado estadounidense que había servido con Fawcett en el frente occidental; también Peter Fleming, hermano de Ian Fleming, el creador de James Bond, y un grupo de bandidos brasileños. En 1934, el gobierno brasileño, desbordado por el aumento incesante de las partidas de búsqueda, emitió un decreto prohibiéndolas hasta que se les concediera un permiso especial; sin embargo, los exploradores seguían internándose en la selva, con permiso o sin él.

Aunque no existen estadísticas fidedignas, un cálculo reciente eleva a un centenar el coste en muertes de estas expediciones. La licenciada por la Universidad de California, quien, en 1930, fue una de las primeras mujeres antropólogas que viajaron a la región para llevar a cabo una investigación, consiguió regresar pero murió pocos años después a consecuencia de una infección contraída en el Amazonas. En 1939, otro antropólogo estadounidense se ahorcó de un árbol en la selva. (Dejó un mensaje en el que decía: «Los indios van a quitarme mis notas [...]. Son muy valiosas y pueden ser desinfectadas y enviadas al museo. Quiero que mi familia crea que fallecí por causas naturales en un poblado indígena».)[68] Un buscador perdió a su hermano, víctima de las fiebres. «Intenté salvarle —dijo a Nina—, pero, desgraciadamente, no pude hacer nada, de modo que le enterré en la orilla del Araguaya.»[69]

Al igual que Rattin y Winton, otros exploradores parecían evaporarse de la faz de la tierra. En 1947, según el reverendo Jonathan Wells, misionero en Brasil, una paloma mensajera salió de la selva con una nota escrita por un profesor de escuela neozelandés de treinta y dos años, Hugh McCarthy, obsesionado con encontrar Z. Wells dijo que había conocido a McCarthy en su misión cristiana, ubicada en la periferia oriental del Mato Grosso, y que le había advertido que moriría si se internaba solo en la selva. Pero McCarthy se negó a abandonar su proyecto, relató Wells, y entonces este dio al profesor siete palomas mensajeras para que fuera enviando mensajes, y McCarthy las colocó en cestas de mimbre a bordo de su canoa. La primera nota llegó seis semanas después. Decía: «Sigo bastante enfermo por el accidente, pero la inflamación de la pierna va remitiendo [...]. Mañana parto para proseguir con mi misión. Me dicen que las montañas que busco están a solo cinco días de aquí. Que Dios te proteja. Hugh». Un mes y medio después, una segunda paloma llegó hasta Wells con un nuevo mensaje. «Me encuentro [...] en nefastas circunstancias —escribía McCarthy—. Hace ya mucho que abandoné la canoa y el rifle, pues este resulta inútil en la selva. Se me ha acabado la comida y sobrevivo con bayas y frutos silvestres.» La última noticia sobre McCarthy llegó en una tercera nota que decía: «He concluido mi trabajo y muero feliz, sabiendo que mi creencia en Fawcett y en su Ciudad de Oro perdida no era vana».[70]

Nina seguía de cerca el desarrollo de todo lo que acontecía con respecto a lo que ella denominaba «El Misterio Fawcett». Se había convertido en una especie de detective: examinaba documentos y, con una lupa, estudiaba los antiguos cuadernos de bitácora de su esposo. Un visitante la describió sentada frente a un mapa de Brasil, lápiz en mano; a su alrededor, desperdigadas, las últimas cartas y fotografías de su marido y de su hijo, así como un collar de conchas que Jack le había enviado desde el Puesto Bakairí. Por petición expresa de Nina, la RGS compartía con ella todas las noticias de posibles avistamientos o rumores relacionados con la suerte de la partida. «Usted siempre ha defendido la valerosa opinión de que puede juzgar mejor que nadie el valor de una prueba»,[71] le dijo un alto cargo de la RGS. Ella insistía en que se había «entrenado» para ser siempre imparcial, de modo que, al igual que un juez, emitía un veredicto ante cualquier nueva prueba que presentaban las diversas teorías sobre la suerte de su marido. En una ocasión, después de que un aventurero alemán asegurara haber visto a Fawcett con vida, ella escribió airada que ese hombre tenía «más de un pasaporte, al menos tres alias, ¡y un buen fajo de artículos de prensa que hablan de él!».[72]

Pese a sus esfuerzos por seguir siendo objetiva, confesó a su amigo Harold Large, después de que se propagaran rumores de que los indígenas habían masacrado a la partida: «Mi corazón está lacerado por los terribles relatos que estoy obligada a leer y mi imaginación evoca imágenes espantosas de lo que podría haber ocurrido. Requiere toda mi fuerza de voluntad expulsar todos estos horrores de mis pensamientos. El desgaste es brutal».[73] Otro amigo de Nina informó a la Royal Geographical Society que «lady Fawcett está sufriendo en cuerpo y alma».[74]

Nina encontró entre sus documentos un fajo de cartas que Fawcett había escrito a Jack y a Brian cuando llevaba a cabo su primera expedición, en 1907. Informó a Large que se las había entregado a Brian y a Joan «para que ambos conozcan la verdadera personalidad del hombre de quien descienden. —Y añadía—: Hoy está muy presente en mis pensamientos: es su cumpleaños».[75]

Para 1936, la mayoría de la gente, incluso los Rimell, había llegado a la conclusión de que la partida había perecido. El hermano mayor de Fawcett, Edward, dijo a la RGS: «Debo actuar en la convicción, albergada desde hace mucho tiempo, de que todos ellos murieron hace ya años».[76] Pero Nina se negaba a aceptar que su esposo no fuera a regresar y que ella misma había accedido a enviar a su hijo a la muerte. «Soy una de los pocos que aún creen»,[77] dijo. Large se refería a ella[78] como «Penélope» esperando el «regreso de Ulises».[79]

Del mismo modo que le ocurrió a Fawcett con Z, la búsqueda de los exploradores desaparecidos se convirtió para Nina en una obsesión. «El regreso de su esposo es lo único por lo que vive hoy», le comentó un amigo al cónsul general en Río. Nina apenas tenía dinero: recibía tan solo una parte de la pensión de Fawcett y una pequeña cantidad que Brian le enviaba desde Perú. Con el paso de los años, empezó a vivir como una indigente nómada, deambulando con su fardo a cuestas, repleto de papeles relacionados con Fawcett, entre Perú, donde vivía Brian, y Suiza, donde Joan se había instalado con su marido, el ingeniero Jean de Montet y sus cuatro hijos, entre ellos Rolette. Cuantas más personas dudaban de que los exploradores siguieran con vida, con tanto más desespero se aferraba Nina a las pruebas que demostraran su fe. Cuando una de las brújulas de Fawcett apareció en el Puesto Bakairí, en 1933, ella insistió en que su esposo la habría dejado allí en fechas recientes como un indicio de que estaba vivo. Aunque, tal como señaló Brian, era evidente que se trataba de algo que su padre había dejado allí antes de partir. «Tengo la impresión —escribió Nina a un contacto de Brasil— que en más de una ocasión el coronel Fawcett ha intentado dar señales de su presencia, y de que nadie, excepto yo, ha comprendido su significado.»[80] En ocasiones firmaba sus cartas con un «Créeme».

En la década de 1930, Nina empezó a recibir informes de una nueva fuente: los misioneros que se estaban introduciendo en la región del Xingu con el propósito de convertir a lo que uno de ellos denominó «los indios más primitivos y atrasados de toda Sudamérica».[81] En 1937, Martha L. Moennich, una misionera estadounidense, caminaba por la selva con los párpados inflamados por picaduras de garrapatas y recitaba la promesa del Señor —«Yo estoy con vosotros todos los días, hasta el fin del mundo»— cuando, según aseguró, hizo un extraordinario hallazgo: en el poblado kuikuro conoció a un muchacho de piel clara e intensos ojos azules. La tribu le dijo que era hijo de Jack Fawcett y de una india.[82] «En su naturaleza doble hay evidentes rasgos de la reserva británica y de porte militar, mientras que en su vertiente indígena, la visión de un arco y una flecha, o un río, hacen de él un niño de la selva»,[83] escribió más tarde Moennich. Dijo que había propuesto llevarse al niño con ella para que el pequeño pudiera tener la oportunidad «no solo de aprender el idioma de su padre sino también de vivir entre personas de la raza de su padre».[84] La tribu, no obstante, se negó. Otros misioneros regresaron con historias similares acerca de un niño blanco que vivía en la selva, un niño que era, según un clérigo: «Tal vez el niño más famoso de todo el Xingu».[85]

En 1943, Assis Chateaubriand, un multimillonario brasileño propietario de un conglomerado de periódicos y emisoras de radio, envió a un reportero de uno de sus populares tabloides, Edmar Morel, en busca del «nieto de Fawcett». Meses después, Morel regresó con un chico de diecisiete años con la piel blanca como la luna llamado Dulipé. El muchacho fue aclamado como el nieto del coronel Percy Harrison Fawcett, o, según lo llamaba la prensa, el «dios blanco del Xingu».

El descubrimiento provocó un delirio internacional. Dulipé, tímido y nervioso, apareció fotografiado en *Life* y desfiló por Brasil como una atracción de carnaval, un *freak*,[86] como lo definió el *Time*. La gente acudía en masa a los cines, las colas daban la vuelta a la manzana, para ver secuencias de él en la selva, desnudo y pálido. (Cuando se preguntó a la RGS al respecto de Dulipé, la institución respondió flemáticamente que tales «cuestiones quedan fuera del ámbito científico de nuestra Sociedad».)[87] Morel telefoneó a Brian Fawcett, y preguntó a él y a Nina si querían adoptar al joven. Cuando examinó fotografías de Dulipé, sin embargo, Nina se sorprendió.

—¿No ves algo extraño en los ojos del chico? —le preguntó a Brian.[88]

—Parecen entornados, como deslumbrados por la luz —respondió él.

—A mí me parece albino —dijo ella.

Pruebas posteriores confirmaron su teoría. Muchas leyendas de indios blancos, de hecho, se derivaban de casos de albinismo. En 1942, Richard O. Marsh, un explorador estadounidense que tiempo después buscó a Fawcett, anunció que en una expedición en Panamá no solo había visto «indios blancos», sino que se llevaba de vuelta a tres «especímenes vivos»[89] como prueba. «Tienen el cabello dorado, los ojos azules y la piel blanca —dijo Marsh—. Sus cuerpos están cubiertos por un vello fino, largo y blanco. Parecen […] blancos nórdicos muy primitivos.»[90] Después de que su barco arribara a Nueva York, Marsh llevó a las tres criaturas —dos amedrentados niños indígenas, de diez y dieciséis años, y una niña de catorce llamada Margarita— en presencia de una muchedumbre de curiosos y fotógrafos. Científicos de todo el país —del Bureau of American Ethonology, el Museum of the American Indian, el Peabody Museum, el American Museum of Natural History y la Universidad de Harvard— pronto se reunieron en una habitación del hotel Waldorf-Astoria para ver a los niños exhibidos, punzando y manoseando sus cuerpos. «Observad el cuello de la niña»,[91] dijo uno de los científicos. Marsh conjeturó que eran una «reliquia de la modalidad del Paleolítico».[92] El *The New York Times* afirmó después: «Científicos declaran auténticos a los indios blancos». Se instaló a los niños en una casa de una zona rural situada a las afueras de Washington D.C., para que pudieran estar «más cerca de la naturaleza».[93] Solo tiempo después se concluyó que los niños eran, al igual que muchos indios san blas de Panamá, albinos.

El destino de Dulipé fue trágico. Arrancado de su tribu y lejos de ser ya una atracción comercial, fue abandonado en las calles de Cuiabá. Se sabe que el «dios blanco del Xingu» murió víctima del alcoholismo.

A finales de 1945, Nina, que contaba ya setenta y cinco años, padecía una artritis y anemia que debilitaba su organismo. Tenía que ayudarse de un bastón para caminar, en ocasiones dos, y se describía como una persona «sin hogar, sin nadie que me ayude o venga a verme, ¡y lisiada!».[94]

Tiempo antes, Brian le había escrito una carta en la que le decía: «Has soportado lo que quebraría el espíritu de una docena de personas, pero, al margen de cómo te sintieras [...], has sonreído en todo momento y aceptado durante tantísimo tiempo la pesada carga que el Destino ha depositado sobre ti de un modo que me hace sentir enormemente orgulloso de ser tu hijo. Sin duda eres un ser superior, o de lo contrario los dioses no te habrían impuesto semejante prueba, y tu recompensa será sin duda muy Grande».[95]

En 1946 surgió otra historia según la cual los tres exploradores estaban vivos en el Xingu. Se aseguraba que Fawcett era tanto «prisionero como jefe de los indios». En esta ocasión, Nina estaba segura de que su recompensa finalmente había llegado. Prometió enviar una expedición para rescatarlos, aunque «¡eso signifique la muerte para mí!».[96] El relato, sin embargo, resultó ser una invención más.

En una fecha tan tardía como 1950, Nina insistía en que no le sorprendería que los exploradores, su esposo con ya ochenta y dos años y su hijo con cuarenta y siete entraran por la puerta en cualquier momento. Sin embargo, en abril de 1951, Orlando Villas Boas, un funcionario gubernamental aclamado por su defensa de los indígenas del Amazonas, anunció que los kalapalo habían admitido que miembros de su tribu habían matado a los tres exploradores. Y, lo que era aún más importante, Villas Boas aseguraba tener una prueba de ello: los restos del coronel Fawcett.

23

Los restos del coronel

—El jefe de los kalapalo ha aceptado vernos —me informó Paolo tras recibir un mensaje que había sido transmitido desde la jungla.

Las negociaciones, dijo, tendrían lugar no lejos del Puesto Bakairí, en Canarana, una pequeña ciudad fronteriza situada en el límite meridional del Parque Nacional del Xingu. Aquella noche, cuando llegamos, la ciudad padecía una epidemia de dengue, y muchas de las líneas telefónicas no funcionaban. Era también su vigésimo quinto aniversario y se celebraba el evento con fuegos artificiales, que sonaban como disparos esporádicos. A principios de la década de 1980, el gobierno brasileño, como parte de su continua colonización de territorios indígenas, había enviado aviones llenos de granjeros —muchos de ascendencia alemana— para que se asentaran en la remota región. Aunque la ciudad estaba desierta, las calles principales eran desconcertantemente amplias, como grandes autopistas. Cuando vi una fotografía de un huésped aparcando su avión frente al hotel, comprendí el motivo: durante años, la ciudad había sido tan inaccesible que las calles hacían las veces de pistas de aterrizaje. Aún en la actualidad, me dijeron, era posible aterrizar en plena calle, y en la plaza principal se veía un avión comercial, como único monumento de la ciudad.

El jefe kalapalo, Vajuvi, apareció en nuestro hotel acompañado de dos hombres. Tenía un rostro de tez morena, surcado por infinidad de arrugas, y parecía rondar la cincuentena. Al igual que sus dos acompañantes, medía aproximadamente un metro setenta y tenía los brazos musculosos. Llevaba el pelo cortado al estilo tradicional, por encima de las orejas y en forma de cuenco. En la región del Xingu, los hombres de las tribus con frecuencia prescindían de la ropa, pero en esta visita a la ciudad Vajuvi llevaba una camiseta de algodón con cuello de pico y unos vaqueros desgastados y holgados que le colgaban de las caderas.

Tras presentarnos y explicarle por qué quería visitar el Xingu, Vajuvi me preguntó:

—¿Es usted miembro de la familia del coronel?

Yo estaba habituado a esta pregunta, aunque en esta ocasión se trataba de una situación más comprometida: los kalapalo habían sido acusados de matar a Fawcett, por lo que un miembro de la familia podría desear vengar su muerte. Cuando le dije que era periodista, Vajuvi pareció complacido.

—Le diré la verdad acerca de los restos encontrados —dijo. Luego añadió que el poblado pedía a cambio cinco mil dólares.

Le expliqué que no disponía de esa suma e intenté ensalzar las virtudes del intercambio cultural. Uno de los kalapalo se acercó a mí.

—Los espíritus me avisaron que usted iba a venir y que es rico —dijo.

—He visto fotografías de sus ciudades. Ustedes tienen muchos coches. Debería darnos uno —añadió otro.

Uno de ellos salió del hotel y volvió al rato con tres más. Cada pocos minutos aparecía otro kalapalo, y la habitación pronto estuvo atestada de más de una docena de hombres, algunos viejos, otros jóvenes, todos rodeándonos a Paolo y a mí.

—¿De dónde salen? —le pregunté.

—No lo sé —contestó él.

Vajuvi dejó que sus hombres discutieran y regatearan. Mientras las negociaciones se desarrollaban, muchos de ellos se tornaron hostiles. Me empujaban y me llamaban mentiroso. Finalmente, Vajuvi se puso en pie.

—Usted habla con su jefe en Estados Unidos y nosotros volveremos dentro de unas horas —dijo.

Salió de la habitación y los miembros de su tribu le siguieron.

—No te preocupes —dijo Paolo—. Ellos presionan y nosotros también. Funciona así.

Abatido, subí a mi habitación. Dos horas después, Paolo me llamó desde recepción.

—Por favor, baja —dijo—. Creo que he llegado a un acuerdo.

Todos los kalapalo estaban en el vestíbulo. Paolo me dijo que Vajuvi había accedido a llevarnos al Parque Nacional del Xingu si pagábamos el transporte y varios centenares de dólares en suministros. Estreché la mano del jefe y, en cuestión de segundos, sus hombres me daban palmadas en los hombros y me preguntaban por mi familia, como si acabáramos de conocernos.

—Ahora hablamos y comemos —dijo Vajuvi—. Todo está bien.

Al día siguiente nos dispusimos a partir. Para llegar a uno de los principales afluentes del Xingu, el río Kuluene, necesitábamos una camioneta aún más potente, de modo que después de almorzar nos despedimos de nuestro chófer, que pareció aliviado por volver a casa.

—Espero que encuentre esa Y que está buscando —dijo.

Cuando se marchó, alquilamos un camión de plataforma con ruedas del tamaño de las de tractor. Cuando se propagó la noticia de que un camión se dirigía al Xingu, de todas partes aparecieron indios cargados con niños y fardos, que se acercaban corriendo para subir al vehículo. Cuando el camión parecía no dar cabida a más gente, otra persona conseguía introducirse dentro. Iniciamos nuestro viaje con las tormentas vespertinas.

Según el mapa, el Kuluene solo estaba a unos noventa y seis kilómetros, pero era la peor carretera por la que habíamos circulado Paolo y yo: el agua de las charcas que encontrábamos a nuestro paso llegaba hasta los bajos del camión, y este, en ocasiones, a pesar de todo su peso, se ladeaba peligrosamente. No circulábamos a más de veinticinco kilómetros por hora; a veces teníamos que parar, retroceder y acelerar de nuevo. También allí la selva había sido arrasada. Algunas áreas habían sido incendiadas recientemente, y desde el camión alcanzábamos a ver los restos de los árboles esparcidos a lo largo de kilómetros, con sus extremidades negras alzándose hacia el cielo.

Finalmente, mientras nos acercábamos al río, la selva volvió a materializarse. Los árboles fueron envolviéndonos poco a poco, formando con sus ramas una red que cubría el parabrisas. Se oía un repiqueteo constante de madera contra los laterales del camión. El chófer encendió los faros, y su luz osciló sobre el terreno. Cinco horas después llegamos a un alambrado: el límite del Parque Nacional del Xingu. Vajuvi dijo que faltaba menos de un kilómetro para el río, y que a partir de allí viajaríamos en barca hasta el poblado kalapalo. Sin embargo, el camión quedó varado en el barro y nos obligó a descargar temporalmente el equipamiento para aligerar el peso. Cuando alcanzamos el río, era ya noche cerrada bajo el dosel de los árboles. Vajuvi dijo que deberíamos esperar para cruzar.

—Es demasiado peligroso —aseguró—. El río está lleno de troncos y ramas. Debemos respetarlo.

Los mosquitos me acribillaban, y los guacamayos y las cigarras cantaban sin cesar. Sobre nuestras cabezas, algunas criaturas aullaban.

—No te preocupes —dijo Paolo—. No son más que monos.

Caminamos un poco más y llegamos a una choza. Vajuvi empujó la puerta, que cedió con un crujido. Nos indicó que entráramos y se movió por el interior hasta que encontró una vela; su luz iluminó una pequeña estancia con techo de estaño ondulado y suelo de tierra. Había un mástil de madera en el centro de la sala, y Vajuvi nos ayudó a Paolo y a mí a colgar las hamacas. Aunque yo aún llevaba la ropa húmeda por el sudor y el barro del viaje, me tumbé e intenté protegerme la cara de los mosquitos. Un rato después, la vela se apagó y yo me mecí suavemente en la penumbra, escuchando el murmullo de las cigarras y los chillidos de los monos.

Me sumí en un sueño ligero, pero me desperté de súbito al notar algo en la oreja. Abrí los ojos sobresaltado: cinco niños desnudos, pertrechados con arcos y flechas, me observaban. Cuando vieron que me movía, se rieron y salieron corriendo.

Me incorporé. Paolo y Vajuvi estaban de pie alrededor de una pequeña hoguera en la que hervía agua.

—¿Qué hora es? —pregunté.

—Las cinco y media —contestó Paolo. Me tendió unas galletas saladas y una taza de hojalata llena de café—. Aún queda un trecho largo —añadió—. Debes comer algo.

Tras un desayuno rápido, salimos y, a la luz del día, vi que nos encontrábamos en un pequeño campamento situado frente al río Kuluene. En la orilla había embarcaciones de aluminio y fondo plano en las que cargamos el equipo. Cada una de ellas medía unos tres metros y medio de largo y llevaba incorporado un motor fuera borda, un invento que se había introducido hacía pocos años en el Xingu.

Paolo y yo subimos a una de las barcas con un guía kalapalo, mientras que Vajuvi y su familia se acomodaron en la otra. Las dos embarcaciones empezaron a remontar el río en paralelo y a toda velocidad. Más al norte había rápidos y cataratas, pero en aquel punto el río era una extensión de agua calma de color verde oliva. Los árboles ribeteaban las márgenes; sus ramas se combaban como la espalda de un anciano y sus hojas rozaban la superficie del agua. Varias horas después, fondeamos en la orilla. Vajuvi nos indicó que recogiéramos el equipo y le seguimos por un sendero corto. Se detuvo y agitó con orgullo una mano frente a sí.

—Kalapalo —anunció.

Estábamos ante una plaza circular de más de cien metros de circunferencia y salpicada de casas muy similares a las que había descrito la anciana del Puesto Bakairí. Con una forma que recordaba al casco invertido de un barco, parecían estar tejidas, más que construidas, con hojas y madera. El exterior estaba cubierto de paja, salvo por una puerta en la parte frontal y otra en la posterior, ambas lo bastante bajas, me informaron, para mantener fuera a los espíritus malignos.

Varias docenas de personas caminaban por la plaza. Muchas de ellas iban desnudas, y algunas llevaban el cuerpo adornado con exquisitos ornamentos: collares de dientes de mono, espirales de pigmento negro extraído de la jagua, y franjas rojas de pigmento de la baya *uruku*. Las mujeres de entre trece y cincuenta años lucían vestidos de algodón holgados, con la mitad superior bamboleándose en la cintura. La mayoría de los hombres que no iban desnudos llevaban bañadores elásticos, como si fueran nadadores olímpicos. Era evidente que la forma física era un rasgo muy valorado. Algunos bebés, observé, tenían un jirón de tela atado con fuerza alrededor de las pantorrillas y de los bíceps, a modo de torniquete, para definir sus músculos.

—Para nosotros, es un signo de belleza —dijo Vajuvi.

La tribu seguía matando a aquellos recién nacidos que presentaban algún tipo de deformación o minusvalía o que parecían haber sido hechizados, aunque esta práctica era menos frecuente que en épocas anteriores. Vajuvi me llevó a su casa, un espacio cavernoso lleno de humo procedente de una hoguera de leña. Me presentó a dos atractivas mujeres, ambas con una melena de color negro azabache que se mecía sobre sus espaldas desnudas. La de mayor edad tenía tatuadas tres franjas verticales en los antebrazos, y la más joven llevaba un collar de conchas blancas y brillantes. «Mis esposas», me informó Vajuvi.

Al poco rato, otros familiares fueron surgiendo de entre las sombras: niños y nietos, yernos y nueras, tías y tíos, hermanos y hermanas. Vajuvi dijo que en la casa vivían casi veinte personas. No parecía tanto un hogar como un pueblo concentrado en un espacio reducido. En el centro de la estancia, cerca del mástil que sostenía el techo, del que colgaba maíz puesto a secar, una de las hijas de Vajuvi estaba arrodillada frente a un gran telar de madera con el que tejía una hamaca. A su lado había un niño con un cinturón de abalorios azules, que vigilaba que no escaparan los peces que tenía en una vasija de cerámica pintada de forma exquisita y con vivos colores. Junto a él un anciano cazador descansaba sobre un gran banco de madera noble, tallado con la forma de un jaguar, mientras afilaba una flecha de metro y medio. Fawcett escribió al respecto de la cuenca meridional del Amazonas: «Toda esta región está repleta de tradiciones indígenas extremadamente interesantes», que «no pueden fundamentarse en la nada» y que sugieren la existencia de «una civilización en el pasado magnífica».[1]

El poblado, que contaba con unos ciento cincuenta habitantes, estaba notablemente estratificado. No era un pueblo nómada de cazadores-recolectores. Los jefes eran ungidos por consanguinidad, como los reyes europeos. Les estaba prohibido comer la mayor parte de las carnes rojas, como la del tapir, el venado y el cerdo; unas restricciones alimentarias que se contaban entre las más estrictas del mundo y que parecían contradecir el concepto de que los indios sufrían la constante amenaza de la inanición. En la pubertad, los chicos y las chicas eran sometidos a un prolongado aislamiento, durante el cual un anciano les enseñaba los rituales y las responsabilidades propias de la edad adulta. (El hijo, que por sucesión devendría jefe, era recluido hasta cuatro años.) Dyott, durante su viaje por el Xingu con Aloique, pasó por la aldea kalapalo y quedó tan impresionado con lo que vio que escribió: «Hay motivos para creer que las historias de Fawcett sobre una civilización olvidada están basadas en hechos».[2]

Pregunté a Vajuvi si los pobladores de la región, conocidos como «xinguano», descendían de una civilización más grande, o si existían ruinas significativas por los alrededores. Negó con la cabeza. Sin embargo, según la leyenda, el espíritu Fitsi-fitsi construyó fosos gigantes en la zona. («En todos los lugares a los que iba y que le parecían agradables para establecerse, Fitsi-fitsi cavaba zanjas enormes y profundas y dejaba a parte de su gente allí, y él seguía viajando.»)[3]

Mientras Vajuvi, Paolo y yo charlábamos, un hombre llamado Vanite Kalapalo entró en la casa y se sentó a nuestro lado. Parecía apesadumbrado. Su trabajo, dijo, consistía en vigilar uno de los puestos de la reserva. Unos días antes, un indio se le había acercado y le había dicho: «Escucha, Vanite. Tienes que descender conmigo por el río. La gente blanca está construyendo algo en Afasukugu». El nombre Afasukugu significaba «el lugar de los grandes gatos»; en aquel enclave, según creen los xinguano, fueron creados los primeros humanos. Vanite cogió una varilla y dibujó un plano en el suelo de barro.

—Aquí está Afasukugu —explicó—, al lado de esta cascada.

—Está fuera del parque —puntualizó Vajuvi, el jefe—, pero es un lugar sagrado.

Recordé que Fawcett había mencionado en una de sus últimas cartas que había sabido por los indios de una cascada sagrada en aquella misma zona, y que esperaba poder visitarla.

Vanite prosiguió con su historia:

—Y yo le dije: «Iré contigo a Afasukugu, pero estás loco. Nadie construiría nada en el lugar de los jaguares». Pero cuando llegué allí, vi que habían destrozado la cascada. La habían volado con treinta kilos de dinamita. El lugar era tan hermoso…, y ahora ha desaparecido. Entonces pregunto a un hombre que trabaja allí: «¿Qué estáis haciendo?». Él me dice: «Estamos construyendo una presa hidroeléctrica».

—Está en mitad del río Kuluene —precisó Vajuvi—. Todo el agua que llega a nuestro parque y a nuestro territorio proviene de allí.

Vanite, que empezaba a inquietarse, no parecía oír a su jefe.

—Un hombre del gobierno del Mato Grosso viene al Xingu y nos dice: «No os preocupéis. Esta presa no os perjudicará». Y nos ofrece a todos dinero. Uno de los jefes de otra tribu acepta el dinero, y las tribus ahora luchan entre sí. Para mí, el dinero no significa nada. El río ha estado allí miles de años. Nosotros no vivimos para siempre, pero el río sí. El dios Taugi lo creó. El río nos da nuestra comida, nuestras medicinas. ¿Lo ve?, nosotros no tenemos un pozo. Bebemos el agua directamente del río. ¿Cómo viviremos sin él?

—Si se salen con la suya, el río desaparecerá, y, con él, todo nuestro pueblo —comentó Vajuvi.

De pronto, la búsqueda de Fawcett y de la Ciudad de Z parecía trivial: otra tribu estaba a punto de extinguirse. Pero más tarde, aquella misma noche, después de bañarnos en el río, Vajuvi dijo que había algo que tenía que decirnos a Paolo y a mí sobre los ingleses. Nos prometió que al día siguiente nos llevaría en barca hasta donde se habían encontrado los restos de Fawcett.

—Hay muchas cosas de los ingleses que tan solo sabe el pueblo kalapalo —añadió antes de acostarse.

A la mañana siguiente, mientras nos preparábamos para partir, una de las chicas que vivía en aquella casa retiró la tela que cubría un objeto grande situado en un rincón de la estancia, cerca de una serie de máscaras. Debajo había un televisor que funcionaba con el único generador del poblado.

La chica giró un botón, se sentó en el suelo de barro y se puso a ver unos dibujos animados de un estridente pájaro parecido al Pájaro Loco. En cuestión de minutos, al menos otros veinte niños y varios adultos del poblado se habían congregado alrededor del aparato.

Cuando Vajuvi vino a buscarnos, le pregunté cuánto tiempo hacía que tenían el televisor.

—Pocos años —contestó—. Al principio, lo único que hacían todos era mirarlo como si estuvieran en trance. Pero ahora yo controlo el generador, y solo funciona unas horas a la semana.

Varios de los hombres que miraban la televisión cogieron sus arcos y sus flechas y salieron a cazar. Mientras tanto, Paolo y yo seguimos a Vajuvi y a uno de sus hijos, que tenía cinco años, hasta el río.

—He pensado que cazaremos el almuerzo, al modo de los kalapalo —dijo Vajuvi.

Subimos a una de las fuerabordas y nos dispusimos a remontar el río. La bruma que cubría la selva fue disipándose lentamente a medida que el sol ascendía. El río, oscuro y lodoso, se estrechaba en algunos tramos hasta convertirse en una especie de tobogán, tan angosto que las ramas de los árboles colgaban sobre nuestras cabezas como puentes. Al fin accedimos a una pequeña ensenada cubierta por una maraña de hojas flotando.

—La laguna verde —anunció Vajuvi.

Apagó el motor y la barca se deslizó en silencio por el agua. Los estorninos de pico amarillo revoloteaban entre los palisandros y los cedros, y las golondrinas zigzagueaban sobre la laguna, pequeñas motas brillantes sobre el manto verde. Un par de guacamayos cacareaban y gritaban, y en la orilla los venados permanecían tan inmóviles como el agua. Un pequeño caimán se escabulló ribera arriba.

—Siempre hay que tener cuidado en la selva —dijo Vajuvi—. Yo escucho mis sueños. Si tengo un sueño donde acecha el peligro, me quedo en el poblado. Los blancos sufren muchos accidentes por no creer en sus sueños.

Los xinguano eran famosos por pescar con arcos y flechas. Se colocaban en silencio en la parte frontal de la canoa, en una actitud que Jack y Raleigh habían fotografiado emocionados, para enviar luego las imágenes al Museum of the American Indian. Vajuvi y su hijo, sin embargo, cogieron hilos de pescar y cebaron los anzuelos. Luego los hicieron girar sobre sus cabezas a modo de lazos y los arrojaron al centro de la laguna.

Mientras tiraba del hilo, Vajuvi señaló la orilla y dijo:

—Allí arriba fue donde se desenterraron los restos. Pero no eran de Fawcett, eran de mi abuelo.[4]

—¿Su abuelo? —pregunté.

—Sí. Mugika, así se llamaba. Ya estaba muerto cuando Orlando Villas Boas empezó a preguntar por Fawcett. Orlando quería protegernos de todos los blancos que venían, y dijo al pueblo kalapalo: «Si encontráis un esqueleto largo, os regalaré un rifle a cada uno». Mi abuelo había sido uno de los hombres más altos del poblado, así que varios decidieron desenterrar sus restos, enterrarlos aquí, junto a la laguna, y decir que eran de Fawcett.

Mientras hablaba, el hilo de su hijo se tensó. Vajuvi ayudó al niño a tirar de él y un pez de color blanco plateado emergió del agua, sacudiéndose con furia en el anzuelo. Me incliné para inspeccionarlo, pero Vajuvi me apartó de en medio y empezó a golpearlo con un palo.

—Piraña —dijo.

Observé el pez que yacía en el suelo de aluminio de la barca. Vajuvi le abrió la boca con un cuchillo y dejó a la vista una ristra de dientes afilados y engranados, unos dientes que los indígenas en ocasiones empleaban para rasgarse la carne en rituales de purificación. Tras arrancarlo del anzuelo, prosiguió:

—Mi padre, Tadjui, estaba ausente en aquel momento y se puso furioso cuando supo lo que el pueblo había hecho. Pero ya se habían llevado los restos.

Otra prueba parecía corroborar su historia. Tal como Brian Fawcett observó entonces, muchos de los kalapalo referían versiones contradictorias de cómo los exploradores habían sido asesinados: algunos decían que habían muerto apaleados, otros sostenían que les habían disparado flechas desde la distancia. Además, los kalapalo insistían en que Fawcett había sido asesinado porque no había llevado regalos y había abofeteado a un niño kalapalo, algo poco creíble dado que Fawcett siempre se mostró amable con los indios. Más significativo resultó ser un memorándum interno que encontré tiempo después en los archivos del Royal Anthropological Institute de Londres, donde constaban los resultados del examen de los restos. En él se afirmaba:

> La mandíbula superior constituye la prueba más evidente de que estos restos humanos no pertenecen al coronel Fawcett, de quien afortunadamente se conservan piezas dentales de la mandíbula superior para poder comparar [...]. Se sabe que el coronel Fawcett medía un metro ochenta y dos. La estatura del hombre cuyos restos han sido traídos a Inglaterra se estima en aproximadamente un metro setenta y cuatro centímetros.[5]

—Me gustaría recuperar los restos y enterrarlos donde les corresponde —dijo Vajuvi.

Después de pescar media docena de pirañas, volvimos a la orilla. Vajuvi recogió varias ramas finas e hizo una hoguera. Sin quitarles la piel, colocó las pirañas sobre la madera y las asó, primero por un costado y después por el otro. Una vez asadas, las puso sobre un lecho de hojas y separó la carne de la espina; luego la envolvió en *beiju*, una especie de panqueques hechos con harina de mandioca, y nos tendió un «sándwich» a cada uno. Mientras comíamos, dijo:

—Les diré lo mismo que mis padres me dijeron a mí sobre lo que en realidad les ocurrió a los ingleses. Es cierto que estuvieron aquí. Eran tres, y nadie sabía quiénes eran ni por qué habían venido. No llevaban animales, cargaban con fardos a la espalda. Uno, que era el jefe, era viejo, y los otros dos, jóvenes. Tenían hambre y estaban cansados de tanto caminar, y la gente del poblado les dio pescado y *beiju*. A cambio de su ayuda, los ingleses les ofrecieron anzuelos, algo que nadie había visto nunca. Y cuchillos. Al final, el viejo dijo: «Ahora debemos irnos». La gente les preguntó: «¿Adónde vais?». Y ellos contestaron: «Por allí. Hacia el este». Nosotros dijimos: «Nadie va allí. Allí es donde están los indios hostiles. Os matarán». Pero el viejo insistió. Y se marcharon. —Vajuvi señaló hacia el este y sacudió la cabeza—. En aquellos tiempos, nadie iba allí.

Durante varios días, prosiguió Vajuvi, los kalapalo vieron columnas de humo entre los árboles —las hogueras de los campamentos de Fawcett—, pero el quinto día desaparecieron. Vajuvi dijo que un grupo de kalapalo, temiendo que les hubiera ocurrido algo, buscaron su campamento. Pero no había ni rastro de los ingleses.

Más tarde supe que lo que sus padres le habían contado era un relato oral, que se había transmitido de generación en generación con notable coherencia. En 1931, Vincenzo Petrullo, un antropólogo que trabajaba para el Pennsylvania University Museum de Filadelfia y uno de los primeros blancos que accedieron al Xingu, informó haber oído una historia similar. Sin embargo, existían otras versiones de lo sucedido mucho más sensacionalistas, de modo que pocos le prestaron atención. Unos cincuenta años después, Ellen Basso,[6] antropóloga de la Universidad de Arizona, registró una versión más detallada de un kalapalo llamado Kambe, que tan solo era un niño cuando Fawcett y su partida llegaron al poblado. Tradujo su relato directamente de la lengua kalapalo, respetando los ritmos épicos de las historias orales de la tribu:

Uno de ellos se quedó apartado.
Mientras cantaba, tocaba un instrumento musical.
Su instrumento musical funcionaba así, así…
Él cantaba y cantaba.
Me rodeó con un brazo, así.
Mientras tocaba, nosotros mirábamos a los cristianos.
Mientras tocaba.
El padre y los otros.
Y entonces: «Voy a tener que irme», dijo.

Kambe también se refirió al humo que habían visto:

«Allí está el fuego cristiano», nos decíamos unos a otros.
Eso ocurría mientras se ponía el sol.
Al día siguiente, mientras se ponía el sol, volvió a alzarse su fuego.
Al día siguiente otra vez, solo un poco de humo dispersándose en el cielo.
Este día, *mbouk*, su fuego había desaparecido...
Era como si el fuego de los ingleses ya no estuviera vivo, como si lo hubiesen apagado.
«¡Qué pena! ¿Por qué insistieron tanto en irse?»

Cuando Vajuvi concluyó su versión del relato oral, comentó:

—La gente siempre dice que los kalapalo mataron a los ingleses, pero nosotros no hicimos eso. Nosotros intentamos salvarlos.

24

El otro mundo

La habitación estaba a oscuras. Nina Fawcett, sentada a un lado de la mesa; al otro, una mujer con la mirada fija en una bola de cristal. Tras años de buscar a su esposo y a su hijo en este mundo, Nina había empezado a buscarlos en otra dimensión.

Se rodeó de videntes y adivinos, muchos de los cuales le enviaron largas cartas donde le detallaban sus intentos de contactar con los exploradores. En una ocasión, una médium le dijo que había percibido una presencia en la sala y que, tras alzar la mirada, había visto a Fawcett de pie junto a la ventana. La médium dijo a Nina que le había preguntado: «¿Está vivo o muerto?», y que Fawcett se había reído y le había contestado: «¿No puede ver que estoy vivo?». Y que había añadido: «Transmítale mi amor a Nina y dígale que estamos bien».[1]

Otra médium informó que había visto a un joven con una larga barba flotando frente a ella. Era Jack. «Algún día nos veremos», dijo. Y luego desapareció, dejando «un agradable aroma tras de sí».[2]

El hermano de Fawcett, Edward, refirió a la RGS la obsesión de Nina por lo oculto: «Su vida transcurre con más fluidez así».[3]

No era la única que había recurrido a los videntes para encontrar respuestas a lo que el mundo visible se negaba obcecadamente a revelar. En la última etapa de su vida, Reeves, mentor de Fawcett en la RGS, había conmocionado a sus colegas haciéndose espiritista, o lo que en ocasiones se denominaba «investigador espiritual». En la década de 1930 asistió a sesiones de espiritismo en busca de indicios sobre la suerte de Fawcett.[4] Lo mismo hizo sir Ralph Paget, amigo del explorador y antiguo embajador en Brasil. A principios de la década de 1940, mientras asistía a una reunión en Seaford (Inglaterra), en casa de la vidente Nell Montague, Paget colocó una carta de Fawcett sobre la bola de cristal de la médium. Montague afirmó ver tres siluetas blancas titilantes. Una yacía inmóvil en el suelo. Otra, de mayor edad, respiraba con dificultad y se aferraba a un hombre de pelo largo y barba. La bola de pronto se tornó roja, como anegada en sangre. Entonces Montague dijo que veía a indios con lanzas y flechas cargando contra los tres hombres blancos. Las personas congregadas en la sala contuvieron el aliento. Por primera vez, Paget sintió que su amigo había muerto.[5]

En 1949, Geraldine Cummins, una célebre practicante del «automatismo», método por el cual una persona supuestamente entra en trance y transcribe mensajes de los espíritus, describió cómo Jack y Raleigh fueron asesinados por los indios.[6] «¡Dolor [...], que cese el dolor!»,[7] masculló Raleigh antes de morir. Fawcett, afirmó Cummins, finalmente se sumió en un estado de delirio: «Las voces y los sonidos se transformaron en un murmullo lejano mientras yo caía en el gris de la muerte. Es un momento de horror sobrenatural [...], un instante en que el universo parece implacable y la soledad eterna se cierne como el aparente destino del hombre».[8]

Aunque Nina desestimaba esas informaciones, sabía que se enfrentaba a su propia mortalidad. Incluso antes de la profecía de Cummins, Brian Fawcett, que cuidaba de Nina en Perú, escribió a Joan: «Ciertamente creo que sus días en la tierra no serán muchos [...]. Ella misma es la primera en decir que empieza a flaquear».[9] En una ocasión, Nina se despertó a las dos de la madrugada y escribió a Joan que había tenido la visión de que debía «estar preparada para "la Llamada" en cualquier momento». Pensaba: «¿Te has preguntado alguna vez con sinceridad: "¿Tengo miedo de la Muerte y del Más Allá?"»?. Confiaba en que su muerte fuera fácil… «Quizá me iré a dormir y ya no me despertaré.»[10] Brian dijo a su hermana: «En cierto modo, sería bueno para ella ir allá. Habría algo plácido en la idea de dejar sus restos en el mismo continente que su esposo… y su hijo».[11]

Con su salud cada vez más deteriorada, Nina dijo a Brian que necesitaba darle algo importante. Abrió el baúl que contenía todos los cuadernos de bitácora y los diarios de Fawcett. «Ha llegado el momento de entregarte todos los documentos que poseo.»[12]

Aunque Brian aún no había cumplido los cuarenta años, su vida había estado marcada por la muerte: no solo había perdido a su padre y a su hermano, sino que también su primera esposa había muerto víctima de la diabetes cuando estaba embarazada de siete meses. Brian había vuelto a casarse, aunque no tenía hijos, y experimentaba fases de lo que él denominaba «sufrimientos feroces y desesperantes».[13]

Brian hojeó los documentos de su padre y acabó describiéndolos como «las patéticas reliquias de una tragedia cuya naturaleza no tuvimos modo de conocer».[14] Durante las siguientes semanas, se los llevó al trabajo. Tras más de veinte años como ingeniero ferroviario, se sentía aburrido y desasosegado. «Tengo la sensación de que estoy malgastando mi vida, yendo todos los días a una oficina asquerosa, firmando un montón de papeles estúpidos, y volviendo a casa otra vez —confesó a Joan—. Esto no lleva a ninguna parte. —Y proseguía—: Otros pueden encontrar la inmortalidad en sus hijos. Sin embargo, a mí se me ha negado, y quiero buscarla.»[15]

Durante la hora del almuerzo, leía los documentos de su padre y se imaginaba «en sus expediciones, compartiendo con él las penalidades, viendo por sus ojos el gran objetivo».[16] Resentido por no haber sido el elegido para la expedición, Brian había mostrado en el pasado poco interés por el trabajo de su padre. Ahora se sentía consumido por él. Decidió dejar su empleo e hilvanar los escritos de su padre en *A través de la selva amazónica*. Mientras trabajaba con denuedo en el manuscrito, Brian dijo a su madre: «Siento a papá muy cerca de mí, como si estuviera guiándome en esta obra. Obviamente, hay momentos en que esto me oprime con fuerza el corazón».[17] Cuando Brian acabó el borrador, en abril de 1952, entregó una copia a Nina y le dijo: «Ciertamente es un trabajo "monumental", y creo que papá habría estado orgulloso de él».[18] Ya acostada, Nina empezó a leerlo. «¡Sencillamente, no podía dejarlo! —escribió a Joan—. Me ponía la ropa de dormir después de cenar y leía el libro hasta las cuatro de la madrugada.» Era como si su esposo estuviera a su lado; todos los recuerdos de él y de Jack afloraron tempestuosamente en su memoria. Cuando acabó de leer el manuscrito, exclamó: «¡Bravo! ¡Bravo!».[19]

El libro, publicado en 1953, se convirtió en un éxito internacional y fue alabado por Graham Greene y Harold Nicolson. Poco después, Nina murió a los ochenta y cuatro años. Brian y Joan ya no podían cuidar de ella, y Nina había pasado sus últimos años en una humilde pensión de Brighton, Inglaterra, enajenada y literalmente sin un céntimo.[20] Tal como un observador comentó, había «sacrificado»[21] su vida por su esposo y su memoria.

A principios de la década de 1950, Brian decidió organizar su propia expedición en busca de los exploradores desaparecidos. Sospechaba que su padre, que rondaría ya los noventa años, estaba muerto y que Raleigh, debido a sus achaques, habría fallecido poco después de partir del Dead Horse Camp. Pero Jack…, él era la causa de las dudas que lo carcomían. ¿Y si había sobrevivido? A fin de cuentas, Jack era fuerte y joven cuando la partida había desaparecido. Brian envió una carta a la embajada británica en Brasil solicitando que le concedieran un permiso para llevar a cabo la búsqueda. Argumentó que, legalmente, nadie había dado por muerto a su hermano y que él no podía hacerlo «sin tener la certeza de que se ha hecho todo lo posible».[22] Además, una misión así podría «llevar de vuelta a su país a una persona que ha estado desaparecida durante treinta años». Funcionarios gubernamentales consideraron que Brian estaba «tan loco como su padre», tal como lo definió un diplomático en un comunicado privado, y se negaron a facilitar su «suicidio».[23]

Pese a ello, Brian perseveró en sus planes y se embarcó rumbo a Brasil; su llegada propició una tempestad mediática. «Ciudadano británico en busca de padre y hermano perdidos en la selva», anunció el *Chicago Daily Tribune*. Brian se compró un equipo de exploración, un cuaderno de bocetos y otro de notas. Un brasileño que había sido amigo de su padre se quedó estupefacto al verle. «Pero... pero... ¡yo creía que habías muerto!»,[24] dijo.

Brian dijo a su hermana que se estaba convirtiendo en un explorador contra su voluntad, pero que sabía que jamás sobreviviría a una caminata en la selva. Por ello, y confiando en los métodos que el doctor Rice había instaurado décadas antes y que ahora eran mucho más asequibles, alquiló una diminuta avioneta de hélices y, con un piloto, examinó la jungla desde el aire. Lanzó miles de folletos que planearon sobre los árboles como si fuera nieve. En los folletos se preguntaba: «¿Eres Jack Fawcett? Si tu respuesta es afirmativa, haz esta señal con los brazos en alto [...]. ¿Podrás controlar a los indios si aterrizamos?».

Nunca recibió respuesta ni encontró pruebas de que Jack siguiera vivo. Pero en otra expedición fue en busca del mismo objetivo que su hermano y su padre: la Ciudad de Z. «Sin duda el destino debe de haber guiado mis pasos por este camino con un propósito»,[25] escribió. Con ayuda de unos binoculares, atisbó en una cadena montañosa distante una ciudad en ruinas con calles, torres y pirámides. «¡Debe de ser aquello!»,[26] gritó el piloto. Pero, cuando la avioneta se aproximó, advirtieron que se trataba de un afloramiento de tierra arenisca que la erosión había modelado en formas insólitas. «La ilusión fue notable, casi increíble», dijo Brian. Y, con el paso de los días, empezó a temer lo que nunca se había permitido considerar: que jamás hubiera existido una Ciudad de Z. Tal como escribió tiempo después: «Toda la romántica estructura de creencias falácicas, que ya oscilaba peligrosamente, se desmoronó ante mí dejándome aturdido».[27] Brian empezó a cuestionar algunos de los extraños documentos que había encontrado entre los escritos de su padre, y que nunca había divulgado. Originalmente, Fawcett había descrito Z en términos estrictamente científicos y con cautela: «No doy por hecho que "La Ciudad" sea grande ni rica».[28] Pero en 1924 Fawcett había llenado infinidad de hojas en las que se plasmaban ideas delirantes sobre el fin del mundo y sobre un reino atlante místico, que se asemejaba al Jardín del Edén. Z se transformó en «la cuna de todas las civilizaciones»[29] y en el centro de una de las «Casas Blancas» de Blavatsky, donde un grupo de seres espirituales superiores dirigían el sino del universo. Fawcett confiaba en descubrir una Casa Blanca que había permanecido allí desde «los tiempos de la Atlántida»[30] y trascender el mundo material para alcanzar la pureza del espíritu. Brian escribió en su diario: «¿Era el concepto de "Z" de papá un objetivo espiritual, y la forma de alcanzarlo, una alegoría religiosa?».[31] ¿Era posible que se hubieran perdido tres vidas por «un objetivo que nunca había existido»?[32] El propio Fawcett escribió en una carta a un amigo: «Aquellos a quienes los Dioses pretenden destruir ¡los dioses primero los enajenan!».[33]

25

Z

—La cueva está en aquellas montañas —dijo el empresario brasileño—. Por allí descendió Fawcett a la ciudad subterránea y allí sigue viviendo.

Antes de que Paolo y yo partiéramos hacia la jungla, habíamos hecho una parada en Barra do Garças, una ciudad situada cerca de las montañas Roncador, en el extremo nordeste del Mato Grosso. Muchos brasileños nos habían dicho que, en las últimas décadas, habían surgido en la región cultos religiosos que veneraban a Fawcett como a una especie de dios. Creían que el explorador había accedido a una red de túneles subterráneos y descubierto que Z era, de entre todas las posibilidades, un portal a otra realidad. Aunque Brian Fawcett había ocultado los extraños textos que su padre había escrito hacia el final de su vida, aquellos místicos se habían fijado en las crípticas referencias que Fawcett había publicado en revistas como *Occult Review* en su búsqueda de «los tesoros del Mundo Invisible». Estos escritos, sumados a la desaparición de Fawcett y al fracaso de todos aquellos que con los años habían tratado de hallar sus restos, espolearon la idea de que, de algún modo, el explorador había desafiado las leyes de la física.

En 1968 apareció la secta Núcleo Mágico,[1] fundada por un hombre llamado Udo Luckner, que se refería a sí mismo como Sumo Sacerdote de los Roncador. Llevaba un vestido largo y blanco y un sombrero cilíndrico con la Estrella de David. En la década de 1970, centenares de brasileños y europeos, entre ellos el sobrino nieto de Fawcett, ingresaron en masa en el Núcleo Mágico con la esperanza de encontrar el portal. Luckner construyó un recinto religioso al pie de las montañas Roncador, donde se prohibía a las familias comer carne y llevar alhajas. Luckner predijo el fin del mundo para 1982 y avisó a sus seguidores que estuvieran preparados para descender a las oquedades de la tierra. Pero el planeta permaneció intacto, y el Núcleo Mágico poco a poco se fue disolviendo.

Otros místicos siguieron acudiendo a las montañas Roncador en busca de ese Otro Mundo. Uno de ellos era un ejecutivo brasileño a quien Paolo y yo encontramos en la pequeña ciudad. Menudo, rechoncho y rondando la cincuentena, nos dijo que en un momento dado había empezado a «perder el sentido de mi vida», pero conoció a un vidente que le habló del espiritismo y del portal subterráneo. Dijo que se estaba sometiendo a un proceso de purificación, con la esperanza de descender algún día.

Sorprendentemente, no era el único que llevaba a cabo este tipo de preparación. En 2005, un explorador griego anunció en una página —la Gran Web de Percy Harrison Fawcett, que requiere un código secreto de acceso— que pensaba organizar una expedición para buscar «el mismo portal o la puerta de acceso a un Reino al que el coronel Fawcett había accedido en 1925». El grupo, que actualmente sigue formándose, incluirá a guías videntes y se anuncia como una «Expedición sin Retorno al Lugar Etéreo del Descreimiento». Promete a los participantes que dejarán de ser humanos para transformarse en «seres de otra dimensión, lo que significa que nunca moriremos, nunca enfermaremos, nunca envejeceremos». Del mismo modo que las zonas no cartografiadas del mundo iban desapareciendo, esta gente había elaborado un lugar onírico donde recluirse eternamente.

Antes de que Paolo y yo nos marcháramos, el ejecutivo nos advirtió:

—Jamás encontraréis Z mientras sigáis buscándola en este mundo.

Poco después de que Paolo y yo nos reuniéramos con los kalapalo, contemplé por primera vez la posibilidad de abandonar la búsqueda. Ambos estábamos cansados y acribillados por los mosquitos, y habíamos empezado a discutir. A mí me aquejaban también intensas molestias estomacales, probablemente provocadas por parásitos. Una mañana salí a hurtadillas del poblado kalapalo con el teléfono vía satélite que llevaba conmigo. Paolo me había advertido que lo mantuviese oculto ante los indígenas, de modo que me introduje en la selva con el aparato metido en una pequeña bolsa. Me escondí tras las hojas y las lianas, saqué el teléfono e intenté conseguir alguna señal. Tras varios intentos fallidos, finalmente pude llamar a casa.

—David… ¿Eres tú? —preguntó Kyra al descolgar.

—Sí, sí. Soy yo —contesté—. ¿Cómo estás? ¿Cómo está Zachary?

—No te oigo bien. ¿Dónde estás?

Alcé la mirada hacia el dosel de árboles.

—En algún lugar del Xingu.

—¿Estás bien?

—Un poco enfermo, pero sí, estoy bien. Te echo de menos.

—Zachary quiere decirte algo.

Instantes después oí balbucear a mi hijo.

—¡Zachary! ¡Soy papá! —dije.

—Papi —dijo él.

—Sí, papi.

—Es la primera vez que te llama «papi» por teléfono —dijo mi mujer tras recuperar el auricular—. ¿Cuándo vuelves?

—Pronto.

—No está siendo fácil para nosotros.

—Lo sé. Lo siento. —Mientras hablaba, oí que alguien se acercaba—. Tengo que dejarte —dije, de pronto.

—¿Qué ocurre?

—Viene alguien.

Antes de que mi mujer pudiera contestar, colgué el teléfono y lo guardé en la bolsa. En ese mismo instante apareció un indio, y lo seguí de vuelta al poblado. Aquella noche, tendido en la hamaca, pensé en lo que Brian Fawcett había dicho al respecto de su segunda esposa tras su expedición. «Yo era todo lo que ella tenía —observó—, y esta situación no tendría que haberse producido. La elegí deliberadamente (egoístamente), olvidando lo que podría significar para ella en mi ansia por seguir una idea hasta el final.»[2]

Para entonces, yo ya sabía que disponía de suficiente material para escribir un reportaje. Había descubierto la verdad sobre los restos del abuelo de Vajuvi. Había oído el relato oral que se había transmitido de generación en generación de los kalapalo. Había reconstruido la juventud de Fawcett, su formación en la RGS y su última expedición. Sin embargo, había lagunas en la historia que aún me acosaban. A menudo había oído hablar de biógrafos que acababan obsesionándose con el sujeto de sus estudios, y que, tras años de investigar su vida, de intentar seguir todos y cada uno de sus pasos y de vivir en su mundo, sufrían arrebatos de rabia y desesperación porque, en algún punto, empezaba a resultarle irreconocible. Ciertos aspectos de su carácter, ciertas partes de su historia seguían siendo impenetrables. Me pregunté qué les habría sucedido a Fawcett y a sus acompañantes después de que los kalapalo dejaron de ver el humo de sus hogueras. Me pregunté si los exploradores habrían sido asesinados por los indios y, en tal caso, cuáles. Me pregunté si Jack habría llegado a cuestionar a su padre, y si el propio Fawcett, tal vez viendo morir a su hijo, se habría dicho: «¿Qué he hecho?». Y me pregunté, ante todo, si realmente existía una Ciudad de Z. ¿Era, como Brian Fawcett temía, tan solo fruto de la imaginación de su padre, o quizá de todas nuestras imaginaciones? El final de la historia de Fawcett parecía residir eternamente más allá del horizonte: una metrópoli oculta hecha de palabras y párrafos; mi propia Z. Tal como lo definió Cummins, parafraseando a Fawcett: «Mi historia se ha perdido, pero es un acto de vanidad para el alma humana exhumarla y contarla al mundo».[3]

Lo lógico era abandonar y volver a casa. Pero había una persona, pensé, que quizá supiera algo más: Michael Heckenberger, el arqueólogo de la Universidad de Florida con quien James Petersen me había recomendado que me pusiera en contacto. Durante nuestra breve conversación telefónica, Heckenberger me había dicho que estaba dispuesto a reunirse conmigo en el poblado kuikuro, que se encontraba al norte del asentamiento kalapalo. Había oído rumores por parte de otros antropólogos de que Heckenberger había pasado tanto tiempo en el Xingu que había sido aceptado plenamente por el jefe kuikuro y que disponía de su propia choza en el poblado. Si alguien podía haber descubierto alguna prueba o leyenda acerca de los últimos días de Fawcett, ese era Heckenberger. De modo que decidí seguir adelante, aunque Brian Fawcett había advertido a los demás que dejaran de «malgastar su vida por un espejismo».[4]

Cuando se lo dije a Paolo, me miró desconcertado: seguir adelante significaba dirigirse al lugar exacto en que James Lynch y sus hombres habían sido secuestrados en 1996. Tal vez por deber o por resignación, Paolo dijo: «Como quieras», y empezó a cargar nuestro equipamiento en la barca de aluminio de los kalapalo. Con Vajuvi como guía, partimos por el río Kuluene. Había llovido casi toda la noche y el cauce se derramaba sobre la selva adyacente. Paolo y yo solíamos hablar animadamente sobre nuestra búsqueda, pero aquel día permanecimos en silencio.

Varias horas después, la barca se acercó a un dique natural donde un muchacho indígena pescaba. Vajuvi viró la embarcación hacia él y apagó el motor cuando la proa alcanzó la orilla.

—¿Hemos llegado? —le pregunté.

—El poblado está en el interior —contestó él—. A partir de aquí tenéis que seguir a pie.

Paolo y yo descargamos las bolsas y las cajas de comida, y nos despedimos de Vajuvi. Observamos cómo su barca desaparecía tras un meandro del río. El equipaje era excesivo para cargar con él, y Paolo preguntó al chico si nos prestaría su bicicleta, que estaba apoyada contra un árbol. El chico accedió, y Paolo me dijo que esperase mientras él iba a buscar ayuda. Se alejó pedaleando y yo me senté bajo un *buriti* y miré cómo el chico lanzaba el hilo al agua y tiraba de él.

Pasó una hora sin que nadie apareciera. Me puse en pie y miré detenidamente hacia el sendero, que no era más que una pista de barro rodeada de hierba y arbustos silvestres. Pasaba del mediodía cuando aparecieron cuatro chicos montados en bicicletas. Ataron los fardos al portaequipajes de las bicicletas, pero no quedó espacio para una caja de cartón grande, que pesaba cerca de veinte kilos, ni para la bolsa de mi ordenador, de modo que yo cargué con ellas. En una mezcla de portugués, kuikuro y gestos, los chicos me indicaron que nos encontraríamos en el poblado. Se despidieron con un gesto de la mano y desaparecieron por el sendero sobre sus destartaladas bicicletas.

Con la caja sobre un hombro y la bolsa en la mano, los seguí a pie, solo. El sendero serpenteaba por un bosque de mangles parcialmente sumergido. Me pregunté si debía descalzarme, pero no tenía modo de cargar con las botas, así que seguí llevándolas puestas, aunque los pies se me hundían en el barro hasta los tobillos. El sendero pronto desapareció bajo el agua. No estaba seguro de qué dirección seguir y doblé hacia la derecha, donde me pareció ver hierba pisada. Caminé durante una hora y seguí sin ver a nadie. La caja que llevaba al hombro pesaba cada vez más, como también la bolsa del portátil, que, entre los mangles, parecía algo absurdo y tan característico de las actuales exploraciones. Pensé en dejarlos allí, pero no había ninguna superficie seca.

Ocasionalmente resbalaba en el barro y caía de rodillas sobre el agua. Juncos espinosos me rasgaban la piel de los brazos y las piernas, causando finos regueros de sangre. Grité el nombre de Paolo pero no obtuve respuesta. Exhausto, encontré un montículo herboso solo unos centímetros por debajo de la superficie del agua y me senté. Los pantalones y la ropa interior se me empaparon mientras yo escuchaba las ranas. Me ardían la cara y las manos por el sol y me mojé con el agua embarrada en un vano intento de refrescarme. Fue entonces cuando saqué del bolsillo el mapa del Xingu en el que Paolo y yo habíamos trazado nuestra ruta. La «Z» del centro de pronto parecía ridícula, y empecé a maldecir a Fawcett. Le maldije por Jack y Raleigh. Le maldije por Murray, y Rattin, y Winton. Y le maldije por mí.

Al cabo de un rato, me puse en pie y traté de dar con el sendero correcto. Seguí caminando sin descanso. En un punto determinado, el agua me llegó hasta la cintura, de modo que tuve que levantar la caja y la bolsa sobre mi cabeza. Cada vez que creía que había llegado al final del bosque, una nueva extensión se abría frente a mí: grandes parcelas de juncos altos y húmedos repletos de jejenes y mosquitos que me comían.

Me afanaba en aplastar un mosquito que me estaba picando en el cuello cuando oí un ruido en la distancia. Me detuve pero no vi nada. Al avanzar otro paso, el ruido se volvió más intenso. Grité una vez más el nombre de Paolo.

Y volví a oírlo: una especie de cacareo, algo así como una risotada. Un objeto oscuro se movió rápidamente entre la hierba alta, y otro, y otro más. Se acercaban.

—¿Quién anda ahí? —pregunté en portugués.

Oí otro ruido a mis espaldas y me di la vuelta: la hierba crujía, aunque no soplaba viento. Azucé el paso, tropezando contra los juncos al intentar abrirme paso entre ellos. El agua iba volviéndose más profunda y vasta hasta que pareció un lago. Observaba anonadado la orilla, a unos doscientos metros frente a mí, cuando vi semioculta en un arbusto una canoa de aluminio. Aunque no había remos, dejé la caja y la bolsa en su interior y me subí a ella, exhausto. Entonces volví a oír el ruido y me sobresalté. De entre los altos juncos aparecieron docenas de niños desnudos. Se agarraron a los extremos de la canoa y empezaron a llevarme a nado por el lago, sin dejar de carcajear durante todo el recorrido. Al llegar a la otra orilla, bajé a trompicones de la canoa y los niños me condujeron por un camino. Habíamos llegado al poblado kuikuro.

Paolo estaba sentado a la sombra de la choza más próxima.

—Siento no haber vuelto a buscarte —dijo—. No me creí capaz de conseguirlo.

Llevaba el chaleco enrollado al cuello y sorbía agua de un cuenco. Me tendió el cuenco y, aunque el agua no estaba hervida, bebí con avidez, dejando que se me derramara por el cuello.

—Ahora ya tienes cierta idea de lo que debió de ser para Fawcett —dijo—. Así que volvemos a casa, ¿no?

Antes de que pudiera contestar, un hombre kuikuro se nos acercó y nos indicó que le siguiéramos. Vacilé unos instantes y luego cruzamos con él la polvorienta plaza central, que debía de medir unos ciento cincuenta metros de diámetro; según me dijeron, era la más grande del Xingu. Recientemente, un incendio había arrasado las chozas que la rodeaban; las llamas habían saltado de un tejado de paja al siguiente, y habían dejado la mayor parte del asentamiento reducido a cenizas. El indio se detuvo frente a una de las chozas que se había mantenido en pie tras el incendio y nos dijo que entráramos. Cerca de la puerta vi dos magníficas esculturas en arcilla: una de una rana y la otra de un jaguar. Las estaba admirando, absorto, cuando un hombre enorme surgió de las sombras. Su constitución era la de Tamakafi, un luchador mítico xinguano que, según la leyenda, tenía un cuerpo colosal, con los brazos tan gruesos como los muslos, y las piernas tan grandes como un arca. El hombre iba vestido tan solo con un bañador de tela fina y llevaba el pelo cortado en forma de cuenco, lo que confería a su rostro severo un aire aún más imponente.

—Soy Afukaká —dijo con una voz sorprendentemente suave y comedida.

Era evidente que se trataba del jefe. Nos invitó a almorzar a Paolo y a mí: un cuenco de pescado y arroz que sus dos esposas, que eran hermanas, nos sirvieron. Parecía interesado en el mundo exterior y me hizo muchas preguntas sobre Nueva York, sobre los rascacielos y los restaurantes.

Mientras hablábamos, una suave melodía se filtraba en la choza. Me volví hacia la puerta justo cuando un grupo de bailarinas y bailarines entraban con flautas de bambú. Los hombres, que iban desnudos, habían pintado sus cuerpos con intrincadas imágenes de tortugas y anacondas, cuyas formas se extendían por brazos y piernas, y cuyos colores, naranja, amarillo y rojo, brillaban por el sudor. Alrededor de los ojos, la mayoría de ellos llevaban pintados círculos negros que parecían máscaras en una fiesta de disfraces. En la cabeza, un penacho de plumas largas y de colores.

Afukaká, Paolo y yo nos pusimos en pie mientras el grupo invadía la choza. Los hombres avanzaron dos pasos y luego retrocedieron, sin dejar de tocar las flautas, algunas de las cuales medían hasta tres metros, preciosos trozos de bambú que emitían tonos similares a un zumbido, como el viento al rozar el extremo de una botella abierta. Varias muchachas de pelo largo bailaban junto a los hombres, con las manos apoyadas sobre los hombros de la persona que tuvieran delante, formando así una cadena. Ellas también iban desnudas, salvo por ristras de conchas de caracol que llevaban al cuello y un triángulo de corteza de árbol, o *uluri*, que les cubría el pubis. Algunas de las pubescentes habían concluido hacía poco el período de reclusión y su piel era más clara que la de los hombres. Los saltos de los bailarines hacían tintinear los collares, que se sumaban al insistente ritmo de la música. El grupo nos rodeó durante varios minutos; luego salieron por la puerta y desaparecieron en la plaza. El sonido de las flautas se amortiguó cuando entraron en la siguiente choza.

Pregunté a Afukaká acerca del ritual y me explicó que se trataba de una fiesta consagrada a los espíritus de los peces.

—Es un modo de comulgar con los espíritus —dijo—. Tenemos centenares de ceremonias, todas muy hermosas.

Al cabo de un rato, mencioné a Fawcett. Afukaká repitió casi con exactitud lo que el jefe kalapalo me había dicho.

—Los indios feroces debieron de matarlos —dijo.

De hecho, resultaba creíble que una de las tribus más belicosas de la región —con toda probabilidad los suyá, como Aloique había sugerido, los kayapó o los xavante— hubiese masacrado a la partida. Era improbable que los tres ingleses hubiesen muerto de hambre, dado el talento de Fawcett para sobrevivir en la selva durante largas temporadas. Los datos que yo tenía me llevaban una y otra vez a ese mismo punto, y nunca más allá. Sentí una repentina resignación.

—Solo la selva sabe la verdad —opinó Paolo.

Mientras hablábamos, apareció un curioso personaje. Su piel era blanca, aunque en ciertas partes el sol la había enrojecido, y tenía el pelo rubio y desaliñado. Llevaba unos pantalones cortos holgados, el torso desnudo y un machete. Era Michel Heckenberger.

—De modo que lo ha conseguido —dijo con una sonrisa en los labios mientras observaba mi ropa empapada y sucia.

Lo que me habían dicho era cierto: Afukaká lo había aceptado como uno de los suyos y había hecho construir para él una choza junto a la suya. Heckenberger nos dijo que llevaba trece años investigando allí de forma intermitente. Durante ese tiempo, había contraído todo tipo de enfermedades: desde la malaria hasta una infección producida por una bacteria virulenta que le escamó la piel. En una ocasión, los gusanos le invadieron el cuerpo, como le había ocurrido a Murray. «Fue horroroso», dijo Heckenberger. Debido al concepto preponderante del Amazonas como un paraíso ilusorio, la mayoría de los arqueólogos habían abandonado hacía tiempo el remoto Xingu.

—Dieron por hecho que era un agujero negro arqueológico —comentó Heckenberger, y añadió que Fawcett había sido «la excepción».

Heckenberger conocía bien la historia de Fawcett, e incluso él había intentado investigar sobre la desaparición de los tres exploradores.

—Me fascina él y lo que hizo en aquel tiempo —confesó—. Fue un personaje extraordinario como pocos. Alguien capaz de subir a una canoa o viajar hasta aquí a pie sabiendo de la presencia de ciertos indios que intentarían... —Se detuvo en mitad de la frase, como si contemplase las consecuencias de sus palabras.

Dijo que resultaba fácil despreciar a Fawcett por «excéntrico»: carecía de las herramientas y de la disciplina del arqueólogo actual, y nunca cuestionó el dogma de que cualquier ciudad perdida del Amazonas tenía sus orígenes en Europa. Pero aunque Fawcett era un aficionado, siguió adelante y fue capaz de ver cosas con mayor claridad que los eruditos profesionales.

—Quiero mostrarle algo —dijo Heckenberger en un momento dado.

Con el machete en ristre, nos llevó a Paolo, a Afukaká y a mí al interior de la selva. Mientras avanzábamos, Heckenberger cortaba en los árboles zarcillos que crecían en vertical buscando los rayos del sol. Tras caminar algo más de un kilómetro, llegamos a una zona donde la vegetación era algo más rala. Heckenberger señaló al suelo con el machete.

—¿Ve cómo la tierra se hunde? —preguntó.

Ciertamente la tierra parecía descender en un tramo largo, y luego parecía volver a ascender, como si alguien hubiese cavado una enorme zanja.

—Es un foso —explicó Heckenberger.

—¿Qué quiere decir con que es un foso?

—Un foso. Una zanja defensiva —añadió—. De hace casi novecientos años.

Paolo y yo intentamos seguir los contornos de la zanja, que dibujaba un círculo casi perfecto por entre la selva. Heckenberger dijo que originalmente el foso había tenido una profundidad de entre tres metros y medio y cinco. Medía casi un kilómetro y medio de diámetro. Pensé en las «zanjas enormes y profundas» que se decía que el espíritu Fitsi-fitsi había excavado alrededor de los asentamientos.

—Los kuikuro conocían su existencia, pero no sabían que habían sido sus propios ancestros quienes las habían hecho —dijo Heckenberger.

—Creíamos que eran obra de los espíritus —dijo Afukaká, que había participado en la excavación.

Heckenberger se acercó a un hoyo rectangular que él mismo había excavado. Paolo y yo miramos desde el borde junto al jefe. La tierra que había quedado a la vista, en contraste con otras zonas de la selva, era oscura, casi negra. Mediante el sistema de datación por radiocarbono, Heckenberger había deducido que la trinchera era del año 1200 d. C., aproximadamente. Señaló con la punta del machete al fondo del agujero, donde parecía haber un foso dentro del foso.

—Ahí es donde colocaron la empalizada —dijo.

—¿Una empalizada? —pregunté.

Heckenberger sonrió.

—Alrededor del foso —prosiguió— puede ver esa especie de embudos repartidos de forma equidistante. Solo hay dos explicaciones posibles: o bien ponían trampas en el fondo o metían algo en ellos, como troncos.

Dijo que la posibilidad de que se tratara de trampas para que cayeran en ellas los enemigos invasores era improbable, dado que las personas a las que el foso debía proteger también habrían corrido peligro. Y aún añadió más: cuando examinó las zanjas con Afukaká, el jefe le refirió una leyenda sobre un kuikuro que había escapado de otro poblado saltando por encima de «una gran empalizada y una zanja».

Aun así, nada de aquello parecía tener sentido. ¿Por qué

iba a construir nadie una zanja y una empalizada en medio de la selva?

—Aquí no hay nada —dije.

Heckenberger no respondió; por el contrario, se agachó y escarbó en el barro. Extrajo un pedazo de arcilla endurecida con ranuras en los bordes. Lo alzó hacia la luz.

—Trozos de cerámica —dijo—. Están por todas partes.

Mientras observaba otros fragmentos que había en el suelo, pensé en cómo había insistido Fawcett en que en ciertas zonas elevadas del Amazonas «hurgando apenas un poco se encuentra gran abundancia» de cerámica antigua.[5]

Heckenberger dijo que estábamos en medio de un inmenso asentamiento ancestral.

—Pobre Fawcett. Se acercó tanto… —dijo Paolo.

El asentamiento se encontraba exactamente en la región donde Fawcett creía que estaba; pero era incomprensible por qué no había conseguido verlo, según dijo Heckenberger.

—En la selva no hay mucha piedra, y la mayor parte de los asentamientos se construían con materiales orgánicos, como madera, hojas de palmeras y montículos de tierra, que se descomponen —nos explicó—. Pero en cuanto empiezas a cartografiar la zona y a excavarla, te quedas pasmado con lo que ves.

Echó a andar de nuevo por la selva, señalando lo que sin duda eran restos de un paisaje esculpido por el hombre. No había una zanja sola sino tres, dispuestas en círculos concéntricos. Había una plaza circular gigantesca en la que crecía una vegetación diferente de la del resto de la selva, porque en el pasado había sido arrancada. Y parcelas de tierra aún más oscura que evidenciaban la antigua presencia de viviendas, pues la descomposición de desperdicios y desechos humanos la enriquece y oscurece.

Mientras caminábamos, reparé en un terraplén que se internaba en la selva en línea recta. Heckenberger dijo que era la curva de una carretera.

—¿También tenían carreteras? —pregunté.

—Carreteras, pasos elevados, canales... —Heckenberger dijo que algunas habían tenido una anchura de casi cincuenta metros—. Incluso encontramos un lugar donde la carretera se acaba junto a la ribera de un río, en una especie de rampa ascendente, y luego continúa en la otra orilla con una rampa descendente. Lo cual solo puede significar una cosa: tuvo que haber alguna clase de puente de madera que conectara las dos orillas, sobre una extensión de unos ochocientos metros.

Se trataba de los mismos pasos elevados y de los mismos asentamientos de los que los conquistadores españoles habían hablado cuando visitaron el Amazonas, los mismos en los que Fawcett había creído fervientemente y que los científicos del siglo XX habían desechado como mitos. Le pregunté adónde llevaban las carreteras, y él dijo que se prolongaban hasta otros asentamientos igual de complejos.

—Solo le he traído a ver el más cercano —dijo.

En total, había excavado veinte asentamientos precolombinos en el Xingu, que habían sido ocupados aproximadamente entre el 800 y el 1600 d. C. Los asentamientos distaban entre sí unos cinco kilómetros y estaban conectados por carreteras. Pero lo más asombroso era que las plazas estaban dispuestas coincidiendo con los puntos cardinales, de este a oeste, y las carreteras se correspondían con los mismos ángulos geométricos. (Fawcett dijo que los indígenas le habían referido leyendas que describían «muchas calles en ángulos rectos».)

Heckenberger tomó prestado mi cuaderno de notas y empezó a esbozar un círculo grande, luego otro y después otro. Eran las plazas y los poblados, dijo. A continuación dibujó aros a su alrededor que, comentó, eran los fosos. Por último, añadió varias líneas paralelas que partían de los asentamientos con formas geométricas: las carreteras, los puentes y los pasos elevados. Cada una de las formas parecía encajar en un todo complejo, como un cuadro abstracto cuyos elementos solo adquieren coherencia desde la distancia.

—Cuando mi equipo y yo empezamos a cartografiarlo todo, descubrimos que nada era casual —dijo Heckenberger—. Todos estos asentamientos estaban dispuestos de acuerdo con un plan muy elaborado, con cierta noción de ingeniería y matemáticas que rivalizaba con todo lo que estaba ocurriendo en gran parte de Europa en aquel tiempo.

Heckenberger dijo que antes de que las enfermedades occidentales asolaran a la población, cada conjunto de asentamientos albergaba entre dos mil y cinco mil habitantes, lo que significaba que la comunidad más grande era del tamaño de muchas ciudades medievales europeas.

—Esta gente tenía un gusto por lo monumental —añadió—. Disponían de carreteras, plazas y puentes de gran belleza. Sus monumentos no eran pirámides, lo que explica que sean tan difíciles de encontrar; se trataba más bien de elementos horizontales, pero no por ello menos extraordinarios.

Heckenberger me comentó que acababa de publicar su estudio en un libro titulado *The Ecology of Power*. Susan Hecht, geógrafa de la School of Public Affairs de la UCLA, definió los hallazgos de Heckenberger como «portentosos». Otros arqueólogos y geógrafos me los describieron después como «monumentales», «transformadores» y «revolucionarios». Heckenberger ha contribuido a transformar la visión del Amazonas como un paraíso ilusorio que nunca podría albergar lo que Fawcett había previsto: una civilización próspera y espléndida.[6]

Más adelante, descubrí que otros científicos[7] estaban contribuyendo a esta revolución en la arqueología, que desafía abiertamente todas aquellas creencias que durante un tiempo se tenían sobre las Américas precolombinas. Estos arqueólogos se ayudan con frecuencia de aparatos que superan todo cuanto el doctor Rice pudiera haber imaginado. Entre ellos se cuentan radares de penetración en la tierra, imágenes de satélite para cartografiar los asentamientos, y sensores remotos capaces de detectar campos magnéticos para localizar artefactos enterrados. Anna Roosevelt, bisnieta de Theodore Roosevelt y arqueóloga de la Universidad de Illinois, ha excavado una cueva cercana a Santarém, en el Amazonas brasileño, que estaba llena de pinturas rupestres: interpretaciones de figuras animales y humanas, similares a las que Fawcett había asegurado ver y había descrito en varios puntos del Amazonas y que reforzaban su teoría de Z. Anna Roosevelt encontró restos de un asentamiento, enterrados en la cueva, de al menos diez mil años de antigüedad, casi el doble de tiempo en que los científicos habían estimado la presencia humana en el Amazonas. De hecho, el asentamiento es tan antiguo que podría cuestionar la tan arraigada teoría de cómo se poblaron las Américas. Durante años, los arqueólogos creyeron que los primeros habitantes americanos fueron los clovis, que deben su nombre a las puntas de lanza encontradas en Clovis, Nuevo México. Se creía que estos cazadores de caza mayor habían cruzado el estrecho de Bering desde Asia hacia el final de la Era Glacial, que se habían asentado en Norteamérica hacía unos once mil años, y que después, progresivamente, habían ido migrando a Centroamérica y Sudamérica. El asentamiento del Amazonas, sin embargo, podría ser tan antiguo como el irrefutable primer asentamiento clovis de Norteamérica. Asimismo, según Roosevelt, las reveladoras particularidades de la cultura clovis —como, por ejemplo, las lanzas con punta de piedra estriada— no estaban presentes en la cueva del Amazonas. Algunos arqueólogos creen que podría haber existido un pueblo previo a los clovis.[8] Otros, como Roosevelt, consideran que el mismo pueblo procedente de Asia se expandió por todo el continente de forma simultánea y desarrolló diferentes culturas, propias y diferenciadas.

En la cueva y en un asentamiento ribereño próximo, unos científicos han empezado a encontrar también enormes montículos de tierra hechos por el hombre, muchos de ellos conectados por pasos elevados sobre el Amazonas, en particular en las llanuras bolivianas que se inundan de forma anual. Allí, precisamente, fue donde Fawcett encontró por primera vez fragmentos de alfarería e informó que «donde hay alturas, es decir, tierra elevada sobre planicies [...], hay artefactos». Clark Erickson, antropólogo de la Universidad de Pensilvania que ha estudiado estos terraplenes en Bolivia, me comentó que los montículos permitían a los indígenas seguir cultivando durante la época de lluvias para evitar el proceso de filtrado que arrastra los nutrientes del suelo y lo empobrece. Crearlos, afirmaba Erickson, requería un esfuerzo y una técnica extraordinarios: había que transportar toneladas de tierra, modificar el curso de ríos, excavar canales, interconectar carreteras y construir asentamientos. En muchos sentidos, dijo, los montículos «rivalizan con las pirámides egipcias».

Quizá más asombrosa es la evidencia de que los indígenas transformaron el paisaje incluso donde sí era un paraíso ilusorio, es decir, donde el suelo era demasiado yermo para alimentar a una población numerosa. Algunos científicos han desenterrado por toda la jungla grandes extensiones de *terra preta do Indio*, o «tierra negra indígena»: tierra enriquecida con desechos orgánicos humanos y carbón de las hogueras, haciéndola excepcionalmente fértil. No está claro si la tierra negra indígena fue fruto accidental de la presencia humana o, como opinan algunos científicos, se debe a un proceso deliberado de «carbonización», que consiste en quemar la tierra muy despacio y de forma sistemática, como hacen los kapayó en el Xingu. En cualquier caso, muchas tribus amazónicas parecen haber explotado este suelo tan fértil para cultivar donde la agricultura se consideró en un tiempo inconcebible. Algunos científicos han excavado tanta tierra negra de antiguos asentamientos en el Amazonas que actualmente creen que la selva podría haber alimentado a millones de personas. Y, por primera vez, los eruditos están reconsiderando las crónicas de El Dorado que Fawcett utilizó de base para elaborar su teoría de Z. Tal como lo definió Roosevelt, lo que Carvajal describió no era, sin lugar a dudas, ningún «espejismo».[9] Muchos científicos admiten no haber encontrado pruebas del fantástico oro con el que habían soñado los conquistadores; pero el antropólogo Neil Whitehead afirma: «Con ciertas salvedades, El Dorado existió».[10]

Heckenberger me dijo que los científicos apenas estaban empezando a comprender este mundo ancestral, y, al igual que la teoría de quienes fueron los primeros pobladores de las Américas, todos los paradigmas tradicionales tenían que ser reconsiderados. En 2006 apareció una prueba de que, en ciertas regiones del Amazonas, los indígenas habían construido con piedra. Varios arqueólogos del Amapa Institute of Scientific and Technological Research encontraron enterrado, en la región septentrional del Amazonas brasileño, un observatorio astronómico con forma de torre construido con enormes rocas de granito; cada una de ellas pesaba varias toneladas, y algunas tenían una altura de casi tres metros. Las ruinas, cuya antigüedad se estima entre los quinientos y los dos mil años, han sido denominadas «el Stonehenge del Amazonas».

—Los antropólogos —dijo Heckenberger— cometieron el error de ir al Amazonas en el siglo XX, limitarse a ver tan solo pequeñas tribus para luego afirmar: «Bien, esto es todo lo que hay». El problema es que, en aquel entonces, muchas poblaciones indígenas habían desaparecido a consecuencia de lo que, en esencia, fue un holocausto provocado por la presencia de los europeos. Este es el motivo por el que los primeros europeos que pisaron el Amazonas describieron asentamientos inmensos que, tiempo después, nadie consiguió encontrar.

Mientras caminábamos de vuelta al poblado kuikuro, Heckenberger se detuvo al pie de la plaza y me pidió que la examinara con detenimiento. Dijo que la civilización que había construido los asentamientos gigantes prácticamente había sido aniquilada. Con todo, un reducido número de descendientes habían sobrevivido, y sin duda nos encontrábamos entre ellos. Durante un millar de años, dijo, los xinguanos habían conservado tradiciones artísticas y culturales de esta civilización avanzada y altamente estructurada. Comentó, por ejemplo, que el actual poblado kuikuro seguía estando organizado de este a oeste, y que sus senderos estaban dispuestos en ángulos rectos, aunque sus habitantes ya no supieran la razón de esa disposición. Heckenberger añadió que había mostrado a un ceramista local un fragmento de alfarería que había encontrado entre los restos arqueológicos. Se asemejaba tanto a la alfarería actual, con el exterior pintado y la arcilla rojiza, que el artesano insistió en que el fragmento pertenecía a una pieza elaborada en fechas recientes.

Mientras Paolo y yo nos encaminábamos hacia la casa del jefe, Heckenberger cogió una vasija de cerámica hecha recientemente y pasó una mano por el borde, que tenía muescas.

—Se producen al hervir la mandioca para eliminar las toxinas —explicó. Había detectado la misma característica en vasijas antiguas—. Eso significa que hace mil años las gentes de esta civilización seguían la misma dieta que ahora —explicó. Empezó a recorrer la casa, señalando paralelismos entre la civilización ancestral y sus remanentes actuales: las estatuas de arcilla, las paredes y el techo de paja, las hamacas de algodón—. Para ser del todo sincero, no creo que haya ningún lugar en el mundo, donde no existan documentos históricos escritos, en el que la continuidad cultural sea tan evidente como aquí —concluyó Heckenberger.

Varios músicos y bailarines daban la vuelta a la plaza, y Heckenberger dijo que en todos los rincones del poblado kuikuro «es posible ver el pasado en el presente». Empecé a imaginar a los flautistas y a los bailarines en una de las plazas ancestrales. Los imaginé viviendo en casas de dos plantas con forma de montículo, no desperdigadas sino en hileras infinitas, donde las mujeres tejían hamacas y cocinaban con harina de mandioca, y donde los chicos y las chicas adolescentes permanecían aislados mientras aprendían los rituales de sus ancestros. Imaginé a los bailarines y a los cantantes cruzando fosos y franqueando altas empalizadas, yendo de un poblado al siguiente por amplias avenidas, puentes y pasos elevados.

Los músicos se nos acercaban y Heckenberger dijo algo sobre las flautas, pero yo ya no podía oír su voz, sofocada por la música. Por un instante, vi aquel mundo desaparecido como si lo tuviera frente a mí: Z.

Nota sobre las fuentes

Pese a la enorme fama de Fawcett durante un tiempo, muchos detalles de su vida, como por ejemplo las causas de su muerte, siguen siendo un misterio. Hasta hace poco, la familia de Fawcett se negaba a hacer pública una gran parte de los documentos del explorador. Asimismo, el contenido de muchos de los diarios y de la correspondencia de sus colegas y acompañantes, como Raleigh Rimell, nunca han sido publicados.

Para indagar en la vida de Fawcett, he recurrido extensamente a los siguientes materiales. En ellos se incluyen los diarios y los cuadernos de bitácora de Fawcett; la correspondencia con su esposa e hijos, así como con sus colegas exploradores más allegados y sus más férreos rivales; los diarios de miembros de su unidad militar durante la Primera Guerra Mundial, y las últimas cartas de Rimell de la expedición de 1925, que fueron a parar a un primo segundo. El propio Fawcett fue un escritor compulsivo y dejó tras de sí una inmensa cantidad de información publicada en revistas científicas y esotéricas. Su hijo, Brian, que publicó *A través de la selva amazónica*, resultó ser también un escritor prolífico.

También me he beneficiado de la extensa investigación llevada a cabo por otros autores, en particular para reconstruir períodos históricos. Me resultaron fundamentales, por ejemplo, los tres volúmenes de John Hemming sobre la historia de los indígenas brasileños: *The Search for El Dorado* [*En busca de El Dorado*]. El libro *1941*, de Charles Mann, que se publicó poco después de que yo volviera de la selva, supuso para mí una fantástica guía de los desarrollos científicos que están desbancando muchos conceptos arraigados sobre cómo eran las Américas antes de la llegada de Cristóbal Colón. He elaborado un listado con estas y otras fuentes importantes en la bibliografía. Si me he sentido especialmente en deuda con una fuente, también lo especifico en las notas.

Todo cuanto en el texto aparece entrecomillado, incluidas las conversaciones en la jungla de exploradores fallecidos, procede directamente de un diario, una carta o algún otro documento escrito y se cita en las notas. En varios casos encontré discrepancias irrelevantes en las citas entre las versiones publicadas de las cartas, que habían sido editadas, y el original, por lo que he recurrido a este último. En un esfuerzo por hacer que las notas sean lo más concisas posibles, no incluyo las fuentes de aquellos hechos establecidos o aceptados, ni tampoco cuando resulta evidente que una persona me habla directamente a mí.

ARCHIVOS Y FUENTES INÉDITAS

American Geographical Society, AGS
Biblioteca Nacional de Escocia, BNE
Departamento de Archivos e Historia de Alabama, DAHA
Documentos de la familia Costin, colección privada de Michael Costin y Mary Gibson
Documentos de la familia Fawcett, colección privada de Rolette de Montet-Guerin
Fundação Biblioteca Nacional, Río de Janeiro, Brasil, FBN
Harry Ransom Center, Universidad de Texas, en Austin, HRC
Imperial War Museum, IWM
National Museum of the American Indian Archives, Smithsonian Institution, NMAI

Percy Harrison Fawcett Papers, Rare Book, Manuscript, and
    Special Collections Library, Duke University, PHFP
Rimell Family Papers, colección privada de Ann Macdonald
Royal Anthropological Institute, RAI
Royal Artillery Historical Trust, Woolwich (Londres), RAHT
Royal Geographical Society, RGS
The National Archives, Kew (Surrey), TNA

Notas

Prefacio

1. Hobbes, *Leviathan*, p. 186.
2. *Los Angeles Times*, 28 de enero de 1925.

1. Volveremos

1. Aunque muchas de las expediciones de Fawcett tuvieron lugar tras la muerte de la reina Victoria, en 1901, se le suele catalogar como un explorador victoriano. No solo se hizo adulto durante esa época sino que además encarnó, en casi todos los sentidos, el espíritu y los valores victorianos de la exploración.
2. Dyott, «Search for Colonel Fawcett», p. 514.
3. Loren McIntyre, transcripción de una entrevista en la National Public Radio, 15 de marzo de 1999.
4. K. G. G., «Review: Exploration Fawcett», *Geographical Journal*, septiembre de 1953, p. 352.
5. Doyle, notas a *The Lost World*, p. 195; Percy Harrison Fawcett, *Exploration Fawcett*, p. 122. Se sabe poco sobre los orígenes de la relación entre Percy Fawcett y Conan Doyle. En *A través de la selva amazónica* se dice que Conan Doyle había asistido a una de las conferencias que Fawcett pronunció ante

la Royal Geographical Society. En una ocasión, en una carta a Conan Doyle, Fawcett recordaba cómo el escritor había intentado ponerse en contacto con él durante el proceso de escritura de *El mundo perdido*, pero, debido a que Fawcett se encontraba en la selva, Nina se había visto en la obligación de contestarle. En la edición anotada de *El mundo perdido*, publicada en 1996, Roy Pilot y Alvin Rodin señalan que Conan Doyle «conocía bien» a Fawcett y exponen las múltiples semejanzas que compartían Fawcett y el explorador ficticio de la novela, John Roxton. Resulta interesante señalar que Percy Fawcett podría no haber sido el único miembro de su familia que influyera en la obra literaria de Conan Doyle. En 1894, casi dos décadas antes de que Conan Doyle escribiera *El mundo perdido*, el hermano de Fawcett, Edward, publicó *Swallowed by an Earthquake*, una novela que, de forma similar, versa sobre unos hombres que descubren un mundo oculto de dinosaurios prehistóricos. En un artículo publicado en *British Heritage* en 1985, el albacea literario de Edward Fawcett y también escritor Robert K. G. Temple acusó a Conan Doyle de haber tomado prestados «de forma descarada» elementos de la novela de Edward, caída en el olvido hace ya mucho tiempo.

6. Doyle, *Lost World*, p. 63.

7. *Ibid.*, p. 57.

8. Mis descripciones del *Vauban* y de la vida a bordo de los transatlánticos proceden, entre otras fuentes, del folleto de Lamport & Holt «South America: The Land of Opportunity, a Continent of Scenic Wonders, a Paradise for the Tourist», Heaton, *Lamport & Holt*, y Maxtone-Graham, *Only Way to Cross*.

9. Fawcett a John Scott Keltie, 4 de febrero de 1925, Royal Geographical Society, Londres (en adelante citada como RGS en estas notas).

10. *Los Angeles Times*, 16 de abril de 1925.

11. Raleigh, *Discoverie of the Large, Rich, and Bewtiful Empyre of Guiana*, pp. 177-178.

12. *Ibid.*, p. 114.

13. Gaspar de Carvajal, *Discovery of the Amazon*, p. 172.

14. Citado en Hemming, *Search for El Dorado*, p. 144.

15. Simón, *Expedition of Pedro de Ursua & Lope de Aguirre*, p. 227.

16. Citado en Hemming, *Search for El Dorado*, p. 144.

17. *Atlanta Constitution*, 12 de enero de 1925.

18. Brian Fawcett, *Ruins in the Sky*, p. 48.

19. Coronel Arthur Lynch, «Is Colonel Fawcett Still Alive?», *Graphic*, Londres, 1 de septiembre de 1928.

20. Fawcett a Keltie, 18 de agosto de 1924, RGS.

21. Citado en Fawcett a Isaiah Bowman, 8 de abril de 1919, AGS.

22. Arthur R. Hinks al capitán F. W. Dunn-Taylor, 6 de julio de 1927, RGS.

23. Fawcett, epílogo a *Exploration Fawcett*, p. 304.

24. *Ibid.*, pp. 14-15.

25. *Los Angeles Times*, 28 de enero de 1925.

26. *Ibid.*

27. Williams, introducción a *AmaZonia*, p. 24.

28. Fawcett, epílogo a *Exploration Fawcett*, p. 277.

29. *Ibid.*, p. 15.

30. Percy Harrison Fawcett, «General Details of Proposed Expedition in S. America» (propuesta), s. f., RGS.

31. Fawcett, epílogo a *Exploration Fawcett*, p. 277.

32. Williams, introducción a *AmaZonia*, p. 10.

33. Dickens, *American Notes*, p. 13.

34. *Ibid.*, p. 14.

35. Folleto de Lamport & Holt, «South America».

36. Fawcett, epílogo a *Exploration Fawcett*, p. 278.

37. *Ibid.*, p. 15.

38. *Ibid.*

39. *Los Angeles Times*, 28 de enero de 1925.

2. La desaparición

1. Las descripciones del río Amazonas están extraídas de varias fuentes. Entre ellas se cuentan Goulding, Barthem y Ferreira, *Smithsonian Atlas of the Amazon*; Revkin, *Burning Season*; Haskins, *Amazon*; Whitmore, *Introduction to Tropical Rain Forests*; Bates, *Naturalist of the River Amazons*, y Price, *Amazing Amazon*.

2. Las descripciones de la expedición de 1996 están basadas en mis entrevistas con James Lynch y con miembros de su equipo, así como en información procedente de *Coronel Fawcett*, de Leal.

3. Temple, «E. Douglas Fawcett», p. 29.

4. *Daily Mail*, Londres, 30 de enero de 1996.

5. Heath, *Picturesque Prison*, p. 116.

6. Fleming, *Brazilian Adventure*, p. 104.

7. *The New York Times*, 13 de febrero de 1955.

8. Percy Harrison Fawcett, *Exploration Fawcett*, p. 269.

9. *The New York Times*, 18 de enero de 2007.

10. Hemming, *Die If You Must*, p. 635.

11. *Ibid*.

12. *The New York Times*, 11 de mayo de 2006.

13. Percy Harrison Fawcett, «Case for an Expedition in the Amazon Basin» (propuesta), RGS.

14. Citado en Millard, *River of Doubt*, p. 168.

3. Comienza la búsqueda

1. Para una discusión mucho más detallada sobre el debate académico acerca de las civilizaciones avanzadas del Amazonas, véase *1491*, de Mann.

2. Véase Meggers, *Amazonia*.

3. *Ibid*., p. 104.

4. Cowell, *Tribe That Hides from Man*, p. 66.

5. Mann, *1491*, p. 9.

6. Holmberg, *Nomads of the Long Bow*, p. 17.

7. *Ibid.*, p. 122.

8. *Ibid.*, p. 161.

9. *Ibid.*, p. 261.

10. Mann, *1491*, p. 328.

4. TESORO ENTERRADO

1. Percy Harrison Fawcett, «Passing of Trinco», p. 110.

2. Percy Harrison Fawcett, «Gold Bricks at Badulla», p. 223.

3. *Ibid.*, p. 232.

4. De un artículo de Timothy Paterson publicado por él mismo, «Douglas Fawcett and Imaginism», p. 2.

5. *Ibid.*

6. Fawcett a Doyle, 26 de marzo de 1919, HRC.

7. Percy Harrison Fawcett, *Exploration Fawcett*, p. 15.

8. *Ibid.*, p. 16.

9. Para más datos sobre las costumbres, los valores y el espíritu victorianos, véanse el manual *The Habits of Good Society*, 1865; Campbell, *Etiquette of Good Society*, y Bristow, *Vice and Vigilance*.

10. Fawcett, *Exploration Fawcett*, p. 211.

11. Percy Harrison Fawcett, «Obsession», p. 476.

12. Girouard, *Return to Camelot*, p. 260.

13. De un artículo de prensa del álbum de recortes de Fawcett, documentos de la familia Fawcett.

14. Véase Guggisberg, *Shop*.

15. *Ibid.*, p. 57.

16. Hankey, *Student in Arms*, p. 87.

17. Los datos sobre Sri Lanka en la década de 1890 proceden de varios libros de la época, entre ellos Ferguson, *Ceylon in 1893*; Willis, *Ceylon*, y Cave, *Golden Tips*.

18. Twain, *Following the Equator*, p. 336.

19. Fawcett, «*Gold Bricks at Badulla*», p. 225.

20. *Ibid.*, p. 231.

21. *Ibid.*, p. 232.

22. Williams, introducción a *AmaZonia*, p. 16.

23. Cita de un artículo de prensa encontrado en el álbum de recortes de Fawcett, documentos de la familia Fawcett.

24. *Curieux*, 26 de septiembre de 1951.

25. Williams, introducción a *AmaZonia*, p. 18.

26. *Curieux*, 26 de septiembre de 1951.

27. *Ibid.*

28. Fawcett a Doyle, 26 de marzo de 1919, HRC.

29. Williams, introducción a *AmaZonia*, p. 3.

30. *Curieux*, 26 de septiembre de 1951.

31. *Ibid.*

32. Williams, introducción a *AmaZonia*, p. 3. Un relato similar puede encontrarse en Hambloch, *Here and There*.

33. De mi entrevista con la nieta de Fawcett, Rolette.

34. *Curieux*, 26 de septiembre de 1951.

35. Percy Harrison Fawcett, carta al director, *Occult Review*, febrero de 1913, p. 80.

36. Fawcett, *Exploration Fawcett*, p. 16.

37. Véanse Meade, *Madame Blavatsky*; Washington, *Madame Blavatsky's Baboon*, y Oppenheim, *Other World*.

38. Meade, *Madame Blavatsky*, p. 40.

39. *Ibid.*, p. 8.

40. Kelly, *Collected Letters of W. B. Yeats*, p. 164.

41. Oppenheim, *Other World*, p. 28.

42. Stashower, *Teller of Tales*, p. 405.

43. Oppenheim, *Other World*, p. 184.

44. *Dublin Review*, julio-octubre de 1890, p. 56.

45. A. N. Wilson, *Victorians*, p. 551.

46. Fawcett, «Passing of Trinco», p. 116.

47. Véase Stanley, *How I Found Livingstone*, y Jeal, *Livingstone*.

48. Pritchett, *Tale Bearers*, p. 25.

49. Edward Douglas Fawcett, *Swallowed by an Earthquake*, p. 180.

50. Edward Douglas Fawcett, *Secret of the Desert*, p. 206.

51. *Ibid.*, p. 3.

52. *Ibid.*, p. 49.

53. *Ibid.*, p. 146.

54. *Ibid.*, p. 195.

55. *Ibid.*, p. 237.

56. Fawcett, «Passing of Trinco», p. 116.

57. Walters, *Palms and Pearls*, p. 94.

58. Fawcett a Esther Windust, 23 de marzo de 1924, PHFP.

59. Conrad, «Geography and Some Explorers», p. 6.

5. Donde no llegaban los mapas

1. Relato de Steve Kemper, 1995, «Fawcett's Wake», proporcionado al autor.

2. La información sobre la historia de mapas y geografía está extraída en su mayor parte de Wilford, *Mapmakers*; Brown, *Story of Maps*; Sobel, *Longitude*; Bergreen, *Over the Edge of the World*, y De Camp and Ley, *Lands Beyond*.

3. Citado en Brehaut, *Encyclopedist of the Dark Ages*, p. 244.

4. Citado en Bergreen, *Over the Edge of the World*, p. 77.

5. Citado en De Camp y Ley, *Lands Beyond*, p. 148.

6. Wilford, *Mapmakers*, p. 153.

7. Para más información sobre la historia de la RGS, véanse Mill, *Record of the Royal Geographical Society*; Cameron, *To the Farthest Ends of the Earth*, y Keltie, «Thirty Years' Work of the Royal Geographical Society».

8. Mill, *Record of the Royal Geographical Society*, p. 17.

9. Francis Younghusband en «The Centenary Meeting:

Addresses on the History of the Society», *Geographical Journal*, diciembre de 1930, p. 467.

10. Keltie, «Thirty Years' Work of the Royal Geographical Society», p. 350.

11. Para más información sobre Burton, véanse Kennedy, *Highly Civilized Man*; Farwell, *Burton*, y Lovell, *Rage to Live*.

12. Citado en Farwell, *Burton*, p. 267.

13. Citado en Lovell, *Rage to Live*, p. 581.

14. David Attenborough, prefacio a Cameron, *To the Farthest Ends of the Earth*.

15. Citado en Kennedy, *Highly Civilized Man*, p. 102.

16. *Ibid.*, p. 103.

17. *Ibid.*, p. 169.

18. *Ibid.*, p. 124.

19. Citado en Moorehead, *White Nile*, pp. 74-75.

20. Véanse Gillham, *Life of Sir Francis Galton*; Pickover, *Strange Brains and Genius*, y Brookes, *Extreme Measures*.

21. Citado en Pickover, *Strange Brains and Genius*, p. 113.

22. *Ibid.*, p. 118.

23. Citado en Driver, *Geography Militant*, p. 3.

24. Citado en Cameron, *To the Farthest Ends of the Earth*, p. 53.

25. Fawcett a Keltie, 14 de diciembre de 1921, RGS.

6. EL DISCÍPULO

1. La fecha se identificó en una carta de 1901 de la War Office a la secretaría de la Royal Geographical Society, mientras que la ubicación del hotel se menciona en *Recollections of a Geographer*, de Reeves, p. 96.

2. Para descripciones del Londres de principios de siglo, véanse Cook, *Highways and Byways in London*; Burke, *Streets*

of London Through the Centuries; Sims, *Living London*; Flanders, *Inside the Victorian Home*, y Larson, *Thunderstruck*.

3. Para más datos sobre el edificio de la RGS en Savile Row, véase Mill, *Record of the Royal Geographical Society*.

4. Las descripciones de Reeves y de su ruta están extraídas en su mayoría de sus memorias, *Recollections of a Geographer*, y de sus conferencias publicadas, *Maps and Map-Making*.

5. Reeves, *Recollections of a Geographer*, p. 17.

6. Francis Younghusband, prólogo a *ibid.*, p. 11.

7. Galton, *Art of Travel*, p. 2.

8. Reeves, *Maps and Map-Making*, p. 84.

9. Reeves, *Recollections of a Geographer*, p. 96.

10. Bergreen, *Over the Edge of the World*, p. 84.

11. Para más información sobre la influencia que estos manuales tuvieron sobre las normas de buen comportamiento de la sociedad victoriana, véase Driver, *Geography Militant*, pp. 49-67.

12. Freshfield y Wharton, *Hints to Travellers*, p. 2.

13. *Ibid.*, p. 5.

14. *The New York Times*, 11 de febrero 1913.

15. McNiven and Russell, *Appropriated Pasts*, p. 66.

16. Freshfield y Wharton, *Hints to Travellers*, p. 435.

17. *Ibid.*, pp. 445-446.

18. *Ibid.*, p. 422.

19. La información sobre las «herramientas» empleadas por los primeros antropólogos proviene en su mayoría de la edición de 1893 de *Hints to Travellers* y del manual elaborado en 1874 por la British Association for the Advancement of Science, *Notes and Queries on Anthropology*.

20. Freshfield y Wharton, *Hints to Travellers*, p. 421.

21. *Ibid.*

22. *Ibid.*, p. 422.

23. *Ibid.*, p. 58.

24. *Ibid.*, p. 6.

25. *Ibid.*, p. 309.

26. *Ibid.*, p. 308.

27. *Ibid.*, p. 17.

28. *Ibid.*, p. 18.

29. *Ibid.*, p. 21.

30. *Ibid.*, p. 20.

31. *Ibid.*, p. 225.

32. *Ibid.*, p. 201.

33. *Ibid.*, p. 317.

34. *Ibid.*, p. 321.

35. *Ibid.*

36. *Ibid.*, p. 96.

37. Fawcett a John Scott Keltie, 2 de novembre 1924, RGS.

7. HELADO LIOFILIZADO Y CALCETINES PARA LA ADRENALINA

1. Fleming, *Brazilian Adventure*, p. 32.

2. Millard, *River of Doubt*, pp. 164-165.

3. Percy Harrison Fawcett, *Exploration Fawcett*, p. 50.

4. Brian Fawcett al general de brigada (DRAE) F. Percy Roe, 15 de marzo de 1977, RGS.

8. CAMINO DEL AMAZONAS

1. Datos sobre la época en la que Fawcett estuvo al servicio de la British Intelligence Office extraídos de su diario de Marruecos, 1901, documentos de la familia Fawcett.

2. *Ibid.*

3. Véase Hefferman, «Geography, Cartography, and Military Intelligence», pp. 505-506.

4. La información sobre el Survey of India Department y sus espías procede en su mayoría de las obras de Hopkirk *The Great Game* y *Trespassers on the Roof of the World*.

5. Percy Harrison Fawcett, «Journey to Morocco City», p. 190.

6. Fawcett, diario de Marruecos.

7. Percy Harrison Fawcett, *Exploration Fawcett*, pp. 18-19.

8. Véanse Flint, *Sir George Goldie and the Making of Nigeria*, y Muffett, *Empire Builder Extraordinary*.

9. Muffett, *Empire Builder Extraordinary*, p. 19.

10. *Ibid.*, p. 22.

11. Para obtener más datos sobre la conversación entre Fawcett y Goldie, véase Fawcett, *Exploration Fawcett*, pp. 18-20.

12. *Ibid.*, p. 20.

13. *Ibid.*

14. Brian Fawcett utilizó un seudónimo para referirse a Chivers en *A través de la selva amazónica*: Chalmers.

15. *Ibid.*, p. 21.

16. Enrique Chavas-Carballo, «Ancon Hospital: An American Hospital During the Construction of the Panama Canal, 1904-1914», *Military Medicine*, octubre de 1999.

17. Fawcett, *Exploration Fawcett*, p. 26.

18. Freshfield y Wharton, *Hints to Travellers*, p. 12.

19. Fawcett, *Exploration Fawcett*, p. 159.

20. Las descripciones sobre el auge del caucho en el Amazonas y de la frontera proceden de diversas fuentes, entre ellas Furneaux, *Amazon*, pp. 144-166; Hemming, *Amazon Frontier*, pp. 271-275, y St. Clair, *Mighty, Mighty Amazon*, pp. 156-163.

21. Entrevista del autor con Aldo Musacchio, coautor de «Brazil in the International Rubber Trade, 1870-1930», que se publicó en *From Silver to Cocaine: Latin American Commodity Chains and the Building of the World Economy, 1500-2000*, ed. Steven Topik, Carlos Marichal y Zephyr Frank, Duke University Press, Durham, N. C., 2006.

22. Furneaux, *Amazon*, p. 153.

23. Citado en Hemming, *Amazon Frontier*, pp. 292-293.

24. Fawcett, *Exploration Fawcett*, p. 41.

25. *Ibid.*, p. 89.

26. Price, *Amazing Amazon*, p. 147.

27. Citado en Fifer, *Bolivia*, p. 131.

28. Fawcett, *Exploration Fawcett*, pp. 95-96.

29. Véase Hardenburg, *Putumayo*.

30. *Ibid.*, p. 204.

31. U.S. Department of State, *Slavery in Peru*, p. 120.

32. *Ibid.*, p. 69.

33. Percy Harrison Fawcett, «Survey Work on the Frontier Between Bolivia and Brazil», p. 185.

34. Percy Harrison Fawcett, «Explorations in Bolivia», p. 515.

35. *Ibid.*, p. 64.

36. Percy Harrison Fawcett, «In the Heart of South America», cuarta parte, p. 91.

37. Theodore Roosevelt, *Through the Brazilian Wilderness*, p. 40.

38. Fawcett, *Exploration Fawcett*, p. 131.

39. Para más datos sobre los animales e insectos del Amazonas, véanse Forsyth y Miyata, *Tropical Nature*; Cutright, *Great Naturalists Explore South America*; Kricher, *Neotropical Companion*, y Millard, *River of Doubt*.

40. Humboldt, *Personal Narrative of Travels to the Equinoctial Regions of America*, pp. 112-116.

41. Fawcett, *Exploration Fawcett*, p. 50.

42. Fawcett, «In the Heart of South America», tercera parte, p. 498.

43. Fawcett, *Exploration Fawcett*, p. 84.

44. Costin a su hija Mary, 10 de noviembre de 1946, documentos de la familia Costin.

45. Fawcett, *Exploration Fawcett*, p. 94.

46. *Ibid.*, p. 47.

47. *Ibid.*

48. Price, *Amazing Amazon*, p. 138.

49. Fawcett, *Exploration Fawcett*, p. 59.

50. *Ibid.*, p. 49.

51. Diario de Ernest Holt, 20 de octubre de 1920, DAHA.

52. Millard, *River of Doubt*, p. 250.

53. Fawcett, *Exploration Fawcett*, p. 89.

54. Métraux, *Native Tribes of Eastern Bolivia and Western Matto Grosso*, p. 80.

55. Clastres, «Guayaki Cannibalism», pp. 313-315.

56. C. Reginald Enock, carta al director, *Geographical Journal*, 19 de abril de 1911, RGS.

57. Fawcett, *Exploration Fawcett*, p. 73.

58. *Ibid.*, p. 87.

59. *Ibid.*

60. *Ibid.*, p. 83.

61. Fawcett, «Explorations in Bolivia», p. 523.

62. *Ibid.*, p. 43.

63. Keltie a Nina Fawcett, 1 de diciembre de 1913, RGS.

64. Fawcett, *Exploration Fawcett*, p. 55.

9. LOS DOCUMENTOS SECRETOS

1. Malcolm, *Silent Woman*, p. 9.

2. Las citas de los diarios y de los cuadernos de bitácora proceden de los documentos privados de la familia Fawcett.

10. EL INFIERNO VERDE

1. Véase Percy Harrison Fawcett, *Exploration Fawcett*, pp. 116-122. Para más información sobre el viaje, véanse Fawcett, «Explorations in Bolivia», y la serie en cuatro partes «In the Heart of South America».

2. Fawcett, «In the Heart of South America», segunda parte, p. 491.

3. Fawcett, *Exploration Fawcett*, p. 122.

4. Doyle, notas a *Lost World*, p. 195. El otro lugar del que se afirma que inspiró la ambientación de la novela es el monte Roraima, en Venezuela.

5. Para más datos sobre su conversación, véase Fawcett, *Exploration Fawcett*, pp. 120-121.

6. Fawcett, «In the Heart of South America», tercera parte, p. 549.

7. Millard, *River of Doubt*, p. 148.

8. Forsyth y Miyata, *Tropical Nature*, p. 93.

9. Treinta y ocho años después, se reveló que Fawcett y sus hombres en realidad habían estado a varios kilómetros de la fuente princial. Brian Fawcett comentó: «Mi padre se habría sentido amargamente decepcionado».

10. Fawcett, *Exploration Fawcett*, p. 122.

11. *Ibid.*, p. 121.

12. Fawcett, «In the Heart of South America», cuarta parte, p. 89.

13. Fawcett, *Exploration Fawcett*, p. 110.

14. *Ibid.*, p. 124.

11. EL DEAD HORSE CAMP

1. Percy Harrison Fawcett, «Case for an Expedition in the Amazon Basin» (propuesta), 13 de abril de 1924, RGS.

2. *Ibid.*

3. *Ibid.*

12. EN MANOS DE LOS DIOSES

1. Percy Harrison Fawcett, *Exploration Fawcett*, p. 108.

2. *Ibid.*, pp. 108-109.

3. *Ibid.*, p. 109.

4. *Ibid.*, p. 138.

5. Nina Fawcett a Joan, 24 de enero de 1946, documentos de la familia Fawcett.

6. Fawcett a John Scott Keltie, 3 de octubre de 1911, RGS.

7. Nina Fawcett a Joan, 6 de septiembre de 1946, documentos de la familia Fawcett.

8. Williams, introducción a *AmaZonia*, p. 24.

9. Brian Fawcett a Nina, 5 de diciembre de 1933, documentos de la familia Fawcett.

10. Nina Fawcett a Keltie, 30 de noviembre de 1913, RGS.

11. Nina Fawcett a Harold Large, 12 de abril de 1926, documentos de la familia Fawcett.

12. Fawcett, *Exploration Fawcett*, p. 16.

13. Nina Fawcett, «The Transadine Railway», s. f., RGS.

14. Nina Fawcett a Large, 6 de diciembre de 1923, documentos de la familia Fawcett.

15. Nina Fawcett a Keltie, 6 de enero de 1911, RGS.

16. Williams, introducción a *AmaZonia*, p. 30.

17. Percy Harrison Fawcett, «Gold Bricks at Badulla», p. 234.

18. Entrevista del autor con la nieta de Fawcett.

19. Percy Harrison Fawcett, «Jack Going to School», 1910, documentos de la familia Fawcett.

20. Fawcett a Nina Fawcett, 12 de abril de 1910, documentos de la familia Fawcett.

21. Stanley Allen, *New Haven Register*, s. f., RGS.

22. Barclay a David George Hogarth, 1 de septiembre de 1927, RGS.

23. Larson, *Thunderstruck*, p. 271.

24. Edward Douglas Fawcett, *Hartmann the Anarchist*, p. 27.

25. *Ibid.*, p. 147.

26. Citas de artículos de prensa encontrados en el álbum de recortes de Fawcett, documentos de la familia Fawcett.

27. Suarez, Lembcke y Fawcett, «Further Explorations in Bolivia», p. 397.

28. Fawcett a Keltie, 24 de diciembre de 1910, RGS.

29. Suarez, Lembcke y Fawcett, «Further Explorations in Bolivia», pp. 396-397.

30. *Ibid.*

31. Fawcett a Keltie, 5 de diciembre de 1914, RGS.

32. Thomas Charles Bridges, *Pictorial Weekly*, s. f.

33. Furneaux, *Amazon*, p. 214.

34. Fawcett a Keltie, 10 de marzo de 1910, RGS.

35. Fawcett, *Exploration Fawcett*, p. 178.

36. Barclay a David George Hogarth, 1 de septiembre de 1927, RGS.

37. Fawcett a Esther Windust, 24 de marzo de 1923, PHFP.

38. «Colonel Fawcett's Expedition in Matto Grosso», *Geographical Journal*, febrero de 1928, p. 176.

39. Nina Fawcett a Keltie, 9 de octubre de 1921, RGS.

40. Fawcett a Keltie, 2 de marzo de 1912, RGS.

41. Del álbum de recortes, documentos de la familia Fawcett.

42. Dyott, *Man Hunting in the Jungle*, p. 120.

43. Percy Harrison Fawcett, «Bolivian Exploration, 1913-1914» (propuesta), s. f., RGS.

44. Fawcett a Keltie, 24 de diciembre de 1913, RGS.

45. Keltie a Fawcett, 29 de enero de 1914, RGS.

46. Para más datos sobre Murray, véanse Riffenburgh, *Nimrod*; Niven, *Ice Master*; «Captain Bartlett Has No Views», *Washington Post*, 6 de julio de 1914; Shackleton, *Heart of the Antarctic*, y Murray y Marston, *Antarctic Days*.

47. Murray y Marston, *Antarctic Days*, p. 88.

48. Fawcett a Keltie, 3 de octubre de 1911, RGS.

49. Murray y Marston, introducción a *Antarctic Days*, p. xvi.

50. Fawcett, carta al director, *Travel*, s. f., RGS.

51. Entrevista del autor a Michael Costin.

52. Fawcett, *Exploration Fawcett*, p. 144.

53. Diario de James Murray, 2 de octubre de 1911, BNE.

54. Costin a su hija Mary, 10 de noviembre de 1946, documentos de la familia Costin.

55. Fawcett, *Exploration Fawcett*, p. 150.

56. Diario de Ernest Holt, 10 de noviembre de 1920, DAHA.

57. Rice, «Further Explorations in the North- West Amazon Basin», p. 148.

58. Para esta cita y todas las demás de Murray sobre la expedición de 1911, véase su diario, que forma parte de la colección William Laird McKinlay, Biblioteca Nacional de Escocia.

59. Diario de Holt, 22 de noviembre de 1920, DAHA.

60. Costin a su hija Mary, 10 de noviembre de 1946, documentos de la familia Costin.

61. Citado en Hemming, *Search for El Dorado*, p. 114.

62. Señora Letheran a Fawcett, 30 de octubre de 1919, documentos de la familia Fawcett.

63. Percy Harrison Fawcett, «Occult Life», p. 93.

64. Fawcett, *Exploration Fawcett*, p. 163.

65. Percy Harrison Fawcett, «Renegades from Civilization», s. f., documentos de la familia Fawcett.

66. Theodore Roosevelt, *Through the Brazilian Wilderness*, p. 303.

67. Fawcett, *Exploration Fawcett*, p. 60.

68. Costin, *Daily Chronicle*, Londres, 27 de agosto de 1928.

69. Fawcett, *Exploration Fawcett*, p. 169.

70. Costin, *Daily Chronicle*, Londres, 27 de agosto de 1928.

71. Diario de Murray, 17 de noviembre de 1911, BNE.

72. Fawcett a Keltie, 31 de diciembre de 1911, RGS.

73. Keltie a Fawcett, 11 de junio de 1912, RGS.

74. Fawcett a Keltie, 2 de marzo de 1912, RGS.

75. Keltie a Hugh Mill, 1 de marzo de 1912, RGS.

76. Keltie a Fawcett, 1 de junio de 1912, RGS.

77. Fawcett a Keltie, 10 de mayo de 1912, RGS.

78. Keltie a Fawcett, 7 de marzo 1912, RGS.

79. Fawcett, *Exploration Fawcett*, p. 153.

80. *Ibid.*, p. 154.

81. Sobre la desaparición de Murray, véase Niven, *Ice Master*.

14. LA TEORÍA DE Z

1. Percy Harrison Fawcett, «Further Explorations in Bolivia», p. 387.

2. Carvajal, *Discovery of the Amazon*, p. 438.

3. Percy Harrison Fawcett, «In the Heart of South America», tercera parte, p. 552.

4. Costin a su hija Mary, s. f., documentos de la familia Costin.

5. Los relatos de Costin y de Fawcett difieren en algunos detalles sin demasiada importancia. Fawcett, por ejemplo, recordaba a uno de sus colegas llevándole finalmente en una canoa a la otra orilla del río.

6. Costin a su hija Mary, s. f., documentos de la familia Costin.

7. Fawcett, «In the Heart of South America», tercera parte, p. 552.

8. Costin a su hija Mary, s. f., documentos de la familia Costin.

9. Fawcett, «Further Explorations in Bolivia», p. 388.

10. *Ibid.*

11. Costin a su hija Mary, s. f., documentos de la familia Costin.

12. Fawcett, «Further Explorations in Bolivia», p. 388.

13. Fawcett a la RGS, 15 de octubre de 1909, RGS.

14. Costin a su hija Mary, 10 de noviembre de 1946, documentos de la familia Costin.

15. Costin, *Daily Chronicle*, Londres, 27 de agosto de 1928.

16. Suarez, Lembcke y Fawcett, «Further Explorations in Bolivia», p. 397.

17. Nina a Keltie, 1909, RGS.

18. Nina Fawcett a John Scott Keltie, 11 de enero de 1911, RGS.

19. Costin, *Daily Chronicle*, Londres, 27 de agosto de 1928.

20. *Ibid.*

21. *Ibid.*

22. Percy Harrison Fawcett, *Exploration Fawcett*, p. 171.

23. *Ibid.*, p. 149.

24. Fawcett, «In the Heart of South America», segunda parte, p. 495.

25. Fawcett, *Exploration Fawcett*, pp. 168-169.

26. Fawcett, «In the Heart of South America», cuarta parte, p. 92.

27. Para más datos sobre el primer encuentro entre nativos americanos y europeos y sobre el debate de Las Casas y Sepúlveda, véanse Huddleston, *Origins of the American Indians*; Todorov, *Conquest of America*; Pagden, *European Encounters with the New World*, y Greenblatt, *Marvelous Possessions*.

28. Citado en Columbia University, *Introduction to Contemporary Civilization in the West*, pp. 526-527.

29. Citado en Pagden, *European Encounters with the New World*, p. 71.

30. Las Casas, *Short Account of the Destruction of the Indies*, p. 12.

31. *Ibid.*, pp. 9-10.

32. British Association for the Advancement of Science, *Notes and Queries on Anthropology*, pp. 10-13. Estas consideraciones racistas hacia los nativos americanos no se limitaban a los victorianos. En 1909, el director del Museo de São Paulo, el científico Hermann von Ihering, afirmó que puesto que los indígenas «no contribuían al trabajo ni al progreso», Brasil no tenía otra «alternativa que exterminarlos».

33. Para ilustrar las creencias victorianas sobre la primacía de ciertas razas, he recurrido a varias obras excelentes. Entre ellas se cuentan Stocking, *Victorian Anthropology*; Kuklick, *Savage Within*; Stepan, *Idea of Race in Science*, y Kennedy, *Highly Civilized Man*.

34. Citado en Kennedy, *Highly Civilized Man*, p. 133.

35. *Ibid.*, p. 143.

36. Citado en Stocking, *Victorian Anthropology*, p. 105.

37. Citado en A. N. Wilson, *Victorians*, pp. 104-105.

38. Victoria Glendinning, *Leonard Woolf: A Biography*, Free Press, Nueva York, 2006, p. 149.

39. Citado en Stocking, *Victorian Anthropology*, p. 157.

40. Según la Biblia, en el año 722 a. C, el ejército asirio capturó y luego dispersó a diez tribus del norte del reino israelita. Se desconoce lo que fue de ellas, lo cual ha desconcertado desde siempre a los eruditos. A mediados del siglo XVII, Antonio de Montezinos, un judío sefardí que había huido de la Inquisición, aseguró que había encontrado a los descendientes de esas tribus en la selva, esa tierra «que la humanidad nunca habitó». Según él, algunos de los indígenas le habían dicho en hebreo: «¡Oh, Israel! El Señor Nuestro Dios el Señor es Uno». El influyente y erudito rabino europeo Menasseh ben Israel respaldó tiempo después el relato de Montezinos, y muchos creyeron que los indígenas de América, cuyos orígenes habían confundido desde hacía mucho tiempo a los occidentales, eran en realidad judíos. En 1683, el cuáquero y fundador de Pensilvania, William Penn, dijo que estaba «dispuesto a creer» que los indígenas eran en realidad «la reserva de las

Diez Tribus». Estas teorías fueron también suscritas por los mormones, que creían que los indígenas tenían su origen, en parte, en la migración de los judíos.

41. *Los Angeles Times*, 16 de abril de 1925.

42. Fawcett, *Exploration Fawcett*, pp. 170, 201.

43. *Ibid.*, p. 215.

44. *Ibid.*, p. 49.

45. Percy Harrison Fawcett, «Bolivian Exploration, 1913-1914», p. 225.

46. Fawcett, *Exploration Fawcett*, p. 203.

47. *Ibid.*, p. 170.

48. Thomas Charles Bridges, *Pictorial Weekly*, s. f.

49. Costin, *Daily Chronicle*, Londres, 27 de agosto de 1928.

50. Kennedy, *Highly Civilized Man*, p. 143.

51. Fawcett, *Exploration Fawcett*, p. 95.

52. Citado en Babcock, «Early Observations in American Physical Anthropology», p. 309.

53. Citado en Woolf, «Albinism (OCA2) in Amerindians», p. 121.

54. Carvajal, *Discovery of the Amazon*, p. 214.

55. Hemming, *Die If You Must*, p. 78.

56. Fawcett, «Bolivian Exploration, *1913-1914*», p. 222.

57. Fawcett, *Exploration Fawcett*, pp. 199-200.

58. Costin, *Daily Chronicle*, Londres, 27 de agosto de 1928.

59. *Ibid.*

60. Fawcett, *Exploration Fawcett*, p. 199.

61. El prestigioso antropólogo sueco barón Erland Nordenskiöld informó tiempo después que Fawcett había «descubierto una importante tribu indígena que [...] nunca había sido visitada por el hombre blanco».

62. Bowman, «Remarkable Discoveries in Bolivia», p. 440.

63. Fawcett, *Exploration Fawcett*, p. 173.

64. Fawcett, «Bolivian Exploration, 1913-1914», p. 224.

65. *Ibid.*, p. 228.

66. Fawcett, *Exploration Fawcett*, p. 200.

67. Percy Harrison Fawcett, «Memorandum Regarding the Region of South America Which It Is Intended to Explore» (propuesta), 1920, RGS.

68. *Ibid.*

69. Para más datos sobre Henry Savage Landor, véase Hopkirk, *Trespassers on the Roof of the World*, y Landor, *Everywhere* y *Across Unknown South America*.

70. Landor, *Across Unknown South America*, vol. 1, p. 14.

71. Citado en Millard, *River of Doubt*, p. 3.

72. Church, «Dr. Rice's Exploration in the North-Western Valley of the Amazon», pp. 309-310.

73. H. E., «The Rio Negro, the Casiquiare Canal, and the Upper Orinoco», p. 343.

74. Royal Geographical Society, «Monthly Record», junio de 1913, p. 590.

75. *The New York Times*, 7 de septiembre de 1913.

76. Keltie a Fawcett, 29 de enero de 1914, RGS.

77. *The New York Times*, 24 de julio de 1956.

78. Fawcett a la RGS, 24 de enero de 1922, RGS.

79. Keltie a Fawcett, 10 de marzo de 1911, RGS.

80. Citado en Millard, *River of Doubt*, p. 338.

81. *Ibid.*, p. 339.

82. Citado en Hopkirk, *Trespassers on the Roof of the World*, p. 135.

83. *The New York Times*, 6 de octubre de 1915.

84. Fawcett a Keltie, 3 de febrero de 1915, RGS.

85. Fawcett a Keltie, 15 de abril de 1924, RGS.

86. Fawcett a Keltie, 27 de septiembre de 1912, RGS.

87. Fawcett a Keltie, 9 de abril de 1915, RGS.

88. Millard, *River of Doubt*, p. 77.

89. Percy Harrison Fawcett, «Case for an Expedition in the Amazon Basin» (propuesta), 13 de abril de 1924, RGS.

90. Brian Fawcett, *Ruins in the Sky*, p. 231.

91. Keltie a Fawcett, 29 de enero de 1914, RGS.

92. *Ibid.*

93. Bingham, introducción a *Lost City of the Incas*, pp. 17-18.

94. Hugh Thomson, *Independent*, Londres, 21 de julio de 2001.

15. EL DORADO

1. Citado en Hemming, *Search for El Dorado*, p. 97.

2. Para más datos, véase el relato definitivo de Hemming, *The Search for El Dorado*. Véanse también Wood, *Conquistadors*; Smith, *Explorers of the Amazon*, y St. Clair, *Mighty, Mighty Amazon*.

3. Citado en Hemming, *Search for El Dorado*, p. 101.

4. El teólogo Sepúlveda menospreciaría tiempo después la «ingenuidad» de los indígenas, como los aztecas y los incas, arguyendo que «los animales, los pájaros y las arañas» también son capaces de construir «determinadas estructuras que ningún logro humano puede imitar por completo».

5. Citado en Hemming, *Search for El Dorado*, p. 7.

6. *Ibid.*, p. 45.

7. Carvajal, apéndice a *Discovery of the Amazon*, p. 245.

8. Citado en Hemming, *Search for El Dorado*, p. 111.

9. *Ibid.*, p. 112.

10. Carvajal, *Discovery of the Amazon*, p. 172.

11. *Ibid.*, p. 171.

12. *Ibid.*, p. 213.

13. St. Clair, *Mighty, Mighty Amazon*, p. 47.

14. Raleigh, *Discoverie of the Large, Rich, and Bewtiful Empyre of Guiana*, p. 111.

15. Citado en Trevelyan, *Sir Walter Raleigh*, p. 494.

16. *Ibid.*, pp. 504-505.

17. Adamson y Folland, *Shepherd of the Ocean*, p. 449.

18. Citado en Hemming, *Search for El Dorado*, p. 63.

19. *Ibid.*, p. 42.

20. *Ibid.*, p. 172.

21. Fawcett a Arthur R. Hinks, s. f., RGS.

22. Carvajal, *Discovery of the Amazon*, p. 202.

23. *Ibid.*

24. *Ibid.*, p. 211.

25. *Ibid.*, p. 217.

26. *Ibid.*, p. 201.

27. Carvajal, introducción a *Discovery of the Amazon*, p. 25.

28. Citado en Hemming, *Search for El Dorado*, p. 134.

29. *Ibid.*, p. 133.

30. Extractos mecanografiados de la correspondencia de Fawcett: Fawcett a Harold Large, 16 de octubre de 1923, documentos de la familia Fawcett.

31. Percy Harrison Fawcett, *Exploration Fawcett*, p. 173.

16. La caja fuerte

1. La traducción del documento fue cotejada con una traducción de mayor fiabilidad hecha por la esposa de Richard Burton, Isabel, e incluida en su segundo volumen de *Explorations of the Highlands of the Brazil*.

2. Percy Harrison Fawcett, *Exploration Fawcett*, p. 10.

3. Brian Fawcett a Nina y a Joan, 6 de febrero de 1952, documentos de la familia Fawcett.

17. El mundo entero está loco

1. Keltie a Fawcett, 11 de diciembre de 1914, RGS.

2. Fawcett a Keltie, 3 de febrero de 1915, RGS.

3. Citado en *The New York Times Current History: The European War*, vol. 1, *August-December 1914*, p. 140.

4. Fawcett a Keltie, 18 de enero de 1915, RGS.

5. Cecil Eric Lewis Lyne, *My Participation in the Two Great Wars*, memorias inéditas, RAHT.

6. Henry Harold Hemming, *My Story*, memorias inéditas, IWM.

7. Lyne, *My Participation in the Two Great Wars*.

8. *Ibid*.

9. Véase la primera edición estadounidense de *Man of the Century: Winston Churchill and His Legend Since 1945*, John Ramsden, Columbia University Press, Nueva York, 2002, p. 372.

10. Para más datos sobre el encuentro de Fawcett con Churchill, véase Lyne, «My Participation in the Two Great Wars».

11. Citado en Gilbert, *Churchill*, p. 332.

12. Nina Fawcett a Keltie, 2 de marzo de 1916, RGS.

13. Nina Fawcett a Keltie, 25 de abril de 1916, RGS.

14. Fawcett a Edward A. Reeves, 5 de febrero de 1915, RGS.

15. «Monthly Record», *Geographical Journal*, octubre de 1916, p. 354.

16. Nina Fawcett a Keltie, 11 de marzo de 1916, RGS.

17. Fawcett a Keltie, 15 de enero de 1920, RGS.

18. Para más datos sobre la guerra, véanse Gilbert, *Somme*; Ellis, *Eye-Deep in Hell*; Winter, *Death's Men*, y Hart, *Somme*.

19. Percy Harrison Fawcett, *Exploration Fawcett*, p. 66.

20. Huntford, *Shackleton*, p. 599.

21. Diario de Cecil Eric Lewis Lyne, RAHT.

22. Ellis, *Eye-Deep in Hell*, pp. 66-67.

23. Nina Fawcett a Keltie, 3 de marzo de 1917, RGS.

24. Mill, *Record of the Royal Geographical Society*, p. 204.

25. Fawcett a Keltie, s. f., 1917, RGS.

26. Davson, *History of the 35th Division*, p. 43.

27. «British Colonel in Letter Here Tells of Enormous Slaughter», cuaderno de recortes de Fawcett, s. f., s. p., documentos de la familia Fawcett.

28. Stashower, *Teller of Tales*, p. 346.

29. Fawcett a Doyle, 26 de marzo de 1919, HRC.

30. Hemming, *My Story*. Henry Harold Hemming fue también el padre de John Hemming, el célebre historiador que más tarde sería director de la Royal Geographical Society.

31. Fawcett a Doyle, 26 de marzo de 1919, HRC.

32. *Washington Post*, 18 de marzo de 1934.

33. Carta al director, *Times*, Londres, 4 de julio de 1936.

34. Keltie a Fawcett, 7 de abril de 1915, RGS.

35. Fawcett a Keltie, 23 de febrero de 1918, RGS.

36. Fawcett, carta al director, *Travel*, 1918.

37. Fawcett a Keltie, 23 de febrero de 1918, RGS.

38. Fawcett, *Exploration Fawcett*, p. 209.

39. Nina Fawcett a Large, 19 de mayo de 1919, documentos de la familia Fawcett.

40. *Ibid*.

41. Jack Fawcett a Large, 2 de octubre de 1924, documentos de la familia Fawcett.

42. Fawcett, epílogo a *Exploration Fawcett*, p. 277.

43. *Ibid*.

44. *Ibid*.

45. Nina Fawcett a Joan, 14 de diciembre de 1952, documentos de la familia Fawcett.

46. Brian Fawcett a Nina, 5 de diciembre de 1933, documentos de la familia Fawcett.

47. Brian Fawcett al general de brigada (DRAE) F. Percy Roe, 15 de marzo de 1977, RGS.

48. Dyott, *On the Trail of the Unknown*, p. 141.

49. Fawcett, *Exploration Fawcett*, p. 260.

50. Schurz, «Distribution of Population in the Amazon Valley», p. 206.

51. Citado en Rob Hawke, «The Making of a Legend: Colonel Fawcett in Bolivia» (tesis, Universidad de Essex, s. f.), p. 41.

52. Arthur R. Hinks a sir Maurice de Bunsen, 26 de febrero de 1920, RGS.

53. Hinks a Keltie, 31 de diciembre de 1923, RGS.

54. Fawcett a Keltie, 17 de marzo de 1925, RGS.

55. Keltie a Fawcett, 11 de diciembre de 1914, RGS.

56. Hinks a Keltie, 31 de diciembre de 1923, RGS.

57. Fawcett a Keltie, 15 de abril de 1924, RGS.

58. Fawcett, *Exploration Fawcett*, p. 209.

59. Rice, «Rio Negro, the Casiquiare Canal, and the Upper Orinoco», p. 324.

60. Swanson, «Wireless Receiving Equipment», p. 210.

61. Rice, «Rio Negro, the Casiquiare Canal, and the Upper Orinoco», p. 340.

62. *Ibid.*, p. 325.

63. Rice, «Recent Expedition of Dr. Hamilton Rice», pp. 59-60.

64. *Los Angeles Times*, 22 de diciembre de 1920.

65. Fawcett a Keltie, 18 de julio de 1924, RGS.

66. Fawcett a Keltie, 9 de abril de 1924, RGS.

67. RGS a De Bunsen, 10 de marzo de 1920, RGS.

68. La descripción del encuentro entre Fawcett y Rondon está extraída en su mayor parte de Leal, *Coronel Fawcett*, pp. 95-96.

69. Fawcett a la secretaría del Ministerio de Guerra, 17 de febrero de 1919, WO 138/51, TNA.

70. Fawcett a la secretaría del Consejo Militar, 8 de agosto de 1922, WO 138/51, TNA.

71. Citado en Hemming, *Die If You Must*, p. 14.

72. En *A través de la selva amazónica*, tanto Brown como Holt aparecen con seudónimos. Al primero se le llama Butch Reilly y al segundo, Felipe.

73. *Ibid.*, p. 214.

74. Hobhouse, *Seeds of Wealth*, p. 138.

75. Furneaux, *Amazon*, p. 159.

76. Fawcett, *Exploration Fawcett*, pp. 212-213.

77. Nina Fawcett a Large, 10 de junio de 1921, documentos de la familia Fawcett.

78. Jack Fawcett a Fawcett, 3 de marzo de 1920, documentos de la familia Fawcett.

79. Fawcett a James Rowsell, 10 de junio de 1921, TNA.

80. Fawcett a Keltie, 2 de febrero de 1920, RGS.

81. Diario de Holt, 24-26 de octubre de 1920, DAHA.

82. Fawcett, *Exploration Fawcett*, p. 218.

83. *Ibid.*, p. 192.

84. Diario de Holt, 18 de noviembre de 1920.

85. Fawcett, *Exploration Fawcett*, p. 217.

86. *Ibid.*

87. Diario de Holt, 17 de noviembre de 1920.

88. Nina Fawcett a Large, 26 de enero de 1921, documentos de la familia Fawcett.

89. Cândido Mariano da Silva Rondon, *Anglo-Brazilian Chronicle*, 2 de abril de 1932.

90. Harriett S. Cohen a Holt, 28 de enero de 1921, DAHA.

91. Fawcett a Holt, 18 de agosto de 1921, DAHA.

92. Diario de Holt, 17 de agosto de 1921.

93. Fawcett a Esther Windust, 5 de marzo de 1923, PHFP.

94. Fawcett, *Exploration Fawcett*, p. 222.

95. Fawcett a Keltie, 4 de febrero de 1920, RGS.

96. Fawcett, *Exploration Fawcett*, p. 238.

97. Brian Fawcett, *Ruins in the Sky*, p. 235.

18. UNA OBSESIÓN CIENTÍFICA

1. Brian Fawcett, *Ruins in the Sky*, p. 16.

2. Fawcett a Harold Large, 26 de marzo de 1919, documentos de la familia Fawcett.

3. Fawcett a Esther Windust, 5 de marzo de 1923, PHFP.

4. Fawcett, *Ruins in the Sky*, p. 16.

5. Raleigh Rimell a Roger Rimell, 5 de marzo de 1925, documentos de la familia Rimell.

6. Fawcett a Large, 5 de febrero de 1925, documentos de la familia Fawcett.

7. Fawcett a John Scott Keltie, 4 de abril de 1924, RGS.

8. Nina Fawcett a Large, 26 de noviembre de 1922, documentos de la familia Fawcett.

9. Fawcett a Large, 16 de octubre de 1923, documentos de la familia Fawcett.

10. Nina Fawcett a Large, 18 de julio de 1919, documentos de la familia Fawcett.

11. Fawcett a Keltie, 29 de diciembre de 1923, RGS.

12. Nina Fawcett a Large, 14 de agosto de 1922, documentos de la familia Fawcett.

13. Percy Harrison Fawcett, epílogo a *Exploration Fawcett*, p. 275.

14. Fawcett a Large, 16 de octubre de 1923, documentos de la familia Fawcett.

15. Fawcett a Keltie, 29 de noviembre de 1921, RGS.

16. Fawcett, *Exploration Fawcett*, p. 208.

17. Fawcett a Keltie, 1 de noviembre de 1924, RGS.

18. Fawcett a Keltie, 18 de diciembre de 1922, RGS.

19. Señora Letheran a Fawcett, 9 de octubre de 1919, documentos de la familia Fawcett.

20. Percy Harrison Fawcett, «Planetary Control», p. 347.

21. George Miller Dyott a Arthur R. Hinks, 24 de junio de 1927, RGS.

22. Stanley Allen, *New Haven Register*, s. f., RGS.

23. Percy Harrison Fawcett, «Obsession».

24. Fawcett a Large, 19 de octubre de 1923, documentos de la familia Fawcett.

25. Jack Fawcett a Windust, 2 de diciembre de 1924, PHFP.

26. Jack Fawcett a Windust, 28 de octubre de 1924, PHFP.

27. Fay Brodie-Junes a Nina Fawcett, s. f., documentos de la familia Fawcett.

28. Fawcett a Large, 19 de octubre de 1923, documentos de la familia Fawcett.

29. *The New York Times*, 4 de octubre de 1924.

30. *The New York Times*, 12 de agosto de 1924.

31. Fawcett a Hinks, 23 de diciembre de 1924, RGS.

32. Jack Fawcett a Windust, 28 de octubre de 1924, PHFP.

33. Fawcett a Keltie, 4 de febrero de 1925, RGS.

34. *Constitución de Atlanta*, 12 de enero de 1925.

35. Fawcett a Keltie, 4 de noviembre de 1924, RGS.

36. Fawcett a Keltie, 10 de octubre de 1924, RGS.

37. Fawcett a Keltie, 2 de noviembre de 1924, RGS.

38. Nina Fawcett a Large, 31 de marzo de 1927, documentos de la familia Fawcett.

39. Fawcett a Keltie, 17 de marzo de 1925, RGS.

40. Fawcett a Keltie, 4 de febrero de 1925, RGS.

41. Reeves, *Recollections of a Geographer*, p. 98.

42. Fawcett a Keltie, 10 de noviembre de 1924, RGS.

43. Fawcett, *Ruins in the Sky*, p. 46.

44. Fawcett a Hinks, 23 de diciembre de 1924, RGS.

45. Fawcett a Keltie, 17 de marzo de 1925, RGS.

46. Isaiah Bowman a Rockefeller, 3 de enero de 1925, AGS.

47. Fawcett a Keltie, 17 de marzo de 1925, RGS.

48. Fawcett a Keltie, 25 de diciembre de 1924, RGS.

49. Fawcett a Bowman, 15 de diciembre de 1924, AGS.

19. UNA PISTA INESPERADA

1. *The New York Times*, 29 de diciembre de 2006.

2. Nina Fawcett a Arthur R. Hinks, 17 de noviembre de 1927, RGS.

3. Percy Harrison Fawcett, «Proposal for a S. American Expedition», 4 de abril de 1924, RGS.

20. No temas

1. Percy Harrison Fawcett, epílogo a *Exploration Fawcett*, p. 278.

2. *Los Angeles Times*, 28 de enero de 1925.

3. Fawcett, epílogo a *Exploration Fawcett*, p. 280.

4. Fawcett a John Scott Keltie, 4 de febrero de 1925, RGS.

5. *Ibid.*

6. Fawcett a Keltie, 7 de marzo de 1925, RGS.

7. Williams, introducción a *AmaZonia*, p. 22.

8. Fawcett, epílogo a *Exploration Fawcett*, p. 279.

9. *Ibid.*

10. Jack Fawcett a Nina y a Joan, 16 de mayo de 1925, RGS.

11. Fawcett, epílogo a *Exploration Fawcett*, p. 279.

12. *Ibid.*

13. *Ibid.*, p. 281.

14. *Los Angeles Times*, 3 de diciembre de 1925. Según los expertos de hoy en día, no es posible determinar si una serpiente es venenosa basándose únicamente en si la herida sangra.

15. Fawcett, epílogo a *Exploration Fawcett*, p. 279.

16. *Ibid.*, p. 281.

17. Raleigh Rimell a Roger Rimell, 5 de marzo de 1925, documentos de la familia Rimell.

18. Fawcett, epílogo a *Exploration Fawcett*, p. 283.

19. *Ibid.*, p. 281.

20. *Ibid.*, p. 282.

21. Raleigh Rimell a Dulcie Rimell, 11 de marzo de 1925, documentos de la familia Rimell.

22. Fawcett, epílogo a *Exploration Fawcett*, p. 281.

23. *Ibid.*, p. 282.

24. Raleigh Rimell a Roger Rimell, 5 de marzo de 1925, documentos de la familia Rimell.

25. Fawcett a Harold Large, 20 de marzo 1925, documentos de la familia Fawcett.

26. Fawcett, epílogo a *Exploration Fawcett*, p. 284.

27. *Ibid.*, p. 283.

28. Raleigh Rimell a Roger Rimell, 5 de marzo de 1925, documentos de la familia Rimell.

29. Fawcett, epílogo a *Exploration Fawcett*, p. 283.

30. *Ibid.*, p. 280.

31. Jack Fawcett a Nina y a Joan, 16 de mayo de 1925, RGS.

32. *Los Angeles Times*, 23 de abril de 1925.

33. Fawcett a Nina, 6 de marzo de 1925, RGS.

34. Royal Geographical Society, «Dr. Hamilton Rice on the Rio Branco», p. 241.

35. Stevens, «Hydroplane of the Hamilton Rice Expedition», pp. 42-43. En 1932, Stevens, subido a un globo aerostático, se convirtió en el primer fotógrafo en capturar con su objetivo la sombra de la luna sobre la tierra durante un eclipse solar. En 1935, también batió el récord mundial de altura en globo, un récord que se tardaría otros veintiún años en superar.

36. *Ibid.*, pp. 35-36.

37. Royal Geographical Society, «Dr. Hamilton Rice on the Rio Branco», p. 241.

38. *The New York Times*, 24 de agosto de 1924.

39. *The New York Times*, 11 de julio de 1925.

40. Royal Geographical Society, «Dr. Hamilton Rice on the Rio Branco», p. 241.

41. *Ibid.*

42. Fawcett, epílogo a *Exploration Fawcett*, p. 284.

43. Ahrens a Nina Fawcett, 10 de julio de 1925, RGS.

44. Fawcett, epílogo a *Exploration Fawcett*, p. 289.

45. *Los Angeles Times*, 1 de diciembre de 1925.

46. Fawcett, epílogo a *Exploration Fawcett*, p. 286.

47. Large a Nina Fawcett, 24 de mayo de 1929, documentos de la familia Fawcett.

48. *Los Angeles Times*, 17 de julio de 1927.

49. *Los Angeles Times*, 1 de diciembre de 1925.

50. Fawcett a Nina, 20 de mayo de 1925, documentos de la familia Fawcett.

51. Jack Fawcett a Nina y a Joan, 16 de mayo de 1925, RGS.

52. Nina Fawcett a Large, 30 de agosto de 1925, documentos de la familia Fawcett.

53. Para más datos sobre Galvão, véase Leal, *Coronel Fawcett*.

54. Fragmento traducido y extraído del periódico *O Democrata*, s. f., RGS.

55. *Los Angeles Times*, 1 de diciembre de 1925.

56. Diario de John James Whitehead, 8 de junio de 1928, RGS.

57. Fawcett a Isaiah Bowman, 20 de mayo de 1925, NMAI.

58. American Geographical Society, «Correspondence», p. 696.

59. Fawcett a Bowman, 20 de mayo de 1925, NMAI.

60. Jack Fawcett a Nina y a Joan, 19 de mayo de 1925, RGS.

61. *Ibid*.

62. Jack Fawcett a Nina y a Joan, 16 de mayo de 1925, RGS.

63. Fawcett, epílogo a *Exploration Fawcett*, p. 290.

64. Jack Fawcett a Nina y a Joan, 16 de mayo de 1925, RGS.

65. *Ibid*.

66. Nina Fawcett al embajador de Brasil, 3 de febrero de 1937, RGS.

67. Jack Fawcett a Nina y a Joan, 19 de mayo de 1925, RGS.

68. Jack Fawcett a Nina y a Joan, 16 de mayo de 1925, RGS.

69. Fawcett, epílogo a *Exploration Fawcett*, p. 291.

70. Raleigh Rimell a Roger Rimell, 17 de marzo de 1925, documentos de la familia Rimell.

71. Jack Fawcett a Nina y a Joan, 19 de mayo de 1925, documentos de la familia Fawcett.

72. *Ibid.*

73. Raleigh Rimell a Roger Rimell, 17 de marzo de 1925, documentos de la familia Rimell.

74. Raleigh Rimell a Roger Rimell, 5 de marzo de 1925, documentos de la familia Rimell.

75. Hemming, *Die If You Must*, p. 140.

76. *Los Angeles Times*, 2 de diciembre de 1925.

77. Para más información sobre los xavante y los kayapó, véase Hemming, *Die If You Must*, pp. 86-132.

78. Citado en *ibid.*, p. 95.

79. Fawcett a Keltie, 17 de marzo de 1925, RGS.

80. *Los Angeles Times*, 2 de diciembre de 1925.

81. Fawcett a Nina, 29 de mayo de 1925, documentos de la familia Fawcett.

82. *Los Angeles Times*, 1 de diciembre de 1925.

83. Raleigh Rimell a Roger Rimell, 5 de marzo de 1925, documentos de la familia Rimell.

84. Fawcett, epílogo a *Exploration Fawcett*, p. 291.

21. El último testigo ocular

1. Rice, «Rio Branco, Uraricuera, and Parima», p. 218.

2. *The New York Times*, 17 de septiembre de 2003.

3. *Economist*, 24 de julio de 2004.

4. Véanse *The New York Times*, 16 de mayo de 2007; *Bal-*

timore Sun, 14 de marzo de 2005, y *Dayton Daily News*, 14 de agosto de 2007.

5. El relato de la muerte de Petersen está basado en mis entrevistas con Eduardo Neves y en artículos periodísticos.

6. Verne, *Bob Moran and the Fawcett Mystery*, p. 76.

7. MacGregor, *Indiana Jones and the Seven Veils*, p. 58.

8. *Ibid.*, p. 2.

22. VIVO O MUERTO

1. *Los Angeles Times*, 17 de julio de 1927.

2. *Los Angeles Times*, 1 de enero de 1928.

3. Nina Fawcett a Arthur R. Hinks, 11 de julio de 1927, RGS.

4. Nina Fawcett a Harold Large, 23 de noviembre de 1925, documentos de la familia Fawcett.

5. *Los Angeles Times*, 17 de julio de 1927.

6. *Ibid.*

7. Cowell, *Tribe That Hides from Man*, p. 93.

8. *Washington Post*, 12 de septiembre de 1927.

9. *Independent*, 24 de septiembre de 1927.

10. Brian Fawcett a Nina, 23 de septiembre de 1927, RGS.

11. Nina Fawcett a Hinks, 24 de octubre de 1927, RGS.

12. Nina Fawcett a Courteville, 1 de agosto de 1928, RGS.

13. *Los Angeles Times*, 17 de julio de 1927.

14. *Ibid.*

15. D. G. Hogarth, «Address at the Anniversary General Meeting, 20 June 1927», *Geographical Journal*, agosto de 1927, p. 100.

16. R. Bock a D. G. Hogarth, 21 de junio de 1927, RGS.

17. Robert Bunio a Hogarth, 21 de junio de 1927, RGS.

18. *Los Angeles Times*, 27 de noviembre de 1927.

19. *Ibid.*

20. Geoffrey Steele-Ronan a Hogarth, 21 de junio de 1927, RGS.

21. St. Clair, *Mighty, Mighty Amazon*, p. 254.

22. *Los Angeles Times*, 28 de enero de 1929.

23. *Los Angeles Times*, 6 de noviembre de 1927.

24. *Ibid.*

25. *Los Angeles Times*, 13 de noviembre de 1927.

26. *Los Angeles Times*, 14 de diciembre de 1927.

27. *Los Angeles Times*, 27 de noviembre de 1927.

28. *Independent*, 3 de diciembre de 1927.

29. Roger Rimell a la RGS, 1933, RGS.

30. *Los Angeles Times*, 17 de noviembre de 1927.

31. *Los Angeles Times*, 27 de noviembre de 1927.

32. *Ibid.*

33. *Los Angeles Times*, 28 de marzo de 1928.

34. *Los Angeles Times*, 17 de noviembre de 1927.

35. Diario de John James Whitehead, 1 de marzo de 1928, RGS.

36. Kigar, «Phantom Trail of Colonel Fawcett», p. 21.

37. Dyott, *Man Hunting in the Jungle*, p. 85.

38. *Ibid.*, p. 135.

39. Diario de Whitehead, 28 de mayo de 1928, RGS.

40. McIntyre, «The Commander and the Mystic», p. 5.

41. *Los Angeles Times*, 18 de agosto de 1928.

42. Dyott, *Man Hunting in the Jungle*, p. 173.

43. *Ibid.*, p. 177.

44. Diario de Whitehead, 24 de julio de 1928, RGS.

45. Dyott, *Man Hunting in the Jungle*, p. 236.

46. *Los Angeles Times*, 16 de agosto de 1928.

47. Diario de Whitehead, 12 de agosto de 1928, RGS.

48. *Ibid.*, 25 de julio de 1928.

49. Stanley Allen, *New Haven Register*, s. f., RGS.

50. Dyott a la NANA (despacho por radio), 16 de agosto de 1928, RGS.

51. Diario de Whitehead, 28 de septiembre de 1928, RGS.

52. *Chicago Daily Tribune*, 19 de marzo de 1930.

53. Dyott, *Man Hunting in the Jungle*, p. 264.

54. Brian Fawcett, *Ruins in the Sky*, p. 71.

55. Nina Fawcett a la NANA, 23 de agosto de 1928, RGS.

56. *Los Angeles Times*, 22 de agosto de 1928.

57. Esther Windust a Elsie Rimell, 14 de diciembre de 1928, PHFP.

58. Abbott a Charles Goodwin, 22 de marzo de 1932, FO 743/16, TNA.

59. Comunicado traducido de Stefan Rattin, preparado por Charles Goodwin y enviado a sir William Seeds, 18 de marzo de 1932, FO 743/17, TNA.

60. Abbott a Hinks, 8 de diciembre de 1932, RGS.

61. H. Kingsley Long, «The Faith of Mrs. Fawcett», *Passing Show*, 12 de noviembre de 1932.

62. *Chicago Daily Tribune*, 20 de marzo de 1932.

63. *Washington Post*, 28 de mayo de 1932.

64. *Washington Post*, 30 de septiembre de 1934.

65. *Los Angeles Times*, 4 de febrero de 1934.

66. George W. Cumbler al consulado británico, 17 de octubre de 1934, RGS.

67. Hemming, *Die If You Must*, p. 700.

68. *The New York Times*, 12 de agosto de 1939.

69. *O Globo*, 23 de agosto de 1946.

70. Véase Childress, *Lost Cities and Ancient Mysteries of South America*, pp. 303-305.

71. Hinks a Nina Fawcett, 25 de octubre de 1928, RGS.

72. Nina Fawcett a A. Bain Mackie, 20 de junio de 1935, RGS.

73. Nina Fawcett a Large, 6 de mayo de 1929, documentos de la familia Fawcett.

74. A. Bachmann a Hinks, 12 de febrero de 1934, RGS.

75. Nina Fawcett a Large, documentos de la familia Fawcett.

76. Edward Douglas Fawcett a Hinks, 1933, RGS.

77. Nina Fawcett a Thomas Roch, 10 de marzo de 1934, RGS.

78. Large a Nina Fawcett, 16 de abril de 1925, documentos de la familia Fawcett.

79. Mackie a Goodwin, 21 de noviembre de 1933, TNA.

80. Nina Fawcett al reverendo monseñor Couturon, 3 de julio de 1933, RGS.

81. Moennich, *Pioneering for Christ in Xingu Jungles*, p. 9.

82. *Ibid.*, pp. 17-18.

83. Percy Harrison Fawcett, epílogo a *Exploration Fawcett*, p. 301.

84. Moennich, *Pioneering for Christ in Xingu Jungles*, pp. 124-126.

85. *The New York Times*, 6 de enero de 1935.

86. «The "Grandson"», *Time*, 24 de enero de 1944.

87. Hinks a Morel, 16 de febrero de 1944, RGS.

88. Fawcett, *Ruins in the Sky*, p. 123.

89. Marsh, «Blond Indians of the Darien Jungle», p. 483.

90. *Los Angeles Times*, 15 de junio de 1924.

91. *The New York Times*, 9 de julio de 1924.

92. *The New York Times*, 7 de julio de 1924.

93. *Washington Post*, 16 de octubre de 1924.

94. Nina Fawcett a Joan, 6 de septiembre de 1946, documentos de la familia Fawcett.

95. Brian Fawcett a Nina, 5 de diciembre de 1933, documentos de la familia Fawcett.

96. Everild Young al coronel Kirwan, 24 de septiembre de 1946, RGS.

23. LOS RESTOS DEL CORONEL

1. Percy Harrison Fawcett, «Proposal for a S. American Expedition» (propuesta), 4 de abril de 1924, RGS.

2. Dyott, *Manhunting in the Jungle*, p. 224.

3. Orlando Villas Boas y Claudio Villas Boas, *Xingu*, p. 165.

4. En 1998, Vajuvi refirió una historia similar al aventurero británico Benedict Allen, que grabó un documental de su viaje para la BBC titulado *The bones of Colonel Fawcett*.

5. «Report on the Human Remains from Brazil», 1951, RAI.

6. Basso, *Last Cannibals*, pp. 78-86.

24. EL OTRO MUNDO

1. Esther Windust a Nina Fawcett, 10 de octubre de 1928, PHFP.

2. Señora Mullins a Nina Fawcett, 9 de febrero de 1928, documentos de la familia Fawcett.

3. Edward Douglas Fawcett a Arthur R. Hinks, 1933.

4. Reeves, *Recollections of a Geographer*, pp. 198-199.

5. Leal, *Coronel Fawcett*, pp. 213-215.

6. Cummins, *Fate of Colonel Fawcett*, p. 143.

7. *Ibid.*, p. 58.

8. *Ibid.*, p. 111.

9. Brian Fawcett a Joan, 3 de septiembre de 1945, documentos de la familia Fawcett.

10. Nina Fawcett a Joan, 22 de abril de 1942, documentos de la familia Fawcett.

11. Brian Fawcett a Joan, 3 de septiembre de 1945, documentos de la familia Fawcett.

12. Brian Fawcett, *Ruins in the Sky*, p. 124.

13. Brian Fawcett a Joan, 3 de septiembre de 1945, documentos de la familia Fawcett.

14. Percy Harrison Fawcett, introducción a *Exploration Fawcett*, p. xiii.

15. Brian Fawcett a Joan, 3 de septiembre de 1945, documentos de la familia Fawcett.

16. Fawcett, introducción a *Exploration Fawcett*, p. xiii.

17. Brian Fawcett a Nina, 1 de abril de 1951, documentos de la familia Fawcett.

18. Brian Fawcett a Nina, 15 de mayo de 1952, documentos de la familia Fawcett.

19. Nina Fawcett a Joan, 14 de diciembre de 1952, documentos de la familia Fawcett.

20. Williams, introducción a *AmaZonia*, p. 20.

21. *Ibid.*

22. Brian Fawcett a sir Geoffrey Thompson, 20 de mayo de 1955, FO 371/114106, TNA.

23. Thompson a I. F. S. Vincent, 19 de mayo de 1955, FO 371/114106, TNA.

24. Fawcett, *Ruins in the Sky*, p. 217.

25. *Ibid.*, p. 284.

26. *Ibid.*, p. 245.

27. *Ibid.*, p. 301.

28. Percy Harrison Fawcett, «Memorandum Regarding the Region of South America Which It Is Intended to Explore» (propuesta), 1919, RGS.

29. Fawcett, *Ruins in the Sky*, p. 299.

30. «The Occult Interests of Col. P. H. Fawcett», s. f., s. p., PHFP.

31. Williams, introducción a *AmaZonia*, p. 7.

32. Fawcett, *Ruins in the Sky*, p. 301.

33. Fawcett a Windust, 5 de marzo de 1923, PHFP.

25. Z

1. Los datos sobre la secta proceden de Leal, *Coronel Fawcett*, y de mis entrevistas.

2. Brian Fawcett, *Ruins in the Sky*, p. 307.

3. Cummins, *Fate of Colonel Fawcett*, p. 43.

4. Fawcett, *Ruins in the Sky*, p. 301.

5. Percy Harrison Fawcett, «Memorandum Regarding the Region of South America Which It Is Intended to Explore» (propuesta), 1919, RGS.

6. Para más información sobre los hallazgos de Heckenberger, véase *The Ecology of Power*.

7. Los datos sobre los cambios que está experimentando la arqueología del Amazonas proceden de mis entrevistas con muchos de los antropólogos y otros científicos que están o estuvieron trabajando sobre el terreno, entre ellos William Denevan, Clark Erickson, Susanna Hecht, Michael Heckenberger, Eduardo Neves, James Petersen, Anna Roosevelt y Neil Whitehead. La información se deriva asimismo de gran parte de la investigación publicada de estos y otros eruditos. Véanse, por ejemplo, «Secrets of the Forest» y *Moundbuilders of the Amazon*, de Roosevelt; «The Timing of *Terra Preta* Formation in the Central Amazon», de Neves, y *Time and Complexity in Historical Ecology*, editado por Balée and Erickson. Para una visión general de los últimos desarrollos científicos que están invalidando lo que en el pasado se creía de las Américas antes de la llegada de Colón, véase Mann, *1491*.

8. Un equipo de arqueólogos asegura que en un yacimiento de Monte Verde, Chile, existen indicios de presencia humana que datan de hace más de treinta y dos mil años, lo cual, de ser cierto, tiraría por tierra la teoría tradicional de cómo y cuándo se poblaron las Américas por primera vez.

9. Roosevelt, «Secrets of the Forest», p. 26.

10. Entrevista con el autor.

Agradecimientos

Me siento profundamente agradecido a muchas personas por su colaboración en este proyecto. La nieta de Fawcett, Rolette de Montet-Guerin, y su bisnieta, Isabelle, me brindaron su ayuda, haciendo gala de una gran generosidad, al permitirme acceder a los diarios, las cartas y las fotografías de Fawcett. El doctor Peter Fortescue, sobrino de Fawcett de noventa y cinco años, me entregó una copia de sus memorias inéditas. Además, recuerda vívidamente haber visto a Percy y a Jack Fawcett cuando era niño en una cena de despedida antes de que ambos partieran al Amazonas. Dos de los hijos de Henry Costin, Michael y Mary, compartieron conmigo recuerdos de su padre y me permitieron leer su correspondencia personal. Ann Macdonald, prima segunda de Raleigh Rimell, me facilitó las últimas cartas que su primo había enviado a casa. Robert Temple, albacea literario de Edward Douglas Fawcett, y la esposa de Robert, Olivia, arrojaron luz sobre la maravillosa vida del hermano mayor de Percy Fawcett. El hijo del comandante George Miller Dyott, Mark, y el sobrino del doctor Alexander Hamilton Rice, John D. Farrington, me proporcionaron detalles cruciales sobre sus parientes. James Lynch me habló de su propio y angustioso viaje.

Me siento también en deuda con numerosas instituciones que se dedican a la investigación y con sus extraordinarios profesionales. Quiero expresar en especial mi agradecimiento a Sarah Strong, Julie Carrington, Jamie Owen, y al resto del personal de la Royal Geographical Society; a Maurice Paul Evans, del Royal Artillery Museum; a Peter Lewis, de la American Geographical Society; a Vera Faillace, de la Biblioteca Nacional de Brasil; a Sheila Mackenzie, de la Biblioteca Nacional de Escocia; a Norwood Kerr y a Mary Jo Scott, del Alabama Department of Archives and History, y a Elizabeth Dunn, de la Rare Book, Manuscript, and Special Collections Library de la Duke University.

Jamás habría conseguido salir de la selva sin mi fantástico y alegre guía, Paolo Pinage. Estoy también agradecido a los indios bakairí, kalapalo y kuikuro por acogerme en sus poblados y hablarme no solo de Fawcett, sino también de su cultura e historia de gran riqueza.

Para recabar datos sobre la arqueología y la geografía amazónicas, recurrí a la sabiduría de varios eruditos: Ellen Basso, William Denevan, Clark Erickson, Susanna Hecht, Eduardo Neves, Anna Roosevelt y Neil Whitehead, entre otros, aunque en modo alguno son responsables de mis palabras. Querría rendir especial homenaje a James Petersen, que fue asesinado en el Amazonas poco después de hablar con él, privando así al mundo de uno de sus mejores arqueólogos y de un alma en extremo generosa. Y, no hace falta decirlo, este libro habría tenido un final muy diferente de no haber sido por el arqueólogo Michael Heckenberger, un erudito brillante y audaz que ha contribuido de forma excepcional a aportar luz sobre las civilizaciones ancestrales del Amazonas.

William Lowther, Misha Williams y Hermes Leal han hecho prodigiosas investigaciones sobre Fawcett y respondieron pacientemente a mis preguntas.

En Estados Unidos, varios periodistas, jóvenes y excelentes profesionales, me ayudaron en varias etapas de la investigación; entre ellos se encuentran Walter Alarkon, David Gura y Todd Neale. En Brasil, Mariana Ferreira, Lena Ferreira y Juliana Lottmann me ayudaron a localizar un sinfín de documentos, mientras que en Inglaterra Gita Daneshjoo se prestó a

recuperar otro documento de enorme importancia. Nana As-
four, Luigi Sofio y Marcos Steuernagel contribuyeron con excelentes traducciones; Ann Goldstein descifró un antiguo escrito italiano. Andy Young supuso una ayuda increíble tanto
con la verificación de datos como con las traducciones del portugués. Nandi Rodrigo mostró una gran diligencia a la hora de
comprobar los datos y me hizo fantásticas sugerencias respecto de la edición.

Nunca podré agradecer lo suficiente a Susan Lee, una brillante y joven periodista que ha trabajado en este proyecto
como reportera e investigadora, comprobando datos durante
meses. Ella encarna las mejores cualidades de la profesión: pasión, inteligencia y tenacidad.

Muchos amigos acudieron también en mi ayuda ofrecién-
dome sus conocimientos sobre el mundo de la edición al tiempo que me animaban a seguir adelante. Quiero transmitir mi
agradecimiento en especial a Burkhard Bilger, Jonathan Chait,
Warren Cohen, Jonathan Cohn, Amy Davidson, Jeffrey Frank,
Lawrence Friedman, Tad Friend, David Greenberg, Raffi
Khatchadourian, Larissa MacFarquhar, Katherine Marsh, Stephen Metcalf, Ian Parker, Nick Paumgarten, Alex Ross, Mar-
garet Talbot y Jason Zengerle.

He tenido la gran suerte también de estar rodeado de editores de inmenso talento en el *The New Yorker*. Daniel Za-
lewski, uno de los editores más astutos y diestros del gremio,
editó a conciencia todos los artículos aparecidos en la revista y
contribuyó de forma inestimable al contenido de este libro.
Dorothy Wickenden, que trabajó en el manuscrito incluso durante sus vacaciones, mejoró el texto de forma extraordinaria
con sus impecables correcciones. Elizabeth Pearson-Griffiths
es una de esas editoras que, haciendo gala de una gran discreción, fomenta las capacidades de cada uno de sus escritores, y
todo el contenido del libro se beneficia de su ojo infalible y de
su dominio del lenguaje. Tampoco podré expresar suficiente
gratitud a David Remnick, que accedió a enviarme a la selva en

busca de Z y que, cuando el proyecto empezó a tomar forma y se convirtió en un reto para mí, hizo cuanto pudo para asegurarse de que lo llevara a cabo. Este libro no existiría sin él.

Kathy Robbins y David Halpern, de Robbins Office y Matthew Snyder, de CAA, son mucho más que grandes agentes: son consejeros sabios, fieles aliados y, ante todo, amigos. Quiero dar las gracias también al resto del personal de Robbins Office, en especial a Kate Rizzo.

Una de las mayores gratificaciones que me ha aportado este libro ha sido la oportunidad de trabajar con el extraordinario equipo de Doubleday. William Thomas ha sido lo que todos los escritores sueñan con encontrar: un editor incisivo y meticuloso además de un luchador infatigable, que lo ha dado todo por este proyecto. Stephen Rubin supervisó esta obra desde su concepción hasta su publicación con un espíritu indomable y una gran sabiduría. En realidad, todo el equipo de Doubleday —entre otros, Bette Alexander, Maria Carella, Melissa Danaczko, Todd Doughty, Patricia Flynn, John Fontana, Catherine Pollock, Ingrid Sterner y Kathy Trager— ha sido maravilloso.

John y Nina Darnton no solo son unos suegros fantásticos, sino también excelentes editores. Mi hermana, Alison, y su familia, y mi hermano, Edward, han sido una fuente constante de ánimo. También lo ha sido mi madre, Phyllis, que durante toda mi vida ha sido para mí una asombrosa tutora en expresión escrita. Mi padre, Victor, no solo me ha apoyado en todos los sentidos, sino que además sigue enseñándome las maravillas que aporta una vida intrépida.

Confío en que un día mi hijo, Zachary, y mi hija, Ella, que nació después de mi viaje, lean este libro y piensen que quizá su padre no era al fin y al cabo tan viejo y aburrido. Por último, quiero dar las gracias a mi esposa, Kyra, que ha aportado a esta obra más de lo que las palabras pueden expresar, y es, y siempre lo será, todo para mí. Juntos, Kyra, Zachary y Ella me han proporcionado el viaje más gratificante e inesperado de todos.

BIBLIOGRAFÍA

ADAMSON, Jack H. y H. F. Folland, *The Shepherd of the Ocean: An Account of Sir Walter Raleigh and His Times*, Gambit, Boston, 1969.

American Geographical Society, «Correspondence», *Geographical Review* 15, n.º 4 (1925).

BABCOCK, William H., «Early Observations in American Physical Anthropology», *American Journal of Physical Anthropology* 1, n.º 3, 1918.

BAKER, Samuel White, *Eight Years in Ceylon*, Tisara Prakasakayo, Dehiwala, 1966.

BALÉE, William y Clark L. Erickson, eds., *Time and Complexity in Historical Ecology: Studies in the Neotropical Lowlands*, Columbia University Press, Nueva York, 2006.

BASSO, Ellen B., *The Last Cannibals: A South American Oral History*, University of Texas Press, Austin, 1995.

BATES, Henry Walter, *The Naturalist on the River Amazons*, Narrative Press, Santa Barbara, 2002. [Hay trad. cast.: *El naturalista por el Amazonas*, Laertes, Barcelona, 1984.]

BERGREEN, Laurence, *Over the Edge of the World: Magellan's Terrifying Circumnavigation of the Globe*, William Morrow, Nueva York, 2003. [Hay trad. cast.: *Magallanes: hasta los confines de la Tierra*, Planeta, Barcelona, 2004.]

BERTON, Pierre, *The Arctic Grail: The Quest for the North*

West Passage and the North Pole, 1818-1909, Lyons Press, Nueva York, 2000.

BINGHAM, Hiram, *Across South America: An Account of a Journey from Buenos Aires to Lima by Way of Potosi, with Notes on Brazil, Argentina, Bolivia, Chile, and Peru*, Da Capo Press, Nueva York, 1976.

—, *Lost City of the Incas: The Story of Machu Picchu and Its Builders*, nueva edición ilustrada con instroducción de Hugh Thomson, Phoenix, Nueva York, 2003. [Hay trad. cast.: *Machu Picchu, la ciudad perdida de los incas*, Ediciones Rodas, Madrid, 1975.]

BODARD, Lucien, *Green Hell: Massacre of the Brazilian Indians*, traducción de Jennifer Monaghan, Outerbridge & Dienstfrey, Nueva York, 1972.

BOWMAN, Isaiah, «Remarkable Discoveries in Bolivia», *Bulletin of the American Geographical Society* 47, n.º 6 (1915).

BRANTLINGER, Patrick, *Rule of Darkness: British Literature and Imperialism, 1830-1914*, Cornell University Press, Ithaca (Nueva York), 1988.

BREHAUT, Ernest, *An Encyclopedist of the Dark Ages: Isidore of Seville*, Columbia University Press, Nueva York, 1912.

BRINTON, Daniel Garrison, *The American Race: A Linguistic Classification and Ethnographic Description of the Native Tribes of North and South America*, David McKay, Filadelfia, 1901. [Hay trad. cast.: *La raza americana: clasificación lingüística y descripción etnográfica de las tribus indígenas de América del Norte y del Sur*, Nova, Buenos Aires, 1946.]

BRISTOW, Edward J., *Vice and Vigilance: Purity Movements in Britain Since 1700*, Rowman & Littlefield, Totowa (New Jersey), 1977.

BRISTOW, Joseph, *Empire Boys: Adventures in a Man's World*, Unwin Hyman, Londres, 1991.

British Association for the Advancement of Science, *Notes and Queries on Anthropology, for the Use of Travellers and Residents in Uncivilized Lands*, Edward Stanford, Londres, 1874. [Hay trad. cast.: *Manual de campo del antropólogo*, Universidad Iberoamericana, México, 1971.]

BROOKES, Martin, *Extreme Measures: The Dark Visions and Bright Ideas of Francis Galton*, Bloomsbury, Nueva York, 2004.

BROWN, Lloyd A., *The Story of Maps*, Dover, Nueva York, 1979.

BURKE, Thomas, *The Streets of London Through the Centuries*, B. T. Batsford, Londres, 1940.

BURTON, Richard Francis, *Explorations of the Highlands of the Brazil; with a Full Account of the Gold and Diamond Mines*, 2 vols., Greenwood Press, Nueva York, 1969.

CAMERON, Ian, *To the Farthest Ends of the Earth: 150 Years of World Exploration by the Royal Geographical Society*, E. P. Dutton, Nueva York, 1980.

CAMPBELL, lady Colin, *Etiquette of Good Society*, Cassell, Londres, 1893.

CARVAJAL, Gaspar de, *The Discovery of the Amazon,* edición de José Toribio Medina, traducción de Bertram T. Lee and H. C. Heaton, Dover (Nueva York), 1988. [Hay trad. cast.: *Descubrimiento del río de las Amazonas*, Estudios, Ediciones y Medios, Valencia, 1992.]

CAVE, Henry, *Golden Tips: A Description of Ceylon and Its Great Tea Industry*, S. Low, Marston & Co., Londres, 1900.

CHILDRESS, David Hatcher, *Lost Cities and Ancient Mysteries of South America,* Adventures Unlimited Press, Stelle (Illinois), 1986.

CHURCH, George Earl, «Dr. Rice's Exploration in the North-Western Valley of the Amazon», *Geographical Journal* 31, n.º 3 (1908).

CLASTRES, Pierre, «Guayaki Cannibalism», en *Native South Americans: Ethnology of the Least Known Continent*, edición de Patricia J. Lyon, Little, Brown, Boston, 1974.

Columbia University, *Introduction to Contemporary Civilization in the West*, Columbia University Press, Nueva York, 1960.

CONKLIN, Beth A., *Consuming Grief: Compassionate Cannibalism in an Amazonian Society*, University of Texas Press, Austin, 2001.

CONRAD, Joseph, «Geography and Some Explorers», en *The Collected Works of Joseph Conrad,* vol. 22., Routledge, Londres, 1995.

COOK, Emily Constance Baird, *Highways and Byways in London*, Macmillan, Londres, 1903.

COWELL, Adrian, *The Heart of the Forest*, Alfred A. Knopf, Nueva York, 1961. [Hay trad. cast.: *El corazón del bosque*, Bruguera, Barcelona, 1963.]

—, *The Tribe That Hides from Man*, Stein & Day, Briarcliff Manor (Nueva York), 1974.

CRONE, G. R., «Obituary: Alexander Hamilton Rice, A.M., M.D.», *Geographical Journal* 122, n.º 3 (1956).

CUMMINS, Geraldine, *The Fate of Colonel Fawcett*, Aquarian Press, Londres, 1955.

CUTRIGHT, Paul Russell, *The Great Naturalists Explore South America*, Macmillan, Nueva York, 1940.

DAVIS, Shelton H., *Victims of the Miracle: Development and the Indians of Brazil*, Cambridge University Press, Reino Unido, 1977.

DAVSON, H. M., *The History of the 35th Division in the Great War*, Sifton Praed, Londres, 1926.

DE CAMP, L. Sprague y LEY, Willy, *Lands Beyond*, Rinehart, Nueva York, 1952. [Hay trad. cast.: *De la Atlántida a El Dorado*, Duplex, Barcelona, 1960.]

DE LAS CASAS, Bartolomé, *A Short Account of the Destruction of the Indies*, traducción y edición de Nigel Griffin, Penguin, Nueva York, 1992. [Hay trad. cast.: *Brevísima relación de la destrucción de las Indias*, Juventud, Barcelona, 2009.]

Denevan, William M., *Cultivated Landscapes of Native Amazonia and the Andes*, Oxford University Press, Nueva York, 2001.

Diacon, Todd A., *Stringing Together a Nation: Cândido Mariano da Silva Rondon and the Construction of a Modern Brazil, 1906-1930*, Duke University Press, Durham (Carolina del Norte), 2004.

Diamond, Jared, *Guns, Germs, and Steel: The Fates of Human Societies*, W. W. Norton, Nueva York, 1999. [Hay trad. cast.: *Armas, gérmenes y acero: breve historia de la humanidad en los últimos trece mil años*, Debate, Barcelona, 2006.]

Dickens, Charles, *American Notes; and Pictures from Italy*, Macmillan, Nueva York, 1903. [Hay trad. cast.: *Notas de América*, Ediciones B, Barcelona, 2005; *Estampas de Italia*, Alba, Barcelona, 2002.]

Dillehay, Tom D., ed., *Monte Verde: A Late Pleistocene Settlement in Chile*, 2 vols., Smithsonian Institution Press, Washington, D. C., 1989-1997.

Doyle, Arthur Conan, *The Lost World: Being an Account of the Recent Amazing Adventures of Professor George E. Challenger, Lord John Roxton, Professor Summerlee, and Mr. E. D. Malone of the «Daily Gazette»*, edición de Ian Duncan, Oxford University Press, Nueva York, 1998. [Hay trad. cast.: *El mundo perdido*, Anaya, Madrid, 1987.]

Driver, Felix, *Geography Militant: Cultures of Exploration and Empire*, Blackwell, Oxford (Reino Unido), 2001.

Dyott, George Miller, *Man Hunting in the Jungle: Being the Story of a Search for Three Explorers Lost in the Brazilian Wilds*, Bobbs-Merrill, Indianápolis, 1930.

—, *On the Trail of the Unknown: In the Wilds of Ecuador and the Amazon*, Thornton Butterworth, Londres, 1926.

—, «The Search for Colonel Fawcett», *Geographical Journal* 74, n.º 6 (1929).

ELLIS, John, *Eye-Deep in Hell: Trench Warfare in World War I*, Pantheon, Nueva York, 1976.

FARWELL, Byron, *Burton: A Biography of Sir Richard Francis Burton*, Penguin, Nueva York, 1990.

FAWCETT, Brian, *Ruins in the Sky*, Hutchinson, Londres, 1958.

FAWCETT, Edward Douglas, *Hartmann the Anarchist; or, The Doom of the Great City*, Arno Press, Nueva York, 1975.

—, *The Secret of the Desert; or, How We Crossed Arabia in the* Antelope, E. Arnold, Londres, 1895.

—, *Swallowed by an Earthquake*, E. Arnold, Londres, 1894.

FAWCETT, Percy Harrison, «At the Hot Wells of Konniar», *Occult Review*, Julio de 1925.

—, «Bolivian Exploration, 1913-1914», *Geographical Journal* 45, n.º 3 (1915).

—, *Exploration Fawcett*, Hutchinson, Londres, 1953. [Hay trad. cast.: *A través de la selva amazónica*, Zeta Bolsillo, Barcelona, 2008.]

—, «Explorations in Bolivia», *Geographical Journal* 35, n.º 5 (1910).

—, «Further Explorations in Bolivia: The River Heath», *Geographical Journal* 37, n.º 4 (1911).

—, «Gold Bricks at Badulla», *Blackwood's Magazine*, marzo de 1965.

—, «In the Heart of South America», partes 1-4, *Wide World Magazine*, Julio-octubre de 1912.

—, «Journey to Morocco City», *Geographical Journal* 19, n.º 2 (1902).

—, «The Lost City of My Quest», *Blackwood's Magazine*, enero de 1933.

—, «A New Touring Ground: Morocco, the Country of the Future», *Pall Mall Magazine*, septiembre de 1902.

—, «Obsession», *Light*, 29 de Julio de 1922.

—, «The Occult Life», *Occult Review*, agosto de 1923.

—, «The Passing of Trinco», *Blackwood's Magazine,* febrero de 1959.

—, «The Planetary Control», *Occult Review*, diciembre de 1922.

—, «The Source of the River Heath», *Geographical Journal* 47, n.° 4 (1916).

—, «South American Forests», *Geographical Journal* 40, n.° 6 (1912).

—, «Survey Work on the Bolivia-Brazil Boundary», *Geographical Journal* 35, n.° 2 (1910).

—, «Survey Work on the Frontier Between Bolivia and Brazil», *Geographical Journal* 33, n.° 2 (1909).

FERGUSON, John, *Ceylon in 1893: Describing the Progress of the Island Since 1803, Its Present Agricultural and Commercial Enterprises, and Its Unequalled Attractions to Visitors, with Useful Statistical Information, Specially Prepared Map, and Upwards of One Hundred Illustrations*, John Haddon, Londres, 1893.

FIFER, J. Valerie, *Bolivia: Land, Location, and Politics Since 1825*, Cambridge University Press, Cambridge (Reino Unido), 1972. [Hay trad. cast.: *Bolivia: territorio, situación y política desde 1825*, traducción y prólogo de Sergio Aguirre Mackay, Francisco de Aguirre, Buenos Aires, 1975.]

—, «Bolivia's Boundary with Brazil: A Century of Evolution», *Geographical Journal* 132, n.° 3 (1966).

—, «The Empire Builders: A History of the Bolivian Rubber Boom and the Rise of the House of Suárez», *Journal of Latin American Studies* 2, n.° 2 (1970).

FLANDERS, Judith, *Inside the Victorian Home: A Portrait of Domestic Life in Victorian England*, W. W. Norton, Nueva York, 2003.

FLEMING, Peter, *Brazilian Adventure*, Grosset & Dunlap, Nueva York, 1933. [Hay trad. cast.: *Aventura brasileña*, traducción de Fernando Durán, Juventud, Barcelona, 1946.]

FLINT, John E., *Sir George Goldie and the Making of Nigeria*, Oxford University Press, Londres, 1960.

Forsyth, Adrian y Kenneth Miyata, *Tropical Nature*, Charles Scribner's Sons, Nueva York, 1984.

Fraser, Robert, *Victorian Quest Romance: Stevenson, Haggard, Kipling, and Conan Doyle*, Northcote House, Plymouth (Reino Unido), 1998.

Freshfield, Douglas W. y W. J. L. Wharton, eds., *Hints to Travellers, Scientific and General*, 7.ª ed., Royal Geographical Society, Londres, 1893.

Furneaux, Robin, *The Amazon: The Story of a Great River*, Hamish Hamilton, Londres, 1969.

Galton, Francis, *The Art of Travel; or, Shifts and Contrivances Available in Wild Countries*, Stackpole Books, Harrisburg (Pensilvania), 1971.

Gilbert, Martin, *Churchill: A Life*, Henry Holt, Nueva York, 1991.

—, *The Somme: Heroism and Horror in the First World War*, Henry Holt, Nueva York, 2006.

Gillham, Nicholas W., *A Life of Sir Francis Galton: From African Exploration to the Birth of Eugenics*, Oxford University Press, Nueva York, 2001.

Girouard, Mark, *The Return to Camelot: Chivalry and the English Gentleman*, Yale University Press, New Haven (Connecticut), 1981.

Glass, Frederick C., *Adventures with the Bible in Brazil*, Loizeaux Brothers, Nueva York, 1943.

Glendinning, Victoria, *Leonard Woolf: A Biography*, Free Press, Nueva York, 2006.

Gott, Richard, *Land Without Evil: Utopian Journeys Across the South American Watershed*, Verso, Nueva York, 1993.

Goulding, Michael, Ronaldo Barthem y Efrem Ferreira, *The Smithsonian Atlas of the Amazon*, Smithsonian Institution Press, Washington, D. C., 2003.

Green, Martin Burgess, *Dreams of Adventure, Deeds of Empire*, Basic Books, Nueva York, 1979.

Greenblatt, Stephen, *Marvelous Possessions: The Wonder of*

the New World, University of Chicago Press, Chicago, 1991. [Hay trad. cast.: *Maravillosas posesiones: el asombro ante el Nuevo Mundo*, Marbot, Barcelona, 2008.]

GUGGISBERG, F. G., *The Shop: The Story of the Royal Military Academy*, Cassell, Londres, 1900.

H. E., «The Rio Negro, the Casiquiare Canal, and the Upper Orinoco, September 1919-April 1920: Discussion», *Geographical Journal* 58, n.º 5 (1921).

HAGGARD, H. Rider, *King Solomon's Mines*, Oxford University Press, Nueva York, 1989. [Hay trad. cast.: *Las minas del rey Salomón*, traducción de Flora Casas, Anaya, Madrid, 1983.]

HALSTEAD, John P., *Rebirth of a Nation: The Origins and Rise of Moroccan Nationalism, 1912-1944*, Harvard University Press, Cambridge (Massachusetts), 1967.

HAMBLOCH, Ernest, *Here and There: A Medley of Memories*, Johnson, Londres, 1968.

HANKEY, Donald, *A Student in Arms*, E. P. Dutton, Nueva York, 1917.

HARDENBURG, W. E., *The Putumayo, the Devil's Paradise; Travels in the Peruvian Amazon Region and an Account of the Atrocities Committed upon the Indians Therein*, T. F. Unwin, Londres, 1912.

HART, Peter, *The Somme*, Weidenfeld & Nicolson, Londres, 2005.

HASKINS, Caryl, *The Amazon: The Life History of a Mighty River*, Doubleday, Garden City (Nueva York), 1943.

HEATH, Jeffrey M., *The Picturesque Prison: Evelyn Waugh and His Writing*, McGill-Queen's University Press, Kingston (Ontario), 1982.

HEATON, Paul Michael, *Lamport & Holt*, Starling Press, Newport (Reino Unido), 1986.

HECHT, Susanna, «Indigenous Soil Management and the Creation of Amazonian Dark Earths: Implications of Kayapó Practices», en *Amazonian Dark Earths: Origins, Proper-*

ties, *Management*, edición de J. Lehmann *et al.*, Kluwer Academic, Países Bajos, 2004.

HECHT, Susanna y Alexander Cockburn, *The Fate of the Forest: Developers, Destroyers, and Defenders of the Amazon*, Verso, Nueva York, 1989.

HECKENBERGER, Michael J., *The Ecology of Power: Culture, Place, and Personhood in the Southern Amazon, A.D. 1000-2000*, Routledge, Nueva York, 2005.

HECKENBERGER, Michael J., *et al.*, «Amazonia 1492: Pristine Forest or Cultural Parkland?», *Science* 301 (2003).

—, «Of Lost Civilizations and Primitive Tribes, Amazonia: Reply to Meggers», *Latin American Antiquity* 12, n.º 3 (2001).

—, «*Village Size and Permanence in Amazonia: Two Archaeological Examples from Brazil*», *Latin American Antiquity* 10, n.º 4 (1999).

HEFFERMAN, Michael, «Geography, Cartography, and Military Intelligence: The Royal Geographical Society and the First World War», *Transactions of the Institute of British Geographers* 21, n.º 3 (1996).

HEMMING, John, *Amazon Frontier: The Defeat of the Brazilian Indians*, Harvard University Press, Cambridge (Massachusetts), 1987.

—, *Die If You Must: Brazilian Indians in the Twentieth Century*, Macmillan, Londres, 2003.

—, *Red Gold: The Conquest of the Brazilian Indians*, Harvard University Press, Cambridge (Massachusetts), 1978.

—, *The Search for El Dorado*, Michael Joseph, Londres, 1978. [Hay trad. cast.: *En busca de El Dorado*, Ediciones del Serbal, 1995.]

HOBBES, Thomas, *Leviathan*, edición e introducción de C. B. Macpherson, Penguin, Londres, 1985. [Hay trad. cast.: *Leviatán: la materia, forma y poder de un estado eclesiástico y civil*, traducción, prólogo y notas de Carlos Mellizo, Alianza, Madrid, 2006.]

HOBHOUSE, Henry, *Seeds of Wealth: Four Plants That Made Men Rich*, Shoemaker & Hoard, Washington, D. C., 2004.

HOLMBERG, Allan R., *Nomads of the Long Bow: The Siriono of Eastern Bolivia*, Natural History Press, Garden City (Nueva York), 1969. [Hay trad. cast.: *Nómadas del arco largo: los sirionó del oriente boliviano*, Instituto Indigenista Interamericano, México, 1978.]

HONIGSBAUM, Mark, *The Fever Trail: In Search of the Cure for Malaria*, Farrar, Straus & Giroux, Nueva York, 2002.

HOPKIRK, Peter, *The Great Game: The Struggle for Empire in Central Asia*, Kodansha International, Nueva York, 1992.

—, *Trespassers on the Roof of the World: The Secret Exploration of Tibet*, Kodansha International, Nueva York, 1995.

HOUGHTON, Walter E., *The Victorian Frame of Mind, 1830-1870*, Yale University Press, New Haven (Connecticut), 1957.

HUDDLESTON, Lee Eldridge, *Origins of the American Indians: European Concepts, 1492-1729*, University of Texas Press, Austin, 1967.

HUMBOLDT, Alexander von y Aimé Bonpland, *Personal Narrative of Travels to the Equinoctial Regions of America, During the Years 1799-1804*, traducción y edición de Thomasina Ross, 3 vols., vol. 2., George Bell and Sons, Londres, 1885.

HUNTFORD, Roland, *Shackleton*, Carroll & Graf, Nueva York, 1998.

HUXLEY, Elspeth, *Scott of the Antarctic*, Atheneum, Nueva York, 1978.

JEAL, Tim, *Livingstone*, Yale University Press, New Haven (Connecticut), 2001.

JOHNSON, Donald S., *Phantom Islands of the Atlantic: The Legends of Seven Lands That Never Were*, Walker, Nueva York, 1996.

JOHNSON, J. H., *Stalemate! The Great Trench Warfare Battles of 1915-1917*, Arms and Armour Press, Londres, 1995.

KELLY, John, ed., *The Collected Letters of W. B. Yeats*, vol. 1, Oxford University Press, Nueva York, 2005.

KELTIE, J. Scott, «Thirty Years' Work of the Royal Geographical Society», *Geographical Journal* 49, n.º 5 (1917).

KENNEDY, Dane, *The Highly Civilized Man: Richard Burton and the Victorian World*, Harvard University Press, Cambridge (Massachusetts), 2005.

KIGAR, Paul Donovan, «The Phantom Trail of Colonel Fawcett», *Americas* (abril de 1975).

KNOX, Robert, *An Historical Relation of Ceylon*, Tisara Prakasakayo, Colombo, 1966.

KRICHER, John C., *A Neotropical Companion: An Introduction to the Animals, Plants, and Ecosystems of the New World Tropics*, Princeton University Press, Princeton New Jersey, 1997.

KUKLICK, Henrika, *The Savage Within: The Social History of British Anthropology, 1885-1945*, Cambridge University Press, Cambridge (Reino Unido), 1991.

LANDES, David S., *The Wealth and Poverty of Nations: Why Some Are So Rich and Some So Poor*, W. W. Norton, Nueva York, 1998. [Hay trad. cast.: *La riqueza y la pobreza de las naciones: por qué algunas son tan ricas y otras son tan pobres*, Crítica, Barcelona 2000.]

LANDOR, A. Henry Savage, *Across Unknown South America*, 2 vols., Hodder & Stoughton, Londres, 1913.

—, *Everywhere: The Memoirs of an Explorer*, Frederick A. Stokes, Nueva York, 1924.

LARSON, Erik, *Thunderstruck*, Crown, Nueva York, 2006.

LATHRAP, Donald W., *The Upper Amazon*, Thames & Hudson, Londres, 1970.

LEAL, Hermes, *Coronel Fawcett: A Verdadeira História do Indiana Jones*, Geração Editorial, São Paulo, 1996.

LESTRINGANT, Frank, *Mapping the Renaissance World: The Geographical Imagination in the Age of Discovery*, traducción de David Fausett, University of California Press, Berkeley, 1994.

LIGHTMAN, Bernard V., ed., *Victorian Science in Context,* University of Chicago Press, Chicago, 1997.

LOVELL, Mary S., *A Rage to Live: A Biography of Richard and Isabel Burton,* W. W. Norton, Nueva York, 1998.

LYON, Patricia J., *Native South Americans: Ethnology of the Least Known Continent,* Little, Brown, Boston, 1974.

MACGREGOR, Rob, *Indiana Jones and the Seven Veils,* Bantam Books, Nueva York, 1991. [Hay trad. cast.: *Indiana Jones y los siete velos,* Dolmen, Palma de Mallorca, 2009.]

MACKENZIE, John M., ed., *Imperialism and Popular Culture,* Manchester University Press, Manchester (Reino Unido), 1986.

MALCOLM, Janet, *The Silent Woman: Sylvia Plath and Ted Hughes,* Vintage Books, Nueva York, 1995. [Hay trad. cast.: *La mujer en silencio: Sylvia Plath y Ted Hughes,* Gedisa, Barcelona, 2003.]

MANN, Charles, «The Forgotten People of Amazonia», *Science* 297 (2002).

—, «1491», *Atlantic Monthly,* abril de 2002.

—, *1491: New Revelations of the Americas Before Columbus,* Vintage Books, Nueva York, 2006. [Hay trad. cast.: *Una nueva historia de América antes de Colón,* Taurus, Barcelona, 2006.]

—, «The Good Earth: Did People Improve the Amazon Basin?», *Science* 287 (2000).

—, «The Real Dirt on Rainforest Fertility», *Science* 297 (2002).

MARSH, Richard O., «Blond Indians of the Darien Jungle», *World's Work,* marzo de 1925.

—, *White Indians of Darien,* G. P. Putnam's Sons, Nueva York, 1934.

MATTHIESSEN, Peter, *The Cloud Forest: A Chronicle of the South American Wilderness,* Penguin, Nueva York, 1996.

MAXTONE-GRAHAM, John, *The Only Way to Cross,* Macmillan, Nueva York, 1972.

McCULLOUGH, David, *The Path Between the Seas: The Crea-*

tion of the Panama Canal, 1870-1914, Simon & Schuster, Nueva York, 1977.

McINTYRE, Loren, «The Commander and the Mystic», *South American Explorer* (primavera de 1996).

McNIVEN, Ian J. y Lynette Russell, *Appropriated Pasts: Indigenous Peoples and the Colonial Culture of Archaeology*, AltaMira Press, Lanham (Maryland), 2005.

MEADE, Marion, *Madame Blavatsky: The Woman Behind the Myth*, G. P. Putnam's Sons, Nueva York, 1980.

MEGGERS, Betty J., *Amazonia: Man and Culture in a Counterfeit Paradise*, Smithsonian Institution Press, Washington, D. C., 1996.

MEGGERS, Betty J. y Clifford Evans, *Archeological Investigations at the Mouth of the Amazon*, Smithsonian Institution, Bureau of American Ethnology, Government Printing Office, Washington, D. C., 1957.

MÉTRAUX, Alfred, *The Native Tribes of Eastern Bolivia and Western Matto Grosso*, Government Printing Office, Washington, D. C., 1942.

MILL, Hugh Robert, *The Record of the Royal Geographical Society, 1830-1930*, Royal Geographical Society, Londres, 1930.

MILLARD, Candice, *The River of Doubt: Theodore Roosevelt's Darkest Journey*, Doubleday, Nueva York, 2005.

MOENNICH, Martha L., *Pioneering for Christ in Xingu Jungles*, Zondervan, Grand Rapids (Michigan), 1942.

MOOREHEAD, Alan, *The White Nile*, Harper's Perennial, Nueva York, 2000. [Hay trad. cast.: *El Nilo Blanco*, Alba, Barcelona, 2003.]

MUFFETT, D. J. M., *Empire Builder Extraordinary: Sir George Goldie*, Shearwater Press, Isle of Man (Reino Unido), 1978.

MURRAY, James y George Marston, *Antarctic Days: Sketches of the Homely Side of Polar Life by Two of Shackleton's Men*, Andrew Melrose, Londres, 1913.

Neves, Eduardo G., *et al.*, «Historical and Socio-Cultural Origins of Amazonian Dark Earths», en *Amazonian Dark Earths: Origins, Properties, and Management,* edición de J. Lehmann *et al.*, Kluwer Academic, Países Bajos, 2004.

—, «The Timing of *Terra Preta* Formation in the Central Amazon: Archaeological Data from Three Sites», en *Amazonian Dark Earths: Explorations in Space and Time,* edición de Bruno Glaser y William I. Woods, Springer, Nueva York, 2004.

Nicholl, Charles, *The Creature in the Map: A Journey to El Dorado,* J. Cape, Londres, 1995.

Niven, Jennifer, *The Ice Master: The Doomed 1913 Voyage of the* Karluk, Hyperion, Nueva York, 2000.

Oppenheim, Janet, *The Other World: Spiritualism and Psychical Research in England, 1850-1914,* Cambridge University Press, Nueva York, 1985.

Pagden, Anthony, *European Encounters with the New World,* Yale University Press, New Haven (Connectitut), 1993.

Picchi, Debra, *The Bakairí Indians of Brazil: Politics, Ecology, and Change,* Wareland Press, Prospect Heights (Illinois), 2000.

Pickover, Clifford A., *Strange Brains and Genius: The Secret Lives of Eccentric Scientists and Madmen,* HarperCollins, Nueva York, 1999.

Price, Willard, *The Amazing Amazon,* John Day Co., Nueva York, 1952. [Hay trad. cast.: *El maravilloso Amazonas: un mundo de riquezas sin límite,* Iberia, Barcelona, 1964.]

Pritchett, V. S., *The Tale Bearers: Literary Essays,* Random House, Nueva York, 1980.

Raleigh, Walter, *The Discoverie of the Large, Rich, and Bewtiful Empyre of Guiana,* transcripción, notas e introducción de Neil Whitehead, Manchester University Press, Manchester (Reino Unido), 1997.

Reeves, Edward Ayearst, *Maps and Map-Making,* Royal Geographical Society, Londres, 1910.

—, *The Recollections of a Geographer*, Seeley, Service & Company, Londres, 1935.

REVKIN, Andrew, *The Burning Season: The Murder of Chico Mendes and the Fight for the Amazon Rain Forest*, Island Press, Washington, D. C., 2004.

RICE, Alexander Hamilton, «Further Explorations in the North-West Amazon Basin», *Geographical Journal* 44, n.° 2 (1914).

—, «The Recent Expedition of Dr. Hamilton Rice», *Geographical Journal* 56, n.° 1 (1920).

—, «The Rio Branco, Uraricuera, and Parima», *Geographical Journal* 71, n.° 2 (1928).

—, «The Rio Branco, Uraricuera, and Parima (Continued)», *Geographical Journal* 71, n.° 3 (1928).

—, «The Rio Branco, Uraricuera, and Parima (Continued)», *Geographical Journal* 71, n.° 4 (1928).

—, «The Rio Negro, the Casiquiare Canal, and the Upper Orinoco, September 1919-April 1920», *Geographical Journal* 58, n.° 5 (1921).

RIFFENBURGH, Beau, *Nimrod: Ernest Shackleton and the Extraordinary Story of the 1907-1909 British Antarctic Expedition*, Bloomsbury, Londres, 2004.

Roosevelt, Anna C., «Dating a Paleoindian Site in the Amazon in Comparison with Clovis Culture», *Science* 275 (1997).

—, *Moundbuilders of the Amazon: Geophysical Archaeology on Marajó Island, Brazil*, Academic, San Diego (California), 1991.

—, «Secrets of the Forest: An Archaeologist Reappraises the Past—and Future—of Amazonia», *Sciences* 32 (1992).

—, ed., *Amazonian Indians from Prehistory to the Present: Anthropological Perspectives*, University of Arizona Press, Tucson, 1994.

ROOSEVELT, Anna C., *et al.*, «Paleoindian Cave Dwellers in the Amazon: The Peopling of the Americas», *Science* 272 (1996).

Roosevelt, Anna C., John Douglas y Linda Brown, «The Migrations and Adaptations of the First Americans: Clovis and Pre-Clovis Viewed from South America», en *The First Americans: The Pleistocene Colonization of the New World*, edición de Nina G. Jablonski, California Academy of Sciences, San Francisco, 2002.

Roosevelt, Theodore, *Through the Brazilian Wilderness*, Charles Scribner's Sons, Nueva York, 1914.

Royal Geographical Society, «Colonel Fawcett's Expedition in Matto Grosso», *Geographical Journal* 71, n.° 2 (1928).

—, «Dr. Hamilton Rice on the Rio Branco», *Geographical Journal* 65, n.° 3 (1925).

—, «The Monthly Record», *Geographical Journal* 54, n.° 2 (1919).

—, «The Monthly Record», *Geographical Journal* 48, n.° 4 (1916).

—, «The Monthly Record», *Geographical Journal* 41, n.° 6 (1913).

Ryan, Simon, *The Cartographic Eye: How Explorers Saw Australia*, Cambridge University Press, Cambridge (Reino Unido), 1996.

Schurz, W. L., «The Distribution of Population in the Amazon Valley», *Geographical Review* 15, n.° 2 (1925).

Semple, Ellen C., *Influences of Geographic Environment on the Basis of Ratzel's System of Anthropo-geography*, Henry Holt, Nueva York, 1911.

Shackleton, Ernest Henry, *The Heart of the Antarctic: Being the Story of the British Antarctic Expedition, 1907-1909*, 2 vols., W. Heinemann, Londres, 1909.

Simón, Pedro, *The Expedition of Pedro de Ursua & Lope de Aguirre in Search of El Dorado and Omagua in 1560-1*, edición de William Bollaert, Hakluyt Society, Londres, 1861.

Sims, George R., ed., *Living London: Its Work and Its Play, Its Humour and Its Pathos, Its Sights and Its Scenes*, 3 vols., Cassell, Londres, 1901-1903.

SLATER, Candace, *Entangled Edens: Visions of the Amazon*, University of California Press, Berkeley, 2002.

SMITH, Anthony, *Explorers of the Amazon*, Viking, Nueva York, 1990.

SOBEL, Dava, *Longitude: The True Story of a Lone Genius Who Solved the Greatest Scientific Problem of His Time*, Walker, Nueva York, 1995. [Hay trad. cast.: *Longitud: la verdadera historia de un genio solitario que resolvió el mayor problema científico de su tiempo*, Anagrama, Barcelona, 2006.]

STADEN, Hans, *Hans Staden: The True History of His Captivity*, traducción y edición de Malcolm Letts, George Routledge, Londres, 1928. [Hay trad. cast.: *Verdadera historia y descripción de un país de salvajes desnudos*, Argos Vergara, Barcelona, 1983.]

STANLEY, Henry M., *How I Found Livingstone: Travels, Adventures, and Discoveries in Central Africa, Including Four Months' Residence with Dr. Livingstone*, Sampson Low, Marston, Low, & Searle, Londres, 1872. [Hay trad. cast.: *Cómo encontré a Livingstone*, Grech, Madrid, 1990.]

STASHOWER, Daniel, *Teller of Tales: The Life of Arthur Conan Doyle*, Henry Holt, Nueva York, 1999.

ST. CLAIR, David, *The Mighty, Mighty Amazon*, Souvenir Press, Londres, 1968.

STEPAN, Nancy, *The Idea of Race in Science: Great Britain, 1800-1960*, Archon Books, Hamden (Connecticut), 1982.

STEVENS, Albert William, «The Hydroplane of the Hamilton Rice Expedition, 1924-25», *Geographical Journal* 68, n.º 1 (1926).

STEWARD, Julian H., ed., *Handbook of South American Indians*. Vol. 3, *The Tropical Forest Tribes*, Smithsonian Institution, Washington, D. C., 1948.

STEWARD, Julian H. y Louis C. Faron, *Native Peoples of South America*, McGraw-Hill, Nueva York, 1959.

STOCKING, George, Jr., *Race, Culture, and Evolution: Essays in the History of Anthropology*, University of Chicago Press, Chicago, 1968.

—, *Victorian Anthropology*, Free Press, Nueva York, 1987.

SUAREZ, Pedro, M. Eduardo Lembcke y Percy Harrison Fawcett, «Further Explorations in Bolivia: The River Heath: Discussion», *Geographical Journal* 37, n.º 4 (1911).

SWANSON, John W., «The Radio-telegraphy of the Hamilton Rice Expedition, 1924-25», *Geographical Journal* 67, n.º 6 (1926).

—, «The Wireless Receiving Equipment of the Hamilton Rice Expedition, 1919-20», *Geographical Journal* 60, n.º 3 (1922).

TEMPLE, Robert, «E. Douglas Fawcett: The English Jules Verne», *British Heritage*, febrero-marzo de 1985.

TODOROV, Tzvetan, *The Conquest of America*, University of Oklahoma Press, Norman, 1999.

TREVELYAN, Raleigh, *Sir Walter Raleigh*, Henry Holt, Nueva York, 2004.

TWAIN, Mark, *Following the Equator: A Journey Around the World*, American Publishing, Hartford (Connecticut), 1897. [Hay trad. cast.: *Viajes alrededor del mundo, siguiendo el Ecuador*, Laertes, Barcelona, 1992.]

URE, John, *Trespassers on the Amazon*, Constable, Londres, 1986.

U.S. Department of State, *Slavery in Peru: Message from the President of the United States Transmitting Report of the Secretary of State, with Accompanying Papers, Concerning the Alleged Existence of Slavery in Peru,* Government Printing Office, Washington D. C., 1913.

VERNE, Henry, *Bob Moran and the Fawcett Mystery*, Roy Publishers, Nueva York, 1956.

VILLAS BOAS, Orlando y Claudio, *Xingu: The Indians, Their Myths*, Farrar, Straus & Giroux, Nueva York, 1973.

VIVEIROS DE CASTRO, Eduardo Batalha, *From the Enemy's*

Point of View: Humanity and Divinity in an Amazonian Society, traducción de Catherine V. Howard, University of Chicago Press, Chicago, 1992.

WALDMAN, Carl y Alan Wexler, *Who Was Who in World Exploration*, Facts on File, Nueva York, 1992.

WALKER, Lynne, «The Royal Geographical Society's House: An Architectural History», *Geographical Journal* 146, n.° 2 (1980).

WALLACE, Alfred Russel, *A Narrative of Travels on the Amazon and Rio Negro, with an Account of the Native Tribes, and Observations on the Climate, Geology, and Natural History of the Amazon Valley*, Greenwood Press, Nueva York, 1969.

WALTERS, Alan, *Palms and Pearls; or, Scenes in Ceylon*, Bentley, Londres, 1892.

WASHINGTON, Peter, *Madame Blavatsky's Baboon: A History of the Mystics, Mediums, and Misfits Who Brought Spiritualism to America*, Schocken Books, Nueva York, 1995. [Hay trad. cast.: *El mandril de Madame Blavatsky: historia de la teosofía y del gurú occidental*, Destino, Barcelona, 1995.]

WEINSTEIN, Barbara, *The Amazon Rubber Boom, 1850-1920*, Stanford University Press, Stanford (California), 1983.

WHITMORE, Timothy Charles, *An Introduction to Tropical Rain Forests*, Oxford University Press, Oxford (Reino Unido), 1998.

WILFORD, John Noble, *The Mapmakers*, Vintage Books, Nueva York, 2000.

WILLIAMS, Misha, *AmaZonia*, Misha Williams, Londres, 2004.

WILLIS, J. C., *Ceylon: A Handbook for the Resident and the Traveller*, Colombo Apothecaries, Colombo, 1907.

WILSON, A. N., *The Victorians*, W. W. Norton, Nueva York, 2003.

WILSON, David J., *Indigenous South Americans of the Past and Present: An Ecological Perspective*, Westview Press, Boulder (Colorado), 1999.

WINTER, Denis, *Death's Men: Soldiers of the Great War*, Penguin, Nueva York, 1979.

WOLF, Howard y Ralph Wolf, *Rubber: A Story of Glory and Greed*, Covici, Friede, Nueva York, 1936.

WOOD, Michael, *Conquistadors*, University of California Press, Berkeley, 2000.

WOODS, William I. y Joseph M. McCann, «The Anthropogenic Origin and Persistence of Amazonian Dark Earths», *Yearbook Conference of Latin Americanist Geographers* 25 (1999).

WOOLF, Charles M., «Albinism (OCA2) in Amerindians», *Yearbook of Physical Anthropology* 48 (2005).

ZWEIG, Paul, *The Adventurer*, Akadine Press, Pleasantville (Nueva York), 1999.

Printed in the United States
by Baker & Taylor Publisher Services